I0126985

www.ingramcontent.com/pod-product-compliance
Lightning Source LLC
Chambersburg PA
CBHW071729270326
41928CB00013B/2612
* 9 7 8 3 9 4 4 1 9 1 9 1 1 *

جنایت بی عقوبت

شکنجه و خشونت جنسی علیه زندانیان سیاسی زن در جمهوری اسلامی

جلد دوم: دههٔ ۷۰ و ۸۰ هـش.

تهیه و تدوین:
"عدالت برای ایران"

خرداد ۱۳۹۲

Justice For Iran

"جنایت بی عقوبت" عنوان پروژهٔ تحقیقی است که توسط سازمان "عدالت برای ایران" با هدفِ مستند کردن موارد شکنجه و آزار جنسی زنان زندانی سیاسی و عقیدتی در طول سه دههٔ حیات جمهوری اسلامی ایران (سال‌های ۱۳۶۰ تا ۱۳۹۰) انجام شده است. گزارش بخش اول این تحقیق که دربارهٔ شکنجه و خشونت جنسی علیه زندانیان سیاسی زن در دههٔ ۶۰ شمسی بود، در آذرماه ۱۳۹۰ به زبان فارسی و در آذر ماه ۱۳۹۱ به زبان انگلیسی منتشر شد.

جنایت بی عقوبت
شکنجه و خشونت جنسی علیه زندانیان سیاسی زن در جمهوری اسلامی
جلد دوم: دهه ۷۰ و ۸۰ هـ.ش.
تهیه و تدوین: عدالت برای ایران
خرداد ۱۳۹۲

مسئول پروژه تحقیق: شادی امین
تدوین: شادی صدر

با تشکر از:
همکاران تحقیق: لیلا معینی، نعیمه دوستدار، لیلا نبوی و طاهره دانش؛
همراهانمان: مینو حمیلی، ز. نوری؛
همراهان و همکارانمان در ایران که به دلایل امنیتی از ذکر نامشان معذوریم؛ و کلیه کسانی که با شریک کردن ما در شرح رنج‌هاشان یا با قراردادن اطلاعات در اختیار ما، انجام این تحقیق را ممکن ساختند.

تقدیم به یاد و خاطرهٔ جاودان

شیرین علم هولی

که در سحرگاه ۱۹ اردیبهشت سال ۸۹ توسط

جمهوری اسلامی در زندان اوین اعدام شد.

نقاشی روی جلد: روژین محمدی، از نقاشی‌های پس از آزادی از زندان
طرح جلد: مولانا دیزاین
صفحه آرایی: نشر آیدا، آلمان
چاپ: نُرْدْ-لیشت، آلمان

انتشار این کتاب با کمک مالی "مؤسسهٔ انسان‌دوستانه برای همکاری در راه توسعه" صورت گرفته است. مسئولیت محتوای آن تماماً برعهدهٔ سازمان "عدالت برای ایران" است.

انتشار تمام یا بخش‌هایی از این کتاب با ذکر منبع آزاد است.

سایت اینترنتی سازمان عدالت برای ایران: www.justiceforiran.org
آدرس پست الکترونیکی: info@justiceforiran.org

ISBN 978-3-944191-91-1

فهرست

مقدمه

"جنایت بی عقوبت" عنوان پروژه تحقیقی است که با هدف مستند کردن موارد شکنجه و آزار جنسی زنان زندانی سیاسی و عقیدتی در طول سه دهه حیات جمهوری اسلامی ایران (سال‌های ۱۳۶۰ تا ۱۳۹۰) انجام شده است. گزارش بخش اول این تحقیق که دربارهٔ شکنجه و خشونت جنسی علیه زندانیان سیاسی زن در دهه ۶۰ شمسی بود، در آذرماه ۱۳۹۰ به زبان فارسی و در آذر ماه ۱۳۹۱ به زبان انگلیسی منتشر شد[۱] و آنچه پیش رو دارید، گزارش بخش دوم این تحقیق است که همین موضوع را در دهه‌های ۷۰ و ۸۰ مستند کرده است. در ابتدا قرار بود یک گزارش به دهه ۷۰ و ۸۰ تا پیش از انتخابات ریاست جمهوری ۱۳۸۸ اختصاص یابد و گزارش دیگری به‌طور جداگانه به مسئلهٔ شکنجهٔ جنسی و به‌خصوص تجاوز به زندانیان بازداشت شده در اعتراضات پس از انتخابات ۸۸ بپردازد. اما در جریان جمع‌آوری اطلاعات و مصاحبه با شاهدان و زندانیان این دو دوره متوجه شدیم از نظر عملی جداکردن این دو دهه به دلایل زیر امکان پذیر نیست:

۱- تعداد قابل توجهی از مصاحبه‌شوندگان تجربه چندین‌بار بازداشت پیش و بعد از انتخابات را داشتند و تقسیم شهادت‌های آنها به دو بخش که تداوم منطقی خود را حفظ کند بسیار سخت بود.

---

[۱] نگاه کنید به:

http://justiceforiran.org/wp-content/uploads/2012/05/Crime-without-Aida-final22.pdf

و

http://justiceforiran.org/wp-content/uploads/2012/05/CrimeImpunity.pdf

۲- غالب الگوهای شکنجه و آزار جنسی به‌کار رفته علیه زندانیان زن در هر دو دوره قبل و بعد از انتخابات یکسان بود و ذکر آنها در دو گزارش جداگانه، تکرار مکررات می‌بود. به بیان دیگر نتایج تحقیق نشان داد که غیر از افزایش به‌یکبارهٔ تعداد زندانیان سیاسی زن بعد از انتخابات، تجربهٔ زندانیان پیش و بعد از انتخابات تفاوت‌های معناداری نداشت که لزوم جداکردن آنها و آوردن در گزارش‌های متفاوت را ایجاد کند.

۳- برخی از مصاحبه‌شوندگان اگرچه بعد از خرداد ۱۳۸۸ بازداشت شده بودند اما دلیل بازداشت آنها به اعتراضات پس از انتخابات مربوط نبود و به همین دلیل، مستند کردن موارد شکنجه و آزار جنسی که آنها تجربه کرده بودند در کنار کسانی که به اتهام شرکت در اعتراضات پس از انتخابات بازداشت شده بودند توجیه منطقی نداشت.

به همین دلیل تصمیم گرفتیم که گزارش دربارهٔ شکنجهٔ جنسی زندانیان زن در دهه ۷۰ و ۸۰ را در یک مجموعه منتشر کنیم که حاصل آن از نظرتان خواهد گذشت؛ البته در این گزارش فصلی جداگانه به تجاوزهای پس از انتخابات اختصاص داده‌ایم؛ در این فصل بنا به ضرورت توضیح روند رسانه‌ای شدن این موضوع نگاهی نیز به موارد تجاوز به مردان بازداشت شده در وقایع پس از انتخابات داشته‌ایم هرچند این تحقیق نیز مانند تحقیق دهه ۶۰ بر موضوع شکنجه و آزار جنسی زنان زندانی و بازداشت شده متمرکز است[1].

[1] دلایل تمرکز بر زندانیان زن به‌طور مفصل در مقدمهٔ گزارش دهه ۶۰ آمده است. نک: جنایت بی عقوبت، عدالت برای ایران، دسامبر ۲۰۱۰.،ص۱۱، قابل دسترسی در این نشانی اینترنتی: http://justiceforiran.org/wp-content/uploads/2012/05/Crime-without-Aida-final22.pdf به‌طور خلاصه، محدودیت منابع و دسترسی‌ها، تفاوت در روش تحقیق، تفاوت تجربهٔ زنانه در زندان، حتی در موارد مربوط به شکنجه‌های جنسی و نیز تفاوت تجربه زن زندانی مورد شکنجهٔ جنسی قرار گرفته، پس از زندان، از جملهٔ این دلایل بوده است.

سئوالات تحقیق

سئوال اصلی این تحقیق، همان‌طور که از هدف و عنوان آن بر می‌آید این است که کدام‌یک از انواع شکنجه‌های جنسی و با چه شکل و گستره‌ای علیه زندانیان زن در این دوره اعمال می‌شده است؟ آیا می‌توانیم عنوان کنیم که شیوه‌هایی از شکنجهٔ جنسی بوده است که به شکلی گسترده علیه زندانیان زن اعمال می‌شده؟ همچنین سعی کرده‌ایم تا حد امکان به این سئوال پاسخ دهیم که آمران و عاملان شکنجهٔ جنسی علیه زنان زندانی سیاسی- عقیدتی چه کسانی بوده‌اند و به کدام‌یک از نهادهای امنیتی، انتظامی و قضایی وابستگی سازمانی داشته‌اند؟ علاوه بر این در بخش مربوط به تجاوزهای پس از انتخابات سعی کرده‌ایم به این سئوال پاسخ دهیم که تجاوز به بازداشت شدگان اعتراضات پس از انتخابات تا چه حد گسترده و یا سازمان‌یافته (سیستماتیک) بوده است؟

تعریف‌ها و چارچوب‌های تحقیق

برای تعیین گروه هدف این تحقیق، در ابتدا ناچار بودیم تعریف زندانی سیاسی- عقیدتی را از نو برای خود روشن کنیم. چرا که برخلاف دههٔ شصت که غالب زندانیان سیاسی- عقیدتی با سازمان‌ها و گروه‌های سیاسی معینی همکاری داشته و یا متهم به همکاری با آنها بوده‌اند و به این ترتیب اکثریت قابل توجه این زندانیان به‌عنوان زندانی سیاسی تعریف می‌شوند، در دو دهه بعدی ما با طیف متنوعی از زندانیان روبرو هستیم که در چارچوب این تعریف نمی‌گنجند. به این منظور، تعریف سازمان عفو بین‌الملل از زندانی ضمیر (وجدان) [1] را بهترین و متناسب‌ترین تعریف با

---

[1] prisoner of conscience

شرایط سیاسی و فرهنگی این دوره در ایران یافتیم.[1] براساس این تعریف، زندانی ضمیر (و یا وجدان) کسی است که به‌خاطر باورهای سیاسی، مذهبی یا دیگر باورهای آگاهانه، خاستگاه قومی، جنس، رنگ پوست، زبان، خاستگاه اجتماعی یا ملیتی، وضعیت اقتصادی، تولد، گرایش جنسی یا دیگر شرایط، زندانی می‌شود؛ بدون آنکه مرتکب خشونت شده باشد یا خشونت یا نفرت را تبلیغ کرده باشد.[2] در واقع این افراد به‌خاطر باورهاشان و یا به‌خاطر هویتشان در بند هستند، نه به‌خاطر اینکه شاید جرمی مرتکب شده باشند. به همین دلیل عفو بین‌الملل و سایر سازمان‌های بین‌المللی مدافع حقوق بشر اصرار دارند که این زندانیان باید فوراً آزاد شوند.[3]

ما نیز با وام گرفتن از همین چارچوب تعریفی، به سراغ زنانی رفتیم که در دهه ۷۰ و ۸۰ شمسی به یک یا چند دلیل بالا، بازداشت و زندانی شده بودند و میزان و چگونگی شکنجه و خشونت جنسی‌ای را که در مورد آنها اعمال شده بود، مورد تحقیق قرار دادیم. به این ترتیب، مصاحبه‌های این تحقیق با گروه متنوعی از زنان انجام گرفته که به دلیل فعالیت سیاسی یا فعالیت‌های مدنی یا فعالیت در دفاع از حقوق ملی، یا داشتن یک فرد سیاسی تحت تعقیب در خانواده، یا اعتقاد به آیین بهایی یا داشتن هویت یا گرایش جنسی متفاوت و یا حتی به‌ظاهر به علتی خیلی ساده، یعنی عدم رعایت حجاب یا شئونات اسلامی[4] بازداشت و زندانی شده‌اند. (جدول ضمیمه شماره ۲)

---

[1] عفو بین‌الملل این اصطلاح را در سال ۱۹۶۱ در کمپینی که باعث تشکیل آن شد از پیتر بنسون، حقوقدان بریتانیایی وام گرفت که در مقاله‌ای با عنوان "زندانیان فراموش شده" در روزنامه آبزرور به‌کار برده بود. هرچند این سازمان بعدها و به مرور، تعریف زندانی ضمیر (وجدان) را گسترده‌تر کرد.

[2] http://www.amnestyusa.org/our-work/issues/prisoners-and-people-at-risk/prisoners-of-conscience

[3] http://www.amnesty.org/en/freedom-of-expression

[4] یادآوری این نکته لازم است که هزاران زن از ابتدای روی کار آمدن جمهوری اسلامی به دلیل عدم رعایت حجاب بازداشت شده‌اند. اغلب این بازداشت‌ها، به‌خصوص در دورهٔ مورد بررسی در این گزارش، چند ساعته بوده و عموماً زنان با پرداخت جریمه و یا سپردن تعهد آزاد شده‌اند. به دلیل گستردگی موارد بازداشت زنان به‌خاطر عدم رعایت کامل حجاب اسلامی و نیز باقی نماندن آنها بیش از چند ساعت در بازداشت، ما در این تحقیق به‌طور خاص این‌گونه موارد را →

در تعریف شکنجهٔ جنسی، همچون تحقیق دربارهٔ دهه ۶۰، ما مفهوم "تعرض"[1] را که سازمان عفو بین‌الملل از میان آرای دادگاه کیفری بین‌الملل (ICC) استخراج کرده مبنای کار خود قرار داده‌ایم. براساس این تعریف، تعرض عملی با ماهیت جنسی است که با زور، تهدید به استفاده از زور یا قهر که از طریق ایجاد ترس از خشونت، فشار، بازداشت، سرکوب جسمی یا سوءاستفاده از قدرت یا استفاده از موقعیت و فضای قهرآمیز که ظرفیت ابراز رضایت واقعی را از آن فرد یا افراد سلب می‌کند علیه یک یا چند شخص اعمال شود.

با این همه، از آنجایی که این تعریف بیشتر ناظر به شکنجهٔ جنسی فیزیکی بود، ما تعریف ماده یک کنوانسیون بین‌المللی منع شکنجه را نیز به‌خصوص برای شکنجه‌های جنسی روانی و کلامی مد نظر قرار دادیم. براساس این تعریف، "شکنجه به هر رفتاری اطلاق می‌شود که عامداً به‌وسیله یک مأمور رسمی، یا به تحریک و رضای صریح یا ضمنی او و یا به‌وسیله هر فرد دیگر که در موضع یک مقام رسمی عمل می‌کند، به قصد کسب اطلاع و اعتراف از فرد مورد عذاب و یا شخص ثالث، اِعمال و باعث درد و صدمه شدید بدنی و روانی او می‌شود. همچنین شکنجه به معنای هر عملی است برای کیفر دادن شخص نسبت به جرمی که مرتکب و یا مظنون به ارتکاب آن شده است و نیز به معنای اِعمال تهدید و فشار بر فرد مزبور یا شخص ثالث و یا هر عملی است که مبتنی بر انواع تبعیض بوده باشد."

برای داوری پیرامون اینکه عمل انجام شده چه حکمی در قوانین دارد، عمدتاً دو مجموعه قوانین داخلی جمهوری اسلامی ایران و قوانین بین‌المللی را که ایران متعهد به اجرای آن است به‌عنوان چارچوب اصلی در

← مورد بررسی قرار ندادیم و تنها در برخی از مواردی که زنان همجنسگرا یا ترنسجندر به دلیل نداشتن حجاب دستگیر شده‌اند، به موضوع حجاب نیز پرداخته‌ایم. تحقیق در مورد آزار و اذیت زنان به دلیل عدم رعایت حجاب و آثاری که که سیاست‌های حجاب اجباری بر زندگی زنان ایرانی گذاشته، شایسته است به شکلی جداگانه و مستقل انجام شود.

[1] invasion

نظر گرفته‌ایم. اما در پاره‌ای از موارد قوانین و استانداردهای بین‌المللی را هم که از سوی جمهوری اسلامی لازم‌الاجرا نیست را نیز بررسی کرده‌ایم و در انتهای این گزارش، فصل پنجم را به مرور حقوقی قوانین داخلی و بین‌المللی مربوط به انواع شکنجه و خشونت جنسی که در گزارش مورد بررسی قرار گرفته اختصاص داده‌ایم.

در قوانین داخلی، علاوه بر اصل ۳۸ قانون اساسی که "هرگونه شکنجه برای گرفتن اقرار و یا کسب اطلاع" را ممنوع کرده است، مجموعه قوانین مجازات اسلامی در زمینهٔ زنای به عنف (تجاوز)، اقدامات خلاف قانون مأموران دولتی، توهین و هتک حرمت و همین‌طور مجموعه قوانین و آیین‌نامه‌های مربوط به حقوق شهروندی و نیز مقررات حاکم بر زندان‌ها را مورد توجه قرار داده‌ایم.

در قوانین بین‌المللی، مهم‌ترین سند مورد استفاده، میثاق بین‌المللی حقوق مدنی-سیاسی بوده است که نه تنها تمامی انواع شکنجه و رفتارهای غیرانسانی و تحقیرآمیز را ممنوع کرده بلکه حقوق متعددی را برای متهمان و زندانیان مقرر ساخته است. ایران، عضو این میثاق و متعهد به اجرای آن است. همچنین در مواردی به کنوانسیون بین‌المللی منع شکنجه و کنوانسیون بین‌المللی محو همهٔ اشکال تبعیض علیه زنان یا موازین و استانداردهای دیگری استناد کرده‌ایم که جمهوری اسلامی آنها را امضا نکرده و از نظر حقوق بین‌الملل، مکلف به اجرای آن نیست اما ذکر آن از حیث دانستن مقررات حقوق بین‌الملل مهم بوده است.

روش تحقیق

فکر انجام این تحقیق از همان نخستین ماه‌های پس از انتخابات ۱۳۸۸ ایجاد و مراحل اولیهٔ انجام آن در همان زمان انجام شد. جمع‌آوری شهادت برخی از مصاحبه‌شوندگان این تحقیق و برخی از اسناد و مدارک در پاییز و زمستان ۱۳۸۸ انجام گرفت و پس از آن با یک وقفه زمانی،

مجدداً از اسفند ۱۳۸۹ از سر گرفته شد و تا آذر ۱۳۹۱ ادامه یافت. برای انجام این تحقیق، همزمان با جمع‌آوری اسناد تاریخی و نیز گزارش‌های مربوط به تحولات سیاسی- اجتماعی دهه ۷۰ و ۸۰، از طریق بررسی گزارش‌های سازمان عفو بین‌الملل در طی این سال‌ها در مورد ایران، بررسی نشریات سازمان‌های مخالف و اخبار منتشر شده در رابطه با دستگیری‌ها، با ۴۷ زندانی سابق (۴۵ زن و ۲ مرد) که تجربهٔ بازداشت در دهه ۷۰ و ۸۰ داشتند مصاحبه‌های عمیق و طولانی انجام شد. قابل ذکر است که این تعداد در مقایسه با تعداد وسیع زندانیان سیاسی- عقیدتی در دهه ۶۰، گروه نمونهٔ وسیع‌تری را به دست می‌دهند. به این معنی هرچند تعداد مصاحبه‌شوندگان کمتر از تحقیق دهه شصت است[۱]، ولی به میزان نسبت بسیار پایین‌تر تعداد زندانیان در این دو دهه، نتیجهٔ جامع‌تری به دست ما می‌دهد. به‌خصوص اینکه از حیث محل بازداشت و بازداشتگاه‌هایی که مصاحبه‌شوندگان در آن زندانی بوده‌اند، تنوع زیادی وجود داشته است. مصاحبه‌شوندگان این تحقیق در مجموع تجارب خود را از ۱۷ بازداشتگاه و زندان در تهران[۲] و ۳۳ بازداشتگاه و زندان در شهرستان‌ها[۳] روایت کرده‌اند.

---

[۱] در تحقیق ما پیرامون دهه ۶۰، در مجموع با ۷۷ زندانی سیاسی سابق مصاحبه شده است.

[۲] اسامی این ۱۷ بازداشتگاه و زندان به شرح زیر است:

۱. بازداشتگاه وزرا، ۲. کلانتری ۵، خیابان سنایی، ۳. بازداشتگاه فرودگاه مهرآباد، ۴. خانه‌ای امن در خیابان فاطمی تهران، ۵. بند نسوان زندان اوین، ۶. بند ۲۰۹ زندان اوین، ۷. بند ۲الف زندان اوین، ۸. کمیته میدان خراسان، ۹. پلیس امنیت شعبه‌ی هشت (میدان حر)، ۱۰. بازداشتگاه پلیس امنیت نیروی انتظامی- گیشا، ۱۱. بازداشتگاه سازمان قضایی نیروی‌های مسلح (عشرت‌آباد)، ۱۲. بازداشتگاهی نامعلوم در تهران، ۱۳. پلیس اماکن عمومی- خیابان مطهری، ۱۴. کلانتری ۱۳۷ گیشا، ۱۵. بازداشتگاه توحید، ۱۶. بازداشتگاه پلیس پیشگیری میدان انقلاب، ۱۷. بازداشتگاه کهریزک

[۳] اسامی این ۳۳ زندان، بازداشتگاه به شرح زیر است:

۱.ژاندارمری شهسوار،۲. ژاندارمری چالوس، ۳. بازداشتگاه دستگرد اصفهان، ۴. بازداشتگاه نیروی انتظامی محمودآباد، ۵. ارشادگاه همدان (دانشکده کشاورزی سابق)، ۶. زندان همدان، ۷. بند زنان زندان مرکزی تبریز، ۸. بازداشتگاه پلاک ۱۰۰ شیراز، ۹. زندان عادل‌آباد شیراز، ۱۰. زندان دادسرای انقلاب ساری، ۱۱. زندان گوهردشت کرج، ۱۲. بازداشتگاه اطلاعات شهید کچویی ساری، ۱۳. بند نسوان زندان ساری، ۱۴. زندان بندر انزلی، ۱۵. زندان رشت، ←

۲۴ نفر از این ۴۷ نفر تجربهٔ بیش از یک بار بازداشت داشته‌اند و ۷ نفر از آنها بیش از دو بار دستگیر شده‌اند. ۳۵ مصاحبه به شکل حضوری، ۸ مصاحبه از طریق اسکایپ و ۴ مصاحبه به شکل مکاتبه‌ای انجام شد. بیشتر مصاحبه‌ها پس از پیاده شدن، مجدداً با سئوالات بیشتر، تکمیل شد. ۷ تن از مصاحبه‌شوندگان در ایران و ۴۰ تن از مصاحبه‌شوندگان در خارج از ایران اقامت داشتند. در میان مصاحبه‌شوندگان خارج از ایران، ۱۵ تن به تازگی از ایران خارج شده بودند و به‌طور موقت به‌عنوان پناهجو در ترکیه اقامت داشتند. از میان کل ۴۷ شهادت اخذ شده از زندانیان، ۲ شهادت به دلیل اینکه نتوانستیم صحت آنها را مورد تأیید قرار دهیم و یا نداشتن نکاتی قابل ذکر، از عداد مستندات خارج شد. در مجموع شهادت کامل زندانیان دربارهٔ ۲۲ بازداشت در رابطه با اعتراضات پس از انتخابات ۱۳۸۸، ۱۸ بازداشت به دلیل فعالیت‌های سیاسی دیگر، ۶ بازداشت به اتهام تبلیغ بهاییت، ۱۱ بازداشت به دلیل فعالیت‌های مدنی و حقوق بشری، ۱۱ بازداشت به دلیل شرکت در تجمعات اعتراضی گروه‌های ملی، زنان، دانشجویی یا کارگری، ۱۰ بازداشت به دلیل گرایش جنسی یا عدم رعایت شئونات اسلامی، ۲ بازداشت به علت خروج غیرقانونی و ۱ بازداشت به دلیل فعالیت سیاسی همسر، اخذ شده است. از این میان، ۱۴ بازداشت در سال‌های آخر دهه ۶۰ و ۳۵ بازداشت در دهه ۷۰ و ۸۰ شمسی تا پیش از خرداد ۱۳۸۸ و بقیه ۳۲ مورد بازداشت پس از انتخابات ۱۳۸۸ اتفاق افتاده است[۱].

← ۱۶. زندان لاهیجان، ۱۷. بازداشتگاه اطلاعات تبریز، ۱۸. بازداشتگاه اداره اماکن تبریز، ۱۹. بازداشتگاه اطلاعات بوکان، ۲۰. زندان زنان ارومیه، ۲۱. بازداشتگاه سپاه جهرم، ۲۲. بازداشتگاه شهربانی فسا، ۲۳. ستاد خبری (اداره اطلاعات) شیراز، ۲۴. زندان خوی، ۲۵. بند نسوان زندان رجایی شهر کرج، ۲۶. زندان دیزل‌آباد کرمانشاه، ۲۷. بازداشتگاه نیروی انتظامی- خیابان چهارم گوهردشت کرج، ۲۸. زندان سنندج، ۲۹. بازداشتگاه اطلاعات سپاه سلماس، ۳۰. بند نسوان زندان سلماس، ۳۱. بازداشتگاهی نامعلوم در اهواز، ۳۲. بازداشتگاه اطلاعات اهواز، ۳۳. زندان سپیدار اهواز.

[۱] از مجموع ۳۲ بازداشتی که از نظر زمانی پس از خرداد ۱۳۸۸ اتفاق افتاده، ۱۰ بازداشت در ارتباط با اعتراضات پس از انتخابات نبوده است و به دلایل دیگر انجام شده است.

همچنین در مجموع با ۸ فرد[1] به‌عنوان مطلع مصاحبه‌های عمیق انجام شد[2]. و از تعداد زیادی از افراد مطلع مانند گردانندگان رسانه‌ها، فعالان سیاسی، خبرنگاران، فعالان حقوق بشر، خانوادهٔ قربانیان، وکلا و پزشکان قربانیان، زندانیان سیاسی مرد و... سئوالات تکمیلی در طول تحقیق پرسیده شد.

چالش‌های تحقیق

هرچند در مقایسه با دهه ۶۰، وجود اینترنت و انتشار حجم وسیعی از اسناد و گزارش‌ها، کار تحقیق کتابخانه‌ای و مرور روزنامه‌ها و سایر منابع خبری را به‌خصوص در مورد دهه ۸۰ شمسی بسیار آسان‌ترکرده بود اما نزدیکی زمانی وقایع چالش‌های دیگری را پیش روی ما نهاد.

مهم‌ترین چالش این بخش از تحقیق، چالش امنیتی بود. بسیاری از شهود یا در ایران بودند و یا تازه از ایران خارج شده و خود و خانواده‌هاشان هنوز تحت فشار شدید مقامات امنیتی برای سکوت دربارهٔ آنچه بر آنها رفته بود قرار داشتند. همین موضوع، کار یافتن قربانیان و قانع کردن آنها برای انجام مصاحبه را دشوار کرده بود. برخی از مهم‌ترین شهود این تحقیق، مدتی پس از مصاحبه با محققان ما غیر قابل دسترسی شده و یا دیگر تمایل یا امکان به پاسخ دادن به سئوالات تکمیلی ما را نداشتند. فشارهای امنیتی نه فقط شهود و قربانیان که داوطلبان همکاری با این تحقیق در ایران را نیز بی‌نصیب نگذاشت.[3] حداقل سه تن از بازداشت شدگان در این

[1] اسامی این افراد عبارتند از: شهرام اعظم، شیرین عبادی، مهرنوش نجفی راغب، مهناز پراکند، سپیده پورآقایی، لیلا ملک محمدی، رضا ولی‌زاده و مریم اکبری.

[2] دو نفر از این مطلعان علاوه بر اطلاع دربارهٔ پرونده‌های دیگران، خود تجربه بازداشت و زندان داشتند که مصاحبه‌ای جداگانه با آنها دربارهٔ تجربهٔ شخصی خودشان نیز انجام شد و در آمار مصاحبه با زندانیان نیز آمده‌اند.

[3] به دلیل پرهیز از ایجاد مشکلات بیشتر برای همکاران‌مان در ایران، از ذکر جزییات بیشتر درمورد نحوهٔ این فشارهای امنیتی و وضعیت فعلی آنها معذوریم.

دوره درمورد همکاری با ما چندین بار مورد بازجویی قرار گرفتند. دو نفر از آنها بعداً به زندان محکوم شدند و یکی از آنها هنوز درحال سپری کردن مدت محکومیت خود در زندان است. هرچند دلیل ذکر شده برای محکومیت هیچ‌یک از این دو نفر به همکاری با پروژهٔ تحقیقی ما مربوط نیست.

برخی از شاهدان و آسیب‌دیدگان نیز به دلیل تازه بودن زخم ناشی از زندان و شکنجه‌های روحی و جسمی قادر به بازگویی و یا تکرار روایت خود نبودند و شاید با گذشت زمان و ترمیم آسیب‌های وارده، در آینده افراد بیشتری بتوانند روایت خود را بازگو کنند. برخی از آنها، همچون برخی از زندانیان دههٔ ۶۰، به دلیل نداشتن تصویر روشنی از تعریفِ شکنجه و آزار جنسی، تعرض و آزار و شکنجهٔ اعمال شده بر خود را در آن چارچوب نمی‌دیدند و در پاسخ به درخواست ما برای مصاحبه به‌سادگی مطرح می‌کردند که تجربهٔ آزار و شکنجهٔ جنسی ندارند.

عدم امکان دسترسی به آرشیوهای دولتی و نیز مدارک و اسناد مربوط به بازداشتگاه‌ها و عدم امکان تحقیق از مقامات انتظامی، امنیتی و قضایی که مسئول پرونده‌های زندانیان سیاسی- عقیدتی زن در دورهٔ زمانی مورد تحقیق بوده‌اند، ارائه نتیجه قطعی را به‌خصوص در مورد وقوع تجاوز در مواردی که زندانی در اثر تجاوز و یا به دلایل دیگری جان باخته بود، برای ما بسیار سخت و در برخی از موارد ناممکن کرده است. به همین دلیل ناچار شدیم در موارد متعدد در این گزارش یادآور شویم که قضاوت دقیق مستلزم در دست داشتن اسنادی است که دست یافتن به آنها فعلاً نه فقط برای عدالت برای ایران که برای هیچ نهاد مستقل دیگری امکان‌پذیر نمی‌باشد.

همچون تحقیق در مورد زندانیان زن دهه ۶۰، در این بخش از تحقیق هم ما با چالش سکوت قربانیان یا خانواده آنها به دلیل احساس شرم و یا تحت تأثیر تابوهای فرهنگی مواجه بودیم. ضمن اینکه برخی از قربانیان برای حفظ سلامت روحی خود تمایل داشتند آنچه بر آنها رفته است را فراموش کنند و به همین دلیل، حاضر به بازگویی آن نبودند.

برخی از نتایج تحقیق

نتایج این تحقیق نشان می‌دهد که، زندانیان زن به‌طور گسترده‌ای شیوه‌های مشترکی از شکنجه و آزار جنسی را تجربه کرده‌اند. به‌خصوص اعمال فشار بر روی زندانی زن برای اقرار در مورد جزییات مربوط به روابط جنسی‌ای که گاه اصلاً وجود نداشته و همین‌طور استفاده از الفاظ رکیک و توهین‌های جنسی، از جمله‌مواردی بوده که در شهادت بسیاری از زندانیان زن گزارش شده است.

زندانیان زن همچنین به‌طور نستباً گسترده‌ای ترس از تجاوز را تجربه کرده‌اند که در بیشتر مواقع یا ناشی از اوضاع و احوال بازداشتگاه، به‌عنوان مثال حبس در بازداشتگاه‌های کاملاً مردانه بوده، یا به‌طور تلویحی از رفتار یا گفتار بازجویان و سایر مسئولان پرونده ناشی شده است. در مواردی نیز زندانیان زن به‌طور آشکار مورد تهدید قرار گرفته‌اند که به آنها تجاوز خواهد شد.

این تحقیق همچنین مواردی از تجاوز به زنان در دهه ۷۰ و ۸۰ را مستند کرده است. هرچند نتایج این تحقیق، این فرضیه را که از تجاوز، به‌عنوان یکی از ابزارهای رایج شکنجه زندانیان زن در این دو دهه استفاده می‌شده و به اکثریت یا تعداد قابل توجهی از آنان تجاوز شده است را تأیید نمی کند.

یافته‌های این تحقیق به روشنی اثبات می‌کند که از تجاوز جنسی به‌عنوان یکی از شیوه‌های شکنجه بازداشت‌شدگان اعتراضات پس از انتخابات ۱۳۸۸ استفاده شده است. در خصوص میزان گستردگی یا سازمان‌یافته بودن اعمال این شیوه، هرچند نتیجه‌گیری قطعی بدون دسترسی کامل به اسناد و آرشیوهای زندان‌ها و نهادهای امنیتی و امکان تحقیق از مقامات مسئول امکان پذیر نیست، اما برخلاف باور عمومی، مجموعه تحقیقات ما ثابت نمی‌کند که این شکل از شکنجه نه در بازداشتگاه کهریزک و نه در بازداشتگاه‌های دیگر به شکلی گروهی یا

سازمان‌یافته (سیستماتیک) و یا گسترده علیه مردان یا زنان زندانی اعمال شده باشد.

تجاوز، به‌عنوان خشن‌ترین شکل شکنجهٔ جنسی، هم در قوانین ایران و هم در قوانین بین‌المللی که جمهوری اسلامی ایران متعهد به اجرای آن است، ممنوع و مستوجب مجازات شناخته شده است[۱]. با این همه تحقیق ما نشان می‌دهد هیچ‌یک از موارد تجاوز به زندانیان که از طرق مختلف به مقامات قضایی جمهوری اسلامی گزارش شده، مورد رسیدگی و پیگرد کیفری قرار نگرفته است و آمران و عاملان این جنایت‌ها همچنان از مصونیت مطلق برخوردارند.

با این همه، یافته‌های این تحقیق نشان می‌دهد زنان زندانی به شیوه‌های مختلفی در برابر شکنجه و خشونت جنسی مقاومت کرده‌اند و در بسیاری از موارد که برخی از آنها به تفصیل در این تحقیق گزارش شده، بازجویان نتوانسته‌اند از طریق توسل به شیوه‌های آزار و شکنجهٔ جنسی، مقاومت زندانی را در هم شکنند و یا او را وادار به تسلیم در برابر خواسته‌های خود از جمله ابراز اقاریر غیرواقعی علیه خود و دیگران بکنند.

---

[۱] برای جزییات بیشتر رک فصل پنجم این گزارش.

فصل اول

نگاهی اجمالی به سرکوب فعالیت‌های سیاسی- مدنی زنان در دهۀ ۷۰ و ۸۰

جنگ هشت ساله میان ایران و عراق، که طولانی‌ترین جنگ دو جانبه قرن بیستم بود، رسماً در ۲۷ تیر ۱۳۶۷ پایان یافت. کمتر از ده روز پس از پایان جنگ، به دستور آیت‌الله خمینی، بیش از ۵۰۰۰ زندانی سیاسی که در دهه ۶۰ دستگیر، محاکمه و به حبس محکوم شده و در حال گذراندن حبس خود بودند، اعدام شدند. برخی از زندانیان اعدام شده حتی دوران حبس خود را گذرانده و تنها به دلیل خودداری از نوشتن "انزجارنامه"، هنوز در زندان بودند. کشتار دسته‌جمعی زندانیان سیاسی که در زندان‌های تهران و بسیاری از شهرستان‌ها، به شکل کاملاً مخفیانه انجام شد، در ۵ مرداد ۱۳۶۷ آغاز شد و تا اواخر شهریور ادامه داشت. براساس آمارهای موجود، بیش از ۳۰۰ زن در میان اعدام شدگان بودند که همگی آنها به اتهام هواداری یا عضویت در سازمان مجاهدین زندانی شده بودند.[۱]

پس از کشتار زندانیان سیاسی، زنان چپ باقی‌مانده که در این قتل عام وسیع اعدام نشده بودند، تحت شدیدترین فشارها برای خواندن نماز

---

[۱] برای اطلاع از جزییات بیشتر دربارۀ کشتار زندانیان سیاسی در سال ۱۳۶۷ و برخی از مستندات پیرامون تجاوز به دختران باکره پیش از اعدام‌های ۱۳۶۷، به این منبع رک: جنایت بی عقوبت، شکنجه و خشونت جنسی علیه زندانیان سیاسی زن، بخش اول: دهه ۶۰، عدالت برای ایران، دسامبر ۲۰۱۰، قابل دسترسی در این نشانی اینترنتی:
http://justiceforiran.org/wp-content/uploads/2012/05/Crime-without-Aida-final22.pdf

قرار گرفتند. آن‌گونه که برخی از این زنان روایت کرده‌اند، این زنان را به انفرادی منتقل کردند و در هر پنج نوبت نمازهای روزانه، یعنی صبح و ظهر و عصر و مغرب و عشاء، ۵ تا ۱۰ ضربه شلاق به آنها می‌زدند تا آنچه به قول خودشان "توبه یا مرگ زیر شلاق" بود، عملی شود. حداقل در مورد سهیلا درویش کهن، برخی از زندانیان زن بر این باورند که به دلیل فشارهای روحی و جسمی ناشی از این شلاق خوردن‌های پیاپی، دست به خودکشی زده است.[۱]

از اسفند ماه ۶۷ تا سال ۱۳۷۰، بیشتر زندانیان سیاسی، به‌عنوان مرخصی و یا با گذاشتن وثیقه یا با نوشتن انزجارنامه، از زندان آزاد شدند و از هزاران زندانی سیاسی پیش از کشتار ۶۷، جز تعداد معدودی که کشته و یا آزاد نشده بودند، تقریباً کسی در زندان‌ها باقی نماند[۲].

به این ترتیب، در آغاز دهه هفتاد شمسی، نسبت به سال‌های آغازین دهه ۶۰ که زندان‌های نقاط مختلف ایران مملو از زندانی سیاسی بود، زندانی سیاسی چندانی در زندان‌ها باقی نمانده بود. شایسته وطن‌دوست از معدود زندانیان سیاسی دهه ۶۰ که تا اواسط دهه ۷۰ در زندان بوده است ، شرایط زندان رشت را پس از کشتار ۶۷ چنین توصیف می‌کند: «فقط چهار زندانی سیاسی باقی مانده بودند که همه‌شان سال ۶۸ آزاد شدند و فقط من ماندم و برای همین من را منتقل کردند به زندان گوهردشت.»[۳]

در واقع به‌نظر می‌رسد با سرکوب گسترده سازمان‌ها و گروه‌های مخالف جمهوری اسلامی در دهه ۶۰ که در کشتار ۶۷، به نقطه پایانی خود

---

[۱] گزارشی از کشتار جمعی زندانیان سیاسی در سال ۶۷، شهین چیت‌ساز، سایت بیداران، ۲۶ مهر ۱۳۹۱، در این نشانی اینترنتی: http://www.bidaran.net/spip.php?article318
و شهادت شهین چیت‌ساز، عدالت برای ایران.

[۲] به‌عنوان مثال در ۲۴ دی ۱۳۷۰، ۶۷ زندانی سیاسی زن با عفوی به مناسبت روز تولد فاطمه زهرا آزاد شدند:
http://www.amnesty.org/en/library/asset/MDE13/022/1992/en/16edb17d-f90d-11dd-92e7-c59f81373cf2/mde130221992en.pdf

[۳] شهادت شایسته وطن‌دوست، عدالت برای ایران.

رسید، یک نسل از مخالفان جمهوری اسلامی، یا اعدام شده بودند، یا پیش از دستگیری مجبور به ترک کشور شده بودند و یا پس از آزادی از زندان، و به‌خصوص به دلیل نگرانی از دستگیری دوباره و نیز تداوم فشارها و آزار و اذیت‌ها، راه خروج از ایران و یا سکوت و عدم فعالیت برای سال‌ها را در پیش گرفتند.

دوران ریاست جمهوری هاشمی رفسنجانی

با مرگ آیت‌الله خمینی، رهبر جمهوری اسلامی در ۱۴ خرداد ۱۳۶۸ سیدعلی خامنه‌ای به‌عنوان رهبر انتخاب شد و همزمان، تغییر قانون اساسی که پیش از مرگ آیت‌الله خمینی آغاز شده بود، در ۶ مرداد ۱۳۸۶ نهایی شد که به موجب آن هم اختیارات رهبر افزایش یافت و هم مقام نخست وزیری حذف شد و رییس جمهور، به‌عنوان بالاترین مقام اجرایی کشور به رسمیت شناخته شد، هاشمی رفسنجانی در ۱۲ مرداد ۶۸ به‌عنوان اولین رییس جمهوری پس از بازنگری قانون اساسی به قدرت رسید. اصلاحات قانون اساسی منجر به انحلال شورای عالی قضایی شد و ادارهٔ قوه قضاییه به یک نفر مجتهد که به انتخاب رهبر منصوب می‌شود سپرده شد و آیت‌الله محمد یزدی به‌عنوان نخستین رییس قوه قضاییه انتخاب شد. با این همه، ساختار دادگاه‌ها تا اواخر دوران ریاست یزدی همچنان به شکل سابق باقی ماند و دادگاه‌های انقلاب، مسئول رسیدگی به اتهامات سیاسی و امنیتی بودند.

سال‌های آغازین دهه ۷۰، سال‌های رکود و ناامیدی فعالان سیاسی بود. کشتار جمعی زندانیان سیاسی در سال ۱۳۶۷، ضربه سنگینی بر پیکره نیروهای مخالف جمهوری اسلامی زده بود و آن بخش از زندانیان سیاسی که از این کشتار جان بهدر برده و به تدریج تا سال ۱۳۷۲ آزاد شده بودند، چنان تحت کنترل نیروهای امنیتی بودند که به سختی می‌توانستند حتی امور روزانه خود را به پیش ببرند.

محدودیت‌ها و محرومیت‌هایی که زندانیان سیاسی آزاد شده تحمل کردند، برای زنان، که موانع جنسیتی هم برای ورود آنها به بازار کار خصوصی وجود داشت، شدیدتر احساس می‌شد. مهناز پراکند که پنج سال در دهه ۶۰ به دلیل فعالیت‌های سیاسی در زندان بوده، تا سال ۱۳۸۱ به دلیل سابقه سیاسی خود، از اخذ پروانه وکالت ممنوع ماند.[۱]

بسیاری از زندانیان سیاسی سابق به دلیل محرومیت از اشتغال یا تحصیل و تداوم فشارهای امنیتی، از ایران خارج شدند. موج خروج از ایران نیروهای سیاسی دیگری را هم که اگرچه زندانی نبودند اما پس از کشتار ۶۷، دیگر فضا و امکانی برای فعالیت نمی‌دیدند، در بر گرفت. بسیاری از زنان زندانی سیاسی سابق و یا فعالانی که از خطر زندانی‌شدن برکنار مانده بودند به تنهایی یا با خانواده‌های خود راه خروج از ایران، جایی‌که فکر می‌کردند فضایی برای ادامه فعالیت و زندگی هست را در پیش گرفتند.

مهین شکرالله‌پور، که به همراه همسر و فرزندانش در هنگام خروج غیرقانونی از ایران دستگیر شده دربارهٔ شرایطی که زندانیان سیاسی آزادشده و خانواده‌هاشان در آن دوره داشته‌اند چنین می‌گوید:

«ما با احزاب کرد کار می‌کردیم. سال شصت و پنج دستگیر شدیم و من خودم هفت-هشت ماه بازداشت بودم ولی شوهرم سه سال و نیم زندانی بود و بعد آزاد شد... معمولاً اینجوری بود توی کردستان که کسی که آزاد می‌شد هر هفته می‌رفت امضا می‌داد به‌خاطر اینکه کنترلش بکنند. ما هر هفته می‌رفتیم امضا می‌دادیم... به‌خاطر فشار مدامی که اطلاعات سنندج روی ما داشت رفتیم تهران زندگی کنیم. توی تهران هم باز همین بود، هر هفته باید می‌رفتیم امضا می‌دادیم. کلاً ما محرومیت اجتماعی داشتیم؛ یعنی از آنهایی بودیم که نمی‌توانستیم هیچ‌کار دولتی بکنیم. حتی مثلاً وقتی ما می‌خواستیم ماشین بخریم، خانه بخریم، اطلاعات باید بهمان اجازه می‌داد. یا

---

[۱] شهادت مهناز پراکند، عدالت برای ایران.

مثلاً من دوبار دانشگاه قبول شدم ولی تو گزینش رد شدم. درنتیجه ما فهمیدیم که خیلی تحت فشاریم. مدتی تو تهران زندگی کردیم. ده سال تو تهران زندگی کردیم. بعد فکر کردیم فرق ندارد چه ما تهران زندگی کنیم چه سنندج همین فشار هست. برگشتیم سنندج... بعد که بچه‌های‌مان بزرگ شدند دیدیم این مشکل فقط برای ما نیست. مثلاً دختر من شاگرد اول شد توی کردستان کلاس اول و دوم ابتدایی شاگرد اول شد می‌دیدیم به‌جای اینکه او را ببرند مسابقات علمی، نفر دوم را می‌بردند، یا پسرم همین‌طور. دیدیم اگر قرار است بچه‌های‌مان تاوان فعالیت ما را بدهند، این انسانی نیست. تصمیم گرفتیم از ایران خارج بشویم. سال ۸۲ بود... خب پاسپورت که به ما نمی‌دادند، با همان محدودیت اجتماعی نمی‌توانستیم پاسپورت بگیریم. تصمیم گرفتیم از طریق قاچاق برویم...»[1]

حدود یک دهه بعد، مهین شکرالله‌پور و خانواده‌اش در مسیر فرار از ایران، در دهی نزدیک سلماس دستگیر می‌شوند. فرهمند صادق وزیری، همسر مهین شکرالله‌پور چند روز پس از بازداشت، به دلیل شکنجه‌های شدید، در مقابل چشمان پسر ۱۶ ساله‌اش در زندان سلماس جان می‌بازد.

جمهوری اسلامی که موفق شده بود نسلی از مخالفان خود را در دهه ۶۰ با استفاده از "سیاست زندان و اعدام" سرکوب کند، در دهه ۷۰ که دیگر با آن تعداد وسیع مخالفان روبه‌رو نبود، سیاستی متفاوت برای سرکوب مخالفان خود در پیش گرفت که می‌توان به آن نام "سیاست ترور و انکار" نام نهاد. در چارچوب این سیاست، دولت ایران مخالفان سیاسی خود در خارج و داخل ایران را هدف قرار داد.

اگرچه آغاز ترورهای خارج از کشور به دهه ۶۰ بازمی‌گردد اما مرور اسامی و سال‌های وقوع ترورهایی که تاکنون ثبت شده نشان می‌دهد که پس از به روی کار آمدن دولت رفسنجانی (دهه ۹۰ میلادی)، سیاست ترور

[1] شهادت مهین شکرالله‌پور، عدالت برای ایران.

مخالفان سیاسی شتاب بیشتری به خود گرفته است؛ از میان بیش از ۷۰ ترور ثبت‌شده در اسناد گروه‌های مخالف جمهوری اسلامی،[1] ۲۸ ترور در فاصله سال‌های ۵۸ تا ۶۸ و ۴۴ ترور در سال‌های ۶۸ تا ۷۳ شمسی رخ داده است. در میان اسامی ترور شدگان، نام‌های شش زن هم به چشم می‌خورد[2] که به گروه‌های سیاسی مختلف منتسب شده‌اند.

استراتژی اصلی سیاست خارجی دولت هاشمی رفسنجانی، شکستن انزوای جمهوری اسلامی و عادی‌سازی روابط آن چه در سطح سیاسی و چه در مبادلات تجاری با جامعه بین‌المللی بود؛ روابطی که پس از انقلاب و در دوران جنگ، به شدت به سردی گرویده بود. مانع اصلی پیشبرد این استراتژی، مخالفان سیاسی بودند که در طول دهه ۶۰، در خارج از ایران مستقر شده و اغلب در قالب گروه‌ها و سازمان‌های مختلف فعالیت می‌کردند. یکی از اصلی‌ترین فعالیت‌های این گروه‌ها، گسترش آگاهی میان جامعه میزبان و سیاستمداران آن نسبت به نقض گسترده حقوق بشر در ایران و از جمله وضعیت زندانیان سیاسی و تلاش برای قطع هرگونه روابط سیاسی، اقتصادی، اجتماعی و فرهنگی میان جمهوری اسلامی ایران و کشورهای غربی بود. در واقع اکثر نیروهای سیاسی در این دوره خواهان قطع روابط سیاسی اقتصادی دول غربی با جمهوری اسلامی بودند.

بازسازی چهرهٔ بین‌المللی جمهوری اسلامی ایران و از سرگیری روابط سیاسی و اقتصادی با کشورهای توسعه‌یافته، به‌خصوص در اجرای سیاست‌های اقتصادی نئولیبرال هاشمی رفسنجانی که در ادبیات رسمی از آن به‌عنوان سیاست‌های سازندگی نام برده می‌شد اهمیت داشت. این، فقط یکی از دلایلی بود که لازم بود صدای مخالفان سیاسی جمهوری اسلامی در خارج از ایران خاموش شود.

---

[1] http://friendfeed.com/varesh/ca8f048d
[2] مهین ارجمند، اکرم بای‌احمدی، مریم جاویدان جوکار، زهرا رجبی، مهتاب رشیدی و عفت قاضی

جمهوری اسلامی همواره هرگونه دخالت در این ترورها را انکار کرده اما در موارد اندکی که تروریست‌ها دستگیر و محاکمه شدند، نقش بالاترین مقامات جمهوری اسلامی در ترورهای خارج از کشور به روشنی اثبات شده است. حکم دادگاه آلمان در پروندهٔ ترور میکونوس که در آن، چهار تن از رهبران کرد و مخالفان سیاسی در رستوران میکونوس برلین در ۱۷ سپتامبر ۱۹۹۲ ترور شدند[1] نشان می‌دهد چگونه سیدعلی خامنه‌ای، رهبر، هاشمی رفسنجانی، رییس جمهور و علی فلاحیان، وزیر اطلاعات، در برنامه‌ریزی ترورها نقش داشته‌اند. دادگاه تأیید کرد که دستور ترور میکونوس به‌وسیله مقامات بالای ایران، از طریق "کمیته عملیات ویژه" که اعضای آن شامل رهبر، رییس جمهور و وزیر اطلاعات می‌شوند داده شده است.[2]

اگرچه به دلیل افزایش فشارهای بین‌المللی به‌خصوص پس از صدور حکم دادگاه میکونوس، ترور مخالفان در خارج از کشور به طرز محسوسی کاهش یافت و برخی از آن به‌عنوان پایان ترورهای خارج از کشور یاد می‌کنند، اما به‌طور همزمان، ترور مخالفان به داخل کشور کشیده شد. با قتل سعیدی سیرجانی، محقق و نویسنده در زندان و کمی پس از آن، احمد میرعلایی، مترجم ادبی که جسدش در خیابان پیدا شد، سلسله ترورهایی شروع شد که تا یک دهه بعد ادامه یافت و به قتل‌های زنجیره‌ای دگراندیشان معروف شد. این قتل‌ها که توسط وزارت اطلاعات جمهوری اسلامی به شکل سازماندهی شده‌ای انجام می‌شد گستره وسیعی از مخالفان و منتقدان سیاسی را در بر می‌گرفت، تا یک سال پس از ریاست جمهوری هاشمی رفسنجانی نیز ادامه داشت و سرانجام در دوران ریاست جمهوری سیدمحمد خاتمی، با قتل پروانه و داریوش فروهر، از رهبران حزب ملت ایران، محمد مختاری، نویسنده و عضو فعال کانون نویسندگان و محمد جعفر پوینده، مترجم و عضو فعال کانون نویسندگان ایران در پاییز

---

[1] برای اطلاع از جزییات ترور میکونوس، رک: هنوز در برلن قاضی هست، ترور و دادگاه میکونوس، مهران پاینده، عباس خداقلی، حمید نوذری، نشر نیما، آلمان، ۱۳۷۹/۲۰۰۰

[2] http://www.amnesty.org/en/library/asset/MDE13/015/1997/en/bcc7a4d5-cce7-4e5f-94b4-bae2c86df705/mde130151997en.pdf

۱۳۷۷، و انتشار اخبار این قتل‌ها و اعتراض و پیگیری خانواده‌های مقتولین، وزارت اطلاعات با انتشار بیانیه‌ای اعلام کرد:

«وقوع قتل‌های نفرت‌انگیز اخیر در تهران، نشان از فتنه‌ای دامن‌گیر و تهدیدی برای امنیت ملی داشته است. وزارت اطلاعات بنابه وظیفهٔ قانونی و به دنبال دستورات صریح مقام معظم رهبری و ریاست جمهوری، کشف و ریشه‌کنی این پدیدهٔ شوم را در اولویت کاری خود قرار داد و با همکاری کمیتهٔ ویژهٔ تحقیق رئیس‌جمهوری، موفق گردید شبکهٔ مزبور را شناسایی، دستگیر و تحت تعقیب و پیگرد قانونی قرار دهد و با کمال تأسف، معدودی از همکاران مسئولیت ناشناس، کج‌اندیش و خودسر این وزارت که بی‌شک آلت دست عوامل پنهان قرار گرفته و در جهت مطامع بیگانگان دست به این اعمال جنایتکارانه زده‌اند، در میان آنها وجود دارند.»[1]

با این همه غیر از چهار قتل پاییز ۱۳۷۷ که مسئولیت آن بر عهده "عناصر خودسر" وزارت اطلاعات انداخته شد، جمهوری اسلامی هیچگاه حاضر نشد مسئولیتی را در قبال سایر قتل‌های سیاسی در داخل و خارج از ایران بپذیرد.

پیگیری سیاست ترور و انکار به این معنا نبود که سیاست زندان و اعدام در دوران رفسنجانی تعطیل شده بود. اگرچه تعداد زندانیان سیاسی در این دوره به نسبت هزاران زندانی سیاسی دهه ۶۰ بسیار کاهش یافته بود اما زندانیان سیاسی در این دوره همچنان به طرز قابل توجهی با مجازات اعدام روبه‌رو بودند.

تنها در نه ماهه اول سال ۱۹۹۱ (سه ماهه آخر سال ۱۳۶۹ و شش ماهه اول سال ۱۳۷۰)، اعدام ۲۶ فعال سیاسی مخالف عضو کومه‌له یا

---

[1] بیانیه وزارت اطلاعات پیرامون دست داشتن برخی از عوامل خود سر این وزارتخانه در قتل‌های زنجیره‌ای و دستگیری آنان توسط کمیته تحقیق محمد خاتمی، روزنامه همشهری، ۱۳۷۷/۱۰/۱۶ صفحه ۲، قابل دسترسی در این نشانی اینترنتی:
http://www.hamshahrionline.ir/hamnews/1377/771016/siasi.htm#siasi2

مجاهدین خلق گزارش شده است.[1] در مهرماه همین سال ۱۳۷۰، ۲۰ فعال بلوچ نیز اعدام شده‌اند.[2] همچنین چندین مورد اعدام هواداران سازمان فداییان اقلیت و نیز هواداران حزب دمکرات کردستان نیز در این سال‌ها گزارش شده است.[3]

برخی از دستگیر شدگان در شورش‌های تهیدستان شهری که در شهرهای مختلف از جمله اسلامشهر و مشهد در واکنش به سیاست‌های اقتصادی نئولیبرال رفسنجانی اتفاق افتاد نیز در شمار اعدام شدگان سیاسی این دوران بودند. به‌عنوان مثال، در شورش حاشیه‌نشینان فقیر مشهد که در اثر اقدام شهرداری برای تخریب خانه‌های بدون مجوز و در اعتراض به سیاست‌های اقتصادی و اجتماعی دولت در ۹ خرداد ۱۳۷۱ (۳۰ مه ۱۹۹۲) اتفاق افتاد، صدها نفر دستگیر شدند[4] و دوازده روز بعد، چهار مرد به اتهام شرکت در "غائله مشهد" اعدام شدند.[5]

همچنین در جریان سرکوب شورش اسلامشهر براساس بیانیه‌های عفو بین‌الملل، حداقل ۱۰ نفر در اثر تیراندازی کشته و صدها نفر دستگیر شدند.[6] براساس برخی گزارش‌ها یک دختر ۹ ساله نیز در میان کشته شدگان بوده است.[7]

---

[1] http://www.amnesty.org/en/library/asset/IOR41/010/1991/en/d4fa16fd-edc6-11dd-a95b-fd9a617f028f/ior410101991en.pdf

[2] http://www.amnesty.org/en/library/asset/MDE13/003/1992/en/579010dc-d1fd-429d-981f-9335514bff7c/mde130031992en.pdf

[3] به‌عنوان مثال نگاه کنید به:
http://www.amnesty.org/en/library/asset/MDE13/008/1996/en/27b0a5b1-f890-11dd-b378-7142bfbe1838/mde130081996en.pdf

[4] 5 June 1992, AI Index: MDE 13/13/92, Distr: UA/SC وUA 188/92 Legal concern/Fear of Torture IRAN
http://www.amnesty.org/en/library/asset/MDE13/013/1992/en/50aab53e-90c3-410e-b04f-4d2533e1d1e0/mde130131992en.pdf

[5] http://www.amnesty.org/en/library/asset/MDE13/014/1992/en/5dbfbf0b-77c3-4240-b6b3-990e028315ab/mde130141992en.pdf

[6] 7 April 1995, MDE 13/05/95, Distr: UA/SC
UA 86/95 Fear of torture / Legal concern , IRAN Hundreds arrested following demonstrations
http://www.amnesty.org/en/library/asset/MDE13/005/1995/en/0caf8c58-55f7-4af7-8f90-9af7e6225fd1/mde130051995en.pdf
http://3.bp.blogspot.com/-NoyqXFqIzeY/TZjWo8SVuYI/AAAAAAAACnU/dVbtrVuSou8/s1600/File0004.jpg

[7] http://www.roozonline.com/persian/news/newsitem/article/-e57795eb88.html

با وجود محدودیت‌های سیاسی و امنیتی فراوان در این دوره، زنان در برخی از حوزه‌ها سعی کردند فعالیت‌های جمعی را سازماندهی کنند. خانواده‌های زندانیان سیاسی که در دهه ۶۰ و به‌خصوص کشتار ۶۷ اعدام شده بودند، فعالیت جمعی‌ای را برای طرح خواسته‌هاشان سازمان دادند. گروهی که بعدها به دلیل نقش برجسته مادران زندانیان اعدام شده، به "مادران خاوران" مشهور شد. آنها از سال ۱۳۶۷ به بعد، با گردهمایی در گورستان خاوران، مکانی که گور جمعی اعدام شدگان سال ۱۳۶۷ است، حق خود را برای دانستن حقیقت مرگ عزیزان‌شان و دادخواهی مطالبه می‌کردند. با وجود بازداشت‌های گاه بلند مدت خانواده‌های زندانیان، گروهی از مادران و خواهران اعدام‌شدگان همچنان به این گردهمایی‌ها ادامه می‌دادند و در تمام سال‌های دهه ۷۰ و ۸۰، گردهمایی‌های مادران خاوران، به‌خصوص در سالگرد اعدام‌ها در شهریورماه و همین‌طور پیش از عید نوروز، یکی از اصلی‌ترین عرصه‌های فعالیت مدنی جمعی زنان بود. خاطره معینی و منصوره بهکیش که اعضای خانواده خود را در جریان کشتارهای زندانیان سیاسی در دهه ۶۰ از دست داده بودند در شهادت‌های خود روایت می‌کنند که چگونه مادران، ابتدا مکان گورهای دسته‌جمعی فرزندان خود را پیدا کردند و سپس با گردهمایی‌ها در گورستان و در منازل خود شبکه‌ای از دادخواهان را تشکیل دادند که تا سال‌ها بعد و همچنان به‌عنوان اصلی‌ترین گروه جنبش دادخواهی نقش‌آفرینی می‌کنند.[۱]

همچنین زنان در این دوره از اندک فضاهای بازی که در برخی از حوزه‌های اجتماعی از جمله محیط زیست، کودکان و خیریه‌ها در سال‌های آخر دولت هاشمی رفسنجانی ایجاد شده بود استفاده کردند و انجمن‌هایی را ایجاد کردند که هیچگاه در دوران رفسنجانی موفق به اخذ مجوز فعالیت نشد. انجمن حمایت از حقوق کودک و یا جمعیت بانوان طرفدار حفظ محیط زیست از جمله این فعالیت‌های جمعی بودند که بسیاری از زنان را

---

[۱] شهادت خاطره معینی، عدالت برای ایران، شهادت منصوره بهکیش، عدالت برای ایران.

که از امکان هر نوع فعالیت سیاسی و یا فعالیت در حوزه‌های پرخطرتری مثل حقوق زنان و یا زندانیان سیاسی ناامید شده بودند، به خود جلب کرد.

در این دوره همچنین انتشار نشریات زنان، مانند ماهنامه "زنان" و فصلنامه‌های "جنس دوم" و "فرزانه" نیز فضاهای دیگری برای فعالیت جمعی و علنی زنان ایجاد کرد.

اما در کنار گروه‌های اجتماعی و مدنی فعال، برخی از گروه‌های مردم عادی در دهه ۷۰ نیز در تداوم سیاست‌های پس از انقلاب، انواع مختلف سرکوب را تجربه می‌کردند. زنان، به دلیل سیاست‌های ناشی از حجاب اجباری و نیز سایر انواع تبعیض، بزرگ‌ترین گروه تحت فشار بودند. در تمام دهه ۷۰، به‌خصوص در شروع فصل تابستان هزاران زن به دلیل عدم رعایت قوانین مربوط به پوشش، دستگیر و برخی از آنان به مجازات شلاق محکوم می‌شدند. تا اصلاح قانون تعزیرات در سال ۱۳۷۵، مجازات عدم رعایت حجاب، ۷۴ ضربه شلاق بود[۱] و پس از آن این مجازات به ده روز تا دو ماه حبس یا تا ۷۴ ضربه شلاق تبدیل شد[۲]. همچنین زنانی که بدون همراه مرد سفر می‌کردند در معرض خطر بازداشت، بازجویی و حتی آزار جنسی قرار داشتند. شهادت انسیه نشان می‌دهد در مواردی مقامات انتظامی با سوءاستفاده از موقعیت خود زنانی را که به دلیل عدم رعایت شعائر اسلامی بازداشت شده بودند مورد آزار جنسی قرار می‌دادند. (رک. فصل دوم، بخش ۲)

---

[1] http://www.amnesty.org/en/library/asset/MDE13/010/1993/en/d63be4e9-f8c8-11dd-b40d-7b25bb27e189/mde130101993en.pdf

[۲] مجموعه قوانین و مقررات پوشش در جمهوری اسلامی ایران، گردآوری و تدوین: شادی صدر، نشر ورجاوند، تهران، ۱۳۸۹، ص ۳۴.

دوران ریاست جمهوری سیدمحمد خاتمی

در خرداد ۱۳۷۶، سیدمحمد خاتمی توانست با شعار اصلاحات سیاسی و گسترش جامعه مدنی، رای بخش وسیعی از جامعه، از جمله گروه‌های بیشتر سرکوب‌شده مانند زنان، اقلیت‌های قومی و جوانان را به خود جلب کند و طبق آمارهای رسمی با بیش از ۲۰ میلیون رای به ریاست جمهوری رسید. فضای باز نسبی دوران ریاست جمهوری خاتمی امیدهایی را در گروه‌های مختلف اجتماعی برای فعالیت سیاسی و مدنی ایجاد کرد. در تمامی حوزه‌ها، زنان به شکل چشمگیری وارد عرصه فعالیت شدند.

هرچند وجود فضای باز نسبی در دوران خاتمی به معنای عدم سرکوب حرکت‌ها و اعتراضات مردمی نبود. اگر به ترکیب زنان زندانی سیاسی این دوران که از شهادت‌های برخی از آنان در این گزارش استفاده شده نگاه کنیم می‌بینیم زنان در گسترهٔ وسیعی از فعالیت‌ها، در دوران ریاست جمهوری خاتمی با موانع امنیتی، بازداشت و حتی حبس و شکنجه مواجه بودند. به عبارت دیگر، هرجا فعالیت جمعی برای ایجاد تغییر آغاز شده، با سرکوب به شیوه‌های مختلف که یکی از آنها بازداشت و زندان بوده پاسخ گرفته است. هرچند در دوران خاتمی اعدام‌های سیاسی به طرز چشمگیری کاهش می‌یابد اما این اعدام‌ها به‌خصوص اعدام فعالان کرد و عرب هیچگاه متوقف نمی‌شود.[1] اعدام حداقل یک زن کرد در این دوره در اسناد سازمان عفو بین‌الملل ثبت شده است.

خشن‌ترین برخوردها با فعالان جنبش دانشجویی که زنان نیز حضور فعالی در آن داشتند، پس از اعتراضات خیابانی تیر ۱۳۷۸[2] صورت گرفت.

---

[1] سازمان‌های حقوق بشری صدور احکام اعدام برای زندانیان سیاسی در این دوره را در مواردی گزارش کرده‌اند اما این اعدام‌ها در مراحل تجدید نظر تبدیل به مجازات حبس شده و یا به اشکال دیگری از اجرای آنها جلوگیری به عمل آمده است.

[2] در تاریخ ۱۸ تیرماه ۷۸، دانشجویان در کوی دانشگاه به توقیف روزنامه «سلام» اعتراض کردند. روزنامه سلام به‌خاطر انتشار نامهٔ محرمانه سعید امامی عضو بلند پایه وزارت اطلاعات   ←

جنبش دانشجویی ۱۸ تیر زمانی آغاز شد که دانشجویان در اعتراض به تعطیل شدن روزنامه سلام که سندی مهم را در باره قتل‌های زنجیره‌ای منتشر کرده بود، در کوی دانشگاه تهران دست به تظاهرات زدند. این اعتراض در روزهای بعد به خیابان‌های تهران و پس از آن تبریز، گسترش پیدا کرد و تا چند روز ادامه داشت تا اینکه به شکلی خشونت‌بار و با بازداشت صدها معترض، در ۲۳ تیر سرکوب شد. شهادت‌های مریم رضوی[۱]، سپیده پورآقایی و پروانه، ثابت می‌کند که چگونه فعالان دانشجویی زن که در این دوران و یا در اعتراضات سالگردهای ۱۸ تیر دستگیر شدند، شکنجهٔ جنسی و آزارهایی مضاعف را به دلیل جنسیت خود متحمل شدند. (رک فصل دوم، بخش ۲ و فصل سوم).

زهرا (زیبا) کاظمی، خبرنگار ایرانی-کانادایی در حین عکاسی از یکی از همین اعتراضات مربوط به جنبش دانشجویی که خانواده‌های زندانیان دانشجو در ۲ تیر ۱۳۸۲ در مقابل زندان اوین سازماندهی کرده بودند دستگیر و در اثر جراحات وارده در اثر شکنجه، به حالت بیهوش به بیمارستان بقیةالله تهران منتقل و ۱۸ روز بعد، مرگ وی اعلام شد. شهرام اعظم، پزشک کشیک بیمارستان بقیةالله که زهرا کاظمی را معاینه کرده است، در شهادت خود تشریح می‌کند که علایم مبنی بر وقوع تجاوز در بدن مجروح زهرا کاظمی قابل تشخیص بوده است. (رک فصل دوم، بخش ۲ و ضمیمه شماره ۱)

→ دربارهٔ ضرورت برخورد خشن با روشنفکران و نویسندگان و تغییر قانون مطبوعات توقیف شد. پلیس و لباس‌شخصی‌ها به خوابگاه دانشجویان در کوی دانشگاه تهران حمله کردند، دانشجویان را کتک زدند، به آنها دشنام گفتند، اموال آنها را به غارت بردند، و در و دیوار و کتاب و کمدشان را ویران و نابود کردند. دانشجویان بسیاری زخمی شدند، و حداقل یک نفر هم کشته شد. وقایع ۱۸ تیرماه ۸۷ را می‌توان نقطه عطف فعالیت جنبش دانشجویی در ایران در دوران پس از استقرار جمهوری اسلامی دانست:
http://www.radiofarda.com/content/article/353957.html

[۱] نام مستعار، نام و مشخصات واقعی این شاهد نزد عدالت برای ایران محفوظ است

یکی دیگر از گروه‌های در حال درگیری با نهادهای امنیتی در این دوران، گروه‌های ملیتی بودند. در نقاطی مانند آذربایجان، کردستان و خوزستان، زنان دست به تأسیس انجمن‌های زنانه‌ای زدند که به مسائل زنان ملیت‌های مختلف می‌پرداخت. برخی از زنان نیز در حرکت‌های هویت طلبانه‌ای که لزوماً سویه‌های جنسیتی نداشت وارد شدند. پیامد سرکوب شدید اعتراضات خیابانی آذربایجان[۱]، خوزستان[۲] و کردستان[۳]، بازداشت صدها فعال در این مناطق بود که بخشی از آنها را زنان تشکیل می‌دادند.

---

[۱] هفته‌نامهٔ ایران جمعه، ضمیمه آخر هفته روزنامهٔ ایران در ۲۲ اردیبهشت ۱۳۸۵ کاریکاتوری چاپ کرد که در آن یک سوسک جمله‌ای به زبان ترکی می‌گوید، بسیاری از آذربایجانی‌ها آن را توهین به خود تلقی کردند. اعتراضات دامنه‌دار به چاپ این کاریکاتور موجب ناآرامی‌های گسترده در شهرهای ترک‌نشین شمال غرب ایران، از جمله شهرهای استان‌های آذربایجان شرقی، غربی و اردبیل شد که چندین روز ادامه یافت و طی این ناآرامی‌ها درگیری‌هایی میان تظاهرکنندگان و نیروهای انتظامی و امنیتی رخ داد که چند کشته بر جای گذاشت:
http://www.bbc.co.uk/persian/iran/story/2006/05/060526_mf_casualty.shtml
http://www.magiran.com/npview.asp?ID=1082578

[۲] برای اطلاعات بیشتر دربارهٔ اعتراضات مردمی سال ۱۳۸۴ در خوزستان نگاه کنید به: "گفت و گو با مرگ؛ گزارشی پیرامون نقض حقوق فعالان هویت‌طلب عرب"، عدالت برای ایران، اسفند ۱۳۹۱، قابل دسترسی در این نشانی اینترنتی:
http://justiceforiran.org/wp-content/uploads/2013/02/Al-Hiwar-report-FA-21FEB-20131.pdf

[۳] در روزهای پایانی بهمن ۱۳۷۷، عبدالله اوجالان، رهبر حزب کارگران کردستان ترکیه در شهر نایروبی، پایتخت کشور کنیا دستگیر و تحویل کشور ترکیه داده شد. بازداشت اوجالان با اعتراض شدید کردهای سراسر جهان مواجه گردید. در روزهای آغازین اسفند ۱۳۷۷ مردم بسیاری از شهرهای کردنشین ایران همگام با کردهای غرب و شمال کردستان در اعتراض به بازداشت عبدالله اوجالان، رهبر حزب کارگران کردستان ترکیه و در اعتراض به کشورهایی که در دستگیری وی با دولت ترکیه همکاری داشتند، دست به راهپیمایی زدند. راهپیمایی مردم کرد که با اعلام قبلی برگزار شد توسط حکومت ایران به شدت مورد سرکوب قرار گرفت. مردم زیادی در شهرهای مختلف کردنشین ایران کشته و زخمی شدند. شهر سنندج بیشترین تعداد کشته شدگان را داشت:
http://www.akhbar-rooz.com/article.jsp?essayId=27916
همچنین کشته شدن سیدکمال اسفرم (که به شوانه قادری هم معروف است) یک فعال سیاسی کرد به ضرب گلوله مأموران نیروی انتظامی ایران (ناجا) در تاریخ ۱۸ تیر ۱۳۸۴ در مهاباد، و انتشار تصاویری که از جسد وی گرفته شد و نشان دهندهٔ ضرب و شتمی بود که پیش از کشته شدن بر وی وارد آمده بود، خشم و اعتراض شدید مردم مهاباد را برانگیخت

شهادت‌های شهناز غلامی که یکی از دستگیری‌هایش در جریان اعتراضات سال ۱۳۸۵ مردم آذربایجان به انتشار کاریکاتور "سوسک" در روزنامهٔ ایران بود، هدی هواشمی که پس از اعتراضات سال ۱۳۸۴ مردم عرب به انتشار بخشنامه منتسب به معاون پارلمانی رییس جمهور دربارهٔ تغییر بافت مناطق عرب‌نشین بازداشت می‌شود، رویا طلوعی که در جریان اعتراضات سال ۱۳۸۴ کردستان به قتل شوانه قادری، جوان کرد بازداشت می‌شود و نگین شیخ‌الاسلامی که در تجمعی مقابل دفتر سازمان ملل در اعتراض به دستگیری عبدالله اوجالان، رهبر کردهای ترکیه دستگیر شده نشان می‌دهد چگونه زنان فعال ملیت‌های مختلف، هم به دلیل زن بودن و هم به دلیل تعلق به یکی از گروه‌های ملیتی، در زمان بازداشت تحت فشار مضاعف قرار گرفته‌اند. شهادت هدی هواشمی که به همراه فرزند خردسالش دستگیر شده به‌خصوص از این جنبه اهمیت دارد که نشان می‌دهد مادر بودن در زندان، همچون دههٔ ۶۰ همچنان شکنجهٔ مضاعفی برای زن زندانی است. (رک ضمیمه شماره ۱)

یکی از ویژگی‌های دوران خاتمی، افزایش تعداد نشریات و روزنامه‌هایی بود که به دلیل مشی سیاسی مدیران مسئول و اداره‌کنندگان‌شان، به روزنامه‌های اصلاح‌طلب معروف شدند. برخلاف روزنامه‌های قدیمی که عمدتاً دولتی بودند، در روزنامه‌های اصلاح‌طلب، نسلی از زنان جوان روزنامه‌نگار مشغول به‌کار شدند. گسترش اینترنت و آغاز وبلاگ‌نویسی به زبان فارسی نسل پرشماری از زنانی را که لزوماً روزنامه‌نگار هم نبودند، وارد عرصهٔ انتشار خاطرات، افکار و تجربیات زنانه خود کرد. برخی از آنها بعدها بدنهٔ اصلی سایت‌های اینترنتی فمینیستی چون "زنان ایران" و مدتی پس از آن "تریبون فمینیستی" را تشکیل دادند. شهادت فرشته قاضی[1] که در این گزارش مورد استفاده قرار گرفته نشان می‌دهد چگونه زنان روزنامه‌نگار و

---

http://www.iranhrdc.org/persian/permalink/1000000158.html#151

[1] متن کامل شهادت فرشته قاضی در ضمائم این گزارش آمده است.

وبلاگ‌نویس تحت شدیدترین فشارها قرار گرفتند تا به داشتن رابطهٔ جنسی با مردان سیاسی اعتراف کنند؛ این شیوهٔ شکنجهٔ جنسی به‌طور گسترده‌ای علیه زندانیان سیاسی زن در دو دهه ۷۰ و ۸۰ به‌کار گرفته می‌شد.

همزمان با تأسیس و رشد سازمان‌های غیردولتی (NGOs) در دوران خاتمی، تشکل‌های زنان در مناطق مختلف ایران و توسط گروه‌های متنوعی از زنان شکل گرفت. این تشکل‌ها فعالیت‌های مختلفی از جمله برگزاری مراسم ۸ مارس (روز جهانی زن)، جلسات سخنرانی و بحث علنی در دانشگاه‌ها و سایر فضاهای عمومی، برگزاری نمایشگاه‌های عکس و نقاشی، کارگاه‌های آموزشی دربارهٔ برابری جنسیتی و خشونت علیه زنان، انتشار نشریات و ترجمهٔ متون فمینیستی انجام می‌دادند. به یمن وجود اینترنت، ارتباط فعالان حقوق زنان در داخل و خارج کشور در این دوره بسیار آسان‌تر شده بود.

هرچند بسیاری از این تشکل‌ها که اعضای‌شان به تفکرات دولتی نزدیک نبودند هیچگاه موفق به کسب مجوز فعالیت از نهادهای رسمی نشدند، اما فعالیت‌های آنها در محدوده معینی، تحمل می‌شد و به‌خصوص در مرکز و شهرهای بزرگ، با مانع جدی روبه‌رو نبود. هرچند محدودیت‌های فعالیت‌های زنان در شهرستان‌ها نسبت به تهران بیشتر بود اما کمتر نشانی از برخوردهای شدید مانند بازداشت اعضای تشکل‌های زنان در این دوره وجود دارد.

در این دوران اگرچه برخوردهای خیابانی با زنان به دلیل نوع پوشش یا روابطشان با مردان کاهش یافت اما همچنان گروه‌هایی از زنان به دلیل سبک زندگی خود تحت سرکوب قرار می‌گرفتند. به‌خصوص اینکه در این دوره ما با حضور علنی‌تر زنانی که الگوهای جنسیتی زنانه را به چالش می‌کشند روبرو هستیم؛ مثل زنان همجنسگرایی که با حجاب اجباری به مخالفت علنی پرداخته و با لباس پسرانه در اجتماع حضور پیدا می‌کنند. شهادت‌های آکان محمدپور، مهیار ضیایی، نسا و الناز ثابت می‌کند که چگونه زنان همجنسگرا و ترنسجندر (transgender)، به دلیل عدم تابعیت

از قواعد مربوط به حجاب و یا نوع گرایش جنسی خود بازداشت شده و با شدیدترین توهین‌ها و الفاظ رکیک مورد تحقیر قرار گرفته‌اند. (رک فصل سوم)

نخستین دوره ریاست جمهوری محمود احمدی‌نژاد

پایان یافتن ریاست جمهوری خاتمی با چندین اعتراض خیابانی جنبش زنان همراه شد. زنان که از فضای باز نسبی دوران پیش از انتخابات بهره گرفته بودند، ابتدا در ۱۱ خرداد ۱۳۸۴ (۱ ژوئن ۲۰۰۵) اعتراض به اصل ۱۱۵ قانون اساسی را در مقابل دفتر ریاست جمهوری سازماندهی کردند؛ مطابق این اصل زنان در جمهوری اسلامی نمی‌توانند رییس جمهور شوند.[۱] پس از آن در تاریخ ۲۰ خرداد، گروهی از زنان در اعتراض به منع ورود زنان به استادیوم‌های فوتبال، در مقابل ورزشگاه آزادی تجمع کردند و توانستند در نیمهٔ دوم بازی ایران- بحرین وارد ورزشگاه شوند.[۲] اما دو روز بعد و در ۲۲ خرداد ۸۸ و در آستانه انتخابات ریاست جمهوری، بزرگ‌ترین اعتراض خیابانی زنان پس از تظاهرات وسیع زنان در اعتراض به حجاب اجباری در اسفند سال ۱۳۵۷، در مقابل درِ اصلی دانشگاه تهران شکل گرفت. خواستهٔ اصلی این تجمع تغییر قانون اساسی به شکلی که حقوق زنان در آن رعایت شود بود. نیروهای امنیتی با محاصره اولین گروه‌های زنان که به تجمع پیوسته بودند، اجازهٔ پیوستن مردان و همین‌طور عکاسان خبری را به تجمع ندادند. اگرچه تجمع دانشگاه تهران بدون دستگیری در آن روز پایان یافت اما مقدمهٔ برخورد شدید وزارت اطلاعات با فعالان حقوق زنان در تهران و شهرستان‌ها شد. احضار، بازجویی و تهدید اعضای سازمان‌های غیردولتی که بیانیهٔ دعوت به تجمع را امضا کرده بودند،

---

[1] http://www.bbc.co.uk/persian/iran/story/2005/06/050601_mf_women.shtml
[2] http://old.mehrnews.com/fa/NewsDetail.aspx?NewsId=193378

به‌خصوص در شهرستان‌ها باعث توقف یا کندی فعالیت برخی از سازمان‌های غیردولتی زنان شد.

دولت احمدی‌نژاد به روشنی در سیاست‌گذاری‌های خود نشان داده بود که علاقه‌ای به تحمل حضور سازمان‌های غیردولتی مستقل و یا حتی نیمه‌مستقل ندارد. بسیاری از زنانی که در تشکل‌های غیردولتی فعال بودند، تحت تأثیر فضای سیاسی-امنیتی که از حدود شش ماه پس از روی کار آمدن دولت احمدی‌نژاد آرام آرام به سمت تشکیل گروه‌های غیررسمی و فعالیت در خارج از چارچوب سازمان‌های غیردولتی که به شدت توسط دولت محدود شده بود رفتند.

مقایسه سرکوب شدید تجمع اعتراضی ۲۲ خرداد ۱۳۸۵ در میدان ۷ تیر در اعتراض به نقض حقوق زنان در قوانین که به بازداشت بیش از ۶۰ تن از فعالان جنبش زنان انجامید[1]، در مقایسه با برخورد نسبتاً ملایم‌تر مأموران امنیتی در تجمع یک سال قبل از آن، ۲۲ خرداد۸۴ در مقابل دانشگاه، نماد مهمی برای نشان دادن این هشدار بود که فعالیت‌های زنان از این پس با شدت بیشتری سرکوب خواهد شد. فرناز معیریان که از جمله بازداشت شدگان میدان ۷ تیر است در شهادت خود فضای این دورۀ تازه را به روشنی ترسیم می‌کند. (رک بخش ۲ فصل سوم)

بازداشت ۳۳ نفر از فعالان جنبش زنان در اسفند ۱۳۸۵ در تجمع اعتراضی مقابل دادگاه انقلاب همزمان با محاکمه پنج تن از سازمان-دهندگان تجمع میدان ۷ تیر، اگرچه با آزادی آنها پس از مدت کوتاهی همراه شد اما به‌روشنی نشان داد که وزارت اطلاعات دوران احمدی‌نژاد دیگر اجازۀ برگزاری هیچ‌نوع اعتراض خیابانی هرچند با تعدادی محدود را نخواهد داد.

مریم حسین‌خواه و زینب پیغمبرزاده که هر دو هم در میان ۳۳ نفر دستگیرشدگان اسفند ۸۵ بودند و هم بعدها مجدداً به دلیل فعالیت‌های

---

[1] http://www.bbc.co.uk/persian/iran/story/2006/06/060628_mf_women_complaint.shtml

خود در کمپین یک میلیون امضا[1] دستگیر شدند، در مصاحبه‌های این تحقیق راجع به آزارهایی که به دلیل جنسیت خود در بازداشت‌های متعدد متحمل شده‌اند شهادت داده‌اند. (رک فصل سوم)

با وجود تمامی محدودیت‌های امنیتی و بازداشت‌های پی‌درپی فعالان، دورهٔ نخست ریاست جمهوری احمدی‌نژاد یکی از شکوفاترین دوران‌های جنبش زنان در ایران بود. هرچند هرچه به پایان این دوره نزدیک می‌شویم، سیاست‌های ارعاب و سرکوب شکل خشن‌تری به خود می‌گیرد.

به‌جز فعالان جنبش زنان، سایر گروه‌های تحت سرکوب همچون روزنامه‌نگاران، فعالان کارگری، فعالان ملیت‌ها، فعالان سیاسی و دانشجویی نیز در دوره نخست ریاست جمهوری احمدی‌نژاد با شرایطی مشابه مواجه بودند. پروانه حاجیلو که در تجمعی شکل نگرفته در اعتراض به زندانی کردن منصور اسانلو، رییس وقت سندیکای کارگران شرکت اتوبوسرانی تهران و حومه (شرکت واحد) دستگیر شده در شهادت خود به وضوح اقدامات نیروهای امنیتی را برای جلوگیری از وقوع هر نوع تجمع اعتراضی ترسیم می‌کند[2].

در این دوره همچنین برخورد با اعضای جامعه بهایی که از ابتدای روی کار آمدن جمهوری اسلامی آغاز شده و در دهه ۶۰ خشن‌ترین شکل خود را بروز داده بود، مجدداً شدت گرفت. برخی از زنان بهایی که در این دوران در شهرستان‌ها بازداشت شدند، روزها و حتی ماه‌ها در بازداشتگاه‌های

---

[1] در سال ۱۳۸۵، گروه‌هایی از فعالان جنبش زنان پس از تجمع ۲۲ خرداد سال ۱۳۸۵، بر آن شدند که در ادامه‌ی پیگیری اهدافی که در قطعنامهٔ آن تجمع اعلام شده بود در جهت تلاش برای تغییر قوانین ناعادلانه و زن‌ستیز در ایران، حرکتی جمعی و هدف‌مند (کمپین) را در دستور کار خود قرار دهند. این کمپین تلاش وسیعی برای "جمع‌آوری یک میلیون امضاء" به‌منظور درخواست تغییر قوانین تبعیض‌آمیز در ایران بود.
http://www.campaignforequality.info/spip.php?article12

[2] برای دیدن شهادت کامل پروانه حاجیلو به این نشانی اینترنتی مراجعه کنید:
http://www.youtube.com/watch?v=24apzYo4ffI

تماماً مردانه متعلق به وزارت اطلاعات محبوس بوده‌اند. شهادت‌های رها ثابت و سها زمانی به‌روشنی نشانگر برخورد متفاوت مقامات امنیتی با زندانیان زن بهایی است. (رک. فصل چهارم)

پس از انتخابات ریاست جمهوری ۱۳۸۸

اعلام دوبارهٔ نام محمود احمدی‌نژاد به‌عنوان برندهٔ انتخابات ۲۲ خرداد ۱۳۸۸، اعتراض گروه‌های وسیعی از مردم در تهران را که اعتقاد داشتند در شمارش آرا تقلب شده برانگیخت. اعتراضات خیابانی سال ۱۳۸۸ اگرچه با شعار "رای من کجاست؟" که بازتاب‌دهندهٔ خواست بازشماری آرا و اعلام میرحسین موسوی، دیگر کاندیدای ریاست جمهوری به‌عنوان رییس جمهور بود آغاز شد، اما به این شعار محدود نماند. بی‌اعتنایی مطلق به این خواسته‌ها و سرکوب خشن معترضان که در ۲۵ خرداد و ۳۰ خرداد به کشته شدن برخی از آنان از جمله ندا آقاسلطان، زن جوانی که بعدها به نماد جنبش اعتراضی بدل شد انجامید، خشم وسیعی علیه کل نظام حکومتی را برانگیخت.

دستگیری هزاران نفر از شهروندان معترض در خیابان و همزمان، بازداشت فعالان سیاسی و روزنامه‌نگاران در یورش به خانه‌ها و محل کار آنان، از فردای روز انتخابات آغاز و تا زمانی که اعتراضات خیابانی ادامه داشت، تداوم یافت. یک مقام رسمی از بازداشت ۴۰۰۰ نفر تنها در یک ماه پس از انتخابات سخن گفت.[1] با گسترش اعتراضات خیابانی به برخی از شهرها از جمله در شیراز، اصفهان و رشت، بازداشت‌های گسترده‌ای صورت گرفت. فعالان مدنی و سیاسی که در حوزه‌های مختلف فعال بودند و هم‌اکنون به جمع معترضان پیوسته بودند یکی از اصلی‌ترین هدف‌های بازداشت بودند.

---

[1] http://www.bbc.co.uk/persian/iran/2009/08/090811_si_ir88_detainees.shtml

در این میان، تعداد زیادی از زنان روزنامه‌نگار، و فعالان زن در حوزه‌های مختلف نیز دستگیر شدند. درصد قابل توجهی از بازداشت‌شدگان در خیابان‌ها را نیز زنانی تشکیل می‌دادند که لزوماً تا پیش از انتخابات، فعالیت سیاسی نداشتند و صرفاً به‌عنوان یک شهروند، در اعتراضات شرکت کرده بودند. همان‌طور که با مرور شهادت‌های فرزانه حمزه‌ای و م. الف. و نیز مورد ترانه موسوی خواهیم دید، این شهروندان زن قربانیان اصلی سیاست تجاوز به بازداشت‌شدگان بودند. (رک فصل دوم، بخش ۳)

زندانیان زنی که به دلیل فعالیت در ستادهای انتخاباتی، مطبوعات و یا جنبش‌ها و تشکل‌های مدنی مختلف بازداشت شده بودند اشکال دیگری از شکنجهٔ جنسی از جمله تحت فشار قرار گرفتن برای اعتراف دربارهٔ روابط خصوصی، توهین‌های جنسی و تهدید به تجاوز را تجربه کرده‌اند. مرور شهادت‌های شیما حسامی، کانی اردلان، درسا سامی، روژین محمدی، سارا زرکوب و راضیه نشاط نشان می‌دهد که بازجویان به‌طور کلی برخوردهای بسیار خشن‌تری نسبت به آنچه پیش از انتخابات صورت می‌گرفت نسبت به زندانیان سیاسی در پیش گرفته بودند و در این میان، شکنجه‌های جنسی یا آزارهای مبتنی بر جنسیت نقش پررنگ‌تری پیدا کرده است. (رک فصل دوم، بخش ۱ و فصل سوم)

شدت‌گیری دوبارهٔ اعدام زندانیان سیاسی که با اعدام آرش رحمانی‌پور و محمدرضا علی‌زمانی، به اتهام همکاری با انجمن پادشاهی در ۸ بهمن ۱۳۸۸ آغاز شد و با اعدام پنج زندانی کرد[1] و زندانیانی که اتهامشان

---

[1] اعدام احسان فتاحیان در آبان ماه ۱۳۸۸ و نیز اعدام فصیح یاسمنی، در دی ماه ۱۳۸۹ به وقوع پیوست که هر دو از فعالان سیاسی کرد بودند. در ۱۹ اردیبهشت ۱۳۸۹ فرزاد کمانگر، فرهاد وکیلی، علی حیدریان و شیرین علم هولی که همگی دارای قومیت کرد بودند، به جرم «عملیات تروریستی» در ارتباط با آنچه که ادعا می‌شد عضویت آنها در پژاک بوده، بعنوان «محارب» اعدام شدند. چند ماه بعد در دی ماه ۱۳۹۰ یک کرد دیگر به نام حسین خضری، اعدام شد.
http://www.iranhrdc.org/persian/permalink/1000000158.html#21

همکاری با سازمان مجاهدین بود[۱]، نشانهٔ دیگری از خشن‌تر شدن اشکال سرکوب و قصد نظام حکومتی برای ایجاد ترس در میان فعالان سیاسی داشت. نام دو زندانی سیاسی زن در میان اعدام شدگان پس از انتخابات ۱۳۸۸ به چشم می‌خورد: شیرین علم هولی و زهرا بهرامی.

شیرین علم هولی، ۲۹ ساله، که به همراه چهار زندانی سیاسی کرد دیگر در ۱۹ اردیبهشت ۸۹ اعدام شد، در ششم خرداد ماه سال ۱۳۸۷ در تهران توسط سپاه پاسداران بازداشت شده بود و پس از تحمل ۲۱ روز حبس و شکنجه در محلی نامعلوم به زندان اوین منتقل شد. او بر اساس حکم شعبه ۱۵ دادگاه انقلاب تهران به ریاست قاضی ابوالقاسم صلواتی و به اتهام همکاری با پژاک[۲] به اعدام محکوم شده بود.

زهرا بهرامی، ۴۵ ساله، شهروند ایرانی-هلندی که سه روز پس از تظاهرات اعتراضی عاشورای ۱۳۸۸ در تهران دستگیر شده بود، به اتهام قاچاق مواد مخدر توسط شعبه ۱۵ دادگاه انقلاب تهران به اعدام محکوم شد. این حکم حدود یک سال پس از دستگیری در ۹ بهمن ۱۳۸۹ و در حالی‌که هنوز به اتهامات سیاسی وی که مربوط به اعتراضات پس از انتخابات بود رسیدگی نشده بود اجرا شد[۳].

پیامد سرکوب اعتراضات سال ۱۳۸۸، صدور احکام حبس سنگین برای فعالان حوزه‌های مختلف از جمله زندانیان سیاسی زن بود. بسیاری از شهروندان عادی نیز به حبس‌های بلندمدت محکوم شدند. در میان آنها،

---

[۱] جعفر کاظمی و محمد حاج‌آقایاری از جمله زندانیان سیاسی دهه ۶۰ بودند که پس از انتخابات و به اتهام ارتباط با سازمان مجاهدین خلق بازداشت و به اعدام محکوم شده و در بهمن ۸۹ اعدام شدند. جعفر کاظمی، محمد حاج‌آقایاری، علی صارمی زندانیانی بودند که به صورت مخفیانه اعدام شدند و در مراجعهٔ خانواده‌هاشان، نشانی محل دفن آنها داده شد.
http://www.roozonline.com/persian/news/newsitem/article/-c7b234e8ac.html

[۲] پژاک (گروه حیات آزاد کردستان) یک گروه چپ‌گرای شبه‌نظامی در کردستان ایران است که در ۴ آوریل ۲۰۰۳ تأسیس شده است.
http://www.akhbar-rooz.com/news.jsp?essayId=44862

[۳] زهرا بهرامی، شهروند ایرانی-هلندی اعدام شد:
http://radiozamaneh.com/content/

به‌خصوص زنانی که در دهه ۶۰ سابقهٔ فعالیت سیاسی داشتند، احکام بلندمدت‌تری را دریافت کردند.

احکام حبس بلندمدت نه فقط برای زندانیان سیاسی که برای زندانیان عقیدتی نیز در این دوره صادر شد. تعداد زیادی از زنان بهایی در این دوره بازداشت و برخی از آنها به حبس‌های طولانی محکوم شدند. وضعیت زندانیان زن بهایی زندان سمنان که به همراه فرزندان خردسال خود شرایط سختی را می گذرانند، بار دیگر توجه عمومی را به موضوع مادری در زندان جلب کرده است.

در زندان‌های شهرستان‌ها، پس از زندانیان عقیدتی، زندانیان متعلق به اقلیت‌های ملیتی مهم‌ترین و پرتعدادترین زندانیان سیاسی را تشکیل می‌دهند. براساس آماری که از منابع محلی به دست آمده است، در زمان نوشتن این گزارش حداقل شش زن فعال در شهرهای مختلف آذربایجان در انتظار اجرای احکام حبس خود هستند.

در زمان نوشته شدن این گزارش، هرچند آمار دقیقی از تعداد زندانیان سیاسی-عقیدتی زن در ایران در دست نیست اما به جرأت می‌توان گفت در کنار اشکال متعدد سرکوب، همچنان "سیاست زندان"، که در مورد زنان با اشکال مختلف شکنجهٔ جنسی و آزارهای مبتنی بر جنسیت در هم آمیخته، اصلی‌ترین سیاست سرکوب فعالیت‌های سیاسی و مدنی زنان در ایران است. به بیان دیگر، هرجا و در هر حوزه‌ای که زنانی وارد عرصهٔ فعالیت شدند، سرنوشت محتوم پاره‌ای از آنان، بازداشت و زندانی شدن در زندان‌های جمهوری اسلامی بوده است؛ جایی که زن بودن خود را با تمام وجود تجربه کردنند.

فصل دوم

تجاوزهای جنسی

۱- تهدید به تجاوز

تهدید به تجاوز به زندانی زن، همواره یکی از شیوه‌های ارعاب و شکنجه روانی بوده است که صرف‌نظر از اینکه عملی شود یا خیر، به خودی خود می‌تواند مقاومت زندانی را در هم بشکند. به‌ویژه اینکه در بازداشت بودن و ناتوانی از کمک خواستن از کسی یا فرار از موقعیت زندان، این تهدید را باورپذیرتر می‌کند. تهدید به تجاوز معمولاً در شرایطی انجام می‌شود که زندانی زن با بازجو یا بازجویان مرد خود در اتاق تنگ و کوچک بازجویی تنهاست و در بسیاری از موارد، چشم‌بسته یا دست‌بسته است و هیچ‌گونه قدرتی برای فرار از آن موقعیت ندارد.

برخی از مصاحبه‌شوندگان این تحقیق شهادت داده‌اند که در زمان بازجویی، تهدید به تجاوز شده‌اند. این تهدید، بیشتر اوقات ضمنی بوده و در حالی‌که هم زندانی زن و هم بازجو می‌دانسته که موضوع چیست، بدون به‌کار بردن کلمه تجاوز صورت گرفته است. اما در مواردی، بازجو صراحتاً زندانی را به تجاوز تهدید کرده است. این شهادت‌ها در عین حال ثابت می‌کند تهدید به تجاوز به‌عنوان حربه‌ای برای ایجاد رعب و وحشت در زندانی زن مطرح شده و بیشتر، زمانی کاربرد پیدا کرده که بازجو نتوانسته از طرق عادی بازجویی، مقاومت زندانی را در هم بشکند.

مریم حسین‌خواه دربارۀ تجربه خود چنین شهادت می‌دهد:

«یک چیزی که خیلی شفاف تو ذهنم مانده این بود که در یکی از بازجویی‌های خیلی سختی که داشتم، خیلی با بازجویم جرّ و بحث داشتیم، ازم می‌خواست یک چیزهایی را امضا کنم، تعهد بدهم، اسم آدم معرفی کنم، من هیچ‌وقت این کارها را نمی‌خواستم بکنم و خیلی دوتای‌مان داد می‌زدیم. گفتم من دیگر جواب نمی‌دهم. خودکارم را اینطوری روی برگه فشار می‌دادم و گفتم من دیگر جواب نمی‌دهم، فکر می‌کنم میز را داشت سوراخ می‌کرد آن‌قدر فشار دادم. برگشت به من گفت خانم حسین‌خواه کاری نکن که باهات کاری کنیم که اسم زن بودنت را هم دیگر نتوانی بیاوری. دقیقاً زن بودن من را نشانه گرفت و من سرم را بلند کردم تو چشم‌هاش نگاه کردم و دیگر هیچی نگفتم. با خشم نگاه کردم که فهمیدم داری به من چه می‌گویی و حق نداری که به من این را بگویی. من هیچی نگفتم و یادم نیست بعدش چه شد... [این بازجو] آقایی بود به اسم مهدوی که دلش می‌خواست در نقش بازجوخوبه باشد، آقای مؤدبی که ریش‌هاش را اصلاح کرده بود و اودکلن می‌زد، شلوارش خط تا داشت، دمپایی نمی‌پوشید، کفش براق واکس‌زده می‌پوشید. آدم شیک و پیکی که می‌گفت من آدم تحصیل کرده‌ای هستم، مطالبات شما را می‌فهمم، حتی گاهی می‌گفت شما حق دارید ولی روش‌هاتان مشکل دارد. که البته اینطور نبود و اینها همه فیلمش بود. تو بازجویی جای دیگر می‌گفت که شما حق هیچی ندارید. ولی به هر حال بازجوخوبه بود و می‌خواست خیلی مؤدب و روشنفکر باشد. ولی قشنگ به من می‌گفت کاری می‌کنم اسم زن بودنت را هم نتوانی بیاوری. واقعاً وقتی من توی چشم‌هاش نگاه کردم دقیقاً فهمیدم چه دارد به من می‌گوید.»[1]

---

[1] شهادت مریم حسین‌خواه، عدالت برای ایران.

کانی اردلان هم در نخستین بازجویی خود، به‌طور تلویحی به تجاوز تهدید شده است:

«نمی‌دانم، آن‌لحظه من ترسیده بودم. بدنم لرزید. خودم را جمع کردم. حرصم درآمده بود. بازجویم برگشت گفت فکرت به آن سمت‌ها نرود. حالا می‌رسیم به آن سمت... یکی از جمله‌هایی که بهم گفت این بود که "به لجن می‌کشانمت". خیلی از این حرف عصبانی شدم. گفتم هر کاری دوست داشتی می‌توانی بکنی. من نگرانی بابت چیزی ندارم. فقط یک چیزی را بهت توصیه می‌کنم که اگر آن کار را کردی نگذار من از اینجا زنده بیرون بروم. گفت مثلاً چه گهی می‌خوری؟ گفتم خیلی خب تو کارت را بکن و بگذار من از اینجا زنده بیرون بروم آن‌وقت حالیت می‌کنم که چه کار می‌کنم. ببینم من باید خجالت بکشم یا شما؟!»[1]

همانطور که از شهادت کانی اردلان و مریم حسین‌خواه برمی‌آید، وی و بیشتر مصاحبه‌شوندگانی که تجربه مشابه داشته‌اند، سعی کرده‌اند در مقابل تهدیدهای بازجویان بایستند و اجازه ندهند که آن‌ها از رهگذر تهدید به تجاوز، مقاومت آن‌ها را در هم بشکنند.

برخی از زندانیان زن به این تهدید شده‌اند که همان‌کاری را که همکاران یا همقطاران مردشان با آن‌ها کرده‌اند، بازجویان با آن‌ها خواهند کرد. این نوع از تهدید نه فقط به‌خاطر رعبی که از تجاوز در دل زن زندانی ایجاد می‌کند بلکه به دلیل بی‌احترامی به رابطهٔ او با دوستان و همکاران مذکرش، بسیار آزاردهنده بوده است.

زینب مستوفی می‌گوید:

«چیزی که من را واقعاً اذیت کرد این بود که یک عکسی را پیدا کرده بودند از وسایل من که این عکس مربوط به سمیناری بود در

---

[1] شهادت کانی اردلان، عدالت برای ایران.

خارج از کشور که من کنار یکی از دوستان خارجی‌ام ایستاده‌ام و عکس گرفتم، این عکس را به من نشان دادند و گفتند این کی است؟ گفتم یک کنفرانسی بوده و ایشان هم آنجا بوده، یکی از استادهای من هستند، بعد [متوجه شدم که در اتاق بازجویی،] پشت سر من چند نفر هست و این عکس را به هم نشان می‌دهند. گفتم من اجازه نمی‌دهم که شما عکس شخصی من را بین همدیگر پخش کنید و ببینید. گفتند خجالت بکش. تو رفتی آنجا هرکاری دلت خواسته کردی، هرکاری که این مرد با تو کرده ما هم با تو می‌توانیم بکنیم و من آن دقیقه خیلی وحشت کردم، گفتم نکند اینها فکر کنند من زنی هستم که با هرکسی می‌خوابم و بخواهند با من همچین کاری بکنند چون توی احادیث و فقه‌شان هم از این چیزها هست که به مردها اجازه داده می‌شود از این کارها بکنند و یک آن من واقعاً وحشت کردم، ترسیدم و سر جایم خشکم زد. و برای چند دقیقه‌ای فکر کردم چطور می‌توانم این مسئله را حل کنم... یکی از دلایلی که شاید با من آن قدر تند و تیز برخورد کردند بخاطر این بود که تند و تیز هم حرف می‌زدم. من حتی بهشان می‌گفتم من واقعاً متأسفم برای آن زن و دختری که بخواهد سفرهٔ نانش از بابت پروندهٔ اراجیفی که دارید به من می‌گویید در بیاید. که یکی بهم گفت خفه شو دهانت را ببند. اجازه نمی‌دهم توهین کنی. گفتم شما هر توهینی دلت می‌خواهد داری به من می‌کنی...»[۱]

سپیده پورآقایی نیز به‌یاد می‌آورد که یکی از هم‌سلولی‌هایش در بند ۲۰۹ زندان اوین، به‌طور ضمنی و با مضمونی مشابه مضمونی که در بازجویی زینب مستوفی استفاده شده، تهدید به تجاوز شده بود: «خودش می‌گفت من را تهدید به تجاوز می‌کنند، گفته‌اند همان بلایی که فلان آقا، کسی بود

---
[۱] شهادت زینب مستوفی، عدالت برای ایران.

که توی پرونده‌اش بود، سرت آورد ما هم می‌کنیم. تو که برایت فرقی نمی‌کند تو که دیگر آبکش شده‌ای.»[۱]

در یک مورد نیز یکی از مصاحبه‌شوندگان در بند ۲۴۰ زندان اوین، با جملاتی که ظاهراً شکل پیشنهاد ازدواج (خواستگاری) داشته، به تجاوز تهدید شده است[۲].

اما روژین محمدی[۳]، در بند ۲الف زندان اوین، صراحتاً به تجاوز تهدید شده است:

> «روز اول که رفتم به من گفتند تو دیروز گفته‌ای ما بهت تجاوز کرده‌ایم. گفتند تو به پزشک اوین گفتی. گفتم نه من همچین چیزی نگفتم. من دیروز بازداشت شدم تا بازداشت هم شدم رفتم تو بهداری این اتفاق نیفتاده بود که بگویم. گفتند نه تو گفته‌ای، فیلمش را می‌گذاریم جلویت. باید بهت تجاوز بشود تا بفهمی چطوری است. الان می‌فرستیمت پزشکی قانونی تا مشخص شود تو چه جنده‌ای هستی. این [بازجو که لهجهٔ اصفهانی داشت] به من می‌گفت جنده گوزو. داد می‌زد می‌گفت جنده گوزو تو تا به حال فهمیده‌ای فلان... می‌فرستیمش پزشکی قانونی. من در بهداری اوین چنین چیزی نگفته بودم. نمی‌دانم برای چه داشتند این کار را می‌کردند.»[۴]

جمع‌بندی

تهدید به تجاوز، به شکل تلویحی یا تصریحی، یکی از شیوه‌های شکنجه روانی زندانی سیاسی زن بوده است که در دهه ۷۰ و ۸۰، از سوی

---

[۱] شهادت سپیده پورآقایی، عدالت برای ایران.

[۲] به دلیل حفظ امنیت مصاحبه شونده، از ذکر جزییات بیشتر دربارهٔ این موضوع معذوریم.

[۳] متن کامل شهادت روژین محمدی در ضمیمهٔ این گزارش آمده است.

[۴] شهادت روژین محمدی، عدالت برای ایران.

بازجویان به کار گرفته شده است. نتایج حاصل از این تحقیق نشان می‌دهد که روش‌ها و مضمون گفتارهای به‌کار گرفته شده برای اینکه زندانی زن را تهدید به تجاوز کنند، در زندان‌ها و دوره‌های مختلف، مضمونی مشابه داشته است و به قصد ایجاد ترس، از بین بردن مقاومت زندانی زن و تسلیم او به خواسته‌های بازجویان استفاده شده است. هرچند شهادت‌های این تحقیق نشان می‌دهد که استفاده از این روش شکنجۀ جنسی، همیشه با موفقیت بازجویان در رسیدن به مقصد خود همراه نبوده و زنان در بیشتر مواقع در برابر آن مقاومت کرده‌اند، اما در موارد بسیاری توانسته در روش برخورد زندانی با بازجویان تأثیر بگذارد.

۲- تجاوز در زندان

در طول دهه ۷۰ و ۸۰ شمسی، تا پیش از انتخابات ریاست جمهوری سال ۱۳۸۸، موارد پراکنده‌ای از تجاوز به زنان زندانی سیاسی و عقیدتی و همچنین زنانی که به دلیل نقض قوانین شرعی بازداشت شده‌اند گزارش شده است. اما موضوع تجاوز به زندانیان سیاسی پس از انتخابات ۱۳۸۸ ابعاد اجتماعی وسیع‌تری به خود گرفت که به دلیل اهمیت بررسی دقیق‌تر آن، بخش جداگانه‌ای را در این گزارش به آن اختصاص داده‌ایم[۱].

از مجموع ۴۴ مصاحبه انجام شده این تحقیق با زنانی که بین سال‌های ۱۳۶۸ تا ۱۳۸۸ بازداشت شده‌اند، شش نفر از آنها وقوع تجاوز در مورد خود را تأیید کرده‌اند که متن کامل شهادتنامه دو تن از آنها، مریم رضوی (نام مستعار) و شیدا سلطانی در ضمائم این گزارش آمده است[۲]. (رک ضمیمه شماره ۱)

در مورد دو نفر، زهرا کاظمی و زهرا بنی‌یعقوب که در دوران بازداشت کشته شده‌اند شایعاتی در مورد تجاوز به آنها پیش از مرگ وجود داشته که به دلیل اهمیتی که این دو پرونده برای افکار عمومی در ایران و حتی در سطح جهانی پیدا کرد، مطالعه‌ای مستقل انجام دادیم. در این مطالعه سعی کرده‌ایم تا جایی که ممکن است با تکیه بر اسناد موجود و شهادت شهود، حقیقت را روشن کنیم. هرچند به دلیل عدم دسترسی به اسناد دولتی و همین‌طور، مرگ این دو نفر، نتیجه‌گیری ما که در مطالعات موردی ضمیمه این گزارش آمده، محدود به منابع موجود مانده است.

در مورد زهرا کاظمی، خبرنگارعکاس ایرانی-کانادایی که ۲تیر ۱۳۸۲ در مقابل زندان اوین و به دلیل عکاسی از تجمع خانواده‌های زندانیان

---

[۱] رک: فصل دوم این گزارش.

[۲] از بخش‌هایی از شهادتنامهٔ چهار نفر دیگر در این فصل استفاده شده اما مصاحبه‌شوندگان اجازه انتشار متن کامل آن به دلایل امنیتی یا محذور خانوادگی به ما نداده‌اند.

سیاسی بازداشت شد، شهرام اعظم، پزشک معالج وی در اورژانس بیمارستان بقیةالله شهادت می‌دهد که به وی در زندان اوین، تجاوز شده است. شهرام اعظم در شهادت خود با جزییات کامل تشریح می‌کند که چگونه وی و پرستار بخش اورژانس به دلیل وسعت جراحات ناحیه تناسلی، قادر به نصب سوند برای زهرا کاظمی که کاملاً بیهوش به بیمارستان منتقل شده بود نبودند و علائم بالینی حکایت از وقوع قطعی تجاوز داشته است.[۱] هرچند شیرین عبادی، وکیل مادر زهرا کاظمی که پروندهٔ وی را مطالعه کرده می‌گوید در گزارش پزشکی قانونی، هیچ‌گواهی مبتنی بر وقوع تجاوز وجود نداشت. وی همچنین به دلایل سیاسی، وقوع تجاوز را بعید می‌داند[۲].

در مورد زهرا بنی‌یعقوب، مصاحبه ما با سه وکیل خانوادهٔ وی، شیرین عبادی، مهناز پراکند و مهرنوش نجفی‌راغب، ما را به این نتیجه قطعی نمی‌رساند که پیش از مرگ، به وی تجاوز شده است. هرچند علت مرگ وی که وکلایش اعتقاد دارند، نه خودکشی، آن‌طور که مقامات ادعا می‌کنند، بلکه قتل بوده، هنوز به یقین مشخص نیست[۳].

مرور شهادت‌های مصاحبه‌شوندگان این تحقیق نشان می‌دهد که یکی از اصلی‌ترین مقاصد بازجویان از تجاوز به زن زندانی، شکستن مقاومت او بوده است.

مریم رضوی (نام مستعار) اعتقاد دارد که تجاوز، "برای شکستن زندانی است. چون یک زندانی در آن شرایط و وضعیت جذابیت سکسی‌ای ندارد برای یک مرد."[۴]

اما از تجاوز به مثابه حربه‌ای برای شکستن مقاومت فرد و یا به سکوت کشاندن او نه فقط در زندان که پس از آن هم در مورد حداقل دو

---

[۱] شهادت شهرام اعظم به‌طور کامل در ضمیمه شماره ۱ این گزارش آمده است.
[۲] جزییات این شهادت‌ها در مطالعه موردی: پرونده زهرا کاظمی در ضمائم این تحقیق آمده است.
[۳] جزییات این شهادت‌ها در مطالعه موردی: پرونده زهرا بنی‌یعقوب در ضمائم این تحقیق آمده است.
[۴] شهادت مریم رضوی، عدالت برای ایران

تن از مصاحبه‌شوندگان این تحقیق، استفاده شده است. پروانه در یک تظاهرات دانشجویی در سال ۱۳۷۶، در پارک لاله تهران دستگیر می‌شود، تأکید می‌کند که پس از آزادی از زندان، برای اینکه از او "زهر چشم" بگیرند، به او تجاوز کرده‌اند[۱].

در برخی از موارد، بازجویان برای وادار کردن زندانی به اعتراف، از تجاوز استفاده کرده‌اند. نسا به همراه دوست دختر خود، الناز، با برنامه‌ریزی دایی الناز که با رابطهٔ همجنسگرایانه آنها مشکل داشته، به‌عنوان بدحجابی دستگیر می‌شود. اما در بازداشتگاهی در اصفهان، با فشار بازجو مواجه می‌شود که اعتراف کند "خانه فساد" داشته است. شهادت وی علاوه بر اینکه نشان می‌دهد چگونه مأموران امنیتی از قدرت و نفوذ خود برای مسائل شخصی استفاده می‌کنند، استفاده از حربه تجاوز برای وادار کردن زندانی به اقارير دروغ علیه خود را مستند می‌کند:

«بدحجاب نبودیم. به جرم بدحجابی بردنمان... الناز را بعد از اینکه عکس گرفت و تعهد داد، مادرش آمد بردش. چون توطئه بود از طرف دایی الناز که اطلاعاتی است و با من مشکل داشت، الناز را سریع بیرون آوردند و من ماندم داخل... آن شب بود که بازجویی داشتم... یعنی اینکه سؤال می‌کردند که خانهٔ فساد داری، می‌گفتند اگر یک بار دیگر دور و بر الناز بپلکی یا روی مخش کار کنی یا این کارها را بکنی، پدرت را در می‌آوریم... و شروع کردند به فحش و بد و بیراه، تا اینکه مرد بهم تجاوز، البته نه تجاوز جنسی کامل، کرد. من حرف نمی‌زدم. بغضم گرفته بود از ترسم می‌دانستم که اگر در این شرایط گریه کنی، چون ترسیدی راحت‌تر می‌تواند بهت دست بزند. راحت‌تر می‌تواند بهت تجاوز کند. من نه می‌توانستم گستاخ باشم نه می‌توانستم گریه بکنم. کاری نمی‌توانستم بکنم، ولی مجبور بودم تا جایی که می‌توانم اگر سؤالی می‌کند، اگر بتوانم از پسش بربیایم و زبانم باز

[۱] شهادت پروانه، عدالت برای ایران.

بشود، حرف بزنم و بگویم بابا این نیست. آخر چرا. چطور شما این حرف را می‌زنید... آن خانم تا زمانی که داشت بازجویی می‌کرد، بود. حالا نمی‌دانم علامت داد یا نه، چون نمی‌توانستم برگردم، اجازه برگشتن نداشتم. می‌خواستم برگردم می‌زد تو صورتم. یعنی تنها چیزی که من می‌دانم صدایش بود، دست‌هایش بود... تنها بودم تو اتاق... من حرف نمی‌زدم، هی بهم می‌گفت تو اگر خرابی، آن‌قدر می‌بری می‌آوری، تو که کارت اینست چرا حرف نمی‌زنی، پاشو، حرف بزن. هی هلم می‌داد بعد آمد موهایم را گرفت و کشید و گفت تو که هرزه‌ای با این موهات هرزگی می‌کنی، دستم را گرفتم که مثلاً به من دست نزند، چون موهایم را هم بسته بودم، بلوزم را گرفت و بلوزم پاره شد و من را چسباند به بدن خودش، که صحبت نکنی پدری ازت در می‌آورم که مرغ‌های آسمان به حالت گریه کنند و دیگر هیچ‌کس را نبینی، کسی از استخوان و پوست تو هم خبردار نشود، پدرت را در می‌آورم ولی نمی‌گذاشت من برگردم. دیگر آنجا من نتوانستم بغضم را نگه دارم... بعد وقتی موهای من را گرفت داخل دستش، وقتی دستش را زدم کنار، شاکی شد عصبانی شد بلوزم را که گرفت بکشد، چون تی‌شرت نازک تنم بود، پاره شد و من را چسباند به خودش... من دیگر بغضم ترکید و گفتم چرا اینطوری می‌کنید. صدایم داشت می‌رفت بالا او هم هی عربده می‌زد که صدایت را بیاور پایین و صدا می‌رفت توی بازداشتگاه چون سکوت بود، شب بود، دخترها ساکت بودند، کسی هم نمی‌آمد برود و خیلی مهم بود که یک سوژه دست همه ندهند که این مرد اینجاست. به خاطر همان من را پرت کرد روی زمین و گفت آدمت می‌کنم. به حسابت می‌رسم. که بعد من را بردند داخل بازداشتگاه.»[1]

[1] شهادت نسا، عدالت برای ایران.

نتایج برآمده از مصاحبه‌های این تحقیق نشان می‌دهد که اگرچه نمی‌توان گفت تجاوز به زنان در این دوره، به شکل گسترده اتفاق می‌افتاده اما در هر شش مورد، فضا و شرایط به گونه‌ای بوده که برخی از دیگر مسئولان بازداشتگاه یا مقامات امنیتی و قضایی در جریان بوده‌اند یا بعداً در جریان قرار گرفته‌اند اما عاملان آن تحت هیچگونه پیگردی قرار نگرفته‌اند.

مریم رضوی (نام مستعار)[۱]، در بازداشتگاه توحید و در اتاق شکنجه، مورد تجاوز دو مرد قرار می‌گیرد. او به وضوح به‌یاد می‌آورد که بازجوی پرونده و همین‌طور زندانبانان زن در مورد تجاوز اطلاع قبلی داشتند:

«بعد از شکنجه‌های جسمی، یک روز حدود ساعت شش غروب، عصر بود، دوباره خانم‌های [زندانبان] آمدند گفت بلند شو چشم‌بند بزن و مقنعه‌ات را سرت کن. من را بردند تحویل دادند... بعد بازجویم من را تحویل اینها داد و خودش رفت... بردند رو همان تختی که قبلش روش شلاق خورده بودم، رو همان تخت بهم تجاوز کردند... دو نفر بودند... همان لباس زندان تنم بود. من را خواباندند روی تخت. دست‌هام هم طبق معمول دست‌بند بود. بعداً یکی‌شان آمد شلوارم را بکشد بیرون که من مقاومت می‌کردم، آن یکی هم من را می‌زد، می‌زد تو صورت و شکمم که من گیج شده بودم، انقدر زده بودند تو سر و صورتم که من گیج شده بودم. یک‌دفعه آن مرد به من تجاوز کرد. با تمام قدرتش پاهای من را گرفت باز کرد... یکی‌شان تجاوز کرد دومی هم شاشید رویم... داد می‌زدم... بله. داد می‌زدم ولی برای کی داد بزنم؟ داد می‌زدم و تقلا می‌کردم... از همان بازجوی اصلی من را تحویل گرفتند... آنها بیرون بودند. پشت در با بازجویم بودند. چون وقتی اینها تجاوز کردند و من حالم بد بود، جیغ و هوار می‌کشیدم، گریه می‌کردم... بعدش آن خانم و بازجوها آمدند من را بردند.... [زن‌های نگهبان] بهم فحش می‌دادند...

---

[۱] شهادتنامه کامل مریم رضوی در ضمیمه این گزارش آمده است.

[می‌گفتند] کثافت آشغال لیاقت تو همین است، امثال تو را باید
همین بلا را به سرش آورد... یکی‌شان من باهاش خیلی صحبت
می‌کردم، خانمی بود آن موقع حدود چهل و دو— سه ساله... پدرش
آخوند بود، خودش هم داشت درس الاهیات می‌خواند. بهش می‌گفتم
مگر شما مسئله‌تان اسلام نیست؟ این کجای اسلام است؟ این کجاش
دین اسلام است؟ این کجاش آن چیزی که خدا شما دنبالش هستید
به آدم تجاوز می‌کنند، شکنجه می‌دهند، هرکاری که می‌کنند این
کجایش اسلام است؟ می‌گفت آدم‌های ضد انقلاب کافری مثل شما،
شما این کار را نکنید تا با شما کاری نداشته باشند. کسی که با
نظام اسلامی در می‌افتد باید منتظر اینها هم باشد، شما وجدان
ندارید. با خانم خیلی صحبت می‌کردم. می‌گفتم تو ناراحت نمی‌شوی؟
می‌گفت نه. این همه آدم (هست) چرا نمی‌روند با آنها این کارها را
بکنند، شما در مقابل یک نظام ایستادی، این نظام هم با شما این
برخورد را می‌کند. تو خانه‌ات بنشین، کاری نداشته باش کاری
باهات ندارند. من می‌گفتم شما که می‌گویید اسلام، این کجای
اسلام است؟ می‌گفتند ما عین دکتر که به مریضش محرم است،
اینجا هم ما محرمیم. اینجا ما کار خودمان را می‌کنیم. می‌گفت با
امثال شما کثافت‌ها باید همین کار را کرد. اینکه چیزی نیست.
بدتر از این باید کرد.... جوری تجاوز کرد که تمام کسانی که تو
زندان بودند دیده بودند که من روزی چهار بار لباسم را عوض
می‌کردم. حدود چهل روز خون‌ریزی داشتم. وقتی می‌رفتم توالت
تکه تکه از بدن من خون می‌آمد... بعد یک روز علناً دیگر فریاد زدم
توی توالت گفتم من مریم رضوی‌ام، بهم تجاوز کرده‌اند همچین
بلایی به سرم آورده‌اند که دل و جگر من دارد بیرون می‌آید.»[1]

---

[1] شهادت مریم رضوی، عدالت برای ایران.

او پس از آنکه به بازجوی خود صراحتاً گفته که به وی تجاوز شده، با این پاسخ مواجه شده که "این حکم حاکم شرع اینجاست. حکم ما نیست. فکر نکنی این حکم را من دادم. حکم را حاکم شرع اینجا داده."[۱]

انسیه که به همراه دوستان‌اش در سال‌های پایانی دهه ۶۰، هنگام سفر به شمال ایران به دلیل اینکه زنان مجرد بوده‌اند، دستگیر شده است، به وضوح به‌یاد می‌آورد که حداقل یکی از مأموران نیروی انتظامی در جریان اینکه مافوقش، بازداشت‌شدگان زن را به خانه خود می‌برد بوده است:

«[بعد از اینکه ما را آزاد کردند و برگشتیم تهران] بهمان زنگ زدند که بیایید شمال می‌خواهیم چیزهایتان را پس بدهیم. توی ژاندارمری بهمان گفت: بروید پایین سوار ماشین شوید. یک نفر دیگر هم باهاش آمد تو ماشینش نشست. یکی از آنهایی که زیر دستش بودند آمد تو ماشین. من فکر می‌کردم باید برویم یک جایی مدارکی بگیریم ولی یک جا پیاده شد و ماها آمدیم و رفتیم دم خانه. گفت برویم خانه‌مان آنجا راحت صحبت می‌کنیم... من فکر کردم زن و بچه‌اش هم خانه هستند. کلید انداخت گفتم پس زن و بچه‌اش نیستند... رفتم تو، یک موقع دیدم آمد بالا. نشست پیش من با من صحبت کرد. من هم عادی باهاش صحبت کردم بعد دیدم نه دارد یک جور دیگری صحبت می‌کند، یک جور دیگری جلو می‌آید، یکی اینجا بود که این آمد جلو. اول دستش را گذاشت رو دست من، که من دستم را کشیدم. من کنار پنجره نشسته بودم و دستم را روی درگاه پنجره گذاشته بودم دستش را گذاشت روی دستم و من دستم را کشیدم. یک خرده آمد جلوتر، صندلی‌اش را کشید جلو، من فهمیدم این دارد با من شروع می‌کند. گفتم به من دست نزنی ها. یکهو من را بغل کرد. من بلند شدم ایستادم، او هم بلند شد ایستاد و من را بغل کرد. گفتم به من دست نمی‌زنی. شروع کردم

[۱] شهادت مریم رضوی، عدالت برای ایران.

داد زدن که به من دست نمی‌زنی من خودم را می‌کشم. گفت نه. حالا تو همین گیر و دار من را انداخت زمین افتاد رویم، کار خودش را کرد من داشتم جیغ می‌زدم و گریه می‌کردم. دوستم آمده بود در می‌زد، در را باز کنید خواهش می‌کنم تلفنتان زنگ می‌زند، ولی او کارش تمام شد چون بلند شد از توی کمدش یک شلوار هم درآورد. که شلوارش را عوض کند و برود.»[۱]

شیدا سلطانی[۲] که به دلیل طرفداری از کومله به همراه خواهر و زن برادرش در بوکان بازداشت می‌شود و در بازداشتگاهی که مکانش برای او معلوم نیست مورد تجاوز قرار می‌گیرد نیز در مورد اطلاع دیگران از وقوع تجاوز در بازداشتگاه چنین شهادت می‌دهد:

«من را بردند توی یک اتاقی، چشم‌هایم را باز کردم خیلی تاریک بود. نمی‌دانم شب بود یا روز، مأمور آمد من را برد و گفت این مسئول کارت دارد. من را بردند اتاق دیگر که آنجا هم تاریک بود، فقط یک راهرو بود که آنجا روشن بود. یک راهروی باریک بود، طرف دیگرش یک اتاق دیگر بود. من را برد اتاق دیگر که آن هم تاریک بود. یک مبل توش بود، یک میز تحریر و صندلی هم بود. دیگر چیزی نبود. سرباز رفت بیرون، مسئول نشست پیشم... خیلی مهربان صحبت کرد. گفت می‌خواهی بروی بیرون بیا با هم باشیم. اول سؤال پرسید گفت با کدام حزب برادرت کار می‌کند، شما چه کار می‌کنید، این مرد زخمی کی بود خانه‌تان؟ هی گفتم نه. گفت شما دروغ می‌گویی ولی اگر می‌خواهی زودتر بروی بیا با هم باشیم... بغلم کرد، من هم گفتم احمق برو آن طرف. گفتم خب اعدام می‌کنید، من را می‌گیرید، عذاب بدهید، بدهید. تو برو آن طرف. همین‌طوری دست [نامفهوم] کرد دوباره، گفتم نه. زورکی

[۱] شهادت انسیه، عدالت برای ایران.

[۲] متن کامل شهادت‌نامه شیدا سلطانی ضمیمه این گزارش است.

آمد من را برد. الان که تعریف می‌کنم [یخ کردم دوباره] استرس آن روز را گرفتم دوباره. زورکی آمد بغلم کرد، خودم را کشیدم ولی آنجا خیلی تاریک بود و افتادم روی مبل. پشتم اینطوری افتاد و زورکی تو بغلم کرد. خلاصه تمام لباس‌هایم را پاره کرده بود. ... خیلی داد کشیدم... کسی نیامد. گفت هی داد بکش، کسی نمی‌آید کسی اینجا نیست... در را بست. من داد کشیدم. خیلی هم داد کشیدم اصلاً هیچ کسی نیامد. می‌گفت خودت را اذیت نکن داد نزن کسی نمی‌آید... آن‌قدر گریه کردم که خودش رفت بیرون در را بست. ده دقیقه طول کشید که دوباره سرباز آمد دنبالم من را برد توی اتاقم. سرباز من را دید خیلی ناراحت شد، به خدا اشک توی چشم‌هایش بود، ولی هیچی نگفت، نمی‌دانستم سرباز کُرد است، فارس است یا عرب، هیچ صحبتی نکرد. فقط آمد من را دست‌بند زد و چشم‌بند زد و برد.»[1]

به این ترتیب، عاملان و آمران تجاوزهای یاد شده، از مصونیت مطلق برخوردار بوده‌اند. سایر شهادت‌ها هم درستی این فرضیه را تأیید می‌کنند. شیدا سلطانی می‌گوید: «وقتی من را بردند دادگاه در ارومیه، گفتم به من تجاوز کرده‌اند. گفتند دروغ نگو. گفتند تو داری به مقامات دولتی توهین می‌کنی. این هم جرم دیگری دارد که توهین می‌کنی. گفتم من توهین نمی‌کنم، دروغ نمی‌گویم.»[2]

شیدا تجربه‌ای مشابه را نیز چنین روایت می‌کند:

«دوستم را گرفته بودند، دختر بود، بیست و دو ساله، سال ۷۸، ۷۹، توی مرز می‌خواست برود عراق، نامادری داشت، از دست نامادری‌اش فرار کرد، از مرز پیرانشهر که خواسته بود برود عراق تو کوه سربازها گرفته بودند برده بودنش اطلاعات پیرانشهر، شب که آنجا

---

[1] شهادت شیدا سلطانی، عدالت برای ایران.
[2] شهادت شیدا سلطانی.

مانده بود توی زندان پیران‌شهر بهش تجاوز کرده بودند. آمد بیرون، به پدرش گفته بود تجاوز کرده‌اند، او هم رفته بود شکایت کرده بود، گفتند حتماً توی کوه قاچاقچی‌ها اینطوری کرده‌اند، ما این کار را نکردیم. پدرش را هم گرفته بودند. گفته بودند توهین کرده‌ای به مقامات دولتی... دختر دوبار دست به خودکشی زد. می‌گفت آبرویم رفته نمی‌توانم ازدواج کنم.»[1]

در واقع نه تنها موضوع تجاوز به زندانی زن، در نظام قضایی انکار می‌شود و تحت پیگرد قرار نمی‌گیرد بلکه طرح شکایت ممکن است به تشکیل پرونده‌ای جدید برای وی یا اعضای خانواده‌اش تبدیل شود. مصونیت کاملی که عاملان و آمران شکنجه‌های جنسی از آن برخوردارند، فضایی را به وجود می‌آورد که بدون ترس از تعقیب قضایی، به اعمال خود ادامه دهند و حتی آن را تشدید کنند.

پروانه که پس از آزادی از زندان، به شکل‌های مختلف مورد اذیت و آزار قرار گرفته و در دو زمان جداگانه، توسط کسانی که نزدیک به مقامات امنیتی بوده‌اند در مکان‌های امن آنها مورد تجاوز قرار گرفته است، روایت می‌کند چگونه وقتی پس از دفعه اول تجاوز، شکایت او که همراه با ذکر نشانی و مشخصات فرد تجاوز کننده بود، از سوی نیروی انتظامی مورد پیگیری قرار نگرفت، بار دوم ترجیح داد شکایتی طرح نکند و به محض اینکه امکانی برایش به وجود آمد، برای پایان دادن به این خشونت‌ها از ایران فرار کرد:

«بعد از اینکه من را برد و وارد خانه کرد خانه شبیه یک آپارتمان بود ولی اداری و کوچک. پنجاه- شصت متری بود. چون دو اتاق و هال را من دیدم. مبلمان چرم داشت. چون توی ایران مبلمان چرم به مبلمان اداری معروف است. انگار دفتری قرار بود آنجا بشود. چون کامل هم نبود. تا رسید این کنترل ضبط پشت در بود. صدای

---

[1] شهادت شیدا سلطانی، عدالت برای ایران.

ضبط را انقدر بلند کرد که داد و بیداد من را هیچ کس آنجا نشنید.
به من می‌گفت هرچقدر می‌خواهی داد بزن. علناً به من این حس را
می‌داد که تو می‌توانی داد بزنی ولی کسی صدای تو را نمی‌شنود.
بعد از کلی درگیری و کتک‌کاری... تمام اعضای بدن من کبود شده
بود... وقتی ولم کردند... از سر همان خیابان زنگ زدم به پلیس.
مسئولش هم همان آقای قاسمی بود که آمد و گفت اینجا چه کار
می‌کنید؟ مثل اینکه دنبال دردسر می‌گردید؟ گفتم بله من را امروز
دزدیده‌اند و آورده‌اند اینجا. توی خانه توی این پلاک و این طبقه به
من تجاوز شده.... برای قاسمی [مسئول کلانتری اوین‌درکه در سال...]
توضیح دادم. ولی خانم‌هایی که آنجا بودند هیچ کدام حرف من را
باور نکردند. البته قاسمی هم نگفت آره نگفت نه. ولی خانم‌هایی که
مسئول بودند من را پزشک قانونی بردند، من را برای تست دی. ان.
ای. بردند، همهٔ اینها می‌گفتند تو خودت رفتی بعد به قول معروف
چیزی خواستی و او نداده می‌گویی به من تجاوز کرده. [می‌گفتن]
برای پول رفته‌ام... اصلاً به دادگاه هم نرسید جز اینکه من متهم هم
شدم که با پای خودم رفتم و این آقا مبلغی که تقبل کرده نداده و
آن آقا (به ادعای من) شده متجاوز. چون اگر پولم را گرفته بودم
تمام شده بود رفته بود. [اینها دقیقاً حرف‌های او هم بود]... ولی
خب به یکی از خانم‌ها گفتم اگر همچین چیزی بود بدن من نباید
کبود می‌شد چون [اگر] من با رضایت خودم رفته‌ام و آخر سر گفته
نمی‌دهم، من که خودم خودم را نزدم. حتی با نامهٔ پزشکی قانونی
حرف من به جایی نرسید.»[1]

پروانه، براساس آنچه از شخص تجاوز کننده در دفعه اول شنیده،
اطمینان دارد که او از پرونده سیاسی او و اطلاعات مربوط به زندگی
شخصی‌اش اطلاعات کامل داشته است. او پس از اینکه در فرودگاه مهرآباد

---

[1] شهادت پروانه، عدالت برای ایران.

تهران و در بازگشت از جزیره کیش، به اتهام بدحجابی دستگیر می‌شود، به مکانی نامعلوم انتقال داده می‌شود و در آنجا به مدت دو روز در یک کمد حبس بوده و تحت تجاوز قرار می‌گیرد:

«... من هر سال عید می‌رفتم کیش جنس می‌آوردم، می‌فروختم که کمک خرجام باشد... رفتم کیش، برگشتنی توی فرودگاه من را گرفتند... کتک‌زنان از قسمت ترانزیت آوردند به نمازخانهٔ فرودگاه. گفتند منتظر باش می‌آییم دنبالت. من را توی بازداشتگاه خود فرودگاه نگه داشتند. هرچه به اینها خدا و پیغمبر و چیزی که خودشان قبول دارند قسم خوردم که شما اگر هر سال لیست پرواز را نگاه کنید هر سال این کار را می‌کنم. جنس می‌آورم. خلاصه وقتی من را بردند دادگاه، برگهٔ اتهامی که برای من می‌خواندند من شاخ در آوردم. سوا بر اینکه می‌گفتند من آنجا تخلف می‌کنم، به زبان آنها در واقع من خانم رئیس هستم. من آنجا با دخترهای جوان که می‌روم جنس می‌آورم، در واقع می‌روم این دخترها را آنجا تحویل این مغازه‌دارها می‌دهم. در صورتی که همیشه دختر هم نبودند، گاهی خانواده بودند که به نفع من بود چون بخاطر برگ سبزشان[1] به نفع من بود که خانواده باشند، پنج شش نفر که نفری بیست هزار تومان آن موقع می‌شد جنس خرید با برگ سبزشان. اینکه من توی بازجویی‌ها به خدا و خمینی فحش دادم و ضد انقلاب بودم و سابقه داشتم و همهٔ اینها برای من شده یک کوه و من بدحجابم. من یک چادر داشتم که بیست و دو متر پارچه می‌برد. یک لباسی که الگویش را از یک لباس لبنانی دوخته بودم که آنها با حریر می‌دوزند من با کرپ دوخته بودم که بدن‌نما نبود. فقط لچک زیرش سه متر می‌برد. بدون لچک مقنعه‌اش تا زانوام می‌آمد. به

---

[1] شهادت دهنده به مقرراتی اشاره می‌کند که هر مسافر در سال میزان معینی از اجناس را می‌توانست بدون پرداخت عوارض گمرکی از مناطق آزاد تجاری مانند کیش و قشم با خود وارد کند و برای این میزان معین، برای هر نفر برگه‌ای با عنوان برگ سبز صادر می‌شد.

قاضی گفتم این بدحجابی است؟ من شروع کردم این چادر را از سرم باز کردم. گفت چه‌کار می‌کنی؟ گفتم این بدحجابی باشد برعکسش باید خوش‌حجابی باشد دیگر. شما تاری از موی من یا جایی از بدن من را می‌بینید؟ لباس من پوشیده‌تر از لباس‌های مأمورهای خودتان است، سوا از این بیست و دو متر پارچه‌ای که به خودم پیچیده‌ام زیرش هم مانتو و شلوار دارم. اینها من را دوباره بازداشت کردند... نگران خانواده‌ام بودم چون من بزرگ‌ترین اولاد خانواده بودم و اگر آنها کاری می‌کردند من باید ضمانتشان را می‌کردم و من کسی را نداشتم که من را ضمانت کند یا بیاد پشت من بایستد و من برایش صحبت کنم و از من دفاع کند در آن شرایط، خودم بودم و خودم. روزها خیلی سخت و بد گذشت توی بازداشتگاه فرودگاه... فکر کنم بیشتر از دو هفته شد. که من را بلاتکلیف آویزانم کرده بودند. نگرانی پشت نگرانی. روح من را آنجا خرد کردند. آن‌قدر من را عذاب روحی دادند که برای من کتک هاشان کتک نبود یعنی می‌زدند من را و اذیتم می‌کردند ولی از اینکه می‌دیدم همهٔ اینها را با علم اینکه می‌دانستند که به من نمی‌چسبد و با من این کار را می‌کنند، من اصلاً در مقابلشان خودم را عاجز حس می‌کردم. چون می‌دانستم اینها می‌دانند من هیچی نیستم و دارند این کار را با من می‌کنند... اینها [دستگیری سیاسی من را] می‌دانستند. به‌خاطر اینکه می‌گفتند آن موقع که فلان کار را کردی به این روزت فکر کردی؟ اینطوری گوشم را می‌کشیدند. یکی از مشکلاتی که از آن موقع روی من مانده اینست که یک چیزی را ده بار تکرار می‌کنم. هی توضیح می‌دادم که آن موقع آن‌طوری نشده بود، این‌طوری شده بود که این وضعیت پیش آمده بود. من مدام در حال تکرار گذشته بودم. قرار شد من را از آنجا ببرند وزرا. از فرودگاه من را آوردند بیرون، ساعت دوازده شب بود، خوب یادم می‌آید که آقایی با پیکان سفید آمد دنبالم، آن‌قدر چاق بود که صندلی‌اش را

تا آخر کشیده بود عقب که شکمش به فرمان گیر نکند. گفت آمده‌ام دنبالتان. بهم گفته‌اند شما را ببرم. توی ماشین پرسیدم من را کجا می‌برید؟ گفت به من گفته‌اند بیایم دنبال شما. حالا وزرا من می‌شناسم. خیابان ولیعصر می‌رود تا نزدیک سینما آزادی و بعد وزرا شروع می‌شود. اماکن آنجاست. ایشان من را تا سر فاطمی آورد، آنجا یک پمپ بنزین هست. توی کوچهٔ پمپ بنزین، اولین ساختمان پشت پمپ بنزین یک ساختمان اداری بود که من را برد آنجا... ماشین را توی پارکینگ نگه داشت. ما از سمتی که ماشین را توی پارکینگ نگه می‌دارند و از در داخلی می‌روند تو. آن موقع هم که رسیدیم آنجا ساعت دوازده و نیم و یک نصفه شب بود... توی راه‌پله که داشت من را می‌برد، دست من را که می‌گرفت من دستم را می‌کشیدم. شال چادر من را از پشت کشید، من از پله‌ها عقب عقب آمدم پایین و نتوانستم خودم را کنترل کنم و محکم خوردم به در آسانسور. داد زدم و شال چادرم را پیچید توی دستش و کرد توی دهان من. به زور من را برد طبقه بالا،... تمام این مدت [که این کار را می‌کرد،] دهان من بسته بود... توی اتاقی که بود کمد دیواری بود. آنجا من را نگه داشت... توی این دو روز من فقط همان آدم را می‌دیدم. با کسی صحبت می‌کرد تلفنی... می‌گفت اینجا دارمش. همین‌جاست. خیالتان راحت باشد همین‌جاست. متوجه هستی؟ انگار می‌پرسیدند که ترسیده‌ام یا نه. توانسته‌اند زهر چشم بگیرند یا نه. چون دفعهٔ اول که این کار را کردند من رفتم شکایت کردم. یا مثلاً هرباری که برای من همچین چیزی شده من خودم مدعی بودم و کسی نبودم که گناه را به گردن بگیرم، شاکی بودم و اینها تمام سعی‌شان این بود که به من بگویند که شما [هیچی نیستی]... من را وقتی کاری با من نداشت من را توی کمد نگه می‌داشت. بعد باز آن ماجرای کمد یکی از لحظات وحشتناک من بود. من از تاریکی و جای تنگ و از جایی که راه به بیرون نداشته باشد... هنوز

با این قضیه نتوانسته‌ام بخوابم، رو به دیوار و زیر سقف کوتاه نمی‌خوابم، نفس به نفس کسی نمی‌خوابم، یعنی روبرویم کسی باشد رویم به رویش نمی‌توانم بخوابم... دو روز بعد ساعت چهار صبح بود که من را ول کرد. انقدر از نظر روحی داغون بودم نمی‌دانم چطور وقتی به خودم آمدم توی حرم امامزاده صالح بودم. حتی خانه نرفتم. رفتم و توی حرم امامزاده صالح. دو روز آنجا نشستم. اصلاً نمی‌دانستم کجا باید بروم و به چه کسی باید بگویم. حرفی نبود که بتوانم بگویم، کاری نبود که بتوانم بگویم... فقط تنها کاری که کردم به قاسمی زنگ زدم و گفتم هیچ کدام از چیزهایی که به من گفتید را من انجام نداده‌ام و هیچ کدام کار من نبوده و نمی‌دانم چرا دارم انقدر جواب پس می‌دهم و دوباره دارد برای من همچین اتفاقی می‌افتد. اما این بار حتی شکایت نمی‌کنم، اگر واقعاً به خدا باور دارید و به خدایی که من باور ندارم شما را واگذار می‌کنم...»[1]

در بسیاری از موارد، زنانی که مورد تجاوز یا خشونت جنسی واقع شده‌اند، به این دلیل که اعتقاد دارند شکایت آنها به جایی نمی‌رسد، شکایت نمی‌کنند. الناز می‌گوید: "...اینهایی را که می‌خواستند به‌خاطر وضع حجاب جریمه کنند، بهشان می‌گفتند دستت لاک دارد، برای هر ناخنت پانزده هزارتومان می‌نوشتند. مثلاً خط چشم داری چهل هزارتومان. رژ داری پنجاه هزارتومان. یکهو می‌دیدی هشتصد هزارتومان از سر تا پایت می‌نوشتند و می‌گفتند باید بروی این را پرداخت کنی وگرنه مدرکت را آزاد نمی‌کنیم. مجبور هم بودند که بعداً چند جلسه بروند ارشاد پیش آن آخوند. آخوند هم ظاهر دختر را می‌دید و فکر می‌کرد به قول خودش هرزه‌اند، ازش انتظار داشت که هر سرویسی می‌خواهد به آخوند بدهد. حتی یکی از دوستان من صدای آخوند را ضبط کرده بود وقتی داشته بهش پیشنهاد می‌داده و آن‌قدر عصبانی بود که می‌خواست برود از آخوند شکایت کند.

---

[1] همان.

ولی همهٔ ما بهش گفتیم تو بروی این کار را بکنی شکایت کی را می‌بری پیش کی؟ اینها همه‌شان از یک قماشند."[۱]

حتی در مورد پرونده‌هایی که به علت رسانه‌ای شدن، توجه عمومی را به خود جلب کرده نیز، مطالعهٔ اطلاعات موجود نشان‌می‌دهد در نهایت، عاملان و آمران، تحت پیگرد قانونی قرار نگرفته‌اند و عدالت، در حق آنها اجرا نشده است. مستندات موجود در مورد پرونده قتل زهرا کاظمی و پرونده زهرا بنی‌یعقوب نشان می‌دهد خانواده‌های هر دو نفر، تحت فشار شدید مقامات قضایی و امنیتی برای پس گرفتن شکایت‌های‌شان و مصالحه و دریافت دیه بوده‌اند.[۲]

جمع‌بندی

تجاوز جنسی به زنانی که به دلایل سیاسی و عقیدتی یا نقض قوانین شرعی، در طول دهه ۷۰ و ۸۰ بازداشت می‌شده‌اند، به شکلی موردی و عمدتاً برای شکستن مقاومت آنها یا اخذ اعترافات دورغین اعمال می‌شده است. در تمام موارد تجاوز که در این تحقیق مستند شده، مأموران دیگر بازداشتگاه و یا مقامات امنیتی و قضایی مربوطه، در زمان وقوع تجاوز و یا

---

[۱] شهادت الناز، عدالت برای ایران.

[۲] به‌عنوان مثال، نک:

دخترم را کشتند متهمان را آزاد کردند، فرشته قاضی، روزآنلاین، ۶ دی ۱۳۹۰، در این نشانی اینترنتی:

http://www.roozonline.com/persian/news/newsitem/article/-fa2d06ba7f.html

پدر زهرا بنی‌یعقوب: با رشوه و تهدید ساکت نمی‌شویم، جرس، ۳۱ شهریور ۱۳۹۰، در این نشانی اینترنتی:

http://www.rahesabz.net/story/42919/

من فقط قصاص می‌خواهم، خود دانید، پیک، نشریه کنفدراسیون سراسری حقوق بشر در ایران، سال اول، ش ۵، اول مرداد ۱۳۸۳، ص ۱، قابل دسترسی در این نشانی اینترنتی:

www.irhumanrights.com%2Fpaik5.pdf&ei=JE0vUamGG86BhQfpiYCICA&usg=AFQjCNFEF78YSEinR-GvOFkGTFmoyhViPg&sig2=EVJ7_1_e9ZMh6skPExCVjg

پس از آن از این موضوع مطلع بوده و یا مطلع شده‌اند اما در هیچ‌یک از این موارد، اطلاع دیگر مسئولان، منجر به تحقیق و پیگیری موضوع نشده است. علاوه بر انکار وقوع تجاوز توسط مأموران دولتی یا نزدیکان آنها، در مواردی زنان یا خانواده‌های آنها متهم به توهین به مقامات دولتی شده‌اند یا تحت فشار برای پس گرفتن شکایت خود قرار گرفته‌اند. نتایج این تحقیق نشان می‌دهد مرتکبان خشونت‌های جنسی و تجاوز علیه زندانیان زن، از مصونیت مطلق برخوردار بوده‌اند.

۳- تجاوزهای پس از انتخابات

با اعلام نتایج انتخابات ریاست جمهوری ۱۳۸۸ به نفع محمود احمدی‌نژاد، هزاران نفر از طرفداران دو نامزد دیگر، میرحسین موسوی و مهدی کروبی و مخالفین و معترضین به جمهوری اسلامی در تهران به خیابان‌ها ریختند. اعتراضات آنها که ابتدا بر وقوع تقلب در اعلام نتایج و لزوم بازشماری آرا متمرکز بود، رفته رفته در اثر سرکوب شدید نیروهای امنیتی و عدم پاسخگویی مقامات حکومتی به این خواسته‌ها، شکل تندتری به خود گرفت و متوجه کلّیت نظام جمهوری اسلامی شد. اگرچه اوج اعتراضات خیابانی در دو هفته اول پس از انتخابات یعنی ۲۳ خرداد تا ۷ تیر بود، اما پس از آن نیز در مناسبت‌های متعدد، اعتراضات خیابانی زیادی به وقوع پیوست. در جریان اعتراضات خیابانی، هزاران نفر از تظاهرات کنندگان در تهران و برخی از شهرهای دیگر از جمله شیراز، اصفهان، رشت و مشهد دستگیر و به بازداشتگاه‌هایی تحت کنترل نهادهای انتظامی و امنیتی مختلف منتقل شدند. برخی از معترضان نیز در خیابان و یا در طی بازداشت و بر اثر شکنجه جان خود را از دست دادند. کمتر از یک ماه پس از آغاز اعتراضات، اخبار مربوط به تجاوز به برخی از بازداشت شدگان به شکل وسیعی پخش می‌شود و اندکی بعد، حتی در شعارهای معترضان به شکل‌های مختلف از جمله "توپ، تانک، تجاوز دیگر اثر ندارد" و یا "تجاوز توی زندان، اینم بود توی قرآن؟!" بازتاب می‌یابد. پس از انتشار نامۀ مهدی کروبی به هاشمی رفسنجانی رییس مجمع تشخیص مصلحت نظام که بر وقوع تجاوز در زندان‌ها صحه می‌گذاشت، در مدت زمان کوتاهی باور عمومی به‌خصوص در میان نیروهای مخالف و منتقد جمهوری اسلامی ایران شکل می‌گیرد که در وقایع پس از انتخابات به شکلی گسترده و سازمان‌یافته به زندانیان زن و مرد تجاوز شده است. همچنین اینکه در بازداشتگاه کهریزک به مردان زندانی به شکل گروهی تجاوز شده است، بخش دیگری از باور عمومی است که شکل‌گیری آن به تابستان ۱۳۸۸ بازمی‌گردد.

اکنون، با گذشت بیش از سه سال از آن وقایع، به اندازهٔ کافی از طوفان اخبار آن روزهای پرهیاهو فاصله گرفته‌ایم تا بتوانیم با دیدی تاریخی، اسناد، شواهد و مدارک مربوطه را بررسی کنیم. هرچند همان‌طور که خواهیم دید، بدون دسترسی به مدارک و اسناد دولتی و امکان تحقیق از کلیه مقامات امنیتی و قضایی مربوطه، روشن شدن تمامی حقایق فعلاً ناممکن است.

در این فصل برآنیم که براساس اسناد و مدارک موجود و نیز یافته‌های این تحقیق، به این سئوال پاسخ گوییم که تجاوز، به‌عنوان خشن‌ترین نوع شکنجهٔ جنسی، تا چه حد در بازداشت‌های پس از انتخابات، گسترده و سازمان‌یافته بوده است. از آنجا که موضوع اصلی این تحقیق شکنجهٔ جنسی بر علیه زندانیان سیاسی زن است، به موضوع تجاوز در بازداشتگاه کهریزک که عمدتاً محل نگه‌داری مردان بوده[1] تنها در حاشیهٔ این فصل و به دلیل ارتباط با سئوال اصلی پرداخته می‌شود. برای پاسخگویی به این سئوال، ابتدا سیر اخبار و گزارش‌های مربوط به تجاوز به بازداشت‌شدگان پس از انتخابات را مرور می‌کنیم و پس از آن، به یافته‌های اختصاصی این تحقیق که از خلال مصاحبه با ۱۹ زن و یک مرد بازداشت شده در این دوران، مصاحبه با سه فرد مطلع و مطالعهٔ دقیق اسناد منتشر شده پروندهٔ کهریزک به دست آمده است خواهیم پرداخت و در نهایت، داوری خود را در پاسخ به سؤال یاد شده تشریح خواهیم کرد.

مرور تاریخی- اسنادی اخبار مربوط به تجاوز به بازداشت‌شدگان پس از انتخابات

در اواخر تیرماه ۱۳۸۸، دو کاندیدای معترض به همراه سیدمحمد خاتمی، رییس جمهور اسبق ایران تصمیم به تشکیل کمیته‌ای برای پیگیری

---

[1] http://www.peykeiran.com/Content.aspx?ID=5319

وضعیت کشته‌شدگان، زندانیان و افرادی که مفقود شده بودند می‌گیرند. این نهاد که "کمیته پیگیری امور آسیب دیدگان حوادث پس از انتخابات" یا به‌طور خلاصه، "کمیته پیگیری" نام می‌گیرد، چندی بعد یک شماره تلفن تماس اعلام می‌کند و مراجعان را در دفتر خود در خیابان طالقانی پذیرا می‌شود و شماره حسابی نیز برای کمک مالی به خانواده‌های بازداشت شدگان اعلام می‌کند[۱]. این کمیته تا ۱۷ شهریور، زمانی که دفتر آن مورد هجوم نیروهای امنیتی قرار می‌گیرد، به‌کار خود ادامه می‌دهد.

مطالعهٔ دقیق اخبار منتشره نشان می‌دهد که حداقل دو تن از بازداشت شدگان پس از انتخابات، یک زن (م.الف.)[۲] و یک مرد (ابراهیم شریفی)، شخصاً به این کمیته مراجعه کرده و در مورد تجاوز به خود در زمان بازداشت شهادت داده‌اند.

در تاریخ ۷ مرداد ۱۳۸۸، کروبی نامه‌ای به هاشمی رفسنجانی، رییس مجمع تشخیص مصلحت نظام، دربارهٔ وقوع تجاوز در بازداشتگاه‌ها می‌نویسد. این نامه ده روز بعد و پس از آنکه هاشمی رفسنجانی هیچ پاسخی به آن نمی‌دهد توسط کروبی انتشار علنی می‌یابد. در بخشی از این نامه آمده است:

> «عده‌ای از افراد بازداشت‌شده مطرح نموده‌اند که برخی افراد با دختران بازداشتی با شدتی تجاوز نموده‌اند که منجر به ایجاد جراحات و پارگی در سیستم تناسلی آنان گردیده است. از سوی دیگر افرادی به پسرهای جوان زندانی با حالتی وحشیانه تجاوز کرده‌اند به‌طوری که برخی دچار افسردگی و مشکلات جدی روحی و جسمی گردیده‌اند و در کنج خانه‌های خود خزیده‌اند.»[۳]

---

[1] http://www.aftabnews.ir/prtivva3.t1au52bcct.html

[2] نام این شاهد هیچگاه به‌طور کامل در هیچ منبعی ذکر نشده و عدالت برای ایران هم به دلایل امنیتی، این نام را همچنان محفوظ می دارد.

[3] ttp://www.bbc.co.uk/persian/iran/2009/08/090809_bd_ir88_karubi_hashemi_letter.shtml

مرور دقیق شهادت‌های به‌دست آمده توسط عدالت برای ایران و سایر شواهد و اسناد منتشر شده توسط منابع معتبر دیگر، این مدعا را تأیید می‌کند که مستندات کروبی برای نوشتن این جملات به‌طور عمده مبتنی بر شهادت‌های دو نفر یادشده و اخباری که در مورد مفقود شدن ترانه موسوی، یکی از بازداشت‌شدگان تجمع مقابل مسجد قبا در روز ۷ تیر و احتمال تجاوز به وی در سایت‌های اینترنتی منتشر شده بوده است. دو خبرنگاری که در مورد ترانه موسوی تحقیق کرده و گزارش‌هایی با اسامی مستعار دربارهٔ بازداشت، مفقود شدن، بستری شدن در بیمارستان به دلیل پارگی مقعد، تجاوز به او و مرگش منتشر کرده بودند، حدود یک ماه بعد از منتشر کردن اخبار مربوط به ترانه و در شهریورماه موفق به ملاقات با کروبی و اعضای کمیته پیگیری می‌شوند و در این ملاقات، سیر وقایع و نتایج یافته‌های خود دربارهٔ ترانه موسوی را بیان می‌کنند که توسط کمیته پیگیری ثبت و ضبط می‌شود.[۱] در واقع کنار هم چیدن سیر زمانی وقایع نشان می‌دهد که کروبی در زمان نوشتن نامه به هاشمی، غیر از مطالب منتشر شده در وبسایت‌ها، اطلاعات دیگری دربارهٔ مورد ترانه موسوی نداشته است. عدالت برای ایران با هر دو این خبرنگاران در چارچوب این تحقیق مصاحبه کرده است.

مهدی کروبی در دو جلسه خود با هیئت سه نفره قوه قضاییه[۲] (اولی در ۱۴ شهریور و دومی در ۱۶ شهریور) چهار سی دی را به‌عنوان مستندات وقوع تجاوز به بازداشت شدگان پس از انتخابات تسلیم می‌کند که شامل پنج مورد است: ۱. خانم م. الف. ۲. ابراهیم شریفی، دو موردی که شخصاً به وی مراجعه کرده بودند و فیلم شهادتشان در سی دی های جداگانه به هیئت تحقیق قوه قضاییه داده می‌شود، ۳. ترانه موسوی ۴. سعیده پورآقایی و ۵. فردی که هیچگونه جزییاتی از جمله جنسیت او در هیچ‌یک

---

[۱] شهادت لیلا ملک‌محمدی و رضا ولی‌زاده، عدالت برای ایران.

[۲] اعضای هیئت سه نفره عبارت بودد از: ابراهیم رئیسی، معاون اول رییس قوه قضاییه، غلامحسین محسنی اژه‌ای، دادستان کل کشور و علی خلفی، رییس حوزه ریاست قوه‌ی قضاییه

از مدارک منتشر شده نه از سوی قوه قضاییه و نه از سوی کروبی یا کمیته پیگیری منتشر نشده است.[1] بعدها پس از اینکه دو شاهد معرفی شده از سوی کروبی از سوی مقامات امنیتی تحت فشار قرار می‌گیرند، کروبی در مصاحبه‌ای خدا را شکر می‌کند که این شاهد آخر را هیچگاه به قوه قضاییه معرفی نکرده و امنیت او حفظ شده است.[2]

مشخص نیست که آیا کمیته پیگیری غیر از این پنج مورد، که یکی از آنها، یعنی تجاوز و قتل سعیده پورآقایی، همان‌طور که بعداً خواهیم دید، غیرواقعی و به احتمال قوی، ساخته دستگاه امنیتی-تبلیغاتی جمهوری اسلامی از کار در می‌آید، اسناد و مدارک دیگری هم مبنی بر وقوع تجاوز در دست داشته یا خیر؟ زیرا در ۱۷ شهریور، پس از اعلام اسامی ۷۲ نفر از کشته شدگان حوادث پس از انتخابات، دفتر کمیته پیگیری پلمب شد و همراه با ضبط کلیه مدارک و اسناد، علیرضا بهشتی، مرتضی الویری، محمد رضا مقیسه و محمد داوری، از گردانندگان آن بازداشت شدند.[3] اما آنچه مطمئنیم این است که شخص کروبی تنها با دو تن از قربانیان تجاوز، خانم م. الف. و ابراهیم شریفی ملاقات کرده است.

هر دو شاهد اصلی کروبی، چه م. الف. که مشخصاتش همواره پنهان می‌ماند و چه ابراهیم شریفی، تحت فشار شدید مقامات دولتی و قضایی برای پس گرفتن شهادت خود، مصاحبه و معرفی کروبی به‌عنوان دروغگو قرار می‌گیرند. ابراهیم شریفی ناچار به ترک ایران و اعلام پناهندگی در ترکیه می‌شود و به دلیل برخورداری از امنیت در ترکیه، در مصاحبه‌های متعدد با رسانه‌های مختلف جزییات بازداشت، شکنجه و تجاوز به خود را

---

[1] نک:

http://rajanews.com/Detail.asp?id=36274
http://www.peykeiran.com/Content.aspx?ID=6211
http://khabarnamehiran.persianblog.ir/post/664/
http://www.tabnak.ir/fa/pages/?cid=63860
واکنش سخنگوی کروبی به گزارش هیئت سه‌نفره قوه قضاییه
http://www.parsine.com/fa/news/10628/
[2] http://www.alarabiya.net/articles/2009/11/22/92087.html
[3] http://www.kaleme.com/1390/06/17/klm-72280/

در یک بازداشتگاه نامعلوم، بیان کرده است[۱]. خانم م. الف. اما حداقل تا آبان ماه ۱۳۸۹ در ایران بوده است و برخی از اخبار تأیید نشده حکایت از دستگیری دوباره وی برای پس گرفتن شهادتش دارند.[۲]

اما قضایای سعیده پورآقایی و ترانه موسوی، دو مورد دیگری که کروبی در گزارش خود به قوه قضاییه به آنها استناد کرده بود، سیر دیگری را طی می‌کنند.

ترانه موسوی

ترانه موسوی، دختر جوانی بود که در جریان تجمع روز ۷ تیر مقابل مسجد قبا و خیابان‌های منتهی به آن دستگیر شد. در روز ۲۲ تیر، یک وبلاگ ناشناس، به نام "زیرزمین" که امروز می‌دانیم توسط لیلا ملک-محمدی خبرنگار خبرگزاری امید راه‌اندازی شده بوده، خبر بازداشت و مفقود شدن ترانه را منتشر می‌کند.[3] این خبر و گزارش‌های تکمیلی بعد از آن علاوه بر وبلاگ زیرزمین، در وبلاگ "چریک آنلاین" هم منتشر می‌شود که امروز می‌دانیم متعلق به رضا ولی‌زاده، یکی دیگر از همکاران خبرگزاری امید[۴] بوده است. در همین وبلاگ است که برای نخستین بار احتمال تجاوز به ترانه مطرح می‌شود.[5] لیلا ملک‌محمدی و رضا ولی‌زاده دو خبرنگاری بودند که مورد ترانه موسوی را پیگیری کردند و براساس اخبار به دست آمده از منابع نزدیک به خانواده ترانه موسوی و یک پرستار آن بیمارستان،

---

[۱] به‌عنوان مثال نک:

http://www.youtube.com/watch?v=hZJsuInaFOs
http://www.youtube.com/watch?v=UyBOaN-zwuQ

[۲] عدالت برای ایران به دلایل امنیتی از ذکر منبع معذور است.

[3] http://zeerzamin.blogspot.co.uk/2009/07/blog-post_3749.html

[۴] این خبرگزاری که زیرمجموعهٔ سازمان بازنشستگی کشوری بود و اخبار مربوط به بازنشستگان را پوشش می‌داد پس از بازداشت یکی از خبرنگاران آن در روز ۲۱ شهریور ۱۳۸۸ در مقابل در این سازمان، توسط نیروهای حفاظت اطلاعات قوه قضاییه پلمب و مدتی بعد، تعطیل شد.

[5] http://cherikonline.blogspot.co.uk/2009/07/blog-post_14.html

اعلام کردند که او در بیمارستان امام خمینی کرج، در حالی‌که پارگی مقعد داشته مدتی بستری بوده است و همان‌طور که بیهوش تحویل بیمارستان شده، بیهوش هم از بیمارستان برده شده است. این دو بعدها از خانواده شنیدند که جسد سوخته ترانه در یکی از بیابان‌های اطراف تهران پیدا شده و همین خبر را عیناً منتشر کردند. رضا ولی‌زاده می‌گوید:

«مادرش گفته بود که زنگ زده‌اند و گفته‌اند جنازهٔ دخترت، جسد سوختهٔ دخترت را حوالی قزوین پیدا کرده‌ایم و بیایید تحویل بگیرید ولی این جا نمی‌توانید دفن کنید، باید بروید شهرستان و اگر می‌توانید بی سر و صدا تحویل بگیرید که هیچ، اگر نه همین را هم تحویل نمی‌گیرید.»[1]

لیلا ملک‌محمدی می‌گوید:

«من فکر می‌کنم قضیه سوزاندن جسد را اینها به خانواده القا کرده بودند چون به هر حال خبر ناپدید شدنش درز پیدا کرده بوده و اینها می‌دانستند که یکی دو تا خبرنگار به هر طریقی با اینها ارتباط دارند برای اینکه هدف خودشان را به کرسی بنشانند و به خانواده‌اش و هم مردم اینجوری بقبولانند که مشکل اخلاقی داشته و جزء بازداشتی‌های ۷ تیر نبوده، این را به‌خاطر انحراف افکار عمومی به خانواده گفته بودند که آنها به ما گفتند که تأکید روی این بشود که واقعاً مشکل اخلاقی داشته و فراری بوده و جایی خرابه‌ای، خانه تیمی‌ای بهش تجاوز شده و بعد سوزاندنش که ردش را گم کنند. من اگر تجربهٔ الان را داشتم آن خبر سوزاندن جنازه را نمی‌نوشتم.»[2]

مجموعه شهادت‌های مربوط به ترانه موسوی، در گزارش ۱۴ شهریور کروبی به هیئت قوه قضاییه بازتاب می‌یابد اما در گزارش ۲۱ شهریور

---

[1] شهادت رضا ولیزاده، عدالت برای ایران.

[2] شهادت لیلا ملک محمدی، عدالت برای ایران

هیئت سه نفره قوه قضاییه هیچ اشارهٔ دقیقی به تحقیق این هیئت پیرامون پرونده ترانه موسوی و نتایج آن نمی‌شود و در واقع این هیئت هیچ نظری دربارهٔ صحت و سقم موضوع نمی‌دهد. بلکه این گزارش عمدتاً بر روی مورد سعیده پورآقایی متمرکز است که به‌زودی معلوم می‌شود یک مورد ساختگی و به احتمال قریب به یقین نقشه طراحی شده از سوی مقامات امنیتی و قضایی بوده است. اما یک روز بعد، محسنی اژه‌ای، دادستان کل کشور در مصاحبه‌ای تلویزیونی، تمامی موارد مندرج در گزارش کروبی در مورد ترانه موسوی را با ذکر جزییات دربارهٔ تحقیقاتی که در بیمارستان و همین‌طور سایر اماکن برای یافتن وی انجام شده، کذب می‌خواند.[۱]

همچنین روز ۱۹ مرداد، یک روز پس از انتشار نامهٔ کروبی به هاشمی، برنامه‌ای در برنامه تلویزیونی خبری ۲۵ پخش می‌شود که در آن با فردی مصاحبه می‌شود که اعلام می‌کند تنها سه ترانه موسوی در آمارهای ثبت احوال وجود دارد که یکی از آنها متولد ۱۳۶۳ در پاریس است، یکی ۴۰ ساله است و از کشور خارج شده و یکی دیگر، ۲ ساله است. همین‌طور با دو زن مصاحبه می‌شود که اعلام می‌کنند ترانه موسوی نام دختر و خواهرشان است که زنده است و در ونکور کانادا اقامت دارد.[۲] چند روز بعد، در جریان مکاتبات مهدی کروبی و فردی با نام حجت‌الاسلام سیدحسین شاهمرادی در روزنامه‌های اعتماد ملی و جام جم، مشخص می‌شود که شاهمرادی، برادر همسر ترانه موسوی مقیم کانادا، که در عین حال باجناق حسین طائب، رییس وقت نیروی مقاومت بسیج است، به توصیه مقامات امنیتی، خانواده ترانه موسوی مقیم کانادا را قانع کرده در مقابل دوربین شهادتی دهند که به بینندگان القا می‌کند شخصی که عکسش در سایت‌های خبری پخش شده همان ترانه موسوی مقیم کاناداست، تا به زعم خودش توطئه های دشمنان خنثی شود.[۳]

---

1 http://news.gooya.com/politics/archives/2009/09/093565iphone.php

2 http://www.youtube.com/watch?v=7I6iiSkK27g

3 http://www.rajanews.com/Detail.asp?id=34636
http://www.rahesabz.net/story/550/

برخی از روزنامه‌نگاران صحت مورد ترانه موسوی را به‌طور کلی زیر سئوال برده‌اند[1] که تردیدهای آنها از سوی رضا ولی‌زاده، لیلا ملک‌محمدی و یک روزنامه‌نگار دیگر پاسخ داده شده است.[2] در عین حال، همان‌طور که شرح آن رفت، مجموعه مکاتبات کروبی و شاهمرادی و همچنین مصاحبه الویری[3]، وجود فردی به نام ترانه موسوی، بازداشت وی در تجمع روز ۷ تیر و نیز تلاش نهادهای امنیتی برای انکار وجود چنین فردی راکاملاً تأیید می‌کند.

مجموعه یافته‌های این تحقیق وجود فردی به نام ترانه موسوی، دستگیری او در روز ۷ تیر و مرگ وی را تأیید می‌کند. اما اظهار نظر دربارهٔ سایر جزییات مربوط به پروندهٔ وی از جمله احتمال تجاوز به وی، تا زمانی که اسناد دولتی در این زمینه منتشر نشود و تحقیق مستقل و کاملی از کلیهٔ مقامات امنیتی و قضایی مربوط به این پرونده انجام نشود ممکن نیست.

سعیده پورآقایی

متولد ۱۳ مرداد ۱۳۷۲، تنها فرزند مشترک عباس پورآقایی (که در سال ۸۰ فوت کرده) و اکرم علی‌نژاد کلایی است. عباس پورآقایی پیش از جدایی از همسر اول خود دو فرزند مشترک به نام‌های سپیده و هرمز از وی داشته است.

---

http://zamaaneh.com/news/2009/08/post_10127.html

[1] از جمله می‌توان به نوشته‌های زیر اشاره کرد:

http://newsbaan.com/blog/3239
http://www.facebook.com/note.php?note_id=144292132270453&id=100001114356362&ref=mf

[2] http://zeerzamin.blogspot.co.uk/2009/07/blog-post_18.html
http://cherikonline.blogspot.co.uk/2009/07/blog-post_18.html
http://nakhana.wordpress.com/2010/08/26/ بیانیه‌ی نخستین ناشران خبر شهادت ترانه
http://sigarchi.net/blog/?p=5853

[3] http://www.tabnak.ir/fa/pages/?cid=61759
http://socialreporter.persianblog.ir/post/257

در تاریخ ۹ شهریور ۱۳۸۸، پایگاه اطلاع رسانی نوروز خبری منتشر می‌کند مبنی بر دستگیر و کشته شدن سعیده پورآقایی، دختر یک جانباز شیمیایی شهید جنگ، به دلیل سردادن شعار الله‌اکبر در پشت بام؛ و نیز عدم تحویل جسد به خانواده و دفن او در قطعه ۳۰۲ بهشت زهرا. در این خبر همچنین گفته می‌شود مراسم ختم سعیده پورآقایی روز ۷ شهریور در مسجد جامع قلهک برگزار شده است و نمایندگانی از جنبش سبز در این مراسم شرکت کرده‌اند. همچنین در بخش دیگری از این گزارش آمده است: "ظاهرا دلیل خودداری مقامات امنیتی از تحویل جنازه سعیده پورآقایی

به خانواده و دفن مخفیانه او در قطعه ۳۰۲ تلاش برای جلوگیری از آشکار شدن نشانه‌های تجاوز و قتل در بازداشتگاه بوده است. همچنین، گفته شده است که مأموران دولتی به‌منظور محو آثار تجاوز به عنف، بخشی از بدن این زن جوان را با اسید سوزانده بودند."[1] منبع اطلاعات بالا تماس مادر سعیده پورآقایی با "دفتر پیگیری آسیب دیدگان حوادث پس از انتخابات" در اوایل شهریور ماه ۸۸ عنوان می‌شود.

تصویر آگهی ترحیم سعیده پورآقایی

حدود یک هفته بعد، سپیده پورآقایی، خواهر ناتنی سعیده که از پدر با وی مشترک و از مادر، جدا بوده‌اند، در تماس با اعضای کمیته پیگیری مدارکی ارائه می‌دهد که مشخص می‌کند پدر سعیده نه تنها شهید نشده، بلکه هیچگاه به جبهه نرفته است و در عین حال، سعیده تنها فرزند پدرش

---

[1] http://www.bbc.co.uk/persian/iran/2009/08/090831_he_ir88_aghaei.shtml

نیز نبوده است. این، سرآغاز تردید کمیته پیگیری دربارهٔ صحت ادعای مربوط به پرونده مربوط به سعیده پورآقایی است.[۱] با این همه، مهدی کروبی در نخستین جلسه خود با هیئت قوه قضاییه، مورد سعیده پورآقایی را با همان جزییاتی که در خبر اولیه سایت نورورز آمده بوده، به‌عنوان یکی از موارد تجاوز به این هیئت ارائه می‌دهد. هرچند در جلسه دوم، اعلام می‌کند که نسبت به درستی آن تردید جدی دارد. همان‌طور که پیش از این گفته شد، بخش عمده‌ای از گزارش هیئت قوه قضاییه که ۲۱ شهریور منتشر می‌شود به تشریح نادرست بودن گزارش کمیته پیگیری دربارهٔ سعیده پورآقایی اختصاص یافته است؛ اینکه او تنها فرزند خانواده و دختر شهید نیست و به دلیل الله‌اکبرگفتن دستگیر نشده بلکه احتمالاً مانند چند بار دیگری که سابقه داشته به دلیل اختلاف با مادرش از خانه فرار کرده است. در این گزارش از قول مادر سعیده پورآقایی گفته شده که محمد مقیسه، از اعضای کمیته پیگیری با وی تماس گرفته و القا کرده که دخترش دستگیر و کشته شده است.

سرانجام در ۳۱ شهریور همان سال، در بخش خبری ۲۰:۳۰، مصاحبه‌ای با سعیده پورآقایی و مادرش پخش شد که در آن سعیده زنده در مقابل دوربین قرار داده می‌شود و در مصاحبه می‌گوید روز ۱۳ تیرماه از خانه فرار کرده و در این مدت در منزل خانواده‌ای بوده که او را که پایش در هنگام فرار شکسته پناه داده بودند.[۲]

---

[۱] سایت نوروز به تاریخ دوازده شهریور ۱۳۸۸، مدعی شده با تحقیقات بیشتر در مورد پرونده سعیده پورآقایی به این نتیجه رسیده که بخشی از اطلاعاتی که در این مورد در دست داشته‌اند صحیح نیست. این وبسایت طی یادداشتی ضمن ارایه توضیحات بیشتر، به منبع اطلاعات اشاره کرده و به دلیل شفاف نبودن این پرونده، اعلام می‌کند کلیه اطلاعات مربوط به سعیده پورآقایی را از وبسایت خود برخواهد داشت.

[۲] مادر سعیده در این مصاحبه می‌گوید: «از شب قبل از ختم ، تعدادی از آقایان زنگ در خانه مرا به صدا درآوردند و وارد منزل شدند. سه نفر آقا و دو نفر خانم بودند. گفتند ما از طرف ستاد انتخاباتی آقایان کروبی و موسوی برای کمک و پشتیبانی از شما آمده‌ایم. من پرسیدم که کمک برای چه؟ پشتیبانی برای چه؟ اصلاً از کجا آدرس مرا پیدا کردید؟ گفتند که پیدا کردن ← ←

با این همه، سپیده پورآقایی (خواهر ناتنی سعیده) براساس محتوای تنها گفت‌وگویی که با مادر سعیده داشته و نیز آنچه در دو بازجویی که از وی توسط پلیس امنیت تهران و بازجویان وزارت اطلاعات پیش از اعلام زنده بودن سعیده و در جریان جست‌وجوی او برای یافتن حقیقت در مورد خواهرش انجام شده، اعتقاد دارد سعیده دستگیر شده بوده و بقیه ماجرای قتل و تجاوز سناریوی دستگاه‌های امنیتی برای بی‌اعتبار کردن کروبی و همین‌طور مخدوش کردن مسئله وقوع تجاوز در زندان‌ها بوده است:

«سعیده برایشان طعمهٔ خوبی بود. در اینکه سعیده را دستگیر کرده‌اند که اصلاً شکی نیست، تو مدت غیبتش دستگیر شده بود. اینکه در مصاحبه‌اش گفته بود من رفته بودم خانهٔ فلانی، که من را از خیابان جمع کردند دروغ است. این مدت سعیده بازداشت بوده. اینکه اینها از چه جایی با سعیده شروع کردند به سناریو سازی، گفتند کِیس خوبی است که این قضیه را تبدیل کنیم به مسئلهٔ سیاسی و پروژه‌ای علیه کروبی ازش بسازند این را نمی‌دانم که چه عواملی بوده که دست به دست هم داده که اینها را به این نتیجه رسانده که می‌توانند از این قضیه استفاده کنند.»

قصه‌ای که مادر سعیده در پارک برای من تعریف کرد که رفته و جسد را دیده، من فکر می‌کنم که درست است. مادرش می‌گفت من رفتم [جسد را] دیدم، سوخته بوده، صورتش معلوم نبوده، هیچیش معلوم نبوده... یک جسد سوخته (کس دیگری را) بهش نشان داده‌اند، بعد دو سه تا علامت سعیده را که دستگیر کرده

آدرس منزل هر کسی برای ما کاری ندارد. چند سؤال فرمودند. آقایان فرمودند که دختران را کشته‌اند. یا در قطعه ۳۰۲ و یا در یک گور جمعی به خاک سپرده‌اند. گفتم من در این مورد اطمینان ندارم. نمی‌دانم شما بر اساس چه اطمینانی این حرف را می‌زنید. گفتند ما مطمئن هستیم که توی شلوغی اخیر این اتفاق افتاده است. من همان‌جا تأکید کردم که عارضه قلبی و نارسایی کلیوی علت مرگ دخترم بوده است. که یکی از آقایان گفت این ادعا دروغ محض است. از چه می‌ترسی؟ چرا از حق و حقوق خودت دفاع نمی‌کنی؟"

بودند گذاشته‌اند روی جسدش، کاملاً طبیعی طبیعی. که (باورش
شود) بیرون بیاید و برای ما طبیعی تعریف کند و شبانه‌روز گریه
کند. همسایه‌شان هم می‌گفت که صدای گریه‌اش را می‌شنویم.
یعنی خود او هم یک جورهایی طعمه بوده. مادرش به شدت اصرار
می‌کرد که مدام به من زنگ می‌زنند که مثل حضرت زینب صبر
کن. تو فقط صبر کن. این جمله را بارها و بارها گفت. مادر سعیده
می‌گفت آقای محمدی نامی زنگ می‌زند می‌گوید در این مسئله
صبر کن، تو فقط فعلاً برو مدارک شهید شدن همسرت را بگیر. که
ثبت شود به‌عنوان شهید. یک همچین چیزی دقیقاً یادم است که او
می‌گفت.»[1]

محتوای صحبت‌های بازجویان پلیس امنیت و وزرات اطلاعات با
سپیده پورآقایی نیز این را که کل قضیه سناریوی مقامات امنیتی بوده را
تأیید می‌کند:

«[بعد از اینکه من با مامان سعیده حرف زدم] از پلیس امنیت آمدند
سراغ ما. با ما تماس گرفتند و گفتند بیایید ونک. من گفتم نه
نمی‌آیم. برای چی باید بیایم؟ گفت یک توضیحاتی راجع به قضیهٔ
سعیده. گفتم نه نمی‌آیم. من فقط می‌خواهم بدانم خواهرم کجاست،
این حق را دارم. دید من اصرار می‌کنم گفت اشکالی ندارد ما آدم
می‌فرستیم خانه‌تان. گفتم مشکلی ندارد کی می‌آیید؟ گفت فلان
روز. دو نفر با لباس شخصی آمدند. من و مادرم بودیم و برادرم.
گفت مدارکت را بیاور و شروع کرد به سؤال کردن. گفتم من فقط
رفتم دنبال سعیده و مادرش را دیدم. یک سرهنگی بود و گفت
رهبر معظم انقلاب خیلی دلشان از این قضیه جریحه‌دار شده، ما
باید تا آخر این قضیه را پیگیری کنیم. بعد آخر سر رک گفتند شما
این قضیه را پیگیری نکنید. قشنگ به من گفت قضیه را بسپرید به

---
[1] شهادت سپیده پورآقایی، عدالت برای ایران.

نظام، ما دستگاه قضایی داریم، شما اصلاً لازم نیست پیگیری کنید، من توصیه می‌کنم به شما. من هم سرم را تکان دادم. هیچی نگفتم آره یا نه... بعد از دستگیری داوری[1] یک‌بار رسماً وزرات اطلاعات ما را احضار کرد. من با کاوه، همسرم رفتم، وزارت اطلاعات توی سیدخندان؛ معروف است به درِچوبی. آنجا خیلی رک و راست گفتند خانم این قضیه را اطلاع دارید؟ گفتند ضمناً ما می‌دانیم که شما قبلا دستگیر شده‌اید، سیاسی بوده‌اید[2]، گفتم خب من مطمئن بودم که شما می‌دانید. بعد گفت بنابراین به نظر ما شما توی این قضیه متهم هستید. گفتم برای چی؟ گفت مشخص است به دلیل سوابقی که داری می‌خواستی این قضیه را علیه نظام مطرح کنی. ولی برایمان در حد فرضیه است. عملاً تهدیدم کرد با این حرف. من هم گفتم من اصلاً تا قبل از انتشار این اخبار رابطه‌ای با سعیده و مادرش نداشتم، شما که می‌دانید ما ناتنی هستیم، الان هم کاری به این کارها ندارم، من خواهرم را می‌خواهم. اصلاً سیاست چی است. من دیگر به سیاست کاری ندارم، مجبور بودم آنجا قضیه را خانوادگی کنم برای اینکه ببینم اینها چی می‌دانند، قضیه چی است. گفتم من فقط خواهرم را می‌خواهم. به شما هم توصیه می‌کنم قضیه را رسانه‌ای نکنید، من هم در این قضیه زیاد جلو نمی‌روم به شرط اینکه آبروی خواهر من را حفظ کنید. همان موقع گفتم توی تلویزیون نبرید. همان اولی که نشستم به من گفت خواهر شما زنده است. شک نکنید در این قضیه. گفتم من این را نمی‌دانم ولی مصاحبهٔ تلویزیونی را نکنید، برای من قابل پذیرش نیست.

[1] محمد داوری، عضو کمیته پیگیری روز ۱۷ شهریور و همزمان با پلمب شدن دفتر کمیته دستگیر می‌شود. او در مجموع به شش سال حبس محکوم می‌شود و در زمان نوشتن این گزارش مشغول گذراندن حبس خود در زندان اوین است.

[2] برای اطلاع دربارهٔ سوابق فعالیت‌های سیاسی و دستگیری‌های سپیده پورآقایی رک ضمیمه شماره ۲ این گزارش.

چون این دختر شانزده سالش است و توی این بازی‌ها واردش نکنید. گفت خیالتان راحت باشد. نظام شرافت دارد. ما خودمان ناموس داریم. خواهر داریم. نه اصلاً این کار را نمی‌کنیم، دختر شانزده ساله است، فردا می‌خواهد ازدواج کند و بچه‌دار شود، عین حرف خودشان بود.»[۱]

سپیده پورآقایی که در پی شدت گرفتن فشارهای مأموران امنیتی، پس از پخش مصاحبه تلویزیونی خواهرش، از ایران خارج شده، هیچ خبری از سرنوشت خواهرش پس از پخش آن مصاحبه ندارد:

«روزی که سعیده مصاحبه کرده بود دو روز قبلش با کامیون آمدند همهٔ وسایلشان را جمع کردند و رفتند و هیچ کس نفهمید کجا رفتند، کامیون مال چه شرکتی بود، هیچ کس نفهمید. همسایه‌ها گفتند: شبانه تمام وسایلشان را جمع کردند و بردند.»[۲]

لیلا ملک‌محمدی نیز معتقد است ماجرای سعیده پورآقایی را ایجاد کردند تا کِیس ترانه موسوی و کلاً تجاوزهای پس از انتخابات را بی‌اعتبار کنند[۳]. این تحلیلی است که بسیاری از تحلیلگران در مورد آن توافق دارند.

آنچه مشخص است این است که با توجه به تجربهٔ شکنجه و آزار جنسی در زندان‌ها و سکوت جامعه در برابر آنکه ناشی از فضای رعب و وحشت و همچنین تسلط تفکری که بیان مسئله تجاوز و آزار جنسی را برنمی‌تابد و آن را تابو می‌اند، در بین روشنفکران و فعالین و خانواده‌ها در آن دوره، باعث شد که تا کنون مسئولین و آمران بسیاری از این شکنجه و آزارها پنهان مانده و آسیب‌دیدگان این نوع خشونت جنسی نتوانند از آنچه بر آنها رفته آزادانه سخن بگویند. چنین فضایی آمادگی انکار و ناباوری در

---

[۱] همان.

[۲] همان.

[۳] شهادت لیلا ملک محمدی، عدالت برای ایران.

مورد شکنجه و آزارهای جنسی و به‌طور خاص در مورد تجاوز را در افراد نهادینه کرده و به آمرین و عاملین این نوع شکنجه امکان می‌دهد که با اقداماتی که به این شک و ناباوری دامن می‌زند، هر چه بیشتر طرح چنین موضوعاتی را منکوب کرده و قربانیان آن را بی‌اعتبار کنند؛ مورد ترانه موسوی مثال بارزی برای این مدعاست.

به‌نظر می‌رسد با توجه به تمامی شواهد تا کنون موجود و در دسترس، می‌توان ادعا کرد که بحث مربوط به تجاوز و مستندات آن از سوی مخالفین با کاستی‌های بسیار مطرح شد و ناروشنی‌های آن باعث شد که جمهوری اسلامی و دستگاه امنیتی- اطلاعاتی و تبلیغاتی آن با ایجاد و طرح سناریوهای دروغین و استفاده از بی‌دقتی مخالفین در استفاده از این نوع اخبار، عملاً در ایجاد ناباوری عمومی، زمانی که بحث تجاوز در زندان‌ها می‌رفت تا به امری اجتماعی مطرح شود، موفق بود. تأثیر این فضای ناباوری عمومی به حدی است که حتی مهدی کروبی، دربارهٔ اعتبار شهادت یکی از اصلی‌ترین شاهدان خود عقب‌نشینی می‌کند. او در نامه‌ای در پاییز ۸۸ دربارهٔ م. الف می‌نویسد: "معلوم نیست تکلیف این خانم چه شد زنده است، مرده است، ... الان چه وضعیتی دارند، دروغ گفته، راست گفته و در حال حاضر کجاست..."[۱]

در واقع نمونه‌های دروغین، بایستی اذهان را از موارد واقعی و یا اساساً از اصل حقانیت طرح موضوعی به نام شکنجهٔ جنسی، منحرف کند. نمونه سعیده پورآقایی نمونه‌ای است که نشان می‌دهد تا چه میزان کنکاش مستقل برای طرح و پیگیری اخبار مهم و تعیین کننده است.

***

همان‌طور که در مقدمه این فصل گفته شد، مجموعه وقایع و اخبار و گزارشات منتشره در تابستان ۱۳۸۸، این باور عمومی را ایجاد کرد که در

---

[1] http://www.alarabiya.net/articles/2009/11/22/92087.html

بازداشتگاه کهریزک، علاوه بر شکنجه‌های جسمی شدید و محرومیت بازداشت شدگان از امکانات اولیه‌ای مثل تهویه، غذا و دارو و درمان، که به مرگ حداقل سه تن از بازداشت شدگان انجامید، به شکل گروهی به مردان بازداشت شده با شیشه نوشابه و یا باتوم تجاوز می‌شده است. این باور تا حدی قوی است که امروزه اصطلاح "کهریزکی کردن" یا "کهریزکی شدن" کنایه از مورد تجاوز قرار گرفتن است. بخشی از این باور عمومی را اعتقاد به این تشکیل می‌دهد که کروبی و کمیته پیگیری در گزارش‌های خود اسنادی مبنی بر تجاوز به بازداشت شدگان کهریزک را ارائه داده‌اند.

در این مورد نیز همان‌طور که در ادامه خواهیم دید، بی‌دقتی و عدم ارائه مستندات لازم در طرح موضوع یکی از اشکالات عمده‌ای است که مورد سوء استفاده مقامات برای فرار از اصل موضوع قرار می‌گیرد.

بازداشتگاه کهریزک

حداقل یک هفته پیش از تدوین نامهٔ کروبی به هاشمی، اخبار کشته شدن چند تن از بازداشت شدگان در اثر شکنجه و شرایط طاقت‌فرسا و غیرانسانی در بازداشتگاه کهریزک منتشر می‌شود. این زندانیان همگی در تظاهرات ۱۸ تیر بازداشت شده بودند. با اینکه نامهٔ کروبی پس از انتشار گزارش‌های مربوط به کهریزک نوشته شده، در آن هیچ اشاره‌ای به وقوع تجاوز در بازداشتگاه کهریزک نشده و مندرجات نامه و اسناد و گزارش‌های پس از آن نشان می‌دهد که کمیته پیگیری هیچ‌گونه سندی مبنی بر وقوع تجاوز در کهریزک در دست نداشته است، همزمانی بالاگرفتن اخبار مربوط به تجاوز در زندان‌ها و نیز کشته شدن زندانیان تحت شکنجه، باور عمومی قوی را به‌وجود می‌آورد مبنی بر اینکه در بازداشتگاه کهریزک به‌طور گروهی به زندانیان مرد تجاوز شده است. کمی بعدتر، یک خبر نیز از نگهداری تعدادی از زنان در این بازداشتگاه منتشر می‌شود[۱] که تا کنون به

---

[1] http://norooznews.org/news/13465.php

وسیلهٔ منابع دیگر تأیید نشده است. به‌نظر می‌رسد در اشاعهٔ بی‌دقتی رسانه‌ای و مخلوط کردن واقعیات، "سحام نیوز"، وب سایت وابسته به مهدی کروبی و حتی احزاب و سازمان‌های سیاسی مانند سازمان مجاهدین انقلاب اسلامی نیز تأثیر به‌سزایی داشته‌اند. به‌عنوان مثال، سازمان مجاهدین انقلاب اسلامی در بیانیه‌ای می‌نویسد: "علاوه بر این براساس اخبار متواتری که ظاهراً قابل انکار نیستند، رفتارهای حیوانی و وحشیانه با زندانیان کهریزک آن‌گونه که در نامهٔ آقای کروبی به آقای هاشمی رفسنجانی آمده است، به مراتب دلخراش‌تر و دردناک‌تر از مرگ و شهادت بر اثر ضرب و شتم در این زندان است."[1] این خبر در حالی نامهٔ کروبی را به شهادت می‌گیرد که همان‌طور که گفته شد در نامهٔ کروبی به هاشمی کوچک‌ترین اشاره‌ای به کهریزک نشده است.

مسعود علیزاده، یکی از بازداشت شدگان ۱۸ تیر که تا ۲۳ تیر در بازداشتگاه کهریزک زندانی بوده و به همراه سایر بازداشت شدگان از جمله محمد کامرانی که در راه انتقال به اوین جان می‌بازد، در ۲۳ تیر به زندان اوین منتقل شده در این‌باره چنین شهادت می‌دهد:

«صبح [فردای ۱۸ تیر] ما را بردند داخل حیاط [پلیس پیشگیری میدان انقلاب] و برگه‌های چاپ شده‌ای دادند و گفتند باید امضا کنید. پنج تا اتهام بود؛ اقدام علیه امنیت ملی، توهین به رهبری، تخریب اموال دولتی و غیره. ما اعتراض کردیم که ما این کارها را انجام نداده‌ایم و امضا نمی‌کنیم، ولی به زور مجبور شدیم امضا کنیم. هرکه امضا نمی‌کرد مجبور بود کتک بخورد. که آقای حیدری‌فر آمد گفت یک سری از شما را می‌فرستم کهریزک، یک سری را می‌فرستم اوین. بعضی از بچه‌ها بلند شدند گفتند کهریزک کجاست؟ گفت بروید تا آخر تابستان کهریزک می‌مانید. اگر زنده ماندید بیایید از من بپرسید کهریزک کجاست؟

---

[1] http://www.bbc.co.uk/persian/iran/2009/08/090812_wmj-kahrizak.shtml

آقای حیدری‌فر من و یک عده دیگر را به زندان کهریزک فرستادند. شرایط اول خیلی بد بود، یک ساعت پشت در کهریزک ماندیم. حدود چهار و نیم- پنج بود ما را فرستادند تو... شب اول آقای محمدیان بود با ستوان گنج‌بخش. این دو نفر ما را پذیرش کردند، با چند تا "اراذل و اوباش"[۱] که همکارشان بودند. کتانی و هرچه که داشتیم، محسن روح‌الامینی و محمد کامرانی عینکی بودند و عینک‌هایشان را گرفتند، اینها نمی‌دیدند، محسن اعتراض می‌کرد که من جلویم را نمی‌بینم ولی بهش عینک ندادند. جوراب‌ها و کتانی‌ها را در آوردند، فقط یک شلوار و اینها را گرفتند، اسم و فامیل و اینها را آقای محمدیان روی کاغذ می‌نوشت، مشخصات و شماره تلفن و هرچه که داشتیم. که به دروغ می‌گفت ما به خانواده‌ها زنگ می‌زنیم. بعد از این، دو تا از اراذل و اوباشی که بودند، می‌آمدند تک تک ما را لخت می‌کردند جلوی همه. لباس‌هایمان را در می‌آوردند، هیچی تنمان نبود و نکته‌ای که جالب است با پیرمرد شصت ساله و بچهٔ هفده ساله‌ای هم که تو ما بود این کار را کردند. آن پیرمرد را وقتی می‌دیدم واقعاً خجالت... افسرنگهبان این جای پدرش بود ولی باهاش آن کار را کردند. خیلی سخت بود برایمان، برای آن پیرمرد شصت ساله خیلی سخت بود، رویش نمی‌شد، ما جای نوه‌هایش بودیم. این کار را با ما کردند، یک دقیقه دو دقیقه طول می‌کشید تا لباس‌هایمان را به ما برگردانند.

---

[۱] اراذل و اوباش، اصطلاحی است که از سوی مقامات انتظامی و قضایی جمهوری اسلامی برای توصیف و در عین حال، تحقیر افرادی که متهم جرایمی چون سرقت مسلحانه، زورگیری، تجاوز، قاچاق مواد مخدر و سایر جرائم خطرناک به‌کار می‌رود اما کاربرد این اصطلاح در بسیاری از موارد حتی معتادان یا کسانی که مقدار اندکی مواد مخدر با خود حمل می‌کنند را در بر گرفته است. ما با کاربرد این اصطلاح به دلیل بار منفی و تحقیرآمیزی که دارد مخالفیم اما جهت حفظ اصالت شهادت شاهد، از تغییر آن در نقل شهادت خودداری کرده‌ایم.

همهٔ صدوسی و شش نفر را اینجور جلوی هم لخت کردند. لختتان می‌کردند، لباس‌ها را برعکس می‌کردند، به خاطر اینکه بازداشتگاه قرنطینه یک شپش و گال و کلی جانور داشت، شلوار را برعکس می‌کردند که این درز شلوار که داخل شلوار هست، شپش‌ها نروند لای این درز... حدوداً ساعت یازده دوازده شب بود که فرستادنمان داخل قرنطینهٔ یک بازداشتگاه کهریزک.

جا خیلی کم بود، شصت متر جا بود و ما صدوسی و پنج نفر بودیم. جا نمی‌شد بنشینیم و یک سری باید سر پا می‌ایستادیم. نوبتی بود. حدوداً یک ساعت بعد از اینکه ما رفتیم حدود سی و پنج نفر از مجرمان خطرناک یا اینها که به جرم مواد مخدر گرفته بودند را ریختند بین ما که ما را اذیت کنند. گفتند بخاطر کمبود جا که تو قرنطینهٔ دو جا نبود. قرنطینهٔ یک، یک سالن تاریک بود، نه پنجره داشت، نه هواکش داشت. نه نور می‌آمد داخل، یک پنجرهٔ بسیار کوچکی داشت از بالا و هیچ نوری داخل نمی‌آمد و هیچ تنفسی نه بیرون می‌رفت و نه داخل می‌آمد. نه هواکشی داشت توی آن گرمای تیرماه. هیچی نداشت. یک دستشویی داشت که در نداشت. درش خراب بود. این اراذل و اوباش چهار- پنج تایشان لخت مادرزاد بودند و با هم دوست بودند و توی دستشویی می‌خوابیدند بعضی‌ها حدود پنج شش ساعت دستشویی نمی‌کردند به‌خاطر اینکه رویشان نمی‌شد بروند تو دستشویی. خب تجاوز بود بین آنها، اینها به یک شخصی به نام باباعلی تجاوز می‌کردند. این باباعلی بود و یک پسر دیگر. او حدوداً بیست- بیست و دو ساله بود. به او هم تجاوز می‌کردند. جلوی چشم ما. یعنی ما همه‌مان دیدیم. ما می‌دیدیم. حتی به دو سه نفر از کسانی که با ما بودند هم گیر داده بودند، خیلی دوست داشتند اینکار را انجام بدهند ولی چون تعداد ما زیادتر بود نمی‌توانستند. چند نفر بودند از نظر چهره زیبا بودند، یک ذره کم‌سن بودند، اینها خیلی نزدیک اینها می‌شدند که نزدیک اینها بخوابند. چندبار

می‌خواستند سمت اینها بخوابند ما نگذاشتیم. خیلی دوست داشتند این کار را انجام بدهند من همیشه می‌گویم اگر عدهٔ ما کم بود صد در صد اینکار را انجام می‌دادند. نتوانستند ولی اگر عدهٔ ما کم بود حتماً این کار انجام می‌شد.
آنها چون هوای دستشویی خنک بود و آب می‌توانستند بزنند به سر و صورتشان همان‌جا می‌نشستند و می‌خوابیدند. تو فضای کمی که بود، آنجا بودند بیشتر. بخاطر آب آنجا بود، سر و صورتشان را آب می‌زدند به‌خاطر گرما. به‌خاطر خنکی. توی دستشویی یک سکو بود، آنجا می‌خوابیدند. یعنی طرف لخت لخت بود، آنجا می‌خوابیدند. بچه هفده ساله که می‌خواست برود دستشویی رویش نمی‌شد برود آنجا دستشویی کند. ولی مجبور بود برود. بحث دستشویی یک طرف، بحث آب خوردن. ما آنجا تنها جایی که می‌توانستیم خودمان را سیر نگه داریم آب بود. چون غذا که نمی‌دادند. حدوداً بیست و چهار ساعت به ما غذا ندادند. روز دوم هجده ساعت... یعنی زمانی که غذا دادند، سری دوم چهارده ساعت بعد از آن هجده ساعت بهمان غذا دادند... مجبور بودیم با آب شکم خودمان را سیر کنیم.»[1]

براساس مندرجات قرار نهایی بازپرس نظامی، هیچ‌یک از ۹۸ نفر از بازداشت شدگان پرونده کهریزک[2] که به‌عنوان شاکی به دادسرای نیروهای مسلح تهران مراجعه کرده بودند، در مورد تجاوز شکایتی مطرح نکرده‌اند اما مواردی از قبیل اجبار به کاملاً برهنه شدن در مقابل چشم دیگران و همین‌طور لخت مادرزاد بودن زندانیان موسوم به "اراذل و اوباش" در قرار نهایی بازپرس نظامی تأیید شده است.[3] در بخشی از این قرار آمده است:

---

[1] شهادت مسعود علیزاده، عدالت برای ایران.

[2] ۵۰ نفر از این ۹۸ نفر بعداً به دلیل فشار مقامات دولتی و به‌ویژه استانداری تهران با گرفتن دیه یا حتی بدون گرفتن دیه، شکایت خود را پس می‌گیرند.

[3] متن کامل قرار بازپرس نظامی پرونده کهریزک به همراه کیفرخواست و رای دادگاه نظامی به‌طور کامل در وبسایت عدالت برای ایران قابل دسترسی است.

«شکات مدعی هستند که در بدو ورود به کهریزک توسط افسر نگهبان وقت مورد اهانت و ضرب و جرح قرار گرفته و در انظار عمومی لخت مادرزاد شده‌اند و سپس آنان را داخل قرنطینه ۶۵ متری دلالت و ۳۷ نفر از بازداشت شدگان تحت عنوان اراذل و اوباش نیز به آنان اضافه نموده‌اند.»

بازپرس نظامی در بخش دیگری قضاوت خود را دربارهٔ علت برهنه کردن بازداشت شدگان چنین ارائه می‌دهد:

«در هنگام پذیرش در کهریزک به دستور افسر نگهبانان وقت، همگی متهمان بازداشتگاه در انظار عمومی لخت مادرزاد شده‌اند و بعضاً برابر ادعای شکات به مدت ۴۵ دقیقه لخت بوده‌اند و سپس لباس‌های زیر آنان اخذ و دور ریخته شده و لباس‌های رو، به‌صورت وارونه به تن آنان شده است. مأمورین علت انجام این کار را جلوگیری از تخم‌گذاری حشراتی مانند شپش اعلام نموده‌اند و بر حسب تحقیقات به‌نظر می‌رسد هدف مسئولین بازداشتگاه تحقیر بازداشت شدگان بوده است.»

بازپرس سیدرضا حسینی، در "نتایج حاصله از تحقیقات و بررسی‌های عمل آمده" به مسئله برهنه بودن زندانیان موسوم به اراذل و اوباش می‌پردازد:

«حسب اعلام شکات، چند نفر از بازداشت شدگان تحت عنوان اراذل و اوباش که در بین آنان در قرنطینه بوده به‌صورت نیمه عریان و بعضاً عریان بودند و بعضی اوقات یک تکه پارچه به خود می‌پیچیدند که این امر نیز حاکی از بی‌توجهی کامل مسئولین بازداشتگاه نسبت به مسائل شرعی و اخلاقی در بازداشتگاه می‌باشد شاکیان اتفاق نظر دارند این امر تعمداً مدیریت می‌شده است.»

و چند بند بعد اضافه می‌کند:

«در مورخ ۸۸/۴/۲۳ نیز قبل از اعزام شکات به اوین ،به دستور افسر نگهبان، آنان در انظار سایر بازداشت شدگان لخت مادرزاد شده و لباس‌های خود را وارونه پوشیده‌اند.»

با اینکه مسعود علیزاده به‌عنوان یک شاهد عینی معتبر که نام و شهادت‌هایش در تمامی اسناد دادگاه سازمان قضایی مسلح نیز ذکر شده، تجاوز به بازداشت شدگان پس از انتخابات در بازداشتگاه کهریزک را حداقل در محدوده زمانی که بیشترین تعداد معترضان پس از انتخابات در آن زندانی بوده‌اند منتفی می‌داند، اما مرور اخبار و گزارش‌های منتشره در وبسایت‌های مخالفان جمهوری اسلامی حاوی این مدعاست که به بازداشت شدگان پس از انتخابات در بازداشتگاه کهریزک تجاوز شده است. هرچند تنها در یک مورد، خبری از قول یک نماینده مجلس (بدون ذکر نام) منتشر شده که شخصی به نام ع. ب. در جریان بازدید نمایندگان از زندان اوین ادعا کرده که در بازداشتگاه کهریزک بارها و بارها با باتوم مورد تجاوز قرار گرفته است[1]. علیزاده در جریان پیگیری شکایت‌های خود در استانداری تهران از بازداشت شدگان پیش از ۱۸ تیر در کهریزک شنیده است که یک نفر از میان بازداشت شدگان را برده و به او تجاوز کرده‌اند. او یک بار این شخص را از دور در استانداری دیده است که برای پیگیری پرونده شکایت خود نزد مرتضی تمدن، استاندار تهران می‌رفته است[2]. مشخص نیست آیا ع. ب. همان فردی است که علیزاده او را در استانداری دیده است یا خیر اما تاکنون تنها دو مرد حاضر شده‌اند به شکل علنی دربارهٔ وقوع تجاوز بر خود شهادت دهند که یکی از آنها، ابراهیم شریفی، شاهد اصلی کروبی و دیگری، ابراهیم مهتری است. هر دو نفر در شهادت‌ها و مصاحبه‌های مکرّر خود با

---

[1] وبسایت موج سبز آزادی ادعا کرده که پس از این اظهارات، فرد مورد تجاوز قرار گرفته توسط شخص مرتضوی از بند به بیرون برده شد و از آن تاریخ ناپدید شده است. تحقیقات ما نشان می‌دهد منبع این خبر یکی از زندانیان سیاسی است که پس از آزادی خود این خبر را به وبسایت یاد شده داده است.

[2] شهادت مسعود علیزاده، عدالت برای ایران.

رسانه‌های مختلف تأکید کرده‌اند که به بازداشتگاهی نامعلوم برده شده‌اند که توصیف‌هایشان از آن شباهت چندانی به بازداشتگاه کهریزک ندارد اما همان‌طور که گفته شد سایت‌های خبری وابسته به گروه‌های سیاسی مخالف یا منتقد نظام جمهوری اسلامی به‌طور مدام از این دو نفر به‌عنوان قربانیان تجاوز در کهریزک نام می‌برند.[۱]

۴- یافته‌های اختصاصی تحقیق
"جنایت بی عقوبت"

از مجموع ۱۹ مصاحبه‌ای که با زندانیان زن پس از انتخابات انجام داده‌ایم، چهار نفر (شیما حسامی، رها شریفی، م. الف. و فرزانه حمزه‌ای[۲]) وقوع تجاوز به خود را تأیید کرده‌اند. یکی از این چهار نفر شاهد تجاوز به دختر و پسر جوانی در مقابل چشمان خود و پیش از تجاوز به خود وی بوده است. مقایسهٔ این چهار مورد با ۱۵ مصاحبه شونده دیگر که تجاوز به خود را گزارش نکرده‌اند، نتیجه معناداری در مورد ویژگی‌های زندانیان تحت تجاوز قرارگرفته و نیز وابستگی سازمانی نیروهایی که دست به تجاوز زده‌اند به دست نمی‌دهد. فرضیه اولیه تحقیق این بود که زندانیانی که بدون اینکه شناخت قبلی از آنها وجود داشته باشد در خیابان دستگیر شده‌اند (به‌اصطلاح، کف خیابانی)، بسیار بیشتر مورد تجاوز واقع شده‌اند در حالی‌که دو مورد از چهار مصاحبه شونده مذکور، کسانی هستند که

---

[۱] به‌عنوان مثال نگاه کنید به:
http://www.darvishanonline.com/2011/03/blog-post_2336.html
http://persian.iranhumanrights.org/1389/12/ebrahim_mehtari_paris/
http://www.hrw.org/fa/news/2009/11/09-1
http://chrr.biz/spip.php?article13594
http://persian.iranhumanrights.org/1388/06/sharifi/
http://www.youtube.com/watch?v=KS7JE6_h6YE
http://chrr.biz/spip.php?article5812
[۲] اسامی کامل این شهود به دلیل ضرورت‌های مربوط به امنیت خود یا خانواده آنها نزد عدالت برای ایران محفوظ است.

مأموران امنیتی با شناخت از سابقه کار آنها و به شکل هدفمند دست به بازداشت آنها زده‌اند. بین مصاحبه شوندگانی که مورد تجاوز قرار نگرفته‌اند نیز چهار بازداشت شده "کف خیابانی" وجود دارد. به نظر می‌رسد اولین مکانی که بازداشت شدگان به آن منتقل شده‌اند تأثیر مهمی در احتمال وقوع تجاوز داشته است. بازداشت شدگانی که به بازداشتگاه‌های مخفی که نه مکان آن و نه نیروی امنیتی ناظر بر آن مشخص است منتقل شده‌اند، بیشتر در معرض تجاوز قرار داشته‌اند تا بازداشت شدگانی که بلافاصله پس از دستگیری به بازداشتگاه‌های شناخته شده مانند بند ۲۰۹ اوین منتقل شده‌اند. مرور مورد تجاوز به مریم صبری که اگرچه جزو مصاحبه شوندگان این تحقیق نبوده اما شهادت وی توسط سازمان‌های حقوق بشری تأیید و منتشر شده نیز چنین نتیجه‌گیری را تأیید می‌کند.[۱]

به یکی از چهار شاهد این تحقیق در کلانتری ۱۳۷ تهران که تحت کنترل نیروی انتظامی است تجاوز شده، دو نفر دیگر نتوانسته‌اند تشخیص دهند مکانی که به آنها تجاوز شده کجا و تحت کنترل کدامیک از نیروهای انتظامی و امنیتی بوده است اما از فحوای شهادت آنها می‌توان به این نتیجه رسید که در یک بازداشتگاه مخفی محبوس بوده‌اند و تنها به یک نفر از آنها در بند ۲الف زندان اوین که تحت کنترل سپاه پاسداران است تجاوز شده است.

سه نفر از این چهار نفر در نخستین روزهای پس از انتخابات بازداشت شده و به فاصله کوتاهی بدون اینکه بازجویی چندانی از آنها انجام شود آزاد شده‌اند. مورد فرزانه حمزه‌ای نمونهٔ بارزی از شهروندان غیرسیاسی است که در جریان ناآرامی‌های پس از انتخابات به خیابان آمده بودند و با

---

[۱] مریم صبری، متولد سال ۱۳۶۷ تهران، کارمند شرکت قایقرانی، در تجمع مراسم چهلم ندا آقاسلطان، در ۸ مرداد ۱۳۸۸، در بهشت زهرا دستگیر شد و به مدت ۱۵ روز در محل نامعلومی بازداشت و در این مدت، به شهادت خودش، چهار با مورد تجاوز قرار گرفت. برای به دست آوردن اطلاعات بیشتر، رک:
http://www.iranhrdc.org/persian/permalink/3282.html#.UAfZ5_VPl0w

خشن‌ترین و مخفیانه‌ترین شکل ممکن تحت سرکوب قرار گرفته‌اند. در واقع این نمونه نشان می‌دهد، که به چه دلایلی، قربانیانی که فاقد شبکه حمایتی و یا رسانه‌های حامی هستند، کمتر نیز محلی برای طرح روایت خود می‌یابند و این"راز" بزرگ را همچنان در خلوت خود نگه داشته‌اند. فشارهای خانوادگی و تسلط بینش مردسالارانه مانع از طرح آزادانه این روایت‌ها شده و عملاً احساس "شرم" و "گناه" را برای فرد آسیب‌دیده تقویت می‌کند.

فرزانه حمزه‌ای در روز ۲۵ خرداد، در یکی از کوچه‌های حوالی میدان ونک، نزدیک به مکانی که تعدادی از معترضان در آن‌روز در آن جمع شده بودند، با خشونت به داخل یک ماشین پژو برده می‌شود و در حالی‌که سرش روی کف خودرو قرار داده شده بود، به بازداشتگاهی نامعلوم برده می‌شود و سه شب و چهار روز در یک سلول انفرادی در مکانی که شبیه ساختمانی ناتمام بوده زندانی می‌شود. او که به دلیل داشتن چشم‌بند نه چهرهٔ بازجویان و نه هیچ زندانی دیگری را دیده است، روی میز اتاق بازجویی مورد تجاوز قرار گرفته است. مأموران پس از چهار روز او را در خیابانی در جنوب تهران رها می‌کنند.[۱]

شیما حسامی، عکاس خبری را نیز پس از بازداشت و تجاوز در خیابانی در رباط کریم رها می‌کنند و توسط یک راننده تاکسی به خانواده‌اش رسانده می‌شود:

«[فردای انتخابات] دور میدان هفت تیر، هنوز کولهٔ دوربینم باز نشده بود هنوز دوربینم را در نیاورده بودم، فقط با یک ضربه‌ای که دور گردنم خورد بیهوش شدم و بعد احساس کردم تو ماشینم و انقدر دست و پای من درد می‌کند که فقط صدای فحش می‌شنوم و همچنان بزن بکوب. هیچی حالی‌ام نشد بعدش دیدم که دوباره صدای پا می‌آید. چون چشم‌هایم کاملاً بسته بود... بوی خون را می‌فهمیدم.

---

[۱] شهادت فرزانه حمزه‌ای، عدالت برای ایران. نام و مشخصات واقعی این شاهد نزد عدالت برای ایران محفوظ است.

بوی شدید خون و مدام خودم حالم به هم می‌خورد. چون من مشکل ریوی دارم. هرچه داد می‌زدم که تو را به خدا اسپری من را بیاورید، بهم بدهید. یک پف بگیرم فقط. یک لحظه. اسپری که بهم نمی‌دادند فقط بهم گفتند یک صحنه چشمت را باز می‌کنیم بعدش می‌بندیم اما دوربینت هم کنارت است من خیلی خوشحال شدم که دوربینم کنارم است. گفتم دستانم را باز می‌کنید که دوربینم را لمس کنم حداقل؟ اینها همین‌طور که دستم از پشت بسته بود دوربین را توی دستم چرخاندند. بعد هم که آمدم بخندم. احساس کردم خنده‌ام خشکیده. گفتم خدا را شکر دوربینم با خودم بازداشت است. اصلاً وقتی که ضربه را فهمیدم فقط دیدم یک چیزی قورت دادم که دندان بالایم دو تایش در جا رفت تو شکمم. خدایا این دهان من است این بو را می‌دهد یا اینجا کلاً همه‌اش توی خون است. واقعاً به هوش نبودم. بعد که به هوش آمدم آقاهه گفت می‌خواهی ببینی آن سوژه‌ای که بهت می‌خواستیم بدهیم ببینی چی است؟ فقط می‌گفتم تو را به خدا بگویید من چه‌کار کرده‌ام. حکمم چی است؟ اگر حکمم مرگ است خب بکشید راحتم کنید. آخر من چه‌کار کرده‌ام. گفتند کارهایی که نباید می‌کردی کردی. حالا الان می‌گویی چه‌کار کردی. و صدای زوزهٔ دختر و پسری را می‌شنیدم که در واقع این دختر و پسر هیچ آشنایی نداشتند با همدیگر اما به جفتشان درست توی چشم باز تجاوز می‌کردند آن وقت دوربین را داده بودند توی دست پشت من و می‌گفتند حالا از اینها عکس بگیر که این دختر و پسر نمی‌توانم بگویم این بچه‌ها به چه حالتی زوزه می‌زدند و می‌گفتند دیگر هر کاری دوست دارید با ما بکنید. دیگر فقط هر کاری می‌خواهید بکنید بعد ولمان کنید. درست نمی‌دانم چند دقیقه چشمم باز بود واقعاً وقتی که دیدم از هوش رفتم... فکر می‌کنم همان اتفاقات و تجاوزها به من هم شد...»[1]

---

[1] شهادت شیما حسامی، عدالت برای ایران. نام و مشخصات واقعی این شاهد نزد عدالت برای ایران محفوظ است

اما در همهٔ موارد، وابستگی سازمانی تجاوز کنندگان و محل وقوع تجاوز پنهان نمانده است. رها شریفی در بند ۲الف زندان اوین که تحت کنترل اطلاعات سپاه پاسداران است مورد تجاوز قرار گرفته است:

«... توی اتاق بازجویی آینه‌دار نشسته بودم، بازجوی خشن که بهش سید می‌گفتند تنها بود، وحید، بازجویی که نقش بازجوی خوب رو بازی می‌کرد از اتاق بیرون رفته بود، من هیچ چیز را نمی‌دیدم، همه پشت آینه بودند و چشم‌بند مرا هم برنداشته بودند. سید دوباره قاطی کرد و دوباره همون بحث‌ها که تو معتادی، تو جنده‌ای... حرف‌هایش ربطی به بازجویی نداشت، بعد دو نفر آمدند توی اتاق و همین‌طور واساده بودند. بهم گفت پاشو. پاشدم. بعد... اینقدر سریع اتفاق افتاد من باورم نمی‌شد. همان‌طوری روی همون میز یکیشون من رو خوابوند و اون یکی... یه چیزی رو فرو کرد اون تو، نفهمیدم آلت بود، تِی بود، یه چیز پلاستیکی بود؟... بعد گفت: بکش بالا بشین. نمی‌دونستم چکار باید بکنم. زدم زیر گریه مثل خر گریه کردم، بعد اون دو تا رفتند بیرون. وحید اومد تو گفت: چی شده، چی شده، مهمون ما رو اذیت کردید... بعد از اون هم هیچ‌چی هم درباره‌اش نگفتند. دقیقاً بعد از این اتفاق بود که با خودم گفتم اینجا اینجوریه و من هیچ کاری نمی‌تونم بکنم...»[1]

م. الف. نیز در شهادتنامه خود می‌نویسد:

«ساعت ۸ و ۴۵ دقیقه شب ۲۵ خرداد بود، در میدان کاج منطقه سعادت‌آباد از خرید می‌آمدم. وقتی سوار ماشین شدم آقایی در پشت را باز کرد و نشست و گفت: مرا تا سر خیابان برسانید. بعد از چند لحظه به آقای راننده گفت: بزن کنار. یک پیکان جلو ماشین پیچید، ۳ نفر دیگر از آن پیاده شدند. اول آقای راننده را زدند و مرا گرفتند و با کتک داخل ماشین کردند. در ماشین هم شروع به ور

---

[1] شهادت رها شریفی، عدالت برای ایران.

رفتن با من نمودند و هم سئوال می‌کردند که چقدر از موسوی پول گرفتی، برای کی کار می‌کنی و وقتی شروع به جیغ کشیدن کردم مرا زدند و وارد کلانتری ۱۳۷ شدیم. مرا به زیرزمین آنجا بردند. لباسم را از تنم درآوردند و یکی از آن ۴ نفر به من تجاوز کرد و بعد از یک زمانی که نمی‌دانم چقدر گذشت آقایی با لباس سبز تیره به پایین آمد که روی لباسش نوشته بود پلیس امنیت گفت چرا ایشان لباسی در تنش نیست گفت خودش در آورده من راستش را به او گفتم قرار شد که ایشان مرا به جای دیگری انتقال دهد تا زمان انتقال این چهار نفر مرا با باتون زدند و گفتند اگر بگویی چه شده تو را می‌کشیم ساعت ۳ بامداد مرا به اماکن تحویل دادند و روز بعد ساعت ۱۲و ۳۰ به آگاهی بردند که من با قاضی درگیر شدم و مرا زدند تا ساعت ۱۰ شب هم بازجویی هم می‌زدند تا ساعت ۱۲ شب گفتند انتقال به زندان که بعد از چرخاندن دور تهران و اینکه می‌گفتند بازداشتگاه‌ها و زندان‌ها شلوغ است ما را به اجبار به اوین تحویل دادند که ما ۴ خانوم بودیم که در طی این دو هفته چه چیزهایی در آنجا به ما گذشت بعد از آزادی روز بعد به کلانتری مراجعه کردیم که کیف و مدارکم را بگیرم فقط کیف خالی تحویل دادند کلیه پول و مدارک و حتی وسایل شخصی داخل کیفم را ندادند.»[1]

م. الف.، از جمله شاهدانی بوده که پس از آزادی به کمیته پیگیری امور آسیب دیدگان پس از انتخابات مراجعه کرده و شهادت وی ثبت و ضبط شده و به‌عنوان مدرک به هیئت تحقیق قوه قضاییه ارائه شده است. این امر، سرآغاز مجموعه‌ای از فشارهای دوباره بازجو و مقامات دولتی بر این شاهد بوده است. پس از آزادی از زندان بازجو مدام به وی زنگ می‌زده و برخی گزارش‌ها حاکی از بازداشت دوبارۀ وی دارد. وی در شهادتنامه

---

[1] شهادتنامه کتبی م.الف، عدالت برای ایران.

خود می‌نویسد: "استانداری تهران می‌گوید ما تمام خسارات وارده را می‌دهیم ولی باید برگه‌های ما را در مورد اینکه آقای کروبی دروغ گفته امضا کنید و ازش فیلمبرداری کنیم و بگویید که تمام چیزهایی که می‌گویید دروغ است."[۱]

مهدی کروبی در تاریخ ۲۲ نوامبر ۲۰۰۹ در مصاحبه‌ای بدون اشاره به نام م. الف. گفته است که معلوم نیست تکلیف "این خانم چه شد، زنده است، مرده است، ... الان چه وضعیتی دارند، دروغ گفته، راست گفته و در حال حاضر کجاست؟ چرا که دفتر ما را هم پلمپ کرده‌اند و از وی هیچ خبری نداریم."[۲]

عدالت برای ایران اما از طریق منابع معتبر دیگر اطمینان حاصل کرده است که وی حداقل تا اردیبهشت ۱۳۸۹ زنده بوده است اما از سرنوشت او پس از این تاریخ اثری در دست نیست.

م. الف. تنها قربانی تجاوز نبوده که نه تنها نتوانسته شاهد اجرای عدالت در حق کسانی باشد که به وی تجاوز کردند بلکه برعکس، زندگی‌اش از لحظه‌ای که وقوع تجاوز را گزارش داده، دستخوش تحولی دردناک شده است. فرزانه حمزه‌ای که پس از آزادی از زندان، موضوع تجاوز را به همسرش گفت نیز تاوان عظیمی داد: "در سه روز اول همه چیز عادی بود، حتی به من محبت می‌کرد که کمکم کرده باشد، کم کم اخلاقش عوض شد. بعد از یک هفته گفت من دیگر با تو نمی‌خوابم از کجا معلوم که ایدز نداشته باشی. و بعد از چند روز شروع کرد به توهین و تحقیر و افترا و بعد هم من را متهم کرد." بعد از مدت کوتاهی همسر و خانوادهٔ همسرش به‌عنوان اینکه ناموسشان دستخوش تعرض قرار گرفته و آبرویشان رفته او را مجبور به طلاق کردند و او را مجبور کردند حضانت فرزند خردسالش را به پدر واگذار کند.[۳]

---

[۱] همان.

[2] http://www.alarabiya.net/articles/2009/11/22/92087.html

[۳] شهادت فرزانه حمزه‌ای، عدالت برای ایران.

انتشار گسترده اخبار مربوط به تجاوز جنسی در زندان‌ها پس از انتخابات و واکنش رسمی و علنی مقامات مختلف جمهوری اسلامی، برای نخستین بار موضوع شکنجۀ جنسی در جمهوری اسلامی را تبدیل به یک موضوع عمومی کرد. گفت‌وگوی اجتماعی ایجاد شده حول شهادت‌های تکان دهنده بازداشت شدگان پس از انتخابات، مسئله تجاوز به زندانیان سیاسی از ابتدای جمهوری اسلامی را این بار در سطحی فراتر از مباحث میان زندانیان و خانواده‌های آنان، به سطح جامعه کشاند. با این همه، از آنجایی که همه این وقایع در یک بستر سیاسی و اجتماعی سرشار از مصونیت عاملان و آمران شکنجه و نیز تابوهای فرهنگی درمورد موضوع آزار جنسی رخ داده بود، آثار سویی نه فقط در زندگی شخصی قربانیان، چنان‌که مثال‌هایی از آن بیان شد که بر کلیت فعالیت سیاسی زنان داشت.

مریم[۱]، دختر جوانی که در تجمع ۳ تیر ۱۳۸۸ در میدان بهارستان بازداشت شد در شهادت خود تشریح می‌کند چگونه از همان لحظه‌ای که توسط نیروهای بسیج دستگیر و به همراه سایر زنان بازداشت شده به داخل یک وَن منتقل شد تا تمام مدتی که در پایگاه مقاومت بسیج بود، از اینکه مورد تجاوز واقع شود هراس شدید داشته است: "با توجه به اینکه حالم بد بود می‌ترسیدم از هوش بروم و بلایی سرم بیاورند. سعی می‌کردم خودم را هوشیار نگه دارم. از ماجرای تجاوزها چیزهایی شنیده بودم..."[۲]

علاوه بر خود بازداشت شدگان، احتمال وقوع تجاوز، یکی از اصلی‌ترین نگرانی‌های خانواده‌های بازداشت شدگان بود که فشار گاه خردکننده‌ای بر زنان پس از آزاد شدن در شرایطی که هنوز تحت تأثیرات منفی بازداشت و بازجویی بودند آورده است.[۳] کانی اردلان که پس از انتخابات بازداشت شده بود بعد از آزادی با واکنش بسیار منفی پدرش مواجه می‌شود. چون پدرش

---

[۱] نام و مشخصات این شاهد به دلایل امنیتی نزد عدالت برای ایران محفوظ است.

[۲] شهادت مریم، عدالت برای ایران.

[۳] این موضوع به تفصیل در فصل چهارم گزارش تشریح شده است.

اعتقاد داشته حتماً در زندان به او تجاوز شده بنابراین باید کشته شود. او بلافاصله مطلبی غیر واقعی در وبلاگش می‌نویسد که در آن شرح مختصر و تصویری ساده و بدون خشونت از بازداشت و بازجویی‌های خود ارائه می‌دهد. او می‌گوید: "من فقط این مطلب را نوشتم که خیال مادر و خواهر و خانواده‌ام را راحت کنم که بهم تجاوز نشده."[1]

در واقع، اگر علاوه بر اعتراف‌گیری یا در هم شکستن روحیه و شخصیت زندانی، یکی از اهدف مأموران امنیتی از تجاوز به زندانیان را ایجاد ارعاب فردی و جمعی برای فعالیت و اعتراض سیاسی بدانیم، انتشار گسترده اخبار مربوط به تجاوز به زندانیان، متأسفانه به این امرکمک کرد؛ به دلیل اینکه:

۱- هیچ‌یک از پرونده‌های تجاوز به قربانیان، منتهی به یک رسیدگی قضایی عادلانه و محکومیت آمران و عاملان آن نشد و برعکس، قربانیان و خانواده‌های آنان، تحت شدیدترین فشارهای امنیتی و قضایی برای پس گرفتن شکایات خود و یا سکوت در مورد موضوع قرار گرفتند.

۲- بسیاری از قربانیان تجاوز، یا از شرم و هراس از واکنش‌های خانواده و جامعه، در این‌باره سکوت کردند و یا وقتی همانند فرزانه حمزه‌ای موضوع را با خانواده خود در میان گذاشتند، از آن طرد شدند.

۳- بدون اینکه قربانیان تجاوز، مشمول هیچ نوع جبران خسارت یا حتی احترام و شأن اجتماعی شوند، به هزینهٔ فعالیت سیاسی، احتمال مورد تجاوز قرار گرفتن هم افزوده شد و همین موضوع، در چارچوب ساختارهای اجتماعی و خانوادگی ایران که فعالیت‌های زنان را به شدت تحت کنترل دارد، به مانعی دیگر برای صدور اجازه یا موافقت خانواده‌ها برای فعالیت سیاسی و اجتماعی زنان بدل شد.

[1] شهادت کانی اردلان، عدالت برای ایران.

جمع‌بندی

مرور گزارش‌های معتبر منتشر شده و همچنین یافته‌های این تحقیق به روشنی اثبات می‌کند از تجاوز جنسی به‌عنوان یکی از شیوه‌های شکنجه بازداشت شدگان اعتراضات پس از انتخابات استفاده شده است. در خصوص میزان گستردگی یا سازمان‌یافته بودن اعمال این شیوه، هرچند نتیجه‌گیری قطعی بدون دسترسی کامل به اسناد و آرشیوهای زندان‌ها و نهادهای امنیتی و امکان تحقیق از مقامات مسئول امکان پذیر نیست، اما برخلاف باور عمومی، مجموعه تحقیقات ما ثابت نمی‌کند که این شکل از شکنجه نه در بازداشتگاه کهریزک و نه در بازداشتگاه‌های دیگر به شکلی گروهی یا سازمان‌یافته (سیستماتیک) و یا گسترده علیه مردان یا زنان زندانی اعمال شده باشد. نتیجهٔ تحقیق ما نشان می‌دهد که استفاده از تجاوز به‌عنوان شکنجه و برای گرفتن اطلاعات و یا شکستن زندانی به‌طور موردی اعمال شده است، همچون مورد رها شریفی به نظر می‌آید در مواردی نیز تصمیم فردی بازجو در سوء استفاده جنسی از زندانی در این مورد نقش داشته است.

تجاوز، به‌عنوان خشن‌ترین شکل شکنجهٔ جنسی، هم در قوانین ایران و هم در قوانین بین‌المللی که جمهوری اسلامی ایران متعهد به اجرای آن است، ممنوع و مستوجب مجازات شناخته شده است[۱]. با این‌همه همان‌طور که به تفصیل در این بخش شرح داده شد، تا زمان نوشتن این گزارش هیچ‌یک از موارد تجاوز به بازداشت شدگان پس از انتخابات که از طرق مختلف به مقامات قضایی جمهوری اسلامی گزارش شده، مورد رسیدگی و پیگرد کیفری قرار نگرفته است و آمران و عاملان این جنایت ها همچنان از مصونیت مطلق برخوردارند.

---

[۱] برای جزییات بیشتر رک فصل پنجم این گزارش.

فصل سوم

سایر شکنجه‌های جنسی

۱- آزارهای جنسی بدنی

برخلاف تصور رایج که به دلیل اسلامی بودن نظام سیاسی حاکم بر ایران، ضوابط شرعی مربوط به عدم تماس بدنی میان زن و مرد نامحرم، در تمامی فضاهای عمومی اجرا می‌شود، شهادت‌های مصاحبه شوندگان این تحقیق ثابت می‌کند این ضوابط به شکل وسیعی در هنگام دستگیری و همچنین در بازداشتگاه‌ها، نقض می‌شود. تماس بدنی مأموران یا بازجویان مرد با زندانیان زن، در بسیاری از موارد، در هنگام بازداشت آنان اتفاق افتاده است. مریم حسین‌خواه، فعال جنبش زنان که سابقهٔ دوبار بازداشت دارد می‌گوید: "موقع بازداشت‌ها دیگر مسئلهٔ محرم و نامحرم نبود و پلیس مرد می‌آمد تو را بازداشت می‌کرد، می‌کشید، حتی یک بار یادم است که تو بیست و دوم خرداد هشتاد بود که ما نشسته بودیم روی زمین و تازه حلقه داشت شکل می‌گرفت، این طرفم شادی صدر بود و آن طرفم فریبا مهاجر و آن موقع هم چادر سرش بود، پلیس‌های مرد آمده بودند و می‌خواستند ما را بلند کنند، که فریبا داد و بیداد می‌کرد که شماها محرم و نامحرم حالی‌تان نیست؟ یعنی چه که به زن نامحرم دست می‌زنید؟ خب طبیعتاً آن‌ها توجه نمی‌کردند و باتوم می‌زدند... من یادم است که توی تجمع بیست و دوم خرداد هشتاد و پنج تو میدان هفت تیر که خب ضرب و شتم خیلی زیاد بود، تجمعی بود که دلارام علی، عکس‌هایش را حتماً دیده‌اید که روی زمین می‌کشیدند و لباسش در آمده بود و تنش معلوم بود و در این حد

داشتند می‌کشیدند[۱]. بماند که بعداً یکی از موارد اتهامی دلارام این بود که چرا بدنت معلوم است؟"[۲]

هرچند بازجویان در برخی از مواقع، به شکلی نمایشی رعایت اصول و ضوابط شرعی جداسازی زن و مرد را می‌کرده‌اند. مریم حسین‌خواه که شاهد برخورد فیزیکی مأموران مرد با زنان در هنگام بازداشت بوده به یاد می‌آورد که در بازداشتگاه ۲۰۹، رفتاری کاملاً برعکس را دیده است:

«وقتی وارد ۲۰۹ شدیم، بازجوها و نگهبان‌ها همه مرد بودند و برای اینکه دستشویی می‌خواستیم برویم، یک چوب یا جارویی می‌دادند. فکر می‌کنم ژیلا بنی‌یعقوب بود که خیلی شدید اعتراض کرد که یعنی چه که باید سر جارو را بگیرم. (دسته) تی بود که داده بودند ژیلا بگیرد. دستشویی می‌خواست برود یا برای بازجویی صدایش کرده بودند، همان‌جا که نشسته بودیم آنجا، بخشی از بازجویی‌ها شروع شد، و ما تو سالن نشسته بودیم و یکی دو تا از بچه‌ها توی اتاق بودند و بازجویی پس می‌دادند و صدای داد و فریاد هر دو طرف بالا بود. نمی‌دانم چه اتفاقی افتاده بود ولی بازجو داد می‌زد و بچه‌ها عصبانی بودند.»[۳]

اعتراضات زنان در هنگام بازداشت به شکستن ضوابط شرعی مربوط به عدم تماس بدنی میان زن و مرد، اغلب بی‌فایده بوده است. پروانه که در جریان یک تجمع دانشجویی در سال ۱۳۷۶ بازداشت شده می‌گوید:

«یک دختری آنجا بود فکر می‌کنم ۲۱ یا ۲۲ سال داشت. گفت چرا چادر زن مردم را می‌کشی؟ [آن مأمور] با پشت دست زد توی سینهٔ آن دختر. ما را بردند کلانتری ۵ سنایی. از توی مینی‌بوس

---

[۱] برای دیدن عکس‌های مورد اشاره مریم حسین‌خواه به این نشانی اینترنتی مراجعه کنید:
http://www.khosoof.com/archive/281.php#000281

[۲] شهادت مریم حسین‌خواه، عدالت برای ایران.

[۳] همان

پسرها را جدا کردند. توی کلانتری هم ما را بردند یک طرف و آنها را هم توی یک اتاق دیگر. از هر کس جداگانه بازجویی می‌کردند. یکی یکی می رفتیم دم میز ازمان سؤال و جواب کوتاهی می‌کردند تا ما را تقسیم کنند. بعد ما را فرستادند منکرات وزرا؛ چون آن‌طور که من شنیدم اینها بازداشتگاه موقت زنانه نداشتند. توی آن اتاق آقایی از ما بازجویی می‌کرد که می‌گفتند رئیس کلانتری ۵ سنایی است. دم میز که نشسته بودم گفتم من اصلاً نمی‌دانم چرا من را گرفته‌اند. وقتی من عصبانی می‌شوم بلند صحبت می‌کنم. این به طرف من هجوم آورد و دستش را کوبید روی میز و بلند شد. من از حرکت این دوباره حالت ترس گرفتم. چون شوهرم دست بزن داشت، من همیشه آماده این بودم که از خودم مراقبت کنم. وقتی این به سمت من آمد من با کشیده زدم تو گوش این. او هم من را زد. آنجا دوباره این دختر بلند شد آمد جلو و گفت حق ندارید روی زن دست بلند کنید مگر نمی‌گویید محرم و نامحرم است.»[۱]

برخی از مصاحبه شوندگان این تحقیق نیز در مورد تماس بدنی بازجویان در زمان شکنجه‌های جسمی شهادت داده‌اند. مریم رضوی که در جریان اعتراضات دانشجویی سال ۱۳۷۸ بازداشت شده است تجربه خود در بازداشتگاه توحید را چنین روایت می‌کند:

«توی اتاق بازجویی، اگر یادتان باشد توی ایران می‌رفتیم درمانگاه‌ها، پرده‌ای بود که پایه‌هایش آهنی بود، می‌رفتیم پشت آن بِهِت آمپول می‌زدند. یک چنین پرده‌ای بود، پایه‌هایش آهنی بود. دست‌های من را اینجوری می‌بستند به آن آهن، پاهایم را هم با طناب می‌بستند به آن، با مشت و لگد می‌زدند تو کمرم، تو ماهیچه‌های پایم از پشت. موهای من خیلی بلند بود، موهایم را می‌گرفتند تا قدرت داشتند

---

[۱] شهادت پروانه، عدالت برای ایران. نام و مشخصات واقعی وی نزد عدالت برای ایران محفوظ است.

می‌کشیدند که گردنم اصلاً برمی‌گشت عقب. این کار که تمام می‌شد دوباره من را می‌نشاندند، دوباره بازجویی... هر شب بازجویی، فحاشی، مشت و لگد، بعد خانواده‌ام هیچ خبری نداشته‌اند که زنده‌ام یا مرده‌ام، روزنامه‌ها هم اعلام کرده بودند حکم اعدام مریم رضوی... بعد به یک سری از دوستانی که در زندان بودند گفته بودند مریم رضوی را اعدام کرده‌اند. به خودم هم که هر روز ساعت پنج که بازجویی تمام می‌شد می‌گفت تو اعدامی هستی. بعد صدای زنگ آنجا که می‌آمد، این قلب من از قفسه سینه‌ام می‌زد بیرون. گوش‌هایم را تیز می‌کردم که ببینم صدای پا به سلول من نزدیک می‌شود یا نه. من روزی هزار بار می‌مردم. به جایی می‌رسیدم که التماس می‌کردم من را اعدام کنید انقدر که فشار روحی و شکنجه روی من زیاد بود... نگهبان‌های قسمت ما خانم بودند ولی اینها ما را تحویل مردهای بازجو می‌دادند، برای شکنجه و مشت و لگد هم آقایان بودند، دیگر هر شب همین ادامه داشت...»

مهیار ضیایی نیز که به دلیل نداشتن حجاب و پوشیدن لباس پسرانه بازداشت شده بود، از لحظه دستگیری و در سه روزی که در بازداشت نیروی انتظامی بوده، چندین بار ضرب و شتم به وسیله مأموران مرد را تجربه کرده است:

«[سوار موتور بودم] نیروی انتظامی آمد، مرد آمد به بدنم دست بزند ببیند چیزی ندارم چاقو و اینها... دست زد دید برآمدگی هست و سینه دارم. گفت این برآمدگی چیست اینجا؟ تو دختری؟ گفتم بله. اینجا چه می‌کنی؟ رو موتور چه‌کار می‌کنی؟ تو خیابان بدون مانتو و روسری چه‌کار می‌کنی؟ گفتم آمده بودم یاد بگیرم. گفت بیخود یاد بگیری. مگر تو نمی‌دانی اینجا آدم این چیزها را یاد نمی‌گیرد. رانندگی چند سال است خانم‌ها می‌توانند یاد بگیرد. دوچرخه‌سواری هم نه، موتور می‌خواهی یاد بگیری؟ گفت این

دختر است یک روسری بفرستید این سرش کند. از توی ماشین یکی لچک یا روسری از کیفش در آورد و گفتند سرت کن. هولم دادند تو ماشین، اصلاً نگذاشتند حرف بزنم، کتک پشت کتک. آنقدر توی صورتم زده بودند تو کله‌ام که سر شده بود. حس نمی‌کردم. فقط یک وقت‌هایی می‌دیدم کتک می‌زنند از چپ و راست.»[۱]

فرشته قاضی که در جریان پرونده وبلاگ‌نویسان به زندان افتاده بود نیز یک بار ضرب و شتم در زمان بازجویی در بازداشتگاه مخفی حفاظت اطلاعات ناجا را تجربه کرده است:

«هم‌پرونده‌ای‌های [مرد] من آن‌طوری که خودشان می‌گفتند، بارها مورد ضرب و شتم قرار گرفته بودند، خیلی هم شدید و به صورت مداوم بوده. اما در مورد من چنین چیزی نبود. فقط یک بار چشم‌بند را گفته بود یک ذره بیاور بالا و بنویس و من آورده بودم بالا وقتی به پشت برگشتم چون یک صدای دیگری هم از پشت می‌آمد، یک نفر دیگری هم در بازجویی حضور داشت. نمی‌دانستم کیست ولی صدا به شدت روی اعصابم بود، حس می‌کردم من این صدا را از نزدیک می‌شناسم، برای همین یکباره که برگشتم، شاید از قصد قبلی نزد و از برگشت من به عقب بود که محکم از پشت، سر من را با دست کوبید روی دستهٔ صندلی. همان‌جا بینی من خونریزی کرد و بعدها توی اوین که من را بردند بهداری پزشک آنجا گفت بینی‌تان آسیب زیادی دیده و باید سریع‌تر جراحی کنید وگرنه ناچار می‌شوید پیوند بزنید که تا این را گفت یک آقایی آمد تو و گفت ایشان هیچ مشکلی ندارد، بنویسید هیچ مشکلی ندارد. دکتر نوشت هیچ مشکلی ندارد و من را برگرداندند توی بند.»[۲]

---

[۱] شهادت مهیار ضیایی، عدالت برای ایران. نام اصلی و مشخصات وی نزد عدالت برای ایران محفوظ است.

[۲] شهادت فرشته قاضی، عدالت برای ایران. متن کامل این شهادت در ضمائم این گزارش آمده است.

هرچند تماس بدنی مأموران مرد با زنان در هنگام بازداشت یا در زمان شکنجه، لزوماً، جنبه آزار جنسی ندارد اما با توجه به نظام اخلاقی و سیاسی مسلط در ایران، که نه فقط از سوی دولت بلکه از نظر فرهنگی هم ترویج می‌شود، هرگونه تماس جسمی مرد و زن غریبه، می‌تواند برای زن زندانی که در این چارچوب فرهنگی بزرگ شده، آزار دهنده باشد. به‌خصوص اینکه نه فقط در جامعه و فضاهای عمومی، بلکه در بسیاری از خانواده‌های ایرانی، زنان با مردان غریبه و یا حتی آشنا ولی نامحرم، جدایی جنسیتی شدیدی حاکم است و هرگونه تماس بدنی مانند دست‌دادن یا روبوسی، امری خلاف اخلاق و عرف حاکم به‌شمار می‌آید. بررسی تماس بدنی تنها با در نظر داشتن چنین فضایی‌ست که انجام شده است، گذشته از اینکه در تمامی این موارد ضرب و شتم صورت گرفته شکنجه تلقی شده و عملی غیر قانونی ست.

علاوه بر موارد تماس بدنی در زمان بازداشت و یا هنگام بازجویی و اجرای شکنجه فیزیکی، برخی از مصاحبه شوندگان این تحقیق، شکنجهٔ فیزیکی جنسی را نیز تجربه کرده‌اند. آنها به مواردی شهادت داده‌اند که بازجویان، به قصد تحقیر، ارعاب و یا آزار جنسی، بدن زندانیان و در برخی از موارد، اندام‌های جنسی آنها را لمس کرده‌اند.

آکان محمدپور که در آذر ماه ۱۳۸۹ به دلیل پوشیدن لباس پسرانه در محمودآباد مازندران و توسط نیروی انتظامی بازداشت شده می‌گوید:

«... من را دوباره سوار ماشین کردند دوباره بردند بازداشتگاه زنان. توی راه باز همان آقا[ی مأمور] چقدر به من می‌خندید و به من نزدیک می‌شد که نمی‌دانم از روی کنجکاوی‌اش بود یا از روی چی ولی خب من را اذیت می‌کرد. همه‌ش می‌خواست به من دست بزند که ببیند من چی‌ام [دخترم یا پسرم] می‌خواست دستش به لای پا و سینه‌هایم برسد. [توی ماشین] تنها بودم با این مردها. اذیت می‌شدم. گفتم نکن من هرچی هستم به خودم ربط دارد. آن آقایی

که آنجا نشسته بود همچین برگشت، به من گفت تو خفه شو تو حق حرف زدن نداری که ترسیده بودم،... همه‌ش خودم را دور می‌کردم.... تا جایی که ازش خواهش کردم که نکن. گفتم خواهش می‌کنم نکن من را اذیت نکن. اگر قرار باشد من را بازرسی کنند باید خانم من را بازرسی کند.»[1]

کانی اردلان، روزنامه‌نگاری که در زندان رجایی‌شهر بازداشت بوده و در بند اطلاعات سپاه تحت بازجویی قرارگرفته علاوه بر اینکه چند روز به شدت مورد ضرب و شتم قرار می‌گیرد تا علیه دیگران اعتراف کند، از سوی یکی از بازجویان نیز مورد شکنجهٔ جنسی فیزیکی قرار گرفته است:

«مرا به یک اتاق بردند. یک صدای مردانه گفت بنشین. در تمام طول مدت بازجویی‌ها فقط صدای مردها را می‌شنیدم. آنجا هیچ زنی نبود. صندلی دسته‌دار آنجا بود. آرام آرام رفتم جلو و رویش نشستم. کف اتاق بازجویی با کاشی‌های قدیمی پوشیده شده بود که خال‌خال‌های سیاه داشتند. صندلی رو به دیوار بود ولی کاملاً به دیوار نچسبیده بود. چون بازجو در حین بازجویی می‌آمد از جلوی من هم حرکت می‌کرد. صندلی از دیوار روبرویم فاصله داشت. روی صندلی نشستم. هیچ چیز خاصی به من نگفتند. فقط کتک می‌زدند و به سنی‌ها و کردها فحش می‌دادند. با کشیده از چپ و راست به صورتم می‌زد. از پشت سر توی سرم می‌زد. سرم که خم می‌شد به کمرم خیلی فشار می‌آمد. به دوستان کردم، فعالان کرد و مردم کرد فحش می‌داد. حتی می‌گفت شما کردها حقتان است که صدام بهتان گفت مگس. البته اشتباه می‌کرد. صدام در جایی گفته بود کاش خدا سه چیز را خلق نمی‌کرد؛ «کرد، مگس و شیعه». دو سه روز اول بازجویی من به همین شکل بود. زیاد اطلاعات نمی‌خواستند. فقط کتک می‌زدند، تحقیر می‌کردند و فحش می‌دادند... یکی از

[1] شهادت آکان محمد پور، عدالت برای ایران.

بازجوها خیلی رفتار کثیفی داشت. وقتی داخل اتاق می‌شد، احساس می‌کردم انگار هیچ کس آنجا نیست. چون صدایی غیر از همان یک بازجو را نمی‌شنیدم. در حالیکه در جلسات دیگر صدای چند مرد را با هم می‌شنیدم. این بازجو بعد از ورود به اتاق آنقدر به من نزدیک می‌شد که بعضی مواقع یکی از پاهایش لای پاهای من قرار می‌گرفت. به همان شکل هم جلوی من می‌نشست و سیگار می‌کشید. موقع کشیدن سیگار آن یکی دستش را روی رانهای من می‌گذاشت. کاملاً به بدنم چسبیده بود. نزدیکم می‌شد بعد دود سیگار را توی صورتم فوت می‌کرد. از این رفتارها داشت. موقع انجام آن رفتارهای کثیف هیچ چیز خاصی از من نمی‌خواست. فقط تحقیر می‌کرد و به کردها و خواهر و مادر دوستان کردم فحش می‌داد. بازجویی که آن رفتارهای کثیف را داشت به بقیه جاهای بدنم هم به همان شکل دست می‌زد. به سینه و به لای پاها. این کارها را آرام آرام انجام می‌داد. در همان حال هم سیگارش را می‌کشید و دودش را توی صورتم فوت می‌کرد. اصلاً هم برایش مهم نبود... وقتی نزدیک نشسته بود کاملاً احساس می‌کردم که تحریک هم شده. می‌آمد به جاهای دیگر بدنم دست می‌زد. وقتی خودم را به عقب فشار می‌دادم، می‌گفت چیه مال من به دردت نمی‌خوره؟ مال کردها کلفت‌تره؟ حتی یکی از فحش‌هایی که داد یادمه این بود؛ گفت «فلانم به فلان جای داغت». البته توی فحشش اسم آلت تناسلی‌ها را به زبان آورد. از این فحش‌ها هم می‌داد... من فکر می‌کنم جزء برنامه‌شان بود. یعنی یک تقسیم کار؛ این بازجو می‌آمد کارهایش را می‌کرد، چهار تا سیگار هم توی اتاق بازجویی می‌کشید. برایش مهم نبود که کسی ببیندش. عجله هم نداشت که بیاید یک فحش بدهد و زود برود. سر ساعت می‌آمد و بعد از اتمام کار می‌رفت. آدامس زیاد می‌جویید. آدمسش را بعد از کمی جوییدن به دهانم می‌چسباند. با دست فشار می‌داد تا وارد دهانم بشود. به آن قسمت از صورتم که از پایین

چشم‌بند پیدا بود تف می‌کرد. دستهایم از پشت بسته بود. وضع تا دو سه روز به این شکل بود... من یک تجربه‌ای از روستایمان داشتم. در روستای ما چون طایفه طایفه‌ای بودیم برای همین زیاد دعوا می‌شد. توی این دعواها خب زن‌ها هم حضور داشتند. مردهای روستایمان فحش‌های خیلی بدی به زن‌ها می‌دادند. بعضی از این فحش‌ها حتی باعث گریه زن‌ها می‌شد و ممکن بود که محل دعوا را ترک کنند و به خانه‌هایشان بروند. حتی مردها به آلت تناسلی خودشان اشاره می‌کردند و یا اسمش را می‌آوردند و فحش‌های خیلی بدی می‌دادند. بعد از مدتی یکی دو نفر از خانم‌های روستایمان انگار یک دفعه تصمیم گرفته باشند، به‌جای گریه و ترک محل نزاع روی پشت بام‌هایشان و یا روی یک نقطه بلند رفتند و پایین‌تنه خودشان را لخت کردند. مردها به آنها فحش می‌دادند و آنها هم پایین‌تنهٔ لختشان را به مردها نشان می‌دادند و فحش هم می‌دادند. درست است که مردم برخورد خوبی با آن زن‌ها نداشتند و از این حرکتشان خوششان نیامد اما به تدریج آن زن‌ها با حرکتشان تأثیر خودشان را گذاشتند. بقیهٔ زن‌ها اعتماد به نفس پیدا کردند. خواهی نخواهی فحش‌ها آزار می‌دادند ولی زن‌ها یاد گرفتند که بایستند. فهمیدند اگر قرار است آن مردها سرجایشان بنشینند پس بهتر است در مقابلشان ایستادگی کنند. نه اینکه کوتاه بیایند. گریه کردن زن‌ها فکر می‌کنم بیشتر مردها را جسور و گستاخ می‌کرد. این صحنه‌هایی که دیده بودم و تجربه‌هایی که داشتم توی لحظه بازداشت خیلی کمکم کرد. ... ولی باز هم خیلی سخت بود. چون من در خانواده‌ای بزرگ شدم که حتی جلوی پدرم هم روسری را معمولاً از سرم در نمی‌آوردم... ترجیح می‌دادم بمیرم ولی آن صحنه‌ها را نبینم... از کتک‌هایشان خیلی بدتر بود. به یک جایی رسیده بودم که علی‌رغم داشتن آن تجربه‌ها می‌گفتم "یعنی می‌شود به من حکم اعدام بدهند. به جهنم بگذار بمیرم ولی اینجوری با من

برخورد نشود." این حس درونی‌ام بود ولی تلاش می‌کردم نشانش ندهم.[۱]

شهادت کانی اردلان به روشنی ثابت می‌کند که چگونه بازجویان برای در هم شکستن مقاومت زندانی زن، از شکنجۀ جنسی استفاده می‌کنند و به این موضوع آگاهی دارند که تحمل این شکنجه‌ها به ویژه برای زندانی که با فرهنگ سنتی مردسالار بزرگ شده، تا چه حد دشوار است.

زینب مستوفی نیز تجربه‌ای مشابه در زمان بازجویی در بازداشتگاه وزارت اطلاعات در یکی از شهرستان‌ها دارد:

«وقتی که بازجوی من می‌خواست عکس[ای را که از وسائل من در آورده بودند] به من نشان بدهد می‌آمد کنار من، خودش را می‌چسباند، من هی صندلی را می‌کشیدم آن طرف‌تر که از میز این دورتر باشد، هی می‌آورد می‌چسباند به صندلی من. من واقعاً احساس خوبی نداشتم. می‌خواست اذیت بکند دیگر. می‌دانست که من به این چیزها حساسم. بعد وقتی که می‌خواست به من عکس نشان بدهد، می‌آمد کنار من می‌ایستاد بعد این را روی چادر من می‌مالید می‌گفت عکست را ببین، خب من دستش را پس می‌زدم، یعنی یک چیزهایی بود که احساس می‌کردم می‌خواهند حریم‌شکنی بکنند، دست درازی بکنند و من هی مدام باید پس می‌زدم، چه با واژه [آزار کلامی] چه با بدنم [لمس کردن]، چیزهایی بود که به هر حال حس کردم از روی قصد است.»[۲]

اما تشخیص اینکه آیا بازجو به قصد آزار جنسی، بدن زندانی را لمس می‌کند و یا این امر، اتفاقی است، همیشه چندان آسان نیست. تنها

---

[۱] شهادت کانی اردلان، عدالت برای ایران.

[۲] شهادت زینب مستوفی، عدالت برای ایران، نام و مشخصات واقعی وی نزد عدالت برای ایران محفوظ است.

موضوعی که زندانی زن می‌تواند با قاطعیت دربارهٔ آن اظهار نظر کند این است که از لمس شدن بدنش توسط بازجو، مورد آزار و اذیت قرار گرفته است. درسا سامی که در بند ۲الف سپاه بازداشت بوده اعتقاد دارد که بازجوی وی به عمد، بدن او را لمس کرده تا او را در فضای روانی قرار دهد که بپذیرد در مقابل دوربین بازجویان، اعتراف کند:

«حتی یک بار من را که می‌خواستند برای فیلم‌برداری ببرند، به ما خیلی اصرار می‌کردند که بیایید جلوی دوربین و صحبت کنید. و من گفتم که من هیچی علیه هیچ کس جلوی دوربین نمی‌گویم. توی آن جریان من یادم است که از پله‌ها که داشتیم بالا می‌رفتیم به من گفت برویم بالا، حالا تو جلوی دوربین هیچی نگو، فقط خودت را معرفی کن چیزی نمی‌خواهد بگویی.... بعد دستش را گذاشت پشت من یک جوری انگار برو بالا. دست زد به من. در حالی‌که خیلی ادعا دارند که ما مسلمانیم و فاصله‌مان را با نامحرم حفظ می‌کنیم. برای من به هیچ وجه حس خوشایندی نبود آن هم توی آن شرایط که من دارم توی راهرویی که دارم می‌روم توی اتاقی که نمی‌دانم چه خبر است.»[1]

جمع‌بندی

شهادت مصاحبه شوندگان این تحقیق ثابت می‌کند در طول دهه ۷۰ و ۸۰ شمسی در جمهوری اسلامی ایران، ممنوعیت‌های شرعی تماس بدنی زن و مرد نامحرم توسط مأموران انتظامی و نظامی در موارد متعددی نقض شده است. تماس بدنی مأموران مرد با زنان زندانی، در هنگام دستگیری و شکنجه، خلاف انتظارات آنان از یک نظام اسلامی که مدعی است، قواعد

---

[1] شهادت درسا سامی، عدالت برای ایران، نام و مشخصات واقعی وی نزد عدالت برای ایران محفوظ است.

شرعی را رعایت می‌کند بوده است و در بسیاری از موارد، اعتراض فردی یا جمعی آنها را برانگیخته است. همچنین برخی از مصاحبه شوندگان این تحقیق، آزارهای جنسی فیزیکی ناشی از تماس و لمس بدن و اندام‌های جنسی‌شان را تجربه کرده‌اند که به قصد درهم شکستن مقاومت آنها اعمال شده است. هر چند در موارد بسیاری موفق نبوده‌اند و زندانی توانسته است با این نوع شکنجه هم مقابله کند.

۲- تفتیش زندگی خصوصی و اعتراف‌گیری اجباری دربارهٔ روابط جنسی

در سراسر دهه‌های ۷۰ و ۸۰، یکی از رایج‌ترین شیوه‌های شکنجه زندانیان سیاسی، تفتیش زندگی خصوصی و تحت فشار قرار دادن آنها برای اعتراف کتبی و تلویزیونی دربارهٔ روابط جنسی‌شان بوده است. روابطی که گاه، واقعاً وجود داشته و گاهی اصلاً وجود خارجی نداشته‌اند. یافته‌های این تحقیق نشان می‌دهد که این الگوی شکنجه، به‌طور گسترده‌ای در سراسر این دو دهه در مورد زنان زندانی سیاسی در شهرهای مختلف و همین‌طور با پیشینه‌های سیاسی بسیار متفاوت به‌کار گرفته شده است.

شهناز غلامی که بار اول در سال ۱۳۶۸، به دلیل خروج غیرقانونی بازداشت و به مدت چهار سال زندانی شده و بعدها در دهه ۷۰ به دلیل فعالیت در اعتراض‌های آذربایجان به کاریکاتور روزنامه ایران مجدداً تجربه دستگیری داشته است، مهم‌ترین تفاوت بازداشت دههٔ ۶۰ خود را با دستگیری سال ۱۳۸۷ چنین بر می‌شمارد: "این بار فشار فرق می‌کرد با دوره‌های دیگر. می‌گفتند باید مصاحبهٔ تلویزیونی بکنی. حتی چندبار هم من را به جایی که مصاحبهٔ تلویزیونی می‌کنند بردند. چادر سرم کردند و بردند ولی من قبول نکردم. چادر را کنار زدم و آمدم."

شاید یکی از دلایلی که در دههٔ ۶۰ کمتر از این روش استفاده می‌شده این بوده که به‌خصوص در بدو دستگیری زندانی، اولویت با گرفتن سریع اطلاعات دربارهٔ تشکیلات و سایر افراد عضو و یا هواداری که زندانی با آنها کار می‌کرده بوده است و زمان، در اینکه دیگران با فهمیدن اینکه کسی دستگیر شده، مخفی شوند و دیگر قابل ردیابی نباشند، نقشی اساسی داشته است. به همین دلیل زندانیان را اغلب تحت شدیدترین اشکال شکنجه فیزیکی (کابل، شلاق و قپانی) قرار می‌داده‌اند تا به سرعت، تخلیه اطلاعاتی شوند. درحالی که اولویت در بسیاری از دستگیری‌های

دهۀ ۷۰ و ۸۰، که اغلب فعالیت‌ها علنی بوده و بازجویان پیش از دستگیری اطلاعات زیادی دربارۀ فرد بازداشتی داشته‌اند یا به دست آوردن اطلاعات دربارۀ او از طریق بازرسی منزل، کامپیوتر و اسناد وی چندان سخت نبوده، ساختن سناریوهایی بوده است که سیستم امنیتی به دلایل سیاسی لازم داشته آن را به مقامات بالاتر و برای بی‌اعتبار کردن فرد زندانی به مردم ارائه دهد.

نتایج این تحقیق نشان می‌دهد تفتیش زندگی خصوصی بازداشت شدگان و اجبار به اعتراف دربارۀ روابط جنسی به یک نهاد امنیتی هم مختص نبوده و تمامی نهادهای امنیتی، از جمله وزارت اطلاعات، اطلاعات سپاه، اطلاعات نیروی انتظامی و پلیس امنیت از این شیوه استفاده کرده‌اند و آن‌طور که نتایج این تحقیق نشان می‌دهد، در بسیاری از موارد، مؤثر نیز بوده است؛ هرچند زنان زندانی به شیوه‌های متفاوت سعی کرده‌اند در مقابل این نوع از آزار جنسی مقاومت کنند و در همه موارد مقامات امنیتی نتوانسته‌اند به مقاصد خود دست یابند.

تفتیش در زندگی خصوصی و فشار برای اقرار به داشتن روابط غیرقانونی، تنها مختص به نیروهای امنیتی نبوده و حداقل در مورد دو نفر از مصاحبه شوندگان این تحقیق، اتهامات جنسی در دادسرا و دادگاه نیز مطرح شده است. به عبارت دیگر، در حالی‌که در دهۀ ۶۰، به ندرت به این موضوع برمی‌خوریم که زندانیان برای اقرار دربارۀ داشتن رابطه جنسی با شخص یا اشخاص دیگر تحت فشار و شکنجه قرار گرفته باشند[۱]، در دهۀ ۷۰ و ۸۰، تحت فشار قرار دادن زندانی برای اینکه اعترافات جنسی بکند، رایج‌ترین شیوه آزار بوده که مصاحبه شوندگان این تحقیق، تجربه کرده‌اند. بسیاری از این زندانیان، علاوه بر نوشتن چنین اقاریری، تحت فشار شدید

[۱] بخش اول این تحقیق که در قالب کتاب "جنایت بی عقوبت" منتشر شده ثابت می‌کند که اگرچه این روش در دهۀ ۶۰ در برخی از موارد استفاده می‌شد اما عمومیت نداشته است. نک:
http://justiceforiran.org/wp-content/uploads/2012/05/Crime-without-Aida-final22.pdf

روحی و جسمی برای بیان آنها در مقابل دوربین هم بوده‌اند. بیشتر مصاحبه شوندگان پس از دستگیری، با سئوالاتی مواجه شده‌اند که هیچ ارتباطی با فعالیت‌های سیاسی‌شان نداشته است. این سئوالات، هم آنها را غافلگیر کرده و هم باعث تحقیر آنان شده است. در بیشتر موارد، پرسش‌های مربوط به زندگی شخصی، به شکلی غیرمنتظره و در اولین جلسۀ بازجویی مطرح شده است. فرشته قاضی در مورد اولین بازجویی خود در یک بازداشتگاه مخفی متعلق به حفاظت اطلاعات ناجا چنین شهادت می‌دهد:

«وارد اتاق بازجویی که شدم، رو به دیوار نشستم با چشم‌بند. بازجوی پرونده ما به اسم کشاورز یا فلاح، آمد تو. اولین چیزی که به من با تشر گفت این بود: "تمام روابط نامشروعت را بنویس." خب این برای من شوک بود. چون با وجود اینکه خیلی شنیده بودم از مسائل زندان و بازجویی‌ها و خوانده بودیم از مسائل و اتفاقاتی که افتاده بود، اما تا این حدش را نمی‌دانستم. برای اینکه خیلی از بچه‌هایی که بازداشت می‌شدند وقتی کسی وارد زندگی شخصی‌شان می‌شد بهشان اتهام زده می‌شد، بیرون که می‌آمد به‌خاطر فضای بیرون این مسائل را عنوان نمی‌کرد. به‌خاطر همین تا این حد من تصور نداشتم که اولین چیزی که از من بخواهند این باشد که روابط نامشروعت را بنویس. من گفتم رابطه نامشروعی ندارم. اگر هم داشته باشم یا داشته‌ام اینجا نباید پاسخ بدهم. جایش جای دیگر است. گفت بهت نشان می‌دهم که کجا باید پاسخ بدهی، این تو نیستی که تعیین می‌کنی، من تعیین می‌کنم و بازجویی شروع شد...»[1]

روژین محمدی هم تجربه‌ای مشابه در دادسرای شهید مقدس اوین و در سال ۱۳۹۰ داشته است:

---

[1] شهادت فرشته قاضی، عدالت برای ایران.

«همان روز اولی که تو دادسرا بودم، اولین سئوالی که بازجویم از من پرسید این بود که تو همجنسگرا هستی؟ گفتم نه نیستم. اصلاً نامزد دارم. گفت نامزدت کی است؟ من هم اسم یکی از بچه‌ها را گفتم. گفت پس چرا ازشان دفاع می‌کنی؟»[۱]

سئوالات و اتهامات مربوط به زندگی خصوصی، تنها به روابط جنسی محدود نمی‌شود بلکه تمامی عرصه‌های زندگی خصوصی را در بر می‌گیرد؛ به‌خصوص اینکه بسیاری از اموری که در بیشتر نظام‌های حقوقی دنیا جرم به حساب نمی‌آیند، طبق قوانین جمهوری اسلامی جرم هستند. به‌عنوان مثال، حداقل به دو تن از مصاحبه شوندگان این اتهام وارد شده که سی-دی‌ها و فایل‌های صوتی و تصویری مستهجن نگهداری می‌کرده‌اند و به‌عنوان مدرک در دادگاه سی-دی‌هایی ارائه شده که هیچ‌یک از این دو مصاحبه شونده قبلاً آنها را ندیده بودند. سپیده زمانی، شهروند بهایی که به اتهام تبلیغ بهاییت بازداشت شده بوده، در دادگاه به پرداخت ۲ میلیون ریال بابت نگهداری سی-دی‌های "مکشوفه" محکوم شده است.[۲] او می‌گوید: "روز دادگاه یک کارتن سی-دی به‌عنوان مدرک آوردند که اصلاً مال من نبود و معلوم نبود از کجا آورده‌اند."[۳] یکی دیگر از مصاحبه شوندگان که فعال جنبش زنان بوده روایت می‌کند که به دلیل نگهداری سی-دی‌هایی که اصلاً متعلق به او نبوده، به پرداخت سه میلیون ریال جزای نقدی محکوم شده است.[۴]

ورود در حریم خصوصی بازداشت شدگان به شیوه‌های مختلف دیگری هم انجام می‌شده است. یکی از شیوه‌های نسبتاً رایج، فیلمبرداری از زنان بازداشت شده از لحظه ورود مأموران به خانه بوده است. نگین شیخ‌الاسلامی

---

[۱] شهادت روژین محمدی، عدالت برای ایران.

[۲] تصویر رای دادگاه در ضمیمه شماره ۳ آمده است.

[۳] شهادت سپیده زمانی، عدالت برای ایران.

[۴] شهادت زینب مستوفی، عدالت برای ایران.

روایت می‌کند که در لحظهٔ ورود مأموران به منزلش، لباس بر تن نداشته و با این همه، مأموران مرد از وی در همان حالت فیلم‌برداری کرده‌اند. ژیلا ر،، از مسئولان جامعهٔ بهایی ساری نیز می‌گوید:

«روزی که آمدند برای دستگیری دخترم، خواهرش ساغر در خانه تنها بود و تازه از حمام آمده بود و یک لباس دکولته تنش بود، خب براساس قانون خودشان باید اجازه می‌دادند که ساغر لباسش را بپوشد و بیاید. ساغر می‌گفت پایش را گذاشت لای در و به زور آمد تو و ساغر هم توی خانه تنها بوده. هرچه اصرار کرده که من تنها هستم، بگذارید به خانواده‌ام بگویم گوش نکرده‌اند، در حالی‌که اعتراض می‌کرده [یک از مأموران] از دختر من با لباس دکولته با موبایل شخصی‌اش فیلم گرفته. خب این را برای چی گرفته؟! چه معنی می‌داده؟! اول اینکه حکم مربوط به خواهرش بوده نه ساغر. بعد هم که آمدی اگر حکم فیلم‌برداری داری باید با دوربین فیلم‌برداری رسمی می‌آمدی، وقتی با موبایل شخصی‌ات در این شرایط از دختر من فیلم می‌گیری یعنی می‌خواستی برای دختر من پاپوش درست کنی.»[1]

با وجود استفاده از شیوه‌های متعدد تفتیش زندگی خصوصی و شکستن حریم آن، شهادت مصاحبه شوندگان نشان می‌دهد سئوالات مربوط به روابط جنسی در تجربه مصاحبه شوندگان، نسبت به شیوه‌های دیگر خردکننده‌تر بوده است. فرناز معیریان که در تجمع جنبش زنان در ۲۲ خرداد ۸۵ در میدان هفت تیر دستگیر شده دربارهٔ تفتیش زندگی خصوص خود و هم‌پرونده‌ای‌هایش در بند ۲۰۹ زندان اوین می‌گوید:

«سوالات بیشتر در مورد خانواده‌ام بود اول قضیه، یعنی خیلی عقیدتی‌تر بود. چه تیپ خانواده‌ای هستی، چه طبقه اجتماعی داری، میزان سواد خانواده‌ات چی است، قبل از انقلاب چه جهت‌گیری

---

[1] شهادت ژیلا ر،، عدالت برای ایران.

سیاسی‌ای داشته‌اند، یک سری‌اش هم این طوری بود که مثلاً توی خانه ماهواره دارید یا نه. دوست‌پسر داری یا نه. خب من آن موقع دوست‌پسر داشتم و تجربهٔ اول بود و خیلی نگران بودم که برای او اتفاقی نیفتد و اسمش گفته نشود... اما بعضی از کسانی که با من دستگیر شده بودند بیشتر تحت فشار بودند مثلاً در این حد که آیا با دوست‌پسرت سکس داشتی و اگر دروغ بگویی الان می‌بریمت پزشکی قانونی چک می‌کنیم. طرف آن‌قدر ترسیده بوده که گفته داشته‌ایم. تمام مدت بعد از آزادی‌اش این آدم دچار ترس بود که الان چه اتفاقی می‌افتد. این آدم بابت سکسش تمام مدت استرس داشت و اصلاً مریض شده بود.»[۱]

درسا سامی نیز در مورد یکی از هم‌سلولی‌هایش در بازداشتگاه ۲ الف شهادت می‌دهد که او را تهدید کرده بودند که برای تست بکارت او را خواهند برد برای اینکه مطمئن شوند باکره هست یا خیر[۲].

اما همان‌طور که گفته شد، فشار برای اقرار دربارهٔ روابط جنسی یا سایر امور شخصی، تنها محدود به بازداشتگاه‌ها نمی‌شده. کانی اردلان شرح جلسه بازپرسی خود در شعبه ۷ دادسرای شهریار کرج به ریاست بازپرس اصغری را چنین روایت می‌کند:

«بعضی‌ها فکر می‌کنند رفتارهای کثیف فقط موقع بازجویی است. اسم بازپرس من حاج‌آقا اصغری بود. بازپرسم در جلسات بازپرسی از کلمات زشتی استفاده می‌کرد. موقع بازپرسی دوبار اسم آقای [... یکی از فعالان کرد] را آورد. خیلی راحت گفت تا حالا تو بغل آقای [...] خوابیدی؟ ارتباط‌تان پایین‌تنه بوده یا بالاتنه؟ می‌گفت به سینه‌هایت دست زده؟ به فلان جایت دست زده؟ این کلمات را راحت استفاده می‌کرد. آنجا دیگر اتاق بازجویی نبود. شعبه ۷ بازپرسی

[۱] شهادت فرناز معیریان، عدالت برای ایران.

[۲] شهادت درسا سامی، عدالت برای ایران.

دادگاه شهریار کرج بود... وکیل نداشتم. فقط مأمورهای اطلاعات همراهم بودند. گفتم من ایشان را اصلاً ندیده‌ام. نه ایشان را و نه هیچ‌کدام از فعالان دیگر را.»[1]

در بیشتر موارد، زندانی تحت شدیدترین شکنجه‌های روانی قرار گرفته است تا به روابط داشته و نداشته خود اقرار کند. در برخی از موارد، علاوه بر شکنجه‌های روانی، از شکنجه‌های جسمی همچون ضرب و شتم (مورد هنگامه شهیدی)، شلاق (مورد شهناز غلامی) و حتی تجاوز (مورد مریم رضوی) هم استفاده شده است.

در نظام قضایی ایران، هرگونه رابطه خارج از ازدواج جرم است. همچنین، روابط جنسی همجنس‌گرایانه، شرکت در مجالس میهمانی مختلط، مصرف مشروبات الکلی، بی‌حجابی و هرگونه عملی که از نظر مقامات انتظامی و قضایی، "خلاف عفت عمومی" محسوب شود، مجازات دارد. مجازات‌های این جرائم اغلب تا صد ضربه شلاق است اما زنای محصنه مجازات سنگسار دارد و مجازات لواط، مرگ است. بازجویان بر چارچوب گفتمانی جمهوری اسلامی که این روابط را جرم، قابل مجازات و از نظر اخلاقی، قابل نکوهش می‌داند تکیه می‌زنند تا به زندانی بقبولانند که مجرم و گناهکار است و از این زاویه، مقاومت او را در هم بشکنند. اما تنها ترس از مجازات نیست که زندانی را در فشار انتخاب میان پذیرش اتهامات منکراتی و یا پذیرش اتهامات امنیتی، وادار به پذیرش اتهامات امنیتی و اعتراف به جاسوسی یا سایر جرائم امنیتی می‌کند. بلکه مهم‌تر از آن، تابوهای فرهنگی و فشارهای خانوادگی و اجتماعی است. بازجویان با شناخت دقیقی که از فرهنگ مسلط جامعه ایرانی دارند، از حس ترس از دست دادن منزلت اجتماعی و رفتن آبرو به خوبی استفاده می‌کنند. این حس برای زنان، بسیار پررنگ‌تر است و به همین دلیل، تأکید بر روی آن از سوی بازجویان، تأثیر بیشتری در جهت رسیدن به مقاصدشان دارد.

---

[1] شهادت کانی اردلان، عدالت برای ایران. به خواسته خود وی از اسم مستعار استفاده شده است.

به همین دلیل، درست است که در طی دو دهه مورد تحقیق، نه فقط زنان که در موارد بسیاری مردان نیز تحت فشار و شکنجه برای اقرار دربارهٔ مسائل خصوصی و روابط جنسی خود قرار داشته‌اند اما آثار این نوع از شکنجه بر زنان، چه در زمان بازداشت و چه حتی پس از آزادی، بسیار متفاوت و سنگین‌تر بوده است.

هنگامه شهیدی در این باره می‌گوید:

«نکته اول اینکه اگر مردی به دروغ اعتراف کند که با زن‌هایی رابطه داشته است خیلی راحت می‌تواند ادعا کند که آن زن را صیغه کرده است و صیغه را شفاهی خوانده است و قوانین جمهوری اسلامی راه فرار را برای مردان باز گذاشته‌اند... تنها فشاری که بر آن مرد وارد می‌شود این است که در صورت حقیقت داشتن این امر ممکن است او را به آگاهی همسر رسمی او تهدید کنند. اما برای یک زن سیاسی فرق می‌کند. اگر زنی را به همخوابگی با مردانی سیاسی متهم کنند او برای دفاع از حیثیت و شرافت خود در جامعه و حتی پیش بازجوها محکم می‌ایستد که دروغ است چرا که اگر ذرّه‌ای از اصول خود عدول کند معلوم نیست پس از آنکه از آن خراب شده بیرون می‌آید چیزی به‌عنوان ناموس و حیثیت در جامعه و خصوصاً فضای سیاسی برایش باقی می‌گذارند یا نه.»[1]

مصاحبه‌های این تحقیق نشان می‌دهد بازجویان، با شناخت کامل از ویژگی‌ها و حساسیت‌های مردسالارانه جامعه ایرانی و حتی فضای حاکم بر فعالیت‌های سیاسی و اجتماعی، مقاصد متعدد و چندگانه‌ای را از اعمال شکنجه روانی و جسمی زنان زندانی سیاسی برای اخذ اعتراف در مورد مسائل زندگی شخصی و روابط جنسی‌شان دنبال می‌کرده‌اند. برخی از این مقاصد را در ادامه تشریح می کنیم:

---

[1] شهادت هنگامه شهیدی، عدالت برای ایران.

الف. واداشتن زندانی به اعترافات سیاسی: اعمال فشار بر زندانی زن از طریق روابط خصوصی و امور جنسی‌اش، رایج‌ترین شیوهٔ شکستن زندانی و وادارکردن او به اقرار در مورد فعالیت‌ها یا عقاید سیاسی‌اش، به شکلی که بازجویان می‌خواسته‌اند بوده است. مرور شهادت‌های زندانیان سیاسی که در دوره‌های متفاوت این دو دهه و به دلایل مختلف بازداشت شده بودند ثابت می‌کند این شیوه در بسیاری از موارد، موفق بوده است. یعنی زندانیان، پس از اینکه ساعت‌ها و حتی روزها، تحت شدیدترین فشارها دربارهٔ زندگی خصوصی خود قرار گرفته‌اند، سرانجام پذیرفته‌اند به جرائم یا اعمالی اقرار کنند که در ابتدای روند بازجویی، هیچگاه حاضر نبوده‌اند آنها را بپذیرند. فرشته قاضی دربارهٔ تجربه خود چنین شهادت می‌دهد:

> «در این فشارهایی که برای مسائل اخلاقی بود اینجوری نبود که صرفاً بنویسی رابطهٔ نامشروع داشتی. می‌گفت باید با جزئیات بنویسی. می‌گفتم وقتی این اتفاق نیفتاده من چطور با جزئیات بنویسم، شروع می‌کرد به تعریف کردن و با لحن بسیار مشمئزکننده و آزاردهنده شروع می‌کرد به تعریف کردن انگار جزئیات یک فیلم پورنو را تعریف می‌کنند که طرف از در آمد تو، پیراهنش را در آورد، من اینجوری کردم. یعنی با جزئیات یک فیلم پورنو را تعریف می‌کرد و می‌گفت باید عین این را بنویسی و جای این شخصیت‌ها خودت و آن فرد را بگذاری. خب اینها خیلی آزاردهنده بود آن هم با لحن آن بازجو که یک بیمار جنسی بود واقعاً. و اینها مدام تکرار می‌شد. این‌طوری نبود که یکی دو روز باشد. می‌رفت تو مسائل کاری و دوباره وسطش گریز می‌زد و شروع می‌کرد و وارد این مسائل می‌شد. یک نکته دیگری هم که به من فشار می‌آوردند در رابطه با این قضیه، سفرم به افغانستان بود. که من زمان حملهٔ ناتو به افغانستان و درگیری‌های طالبان به افغانستان رفته بودم به‌عنوان خبرنگار همشهری و به من می‌گفتند بنویس آنجا با چند نفر خوابیدی؟ با چند نفر و با کی بودی؟ برای چی رفتی؟ بعد همان‌جا

وارد فاز کاری و جاسوسی می‌شدند. در بازداشتگاه هم در رابطه با افغانستان بازجوی من همین را به من گفت. که چه مقدار قرص ضدبارداری با خودت برده بودی. اینکه با چند نفر خوابیدی، چطوری خوابیدی، به جزئیات باید توضیح بدهی، با خارجی‌ها چطوری است؟ با داخلی‌ها چطوری است؟ یعنی یک چیز وحشتناکی که حتی تصورش هم من را آزار می‌دهد. تصور اینکه من در همچین فضایی بودم و چنین چیزهایی را می‌شنیدم.»[۱]

روژین محمدی هم در شهادت خود همین را تأیید می‌کنند که بازجویان می‌خواسته‌اند او در مقابل دوربین، جزییات رابطۀ جنسی خود را با ذکر کسانی که با آنها رابطه داشته تشریح کند: "جلوی دوربین باید می‌گفتم که... حتی باید این کلمه بکار می‌بردم که... از واژن با یک نفر رابطه داشتم."[۲]

فرشته قاضی در تحلیل علت فشار بر زندانیان برای اقرار در مورد روابط جنسی می‌گوید: "به من می‌گفتند یا جاسوسی یا اتهام نامشروع. یکی از اینها را باید بپذیری. مشخص بود چون من هیچ‌کدام از این اتهامات را قبول ندارم اما به خاطر نوع نگاه جامعه وقتی آن‌قدر تحت فشار قرار می‌گیرم و مجبور می‌شوم بپذیرم، خب جاسوسی را می‌پذیرم. این نشان می‌دهد که اینها می‌خواستند از این طریق [آدم] بشکنند تا اتهامات سیاسی [را بپذیرد] و به اهدافی که در آن پرونده دنبال می‌کردند دست پیدا کنند."[۳]

در برخی از موارد، بازجویان سعی کرده‌اند با استفاده از انواع آزارهای جنسی، فضایی را ایجاد کنند که زندانی آسان‌تر اعتراف تلویزیونی را

---

[۱] شهادت فرشته قاضی، عدالت برای ایران.
[۲] شهادت روژین محمدی، عدالت برای ایران.
[۳] شهادت فرشته قاضی، عدالت برای ایران.

بپذیرد. درسا سامی تجربه خود را دربارهٔ یکی از بازجویان بند ۲الف زندان اوین (با اسم مستعار حمید) این‌گونه روایت می‌کند:

«من بازجوی خیلی جوانی داشتم که می‌گفت سی سالش است. بازجوی اصلی من بود. صدایش می‌کردند حمید. این بازجو خیلی آدم خوش‌تیپی بود. یک آقای سی سالهٔ بور که اگر شما توی خیابان می‌دیدیش حتی یک درصد فکر نمی‌کردی که این آدم هیچ ارتباطی با سپاه یا اطلاعات داشته باشد و اینکه خیلی هم خوب صحبت می‌کرد و حالا خیلی آن... خب من خیلی شنیده بودم در مورد بازجویی‌ها... ولی آن دختری که نمی‌خواهم اسمش را بیاورم خیلی این حالت تویش ایجاد شده بود که برایش مهم شده بود که این آدم چی فکر می‌کند. این آدم چی می‌گوید. این آدم یکبار بهش سیب داده برایش بستنی خریده. احساس می‌کردم که این بازجو را با قصد [مأمور] بازجویی آدم‌های خاص می‌گذارند و سعی می‌کنند این بازجو یک ارتباطات خاصی برقرار کند. حالتی که توی من ایجاد شد... یک بار من را که می‌خواستند برای فیلمبرداری ببرند، به ما خیلی اصرار می‌کردند که بیایید جلوی دوربین و صحبت کنید و من گفتم که من هیچی علیه هیچ‌کس جلوی دوربین نمی‌گویم. توی آن جریان من یادم است که از پله‌ها که داشتیم بالا می‌رفتیم به من گفت برویم بالا، حالا تو جلوی دوربین هیچی نگو، فقط خودت را معرفی کن چیزی نمی‌خواهد بگویی. گفت برای من بد می‌شود اگر نیایی. من تو دلم خندیدم که واقعاً فکر می‌کنی من ناراحت می‌شوم که برای تو بد بشود!؟ این حالت خصوصی‌شدن و خصوصی‌کردن را احساس می‌کنم ایجاد می‌کرد. بعد دستش را گذاشت پشت من یک جوری انگار برو بالا. دست زد به من. در حالی‌که خیلی ادعا دارند که ما مسلمانیم و فاصله‌مان را با نامحرم حفظ می‌کنیم. برای من به هیچ‌وجه حس خوشایندی نبود آن هم

توی آن شرایط که من دارم توی راهرویی که دارم می‌روم توی اتاقی که نمی دانم چه خبر است...»[۱]

کانی اردلان نیز شرح می‌دهد که چگونه بازجویان مرد، به‌طور جمعی همزمان با وعدهٔ آزادی، او را تحت تحقیر جنسی قرار داده‌اند تا وادار به اعترافات سیاسی در مقابل دوربین شود:

«دو سه روز اول که کتک خوردم برای تحقیر کردنم بود و برای اینکه آماده‌ام کنند اتهامات را بپذیرم... یک کاغذ گذاشته بودند که می‌گفتند روی این کاغذ بنویس با فلان گروه سیاسی ارتباط داشتی و به دستور آنها این اخبار و گزارش‌ها را تهیه کردی. این را قبول نکردم. کتک می‌خوردم و تحقیر می‌شدم. بعد گفتند که اگر می‌خواهی دیگر کتک نخوری، فحش نشنوی، خیلی ساده است مثل کاری که دیگران انجام دادند، خیلی ساده و راحت، حتی این را هم گفتند که مطمئن باش تو اعتراف بکنی و بعد بروی بیرون هیچ‌کس قبول نمی‌کند که تو واقعاً این کار را کرده‌ای. نگران چی هستی؟ مطمئن باش پیش دوستانت هم تحقیر نمی‌شوی. ما کمکت می‌کنیم که جلو دوربین چی باید بگویی... هیچ‌کدام را نپذیرفتم. یک برگه‌ای را گذاشتند جلویم، توش سؤال بود در مورد خودم، اسم، فامیل، پدر و مادر. من در آن روزها خیلی اصرار کردم که وکیلم را می‌خواهم. اولش که شروع کردم گفتم حرف نمی‌زنم. گفت یادت داده‌اند؟ گفت خودت هم می‌دانی اینجا جایی نیست که تو بگویی وکیلم را می‌خواهم. وکیل تو را هم ما مشخص می‌کنیم. بی‌خیالش شو. اگر می‌خواهی بازی در بیاوری ما هم همین‌طور ادامه می‌دهیم ببینیم کی پیش می‌رود. اهمیت ندادند به اعتراض‌های من. اصلاً برایشان مهم نبود. تا برگه آمد و شروع کردم به اطلاعات نوشتن. یکی از چیزهای خیلی بد این بود که آن لحظه که برگه را گذاشتند، صدای

---

[۱] شهادت درسا سامی، عدالت برای ایران.

شش هفت نفر را می‌شنیدم که توی اتاق بازجویی حضور داشتند و مثلاً یکی از سؤال‌ها هم این بود که اگر جایی از بدنت خالی دارد بگو، دقیقاً اشاره کرده بود که اگر فلان جایت هم علامت و نشانه‌ای دارد، بنویس روی این برگه...[1]

به این ترتیب، بدون اینکه هیچ سند و مدرکی برای اثبات اتهام‌های امنیتی نظیر جاسوسی وجود داشته باشد، مقامات امنیتی، تنها براساس اقاریری که از راه تحت فشار گذاشتن زندانی به دست آورده‌اند، پرونده را تکمیل می‌کنند و به مقامات بالاتر تحویل می‌دهند. به جز دو مورد، تمامی مصاحبه شوندگانی که از طریق تفتیش زندگی خصوصی خود تحت فشار بوده‌اند گفته‌اند که اتهامات منکراتی، در پرونده‌ای که به دادگاه فرستاده شده بود وجود نداشت و هیچگاه پس از دوران بازجویی دیگر مطرح نشده است.

ب. از میان بردن منزلت فرد نزد خانواده و جامعه: زن زندانی که تحت فشار به داشتن روابط جنسی که در ایران غیرقانونی است اعتراف می‌کند، سندی به دست بازجویان می‌دهد که می‌توانند از آن استفاده‌های متعدد بکنند. یکی از آنها، بی‌منزلت کردن زن نزد خانواده خود است؛ به‌خصوص با در نظر گرفتن این واقعیت که اکثریت خانواده‌های ایرانی، فرهنگ سنتی دارند و با اینکه زنی در خانواده، مرزهای اخلاق جنسی سنتی را بشکنند، به شدت برخورد می‌کنند.

درسا سامی درمورد هم‌سلولی خود در بند ۲الف اوین چنین شهادت می‌دهد:

«به دو نفر از هم‌سلولی‌هایم گفته بودند که ما آبروی شما را می‌بریم، یک سری اطلاعات ازشان داشتند و گفته بودند که این را ما برای خانواده شما مطرح می‌کنیم و منتشر می‌کنیم و آبروی شما را می‌بریم

---

[1] شهادت کافی اردلان، عدالت برای ایران.

و برایتان بد می‌شود. یکی از خانم‌هایی که گفتم تهدیدش کرده بودند که به خانواده‌اش می‌گویند، او کامل [به همه چیزهایی که بازجوها می‌خواستند] اعتراف کرده بود. نشسته بود همه چیز [چیزهایی که خواسته بودند] را نوشته بود.»[1]

همچنین در بررسی شهادت‌های زنان زندانی سیاسی دههٔ ۷۰ و ۸۰ به موارد متعددی بر می‌خوریم که بازجویان، در دوران بازداشت و زمانی که ارتباط زندانی کاملاً با فضای بیرون قطع است و راهی برای دفاع از خود ندارد، اعضای مذکر خانواده (اغلب پدر یا برادر) را فراخوانده و به آنها گفته‌اند که زن زندانی، رابطه نامشروع داشته است. به این ترتیب، زن زندانی، پس از آزادی نه تنها از حمایت خانواده برخوردار نمی‌شود، بلکه به او به دیده کسی که آبروی خانواده را برده نگاه می‌شود و فشار و کنترل خانواده بر او افزایش می‌یابد. چنین کنترلی، تضمینی است که زن فعال، پس از بیرون آمدن از زندان، چنان در چنبره کنترل خانواده گرفتار خواهد شد که تداوم فعالیت سیاسی برای او بسیار دشوار شود. زینب مستوفی می‌گوید: "در طول چند روز اولی که از من بازجویی می‌کردند متوجه شدم که رفته بودند با خانوادهٔ من صحبت کرده بودند و گفته بودند من رابطهٔ نامشروع داشته‌ام و به برادرم هم گفته بود که من عکس‌هایش را دیده‌ام. آنها بعداً من را توی یک اتاق خلوت خواستند و گفتند روراست بگو این چه عکسی است که این در موردش حرف می‌زند؟... من فکر می‌کنم اینها فکر می‌کردند که فقط از این طریق است که می‌شود دهن زن را بست و بهش لگام زد "[2]

کنترل زن فعال، از طریق خانواده و با طرح مسائل جنسی یا تکیه بر باورهای مردسالارانه، گاهی تا ماه‌ها پس از آزادی و حتی پس از اینکه وی از ایران خارج می‌شود، ادامه دارد. مهین شکرالله‌پور می‌گوید:

---

[1] شهادت درسا سامی، عدالت برای ایران.
[2] شهادت زینب مستوفی، عدالت برای ایران.

«برادرشوهرم را احضار کرده بودند به دادگاه، گفته بودند: مهین کو؟ گفته بود با بچه‌هایش رفته بیرون [از ایران]، گفته بودند او دنبال خوشی‌ها و هرزگی‌های خودش است، بچه‌ها را بروید بیاورید، بچه‌ها متعلق به شما هستند، مال خانوادهٔ پدری هستند.»[1]

اما از میان بردن منزلت زن فعّالی که زندانی شده، با استفاده از اعترافات یا مدارک مربوط به زندگی شخصی او فقط در گسترهٔ خانواده باقی نمی‌ماند بلکه در بسیاری از موارد برای سلب حمایت جامعه یا گروهی که زن به آن تعلق دارد نیز به کار گرفته می‌شود. فرشته قاضی در شهادت خود می‌گوید که هدف از گرفتن اقرار در مورد مسائل جنسی این بود که القا کنند که فرد، نه به دلایل سیاسی که به دلیل روابط نامشروع بازداشت شده و حمایت اجتماعی را از او سلب کنند:

«اینها نمی‌خواستند بگویند به خاطر مسائل سیاسی است [که ما را بازداشت کرده‌اند]. سعی می‌کردند در مسائل اخلاقی خلاصه کنند و در بیرون قدرت دفاع را سلب کنند. باعث شوند کسی نتواند بیاید دفاع کند یا به خاطر این مسائل حاضر به دفاع نشود و در زندان هم با این مسائل آدم را می‌شکستند.»[2]

شهادت نگین شیخ‌الاسلامی هم به روشنی نشان می‌دهد مأموران امنیتی تا چه حد نسبت به ویژگی‌های جامعه و امکان بی‌اعتبار کردن زنان فعّال از طریق طرح اتهامات جنسی آگاهی داشته‌اند و چگونه آن را به شکلی هدفمند استفاده می‌کرده‌اند. نگین شیخ‌الاسلامی، در بهمن سال ۱۳۸۱ در جریان یورش به یک جلسه سیاسی خانگی دربارهٔ برگزاری یک سمینار روزنامه‌نگاری کُرد، به همراه چند مرد دستگیر می‌شود:

---

[1] شهادت مهین شکرالله‌پور، عدالت برای ایران.
[2] شهادت فرشته قاضی، عدالت برای ایران.

«ریختند تو خانه. گفتم با چه مجوزی شما آمدید؟ مجوز نداشتند... گفت مجوز لازم نیست. مجوز خودمم. خودم هم رای صادر می‌کنم. شما انجمن زنان می‌زنی، روستا به روستا می‌گردی، ما تو قانون اسلام این چیزها را نداریم. نه حقوق بشر داریم نه انجمن زنان داریم. ما یک کشور اسلامی هستیم. تجزیه‌طلبی نداریم. گفتم شما هیچی نداشته باشید باید مجوز داشته باشید. گفت نه نداریم. گفتم من هم باهاتان نمی‌آیم. گفت نمی‌آیی؟ گفتم نمی‌آیم. گفت برادر فلانی، دو تا پتو بیاور. گفت ما تو را می‌پیچیم تو دو تا پتو، بعد می‌گوییم این خانم با چهارتا آقا در حال سکس، زنا، دستگیر شده‌اند. خیلی راحت است. اینجوری خیلی بهتر است که تو توی کردستان قهرمان نشوی. گفتم خب این کار را بکنید. می‌خواستم این کار را بکنند، می‌خواستم تسلیم نشوم. یکی از بچه‌ها گفت تو را به خدا نگین، اینها تو را خراب می‌کنند. اینها هیچی برایت نمی‌گذارند خیلی بی‌آبروتر از این حرف‌هایند. بچه‌های دیگر گفتند به خودت رحم نمی‌کنی به ما رحم کن. ما کی با تو سکس کردیم، زنا کردیم. بیا باهاشان برو.»[۱]

بازجویان در موارد متعدد، حتی وقتی زندانی زن حاضر به پذیرش اتهامات اخلاقی نمی‌شده، به دروغ، به دیگران گفته‌اند که وی به داشتن روابط جنسی نامشروع اعتراف کرده است. شهناز غلامی روایت می‌کند که چگونه وقتی از زندان بیرون آمده، از دوستان و همکاران سابق خود شنیده که به آنها در بازجویی‌هایشان گفته می‌شده شهناز غلامی اعتراف کرده که با شما رابطه داشته است.[۲]

به این ترتیب، زنان زندانی، پس از آزادی از زندان، نه تنها پشتوانه‌های اجتماعی خود را از دست می‌دهند بلکه فشارهایی را از سوی خانواده و

[۱] شهادت نگین شیخ‌الاسلامی، عدالت برای ایران.
[۲] شهادت شهناز غلامی، عدالت برای ایران.

جامعه تحمل می‌کنند که اغلب در مورد مردان، اتفاق نمی‌افتد. این فشارها آنقدر گسترده و تأثیر آن بر زندگی زن فعّال، پس از زندان، آنقدر وسیع است که در این کتاب، بخشی جداگانه تحت عنوان "پس از زندان" به آن اختصاص داده‌ایم. (رک فصل چهارم)

در واقع، اگر بخواهیم از ادبیات خود بازجوها استفاده کنیم، همان‌طور که در شهادت فرشته قاضی دیدیم، زنان زندانی اغلب در دو راهی پذیرش "جاسوسه" یا "فاحشه" بودن قرار می‌گیرند؛[1] برخی از زنان زندانی، هنگامی که تحت شدیدترین فشارها قرار می‌گیرند، بالاجبار ترجیح می‌دهند "جاسوسه" تلقی شوند تا "فاحشه"، در حالی‌که به خوبی می‌دانند مجازات یک جاسوس، بسیار بیشتر از یک فاحشه است اما حفظ منزلت اجتماعی و خانوادگی خود را ترجیح می‌دهند. به‌خصوص اینکه همان‌طور که در شهادت مستوفی بیان شده، طرح روابط جنسی، در نهایت به سکوت و انفعال زن زندانی می‌انجامد که یا منزلت اجتماعی خود را از دست رفته می‌بیند و یا همواره در هراس ریختن آبروی خود بهسر می‌برد. در واقع، ترس از برملا شدن محتوای بازجویی‌ها در مورد مسائل جنسی، حتی مدت‌ها پس از آزادی نیز همراه زن زندانی باقی می‌ماند و به‌عنوان عاملی بازدارنده در تداوم فعّالیت‌های او نقش بازی می‌کند. در ضمن اینکه تلاش‌های فردی در رویارویی با این نگاه در اجتماع هرچند مؤثر و ضروری ست، اما به‌نظر می‌آید تغییرات جدی فرهنگی در تمام سطوح لازم است تا زنان از قید چنین تعاریف و محدودیت‌هایی رها شوند.

ج. در هم شکستن کامل شخصیت و مقاومت زندانی: اما همیشه، زنان زندانیان سیاسی حق انتخاب بین فاحشه یا جاسوسه بودن را نداشته‌اند بلکه گاهی آنقدر تحت فشار قرار می‌گرفتند که به هر دو اعتراف

---

[1] "یک فاحشه جاسوسه کثیف"، عبارتی است که آملی (اسم کوچک)، در جریان بازجویی فهیمه دری نوگورانی در توصیف او به کار می‌برد.
http://www.youtube.com/watch?v=p4VzY4cG9dk

کنند و همان‌طور که بازجویان می‌گفته‌اند، بپذیرند که نه یک زن "مؤمنه عفیفه"، که "یک فاحشه جاسوسه کثیف" هستند. هدف این بازجویی‌ها، نهایت فروریختگی روانی زندانی و رساندن او به نقطه‌ای است که به هرآنچه بازجویان می‌خواهند، اقرار کند و دیگر هیچ‌گونه کرامت و شخصیت انسانی برای خود قائل نباشد. در چنین مرحله‌ای، زندانی زن آنقدر تحت فشار قرار می‌گیرد که حتی خود، باور می‌کند که نه به دلیل آرمان‌ها و اعتقاداتش، که به دلیل داشتن رابطهٔ جنسی وارد فعالیت سیاسی شده است. به‌عنوان مثال، شهناز غلامی به شدت در زندان اطلاعات سپاه تبریز تحت فشار بوده که به داشتن رابطه جنسی با همفکران خود اعتراف کند می‌گوید:

«من آن موقع خودم هیچ رابطه با کسی نداشتم، هیچ‌کدام از ما هیچ رابطهٔ جنسی با هم نداشتیم حتی رابطهٔ عاطفی با هم نداشتیم. ما فقط رابطهٔ سیاسی داشتیم و می‌خواستیم برای کشورمان و وضعیت بد مردممان کاری بکنیم... من گاهی وقتی خیلی [این موضوعات] تکرار می‌شد واقعاً فکر می‌کردم شاید حق با اینهاست، شاید ما واقعاً به‌خاطر اینکه رابطهٔ جنسی داشته باشیم، داشتیم از کشور خارج می‌شدیم. این توهم را به وجود می‌آوردند که نکند اینها دارند راست می‌گویند. هی با خودم حساب می‌کردم که پس اینها حق دارند من را شلاق بزنند، بالاخره من هم اشتباه کردم که این رابطه را می‌خواستم داشته باشم. هرچند که نداشتم ولی آن‌قدر که می‌گویند به آدم تلقین می‌شود که واقعاً آدم گناهکار و مقصر است. در زندان و کلاً کسانی که در اطلاعات کار می‌کنند، برنامه‌شان این است که آدم را از خودش خالی بکنند. یعنی آدم هرچه باور انسانی در خودش است، باور آزادی‌خواهانه است، از خودش جدا بکند و بعد اینها هرچه دارند تویش بریزند؛ اسلامیزه‌اش بکنند، رادیکالیزه‌اش بکنند، به‌عنوان یک توّاب از آدم استفاده کنند. اینها به‌خاطر اینکه زندانی را بشکنند، زندانی را خرد کنند و بگویند خودت و دوستانت و تشکیلاتت هیچی نیستید و فقط آرمان‌های اسلامی

مهم است، انقلاب اسلامی است که مهم است، کارشان اینست که آدم را آنقدر از تو خالی بکنند که بی‌هویت و بی‌معنا شود. که آدم دیگر هیچ باوری به چیزهای انسانی نداشته باشد. اینها به‌خاطر اینکه از ما موجودات بی‌هویتی بسازند، به هر شیوه‌ای دست می‌زدند که یکی‌اش هم همین بود. من خودم یک وقت‌هایی واقعاً صحبت‌هایشان از توانایی‌ام خارج می‌شد و نمی‌دانستم چه کار کنم. آن‌قدر می‌گفتند و می‌گفتند که من واقعاً چنین احساسی بهم دست داده بود. یک وقتی می‌گفتم خب حتماً راست می‌گویند دیگر. ما نباید فلان رابطه را می‌داشتیم. چرا ما با مردها دست می‌دادیم و می‌خواستیم راحت باشیم؟ حتماً ما آدم‌های الکی خوشی بودیم که می‌خواستیم خوشگذرانی کنیم، این احساس‌های به قول آنها شهوانی را داشته باشیم. سر همین بود که آدم دیگر نمی‌توانست حتی خودش را از دست خودش نجات بدهد. همیشه در خواب و بیداری و رویا در کشمکش بود.»[1]

هنگامه شهیدی هم در همین رابطه می‌گوید: "زندگی شخصی من به حد بی‌نهایت مورد تفتیش قرار گرفت تا جایی که خودم واقعاً به خودم شک کرده بودم."[2]

سپیده پورآقایی هم تجربه‌ای مشابه از فضای خردکننده‌ای که در این‌گونه بازجویی‌ها ایجاد می‌شود دارد:

«به من گفتند: یک دختر سالم نمی‌نشیند توی یک اتاق به اسم جلسه با چهارتا مرد تنها باشد. یعنی من را در فضایی قرار می‌دادند که ثابت کنم این‌جوری نیست ولی در واقع برای خرد کردن شخصیت من بود. من الان می‌دانم که برای اینکه اعتماد به نفس طرف را کم کنند و عزت نفسش را پایین بیاورند، در درجه اول فرد

---

[1] شهادت شهناز غلامی، عدالت برای ایران

[2] شهادت هنگامه شهیدی، عدالت برای ایران.

را نسبت به خودش بی‌اطمینان می‌کنند و من آرام آرام داشت بهم القا می‌شد که چرا آن روز که رفتیم در را بستیم. می‌گفت: اگر اینجور نبود چرا می‌رفتید تو اتاق در را می‌بستید، اگر تو مشکلی نداشتی. من پیش خودم می‌گفتم ای کاش در را نمی‌بستم. یعنی ذهن من را کاملاً درگیر این مسئله کرده بودند. برای اینکه این وسط هم بتوانند سؤالات خودشان را مطرح کنند و اطلاعات خودشان را به دست بیاورند و این قضیه کاملاً عادی بود. بعداً هم که خیلی عصبانی می‌شدند فحش‌های رکیک هم می‌دادند و من آن موقع شدید گریه می‌کردم...»[۱]

او به یاد می‌آورد:

«یکی از رفتارهایی که برای عذاب من انجام می‌دادند این بود که مثلاً مرتب به من می‌گفت چادرت را بکش پایین، یعنی من را به حد جنون می‌رساندند. خب این تصور برای من ایجاد می‌شد که من دیگر حتماً آدم بی‌اخلاقی هستم که یک موقع با روسری و فلان مانتو نشسته‌ام توی یک جمع، با چهارنفر نشسته‌ام صحبت کرده‌ام. یقه‌ام به اندازهٔ کافی بسته نبوده. کم کم به من القا می‌شد که آدم معتقدی نیستم و باید خودم را ثابت کنم [بهشان و بگویم] باور کنید درست است که من آدم چادری‌ای نبودم و خیلی آن‌جوری که شما می‌خواهید عمل نکرده‌ام، از لحاظ اخلاقی و سنتی به قرآن عمل نکردم، چون اینها مرتب رو مسئلهٔ قرآن دست می‌گذاشتند ولی آدم نادرست و بی‌اخلاقی نیستم، برای خودم پرنسیپ‌هایی دارم، حتی همیشه بهشان می‌گفتم که ببینید اگر من دختر آنچنانی بودم، هیچ‌وقت فعالیت سیاسی نمی‌کردم. این همه دخترهایی هستند که می‌روند توی پارک‌های مختلف صد تا دوست‌پسر دارند، صد تا رابطه ممکن است داشته باشند، اصلاً خودشان را وارد این

[۱] شهادت سپیده پورآقایی عدالت برای ایران.

مسائل نمی‌کنند و توی دردسر نمی‌اندازند که بخواهند به شما جواب پس بدهند. هیچ‌کس نمی‌فهمد و شما هم نمی‌فهمید هیچ وقت. هیچ مشکلی هم برایش پیش نمی‌آید ولی من اعتقاداتی داشتم و دوست داشتم که این وضعیت اصلاح بشود و مردم زندگی بهتری داشته باشند. این کشمکش‌ها عادی شده بود و آنها می‌گفتند هر کسی یک راهی را انتخاب می‌کند برای اینکه بتواند به اهداف غیراخلاقی و مشکل‌دار خودش برسد، یکی می‌رود با یک آدم ناجور روی هم می‌ریزد تو هم از این طریق آمده‌ای. این چیزها توی همه محیط‌ها هست، فقط توی آدم‌های غیرسیاسی نیست. تو هم یکی از اینها. این‌طوری سعی می‌کردند حرف من را نادیده بگیرند که من می‌گفتم اگر این‌جوری بود من وارد فعالیت سیاسی نمی شدم... آرام آرام رویم تأثیر می‌گذاشت و اتوماتیک توی بازجویی‌ها هی دستم به چادرم بود... این یکی از روش‌های بازجویی است توی ایران، برای به هم ریختن ذهن زندانی‌ها، برای اینکه بشکنندشان برای اینکه اعتماد به نفسشان را پایین بیاورند و زودتر وادارشان کنند به تسلیم شدن.»[۱]

مرور اطلاعات مربوط به فهیمه دری نوگورانی، همسر سعید امامی که در جریان پروندهٔ مربوط به ترور نویسندگان و فعالان سیاسی در سال ۱۳۷۷، موسوم به قتل‌های زنجیره‌ای، دستگیر شد[۲] و به احتمال زیاد در

---

[۱] شهادت سپیده پورآقایی، عدالت برای ایران.

[۲] در آذرماه سال ۱۳۷۷ و در پی وقوع چهار قتل سیاسی (داریوش و پروانه فروهر، محمد مختاری و محمدجعفر پوینده) که به قتل‌های زنجیره‌ای معروف شد، چند مقام وزارت اطلاعات ازجمله سعید امامی دستگیر شدند. چند ماه بعد اعلام شد که سعید امامی در زندان خودکشی کرده است.

دادگاه متهمان قتل‌های زنجیره‌ای در فاصله ۳ تا ۳۰ دی ۷۹ به صورت غیر علنی و بدون حضور هیچ‌یک از وکلا یا اعضای خانواده مقتولان به ریاست محمدرضا عقیقی رئیس شعبه دادگاه نظامی یک تهران برگزار شد.

←

بازداشتگاه توحید تحت بازجویی قرار گرفت[۱] نشان می‌دهد که چگونه

→ با برگزاری ۱۲ جلسه دادگاه در نهایت شعبه یک دادگاه نظامی تهران در حکمی مصطفی کاظمی قائم‌مقام وقت معاونت امنیتی وزارت اطلاعات و مهرداد عالیخانی مدیر کل وزارت اطلاعات را به جرم آمریت و صدور دستور چهار فقره قتل به چهار بار حبس ابد محکوم کرد. علی روشنی مسئول وقت حراست بهشت‌زهرای تهران به جرم مباشرت در قتل محمد مختاری و محمد جعفر پوینده به دو فقره قصاص نفس و محمود جعفرزاده عضو اداره عملیات وزارت اطلاعات را به جرم مباشرت در قتل داریوش فروهر و به یک فقره قصاص نفس محکوم شدند. همچنین علی محسنی دیگر عضو اداره عملیات وزارت اطلاعات را به جرم مباشرت در قتل پروانه اسکندری (فروهر) به یک فقره قصاص نفس پس از پرداخت نصف دیه کامل به قاتل محکوم شد. حمید رسولی و محمد عزیزی از مدیران میانی وزارت اطلاعات هر دو به جرم آمریت و صدور دستور در راستای اجرای دو فقره قتل آقای داریوش فروهر و خانم اسکندری به دو فقره حبس ابد محکوم شدند خسرو براتی به جرم معاونت در قتل به ده سال زندان و اصغر سیاح به شش سال زندان محکوم شدند و سایر متهمان شامل ابوالفضل مسلمی، مصطفی هاشمی، محمد حسن اثنی‌عشر، علی صفائی پور و علی ناظری به دو و نیم سال تا چهار سال زندان محکوم گردیدند. دادگاه ۳ نفر از اعضاء بازداشت شده وزارت اطلاعات را تبرئه کرد. و متهمان همگی به غیر از خسرو براتی از اعضاء رسمی وزارت اطلاعات بودند. با اعتراض وکلای متهمان قتل‌های زنجیره‌ای رای دادگاه در دیوان عالی کشور نقض شد و محمد عزیزی و علی روشنی در شعبه پنجم دادگاه نظامی تهران به تغییر عنوان اتهام مواجه شدند و مجازات محکومان به قصاص نیز به دلیل آنچه گذشت خانواده مقتولان ذکر شده به ۱۰ سال زندان محکوم شدند. چند سال بعد تمامی محکومین به جز مصطفی کاظمی و عالیخانی آزاد شدند.

http://syed1348.mihanblog.com/post/75

[۱] از تاریخ دقیق بازداشت و مدت زمان آن هیچ اطلاعی در دست نیست. این بازداشت حدوداً باید در ماه‌های آخر سال ۱۳۷۷ اتفاق افتاده باشد. تلاش ما برای مصاحبه با فهیمه دری نوگورانی که در سازمان دفاع از قربانیان خشونت کار می‌کرده/ می‌کند، بی‌پاسخ ماند.

حسینیان، رئیس مرکز اسناد انقلاب اسلامی دربارهٔ شکنجهٔ همسر سعید امامی توسط بازجوهایی که از سوی سعید حجاریان بودند، سخن می‌گوید و بر اطلاع خاتمی از جریان شکنجه قبل از کشف آن، تأکید می‌نماید: "در مورد جریان شکنجه این‌گونه نبود که آقای خاتمی خبر نداشته باشد. متأسفم که آقای خاتمی انکار می‌کند. بنده به یکی از وزرا بارها گفتم که جریان شکنجه را به آقای خاتمی نمی‌گویید؟ گفت گفته‌ام. ماجرای کشف شدن جریان شکنجه در رمضان سال گذشته بود که یک نفر از پزشکان بیمارستان بقیة الله سپاه که خانم او هم در وزارت اطلاعات بوده است برای آقای یونسی خبر آورد که یک خانم و آقایی از متهمین پرونده در حال مرگ هستند و خیلی التماس می‌کنند که یک نفر با اینها صحبت کند. آقای یونسی نماینده‌ای فرستاد که او را راه ندادند تا این جریان به دفتر مقام معظم رهبری رسید. از طرف دفتر با آقای هاشمی شاهرودی تماس گرفتند و ایشان آقای مروی را فرستاد برای تحقیق و دیدند که یکی ←

بازجویان، برای اینکه بتوانند سناریوی خود را ثابت کنند که عده‌ای از "عناصر خودسر" در وزارت اطلاعات، قتل‌ها را به دستور موساد انجام داده‌اند، متهمان را تحت فشار شدید قرار می‌دهند که به داشتن روابط جنسی خارج از چارچوب ازدواج و روابط همجنسگرایانه اعتراف کنند. فیلم‌هایی که از بازجویی فهیمه دری نوگورانی منتشر شده[1] و صحت آن توسط مقامات رسمی تأیید شده است، جزییات تکان دهنده‌ای را دربارهٔ نحوه، روند و اهدافی که تحت فشار قرار دادن زندانیان سیاسی از طریق تکیه بر روابط جنسی آنها دنبال می‌کند در اختیار ما قرار می‌دهد.[2] در این فیلم‌ها، به وضوح دیده می‌شود که فهیمه دری نوگورانی، که در ابتدا داشتن هر نوع رابطه خارج از ازدواجی را با این جمله که "حاج‌آقا من یه زن شوهردارم، ارتباط با نامحرم حرامه"، انکار می‌کند، چگونه در روند بازجویی‌ها، به شکلی در هم می‌شکند که نه تنها به داشتن رابطه جنسی با همکاران همسرش بلکه حتی به داشتن رابطه با پسر خود نیز اقرار می‌کند. وی در نهایت، به دست داشتن در انفجارهای مختلف و جاسوسی برای سیا و موساد هم اعتراف می‌کند؛ موضوعی که به نظر می‌رسد هدف اصلی بازجوهاست. براساس آنچه از فیلم‌ها به دست می‌آید، بازجویان علاوه

← از آنها همسر سعید امامی است. اینها در حال مرگ بودند و کلیه‌هایشان از شدت شکنجه از کار افتاده بود، آقای مروی می‌گفت استخوان کف پای همسر سعید امامی بیرون زده است یعنی شکنجه چیزی نبوده که آقای خاتمی بخواهد انکار کند. این جریان کشانده شده به هیئت سه نفری که رفتند پرونده را رسیدگی کردند و مشخص شد همه چیز دروغ بوده است. در سؤال‌هایی که از متهمین می‌کردند دنبال قتل‌ها نبودند بلکه دنبال چیز دیگری بوده‌اند."
http://www.farsnews.com/newstext.php?nn=8802201299

[1] فیلم‌های یوتیوب

http://www.youtube.com/watch?v=WuHh0AY8VBM
http://www.youtube.com/watch?v=288TXIbpm2Y
http://www.youtube.com/watch?v=p4VzY4cG9dk

[2] از آنجایی که هیچ‌یک از مصاحبه شوندگان این تحقیق، به دلیل ادب ذاتی یا کرامت انسانی که برای خود قائل بودند و یا پرهیز از درد بازگویی دوباره آن خاطرات، حاضر نشدند عبارات دقیق بازجویان را دربارهٔ مسائل جنسی تشریح کنند، این فیلم‌ها همچنین از این رو مهم است که دقیقاً عبارات و ادبیاتی را که بازجویان به‌کار می‌برند بدون واسطه برای تحلیل در اختیار ما می‌گذارد.

بر استفاده از شکنجه بدنی و شلاق زدن وی[۱]، از شنیع‌ترین عباراتی که حتی تصور آن هم ممکن نیست، برای توصیف روابط جنسی که می‌خواهند زندانی را وادار به اقرار آن کنند، استفاده می‌کنند.

سپیده پورآقایی نیز دربارهٔ یکی از هم‌بندان خود در بند ۲۰۹ زندان اوین که به اتهام فعالیت در حوزه انرژی درمانی بازداشت شده بوده می‌گوید:

«او را وحشتناک اذیت کرده بودند، خودش می‌گفت حس می‌کردم جلوی بازجوها لختم، می‌گفت به قدری به من تهمت‌های جنسی زدند، به قدری از من سؤال‌های زشت می‌کردند که تو با آقای فلانی چندبار فلان کردی، او چندبار با تو فلان کرده، جایش می‌ماند یا نمی‌ماند...»[۲]

به همین دلیل است که برخی از مصاحبه شوندگان، از جمله فرشته قاضی، بازجویان خود را "بیمار جنسی" توصیف کرده‌اند. یکی دیگر از مصاحبه شوندگان نیز نامه‌ای به بازجویش نوشته و از او خواسته خود را به کلینیک بیماری‌های جنسی معرفی کند. اما به‌نظر می‌رسد به کارگیری رکیک‌ترین ادبیات در مورد خطاب قرار دادن و سئوال کردن از زندانی و مجبور کردن او برای تشریح جزیی‌ترین روابط جنسی داشته یا نداشته خود با عبارات و ادبیات خلاف شأن زندانی، وجه روشنی از استفاده از خشونت کلامی به‌عنوان یکی از ابزارهای شکنجه است. در این نوع از خشونت، زبان، به ابزار اصلی شکنجه تبدیل می‌شود که نه فقط از سوی بازجو که از سوی خود زندانی نیز خطاب به خود و با صدای بلند اعمال می‌شود. در این روش، بازجو زندانی را وادار می‌کند خود را با زبان خود در فرودست‌ترین جایگاه ممکن نه فقط در سلسله مراتب قدرت سیاسی (زندانی فرودست

---

[۱] در یکی از صحنه‌های این فیلم، فهیمه دری نوگورانی در حالی برای شلاق خوردن برده می‌شود که به سختی راه می‌رود و بازجو، دست او را می‌کشد و از تماس بدنی با وی ابایی ندارد.
http://www.youtube.com/watch?v=TY99H8BVU1c

[۲] شهادت سپیده پورآقایی، عدالت برای ایران.

بازجو) بلکه در سلسله مراتب قدرت جنسیتی (زن بدکاره فرودست، مرد نماینده نظام اخلاقی مسلط) بنشاند.

د. بی اعتبار کردن یک جریان سیاسی- اجتماعی: کسب اقاریر جنسی از زندانیان زن، نه فقط برای در هم شکستن منزلت و کرامت وی در مقابل خود، خانواده و جامعه‌ای که به آن تعلق دارد استفاده می‌شود بلکه در مواردی که بازجویان موفق شده‌اند این اعترافات را فیلمبرداری کنند، به‌عنوان مدرکی برای بی اعتبار کردن جریان سیاسی و اجتماعی که زن زندانی در آن فعال بوده استفاده شده است.

شهادت روژین محمدی موید این استدلال است:

«اگر این [اعترافات] را پخش کنند برای این است که بگویند ببینید فلانی که دارد می‌گوید من فعال حقوق بشرم و دارم در این زمینه فعالیت می‌کنم، چه آدم خرابی است. دید خیلی از مردم ایران هنوز که هنوز است همین مانده و این در واقع یک جور خرد کردن خانواده و زیر سؤال بردن همه چیزش می‌شود.»[1]

شهادت وحید احمد فخرالدین، وکیل دادگستری که او نیز به اتهام همکاری با مجموعه فعالان حقوق بشر بازداشت شده، نشان می‌دهد که بی‌اعتبار کردن زندانی سیاسی در نزد جامعه با استفاده از این روش فقط مختص به زنان نبوده است. در اسفند ماه ۱۳۸۸، فیلمی از تلویزیون دولتی ایران پخش می‌شود که در قسمت‌هایی از آن، چهار عکس خصوصی از وحید احمد فخرالدین در میهمانی‌ها و مراسم خارج از ایران که از کامپیوتر وی که در هنگام دستگیری ضبط شده، استخراج شده بود، نشان داده شده است[2].

---

[1] شهادت روژین محمدی، عدالت برای ایران.

[2] http://www.youtube.com/watch?v=bSlJPwXBji4

وحید احمد فخرالدین دربارهٔ تأثیری که این فیلم بر روی زندگی شخصی وی گذاشته چنین شهادت می‌دهد:

«مشکلاتی که برای من پیش آمد، در واقع برمی‌گشت به فیلمی که از تلویزیون رسمی جمهوری اسلامی، شبکه دوم، و پرس تی وی (کانال انگلیسی زبان جمهوری اسلامی) و اینها منتشر شد. عکس‌های شخصی من که توی لپ‌تاپ من بود و گرفته بودند را آمدند گذاشتند توی این فیلم که مثلاً من در حال رقصیدن هستم، یک‌جایی نشسته‌ام و روی میز مشروب هست و قشنگ توی فیلم صحبت می‌کند که اینها جاسوس‌ها کجایند و با منافقین و آمریکا و با اسرائیل در ارتباطند، یعنی تلاش این‌جوری بود که نشان بدهد که کسانی که کار حقوق بشری می‌کنند، همه قرتی‌اند، همه اهل خانم‌بازی‌اند، مشروب می‌خورند، این طرف و آن طرف سفر خارجی دارند و هزینه‌هایشان از این طرف و آن طرف تأمین می‌شود، و اساساً حقوق بشر یک پوششی است برای سرویس‌های جاسوسی آمریکا و اسرائیل و این حرف‌ها که اینها تحت پوشش مسائل حقوق بشری می‌آیند چی‌کار می‌کنند؟ فعالیت می‌کنند و یارگیری می‌کنند و می‌خواهند براندازی کنند و براندازی نرم، جنگ رسانه‌ها و سایبری و... این فیلمی که پخش شد روی زندگی خانوادگی، اجتماعی، شغلی و کاری من خیلی اثر گذاشت. وقتی آزاد شدم پدر من نیامد سراغ من، دامادمان خانهٔ ما نمی‌آمد، خواستگار خواهرم اصلاً فراری شد رفت، به همسایه سلام می‌کردم جوابم را نمی‌داد، دادگاه که می‌رفتم توی پرونده‌هایم مشکل پیدا می‌کردم، خیلی از قضات به ضررم رای می‌دادند، به موکّل‌هایم می‌گفتند این چه وکیلی است گرفتی، یک بار خواستگاری کردم یارو فهمید گفت نمی‌خواهم... داغون شدم، مجبور شدم زدم بیرون [از کشور خارج شدم].»[1]

---

[1] همان.

بنابراین، در حالی‌که اعترافاتی که روی کاغذ نوشته می‌شده‌اند در سطحی محدود و نهایتاً میان مقامات قضایی و سیاسی کارکرد داشته‌اند، اعترافات تلویزیونی، کارکردی وسیع‌تر داشته‌اند و می‌توانسته‌اند در صورت پخش، تبعات خانوادگی و اجتماعی گسترده‌تری به همراه داشته باشند. به همین دلیل است که مقامات امنیتی، در موارد متعدد زندانیان زن را تحت فشار گذاشته‌اند تا علاوه بر اعترافات جنسی کتبی، اعترافات تلویزیونی هم اخذ کنند. فیلم اعترافات، جز اینکه می‌توانسته به‌عنوان مدرکی محکم برای اثبات ادعای بازجویان در تمامی مراحل دادرسی استفاده شود، ترس از پخش آن از تلویزیون، تهدیدی همیشگی برای حیثیت سیاسی و اجتماعی یک زندانی زن بوده است. به همین دلیل، حتی در مواردی که زنان زندانی ابتدا به ساکن حاضر به تکرار اقاریر خود در مقابل دوربین نشده‌اند، بازجویان با استفاده از شگردهای متعدد، از آنها فیلم گرفته‌اند.

روژین محمدی روندی را که به فیلمبرداری از اعترافات او منجر شده را چنین روایت می‌کند:

«بازجویی‌ها تمام شده بود، به من گفته بودند آزاد می‌شوی. یک روز من را بازجویی نکردند... فرداش آمدند لباس‌هایم را بهم دادند که بپوش... دوباره همان مسیری که هر روز برای اتاق بازجویی می‌رفتیم را رفتیم. ولی به جای اینکه برویم پایین رفتیم بالا. توی همان ساختمان که پایینش اتاق بازجویی بود، بالایش اتاق فیلم برداریشان بود. رفتم تو نشستم. چشم‌بند داشتم، چادر زندان هم سرم بود. چادر گل‌گلی، با دمپایی، جوراب هم همیشه باید می‌پوشیدم. آن روز بهم کفش‌هایم را دادند. با اینکه به من گفته بود بازجویی نداری یکهو چند نفر ریختند سر من و داد و بیداد و دعوا که تو دروغ گفته‌ای، از روی کفش‌ها حدس می‌زدم که حدوداً باید پنج نفر آدم باشند، یکیش [بازجو] وحید بود، یکیش آن آقای اصفهانی[۱]

[۱] منظور بازجویی است که لهجه اصفهانی داشته است.

بود، سه نفر دیگر هم توی اتاق بودند. که یکی‌شان همین فیلم‌بردار بود، دو نفر دیگر را نمی‌شناختم. یکهو وحید آمد نشست جلویم، چشم‌بند داشت. گفت تو تا اسفند ۸۸ توی هرانا[۱] کار کردی دروغگو؟ تو همین چند وقت پیش هم کار می‌کردی، گفتم نه من باهاشان کار نمی‌کردم بعد آن آقای اصفهانی گفت تو دو مورد را اصلاً نگفتی. گفتم خب دو مورد چی بوده؟ بگویید. گفتم من هرچه گفتید را گفتم، من هرچه شما خواستید و گفتید را نوشتم، این دو مورد را هم بگویید می‌نویسم. گفت نه این دو مورد را خودت باید بگویی. حتی نمی‌گویم دو مورد چیست. بعد یک فیلم بازی کردند، خیلی فیلم خنده‌داری که وحید آمد گفت من اصلاً استعفایم را می‌نویسم، همه به من گفتند این دختر دارد بازی‌ات می‌دهد این دختر این‌جوری نیست که دارد بازی می‌کند، اینها همه‌اش بازی است، خیلی هم خوب همه چیز را می‌داند. من باور کردم، از یه دختربچه بازی خوردم. من می‌خواهم استعفایم را همین‌جا بنویسم، تو رو خدا استعفای من را قبول کنید. من مانده بودم چه باید بگویم. بعد آن آقای اصفهانی نشست اول داد و بیداد کرد و بعد شروع کرد به نصیحت کردن. یکهو همه رفتند بیرون از اتاق، بعد این آقای اصفهانی شروع کرد به صحبت کردن. اولش که داد و بیداد کرد، دوباره از خاطرات جنگ و قتل عام دههٔ ۶۰ حرف زد... آدمی که من به‌عنوان نامزدم معرفی کردم، بعدش هم رابطه ما جدی شد، کمونیست است، سه سال هم زندان بود، تازه هم آزاد شده. یکی از چیزهایی که به من گفت این بود که من حق نداشتم با این آدم اصلاً ازدواج کنم. چون این آدم کمونیست است و کمونیست‌ها حقشان همه اعدام است. گفت دهه ۶۰ خوب نتوانستیم تخم و ترکه‌شان را نابود کنیم، اینها هنوز مانده‌اند. کمونیست‌ها باید

---

[۱] خبرگزاری مجموعه فعالان حقوق بشر ایران، http://hra-news.org/

اعدام شوند تو هم اگر بخواهی با یک کمونیست ازدواج کنی جفتتان اعدام می‌شوید. گفت تو با کسی که ما می‌گوییم باید ازدواج کنی. کسی که تو را بتواند بالا بکشد از این لجن درت بیاورد... این آقا از اول به مدل نشستن من، ایستادن من، گودی زیرچشم من به شدت گیر داد. لحظه اول گفت تو معتادی، چی مصرف می‌کنی؟ من هم گفتم معتاد نیستم، چیزی مصرف نمی‌کنم. بعد خودش می‌گفت گفتی کرک؟ شیشه؟ می‌نوشت برای خودش. یعنی این‌جوری بود که مثلاً دارم اینها را می‌نویسم. من هم همه‌اش می‌گفتم نه، من چیزی مصرف نمی‌کنم، من فقط قرص‌های اعصابم را مصرف می‌کنم. گفت پس چرا قوز می‌کنی؟ گیر داد به قوز کردن، چرا قوز داری، چرا این‌جوری می‌نشینی، چرا زیر چشمت کبود است؟ ...آن روز هم دوباره شروع کرد، صاف بنشین، چرا انقدر خمیده‌ای. تو باید به خودت افتخار کنی، گفتم چرا باید به خودم افتخار کنم؟ اولش به من این‌جوری می‌گویی که تو از لجن در آمده‌ای. گفتم چرا باید به خودم افتخار کنم؟ گفت خب به خاطر اینکه خانواده خوبی داری، یک سری دلایل آورد، اینجا درس می‌خواندی، این‌جوری بودی، باید از خدا متشکر باشی، افتخار کنی که خدا تو را الان اینجا قرار داده، از خدا تشکر کنی. گفتم بله چشم به خودم افتخار می‌کنم. از سمت دعوا بردش به سمت نصیحت و تهدید. بعد گفت خب الان من می روم وحید را صدا می‌کنم بیاید. من فکر کردم خب الان دوباره قرار است بازجویی بشود، آن دو موردی که آن همه روش تأکید داشت که آن دو مورد را باید بگویی، و نمی‌گفتند چی است، باید بگویم. وحید را صدا کرد، وحید آمد. گفت می‌توانی چشم‌بندت را برداری. من چشم‌بندم را که برداشتم این آقا رفته بود بیرون، من ماندم و فیلم‌بردار و چند دوربین که دور و برم بود. آن قدر شوکه شده بودم که جرأت نکردم بگویم نمی‌خواهم حرف بزنم. گفت همه اینجا اعتراف می‌کنند. هرکس می‌گوید نکردم دروغ می‌گوید.

هرکس از این زندان آزاد می‌شود اعتراف تلویزیونی کرده، حالا بعضی‌ها پخش می‌شود، بعضی‌ها پخش نمی‌شود. جالب اینجا بود که دیگر در مورد آن دو موردی که من حرف نزده بودم و باید می‌گفتم هیچی نپرسیدند. تمام چیزهایی که گفته بود باید بنویسی من دوباره همان‌ها را باید جلوی دوربین می‌گفتم... اعترافی که من داشتم بیشتر در مورد فعالیت حقوق بشری بود، ... گفتم اینها اصلاً نمی‌دانند بشر یعنی چی که حالا بخواهند فعالیت حقوق بشری کنند. دنبال منافع خودشان هستند... جلوی دوربین باید می‌گفتم که... حتی باید این کلمه به‌کار می‌بردم که از واژن با یک نفر رابطه داشتم.... تعداد دفعاتش را هم باید می‌گفتم جلوی دوربین.... اعتراف تلویزیونی خیلی سخت است... می‌گفتند فیلم را برای ۲۰ و ۳۰ امشب می‌خواهیم... اینکه فکر کنی این را پخش می‌کنند، خانواده درجه اول آدم بخواهد این چیزها را بشنود... خب اگر دست خودم بود، حق انتخاب داشتم این کار را نمی‌کردم ولی بهم گفتند اگر این اعتراف را نکنی هیچ وقت آزاد نمی شوی...»[۱]

برخی از مصاحبه شوندگان دیگر نیز این موضوع را مطرح کرده‌اند که اعتراف تلویزیونی به‌عنوان شرط آزاد شدن آنها از زندان قرار داده شده است. مریم رضوی روایت می‌کند که چگونه بعد از اینکه در زندان توحید[۲] مورد تجاوز قرار گرفته تحت فشار بازجویان مجبور به اعتراف تلویزیونی شده است:

«می‌گفتند اگر می‌خواهی عطوفت اسلامی شامل حالت بشود و عفو رهبری که اعدامت نکنند، باید بیایی تو تلویزیون. که من خیلی مقاومت کردم که نیایم. گفت ببین دخترخواهرت را آورده‌ایم سلول بغلی‌ات است. آنجا خیلی برایم سخت بود. من نظافت آنجا را قبول

[۱] شهادت روژین محمدی، عدالت برای ایران.

[۲] این زندان به بازداشتگاه کمیته مشترک نیز مشهور است.

کردم، جمعه‌اش که فقط ببینم دخترخواهرم سلول بغل است یا نه. گفت نیاز باشد بچه‌ات را هم می‌آوریم. نیاز باشد، مادرت را هم می‌آوریم. نیاز باشد جفتشان را جلوی چشمت می‌کشیم. پس بهتر است که بیایی. که یک روز آمدند دوباره من را از سلولم آوردند بیرون، بعد بردند طبقهٔ دوم سوم بود که من حیاط را که دیدم گفتم می‌توانم خودم را پرت کنم و خودکشی کنم دیدم سر تا سر نرده است. کلاً نرده است، اصلاً راه هیچ کاری برایت نیست. بردند تو اتاق و بعد از دو سه دقیقه خانمی که باهام بود گفت این را سریع ببرید حمام. چون آن‌قدر اینها من را زده بودند که پف کرده بودم و درب و داغون. بعد آن خانم من را آورد همان قسمت انفرادی، من را برد تو حمام خودشان، یعنی حمام مأمورهای خانم آنجا. من را برد حمام، دوش را باز کرد، من خودم را بعد از چند ماه برای اولین بار تو آینه دیدم. دیدم موهایم همه سفید [شده]، اصلاً باورم نمی‌شود این خودم هستم، درب و داغون، با دوش خنک خیلی خنک سریع، زنه گفت یک دست شامپو. سریع یک دست شامپو زدم. با لیف صورتت را بشور. با لیف صورتم را شستم. یک دفعه آمد شتلق خواباند تو گوشم. گفتم خانم چرا می‌زنی؟ سریع لباسم را پوشیدم. توی مصاحبه سرم خیس بود. آنکه [در فیلم] سرم است شالی است که تو خیابان سرم می‌کردم. آن مانتو هم مانتویی است که تو خیابان تنم می‌کردم. گفتند همان لباسی که تو خیابان‌ها راه می‌رفته همان را بهش بدهید. من را بردند، یک اتاق بود، وسط پردهٔ آبی بود، یک میز بود، یک صندلی بود، که من را گذاشتند آنجا. از وسط دو تا پرده کلهٔ دوربین روبه‌روی من آمده بود بیرون، یکی هم پشت دوربین بود. و آن گوشهٔ پرده آدم ایستاده بود. این گوشه و این گوشه هم پشت سر من اطلاعاتی‌ها ایستاده بودند... آنها به من می‌گفتند تو بگو بسم الله الرحمن الرحیم، خودتان را معرفی کنید. من گفتم [نام مستعار] مریم رضوی، نام پدر این، متولد این، کجا به

دنیا آمدم. نحوهٔ شرکت در جریان هجده تیر و بهم می‌گفتند باید بگویی داریوش فروهر و پروانه فروهر را دوستانشان کشتند. گفتم من دروغ نمی‌گویم. مگر نمی‌گویید مسلمان دروغ نمی‌گوید. من دروغ نمی‌گویم. پروانه و داریوش را شما کشتید. می‌گفت ما بهت می‌گوییم تو این را می‌گویی. بعد [باید می‌گفتم] همسر خودم را رفقایش کشتند. گفتم من نمی‌گویم. یکی زد. گفتم باشه. [فیلمبرداری را شروع کردنند] نگفتم. خودم را معرفی کردم و اینکه کجا دستگیر شدم. آنجا دیگر سکوت کردم. یک دفعه یارو دیگر خودش می‌دانست کجا باید صبر کند. صبر کرد و یارو با لگد زد به صندلی من. با صندلی خوردم به دیوار و افتادم. بلندم کردند. گفت باید بگویی. من هیچی نگفتم. گفت باید داریوش را بگویی، همسرت را بگویی و اینکه از آمریکا و اسرائیل پول می‌گرفتید شما. گفتم من پول نگرفتم، برای چه دروغ بگویم، داریوش و پروانه را شما کشتید، چرا دروغ بگویم؟ همسرم را شما کشتید، چرا دروغ بگویم که رفقایش کشتند. مقاومت کردم. فقط گفتم من [نام مستعار] مریم رضوی، نحوه دستگیری‌ام را گفتم و همین. که [در فیلمی که از تلویزیون پخش شد] هیچ صدایی از من پخش نمی‌کنند، چون چیزی که بخواهند ازش استفاده کنند من برایشان نداشتم. هیچی نگفتند [که این فیلم را برای انتشار می‌خواهند یا برای پرونده]. بعدش هم دیگر بازجوهایم می‌گفتند کسی که رو آنتن می‌رود، دیگر آبرو ندارد.»[1]

سارا زرکوب نیز که پس از انتخابات ریاست جمهوری ۱۳۸۸ بازداشت شده شهادت می‌دهد که چگونه تحت فشار برای اعترافات تلویزیونی بوده است:

---

[1] شهادت مریم رضوی، عدالت برای ایران.

«بازجوی من سعی می‌کرد هی [همه چیز را] به این ربط بدهد که تو زن خرابی، با پسرها توی ستاد [انتخاباتی کروبی] این‌طوری بودی، پسرها را جمع می‌کردید توی ستاد که عشق و حال و حولتان را با هم داشته باشید، همه‌ش در آخر می‌خواست من را به این نتیجه برساند که من یک زن خرابم و در ستاد کروبی و موسوی ما زن‌ها این نقش را داشتیم که پسرها را جمع کنیم فقط برای عشق و حال.»[1]

در واقع بخشی از بی‌اعتبار کردن جریانات اجتماعی و سیاسی مختلف نیز از رهگذر پرونده سازی‌های جنسی برای مردانی که در آن جریانات فعال بوده‌اند حاصل می‌شده. در این روش، زنان زندانی به‌عنوان وسیله‌ای برای جمع‌آوری مدارک، تحت فشار قرار می‌گرفته‌اند.

هــ پرونده‌سازی برای مردان سیاسی: براساس مستندات حاصل از این تحقیق، برخی از زنان زندانی به شدت تحت فشار بوده‌اند که به داشتن رابطه جنسی با مقامات و شخصیت‌های سیاسی اقرار کنند. آنها اعتقاد دارند که این فشارها به دلیل این بوده که در آن دورهٔ زمانی خاص، نهادهای اطلاعاتی قصد پرونده‌سازی برای برخی از مقامات سیاسی را داشته‌اند یا می‌خواسته‌اند دلایلی برای بی‌اعتبار کردن آنها و جریان سیاسی‌شان نزد مقامات بالاتر پیدا کنند و یا اینکه به دنبال ساختن دلایلی برای بازداشت آنها می‌ گشته‌اند.

به عنوان مثال، فرشته قاضی که در جریان پرونده وبلاگ‌نویسان، توسط اطلاعات موازی[2] بازداشت شده بود، برای اینکه اعتراف کند که با مقامات سیاسی رابطه داشته به شدت تحت فشار بوده است. او می‌گوید:

---

[1] شهادت سارا زرکوب، عدالت برای ایران.
[2] تشکیلات "اطلاعات موازی" تشکیلاتی است غیر قانونی و غیر رسمی متشکل است از نهادهای امنیتی و اطلاعاتی سازمان‌های تحت نظارت رهبری، چون سپاه و نیروی انتظامی به همراه بخشی

«در بحث اخلاقی و رابطه نامشروع به‌طور مشخص چند تن از چهره‌های اصلاح‌طلب را عنوان می‌کردند و می‌گفتند باید بنویسی با اینها رابطه نامشروع داشتی؛ آقای محمدرضا خاتمی بود، نایب رئیس مجلس ششم. عطاالله مهاجرانی[۱] بود. تاج زاده[۲] بود. ابطحی[۳] بود. از اینها شروع شد و رسید به آقای خاتمی. در آن مقطع آقای خاتمی رئیس جمهوری بود و از اینها که شروع می‌شد در نهایت می‌رسید به اینکه بنویسم با ایشان رابطه نامشروع داشتم. علاوه بر اینها می‌پرسیدم ملاک چی هست؟ چرا باید بنویسم رابطه نامشروع داشتم. می‌گفت همکارانت گفته‌اند با اینها رابطه نزدیکی داشته‌ای. مثلاً به آنها مصاحبه نمی‌دادند ولی به تو خودشان زنگ می‌زدند و خبر می‌دادند. من یک سری از افراد اصول‌گرا را اسم بردم و گفتم که من با اینها رابطه خبری بیشتری داشتم چون در روزنامۀ ما اینها جواب خیلی از خبرنگارهای ما را نمی‌دادند ولی جواب من را می‌دادند. اگر ملاک اینست چرا نمی‌گویید اینها را بنویسم؟ که زود می‌گفتند نه. همین که گفتیم را باید بنویسی... تمام بازجویی‌های ما چه روابط نامشروع با اینها را عنوان می‌کردند، چه مسائل کاری و حرفه‌ای و سیاسی و ارتباطات کاری حول این محور می‌گشت که برای آنها اتهام و پرونده‌سازی شود.»[۴]

از نیروهای وزارت اطلاعات که در دوران اصلاحات به دلیل فشار مطبوعات و جامعه مدنی تصفیه شده بودند. الگوی عملیاتی سازمان اطلاعات موازی برخلاف وزارت اطلاعات که داعیه‌دار اشراف اطلاعاتی و نظارت بر حوزه‌های پنهان و آشکار امنیتی است، «کار پروژه‌ای» است
http://news.gooya.com/politics/archives/028463.php

[۱] وزیر ارشاد در آن زمان.

[۲] مصطفی تاجزاده معاون سیاسی وزیر کشور در آن زمان.

[۳] محمدعلی ابطحی، معاون پارلمانی رییس جمهور در آن زمان.

[۴] شهادت فرشته قاضی، عدالت برای ایران.

لیلا نوبری، خبرنگاری که پس از انتخابات بازداشت شده، دربارهٔ بازداشت گستردهٔ زنان روزنامه‌نگار اعتقاد دارد:

«زنان خبرنگار را می‌گرفتند که فقط اعتراف کنند با خاتمی رابطه داشته‌اند... آن زمان می‌خواسته‌اند خاتمی را دستگیر کنند و به همین دلیل، برای او پرونده سازی می‌کرده‌اند.»[۱]

یکی دیگر از زنان روزنامه‌نگاری که برای نوشتن اقاریر دروغ دربارهٔ روابط جنسی با شخصیت‌های سیاسی مختلف به شدت تحت فشار و حتی شکنجه‌های جسمی شدید قرار گرفته، هنگامه شهیدی است. محمد مصطفایی، وکیل وی در مطلبی با عنوان "ناگفته‌های پرونده هنگامه شهیدی" می‌نویسد: "هنگامه شهیدی روزانه چندین ساعت مورد بازجویی توسط چندین مأمورین مرد وزارت اطلاعات قرار می‌گیرد. بازجویی‌ها تلقینی و با چشمانی بسته صورت می‌پذیرد. بازجویان از ضرب و شتم هنگامه شهیدی دریغ نمی‌ورزیدند. برای اینکه آثار شکنجه بر روی بدن هنگامه شهیدی مشخص نشود و ظلمی که بر وی روا گشته آشکار نگردد اجازه ملاقات به خانواده‌اش داده نمی‌شود. چندین بار اینجانب به‌عنوان وکیل ایشان با دستور مقام قضایی جهت ملاقات با وی به زندان اوین رفتم ولی غافل از اینکه بتوانم حتی وارد زندان شوم. تشکیل دادگاه‌های صوری برای اخذ اقرار برای هنگامه شهیدی به گونه‌ای بوده است که نمی‌توان از نظر دور داشت. صدور حکم به اعدام هنگامه شهیدی به صورت صوری، به پای چوبه‌دار بردن هنگامه شهیدی و صدها مورد شکنجه ناجوانمردانه بر روی وی برای گرفتن مصاحبه تلویزیونی و شرکت در دادگاه‌های نمایشی را چطور می‌توان نادیده انگاشت. خوراندن قرص‌های مختلف برای تسکین و اخذ اقرار از وی از جمله مواردی است که برای گزارشگران حقوق بشر جالب خواهد بود. بازجویان وارد حیطه زندگی شخصی و خصوصی هنگامه

[۱] شهادت لیلا نوبری، عدالت برای ایران. (نام واقعی این شاهد و مشخصات وی نزد عدالت برای ایران محفوظ است.)

شهیدی شده و به اجبار و زور از او می‌خواستند که بگوید با فلان مرد و فلان کس ارتباط نامشروع دارد تا از این طریق بتوانند دیگر یاران کروبی و موسوی را به زانو در آورند. حتی سیدمحمد خاتمی رئیس جمهور را در پرونده دخیل کرده و می‌گفتند باید بگوید که با وی نیز رابطه داشته است. پستی و پلیدی بازجویان به حدی بود که هنگامه شهیدی خود متعجب مانده و توان سخن نداشت... چطور یک انسان می‌تواند آنقدر پست و رذل باشد که آشکارا و بدون واهمه‌ای، دیگری را این‌گونه مورد آزاد و اذیت قرار دهد. سئوالات بازجو کاملاً شخصی و خارج موارد اتهامی هنگامه شهیدی بوده و هدف تخریب شخصیت این زن فداکار زندانی بود."[1]

مصطفایی همچنین در مطلبی دیگری می‌نویسد: "عمده تحقیقات و بازجویی‌هایی که از هنگامه شهیدی به عمل آمده است سؤالات غیر مفید و غیر روشن، تلقینی، اغفال، اکراه، اجبارکننده و ورود به مسائل شخصی و خانوادگی و سؤال از اعمال گذشته و موضوعات غیر ضروری بوده است.

سوالاتی از قبیل:... در خصوص مسائل شخصی خود با آقایان... و... بنویسید؟ پرسیدن سؤالاتی که از بیان آنها خجالت می‌کشم، (چه از شهیدی و چه از دیگران) به‌خصوص مسائلی که در مورد آقای خاتمی ریاست محترم جمهوری دوره هفتم و هشتم بیان گردید دور از شأن است... شما چه دلیلی بر داشتن ارتباط با ... داشتید؟"[2]

هنگامه شهیدی نه تنها خود تحت فشار برای این‌گونه اقاریر بوده بلکه زندانیان دیگری، چه زن و چه مرد نیز تحت فشار و شکنجه قرار گرفته‌اند که علیه شهیدی و دربارهٔ روابط شخصی او اعتراف کنند. به‌عنوان مثال، لیلا نوبری می‌گوید: "می‌گفتند هرچه در مورد هنگامه شهیدی می‌دانی بنویس. می‌گفتم من اصلاً نمی‌شناسم. گفت در مورد مسائل خصوصی‌اش چه می‌دانی؟ بنویس. گفتم من در مورد مسائل خصوصی آدم‌ها حرف نمی‌زنم.

---

1 http://www.komitedefa.com/index.php?option=com_content&view=article&id=1022:1389-06-27-06-27-53&catid=19:1389-02-14-01-52-00&Itemid=48

2 http://chrr.biz/spip.php?article9223

گفت اینجا هیچ چیز خصوصی نیست. گفت هرچه می‌دانی بنویس. گفتم من چیز خاصی نمی‌دانم. گفت هرچه شنیدی بنویس. گفتم من نمی‌دانم. گفت پس برو تو انفرادی تا بپوسی. با این کاغذی که لوله کرده بود زد تو سرم. گفت تا یادت نیاید در مورد هنگامه چه می‌دانی از سلول نمی‌آیی بیرون."[۱]

روح‌الله زم نیز در نامه‌ای به آیت‌الله خامنه‌ای، رهبر جمهوری اسلامی، در بیان پاره‌ای از خاطرات زندان خود می‌نویسد:

«سربازجوی من (مصلحی) روزنامۀ اطلاعات را به دست من داد. صندلی را رو به دیوار چرخاند و گفت بخوان! مطلب مورد نظر او خطبه‌های نماز جمعه روز قبل بود. گفت نظرت چیست؟ گفتم نظری ندارم. گفت تحلیل ما از خطبه هاشمی اینست که هاشمی از دستگیری نزدیکانش ترسیده. ما هم می‌خواهیم نزدیکان او را دستگیر کنیم و برای این کار احتیاج به اطلاعاتی از سوی تو داریم... سیر سؤال و جواب ادامه یافت تا اینکه به "هنگامه شهیدی" رسید. گفت تو او را می‌شناسی و باید بگویی که او را در دفتر مهدی هاشمی دیده‌ای و مهدی به تو ۵ میلیون تومان پول نقد داده تا تو به او برسانی. و اینکه من باید برای آزادی خود اقرار می‌کردم که مهدی هاشمی را به هنگام رابطه نامشروع با هنگامه شهیدی دیده‌ام. بعد از فشارهای زیاد و کتک‌خوردن‌های مفصل حاضر نشدم که همکاری بازجوی محترم را برای اجرای منویاتش بر جان بخرم. او گفت فردا به سراغم خواهد آمد. اما برای این عدم همکاری یک هفته در سلولم مرا تنها گذاشت و هیچ‌کس حتی سراغی از من نگرفت. یک هفته پر از هیاهوی ذهنی. باور کنید که در گرمای تابستان ۸۸ از ساعت ۶ صبح تا ساعت خاموشی سلول‌ها (۱۰شب) مرا در سلولم بی‌هیچ روزنه امیدی رها کردند و برای بازجویی به

[۱] شهادت لیلا نوبری، عدالت برای ایران

سراغم نیامدند... پس از یک هفته جناب مصلحی (اخوی وزیر اطلاعات کنونی) به سراغم آمد و گفت: "آقا روح‌الله؟ راجع به آن موضوع دیگر لازم نیست اعتراف بدی. ما موضوع را حل کردیم و فرد دیگری شهادت داد !»[۱]

هنگامه شهیدی خود دربارهٔ تجربه‌اش چنین شهادت می‌دهد:

«به‌نظرم این جنایت خیلی بزرگی در حق یک زن است که بخواهند تحت فشارش بگذارند به روابطی که نداشته اعتراف کنه و وقتی مقاومت می‌کنه به قصد کشت کتکش بزنند. علی‌رغم اینکه من به دلیل نداشتن همسر و فعالیت سیاسی در سطح کلان و ارتباط با مردان سیاسی، تنها زنی بودم که در سخت‌ترین شرایط برای اقرار جنسی با سران مملکتی و دولت اصلاحات قرار داشتم و می‌توانستم به رغم وعده‌های بازجویانم خودم را با این اقرارها از آنجا رها کنم و بیرون بیایم و در نهایت مثل آقایانی که آمدند پشت تریبون‌ها و بعد گفتند تحت فشار بودیم و این دلیل از سوی من به مراتب برای من که یک زن بودم قابل پذیرش‌تر از مردان بود اما نکته‌ای که از آن روزها به بعد مرا آرام می‌کند این است که علیه هیچ‌یک از مردان سیاسی که برخی از آنها خودشان در سلول‌های مجاورم بازجویی می‌شدند اعترافی ندادم تا به‌خاطر اعتراف من تحت فشار مضاعف قرار بگیرند و مجبور به اعترافات غیر حقیقی‌تری شوند.»[۲]

مقاومت زنان

استفاده از شکنجهٔ روانی و جسمی برای وادار کردن زنان به اعترافات ساختگی جنسی، اگرچه به شکلی گسترده در مورد زندانیان دهه ۷۰ و ۸۰ استفاده شده است اما همان‌طور که برخی از نمونه‌های آن ذکر شد، همواره

---

[1] http://www.rahesabz.net/story/50389/

[۲] شهادت هنگامه شهیدی، عدالت برای ایران.

کارساز و موفق نبوده است. بسیاری از مصاحبه شوندگان این تحقیق، با روش‌های گوناگون و گاه، با پرداخت هزینه‌های گزاف، در مقابل فشارها برای اعتراف دربارهٔ مسائل شخصی و روابط جنسی خود مقاومت کرده‌اند. مصاحبه شوندگان این تحقیق، روش‌های متفاوتی را برای مقاومت در برابر فشارهای خرد کننده بازجویان به کار برده‌اند.

الف. تکیه بر موازین قانونی: برخی از بازداشت شدگان، با تکیه بر اینکه تفتیش در موارد زندگی خصوصی، خلاف قوانین[1] است، از پاسخ دادن به اینگونه سئوال‌ها خودداری کرده‌اند. در برخی از موارد، استدلال آنها که عمدتاً بر آگاهی حقوقی آنها پیش از دستگیری و یا تجربه‌های قبلی‌شان مبتنی بوده، کارگر افتاده است.

سپیده پورآقایی، وقتی در سال ۱۳۸۶ برای چندمین بار دستگیر می‌شود، براساس تجربهٔ قبلی زندان خود، از همان ابتدا از پاسخ به این‌گونه سئوالات خودداری می‌کند:

> «راستش را بخواهید من این دفعه حرفه‌ای شده بودم. یعنی از همان اول دیگر ایستادگی کردم... یک دوستی داشتم به اسم منصور، [بازجو از من پرسید] چندبار رفتی خانهٔ منصور، چه‌کار کردی. من بلافاصله زیرش نوشتم که من تحت هیچ شرایطی به سؤالات شما در مورد زندگی خصوصی‌ام جواب نخواهم داد. همان اول من هم کتبی نوشتم و هم به بازجویم گفتم حتی یک سؤال در مورد مسائل خصوصی من بکنید، من به شما جواب نمی‌دهم. تکه‌تکه‌ام هم بکنید این کار را نمی‌کنم. چون واقعاً تجربهٔ خیلی بدی داشتم از بازجو و بازداشت‌های قبلی. می‌دانستم اگر الان بهشان جواب بدهم که توی خانه چه‌کار کردیم، یا چه چیزی بوده، حتی بگویم ما با هم رفتیم رستوران ناهار خوردیم دوباره آن پروسه شروع خواهد شد که

---

[1] قوانین آیین دادرسی و حقوق شهروندی در مورد عدم تفتیش در زندگی خصوصی.

این آدم درستی نیست، یک آدم سالم با یک پسر تنها می‌رود می‌نشیند فلان جا؟ نمی‌گفتند تو، می‌گفتند آدمی که درست باشد، یک دختر عفیف این کارهایی که تو می‌کنی نمی‌کند.»[۱]

درسا سامی نیز می‌گوید: "من از اول خیلی روی مسائل حقوقی تکیه کردم. فکر کردند اگر این [مسائل خصوصی] را مطرح کنند من به هیچ وجه جواب نمی‌دهم."[۲]

زینب پیغمبرزاده نیز در یک مورد از استدلالی مشابه استفاده کرده است:

«تیر ۸۹ توی شعبه ۶ اجرای احکام دادگاه انقلاب [تهران] بازجویی داشتم. آن موقع هنوز رئیس شعبه احمدزاده بود. آنجا داشتند در مورد من حرف می‌زدند گفتم اینها مسائل خصوصی من است، ارتباطی ندارد به پرونده، یکی‌شان گفت ما به مسائل خصوصی شما کاری نداریم، خودتان هم می‌دانید اگر بخواهیم مسائل خصوصی‌تان را مطرح کنیم خیلی چیزها هست که بگوییم ولی تا وقتی که ترویجشان نکنید ما بهتان کاری نداریم.»[۳]

ب. استفاده از حربه‌های شرعی: دو نفر از مصاحبه شوندگان، زمانی که با اتهام رابطه نامشروع مواجه شدند، اعلام کرده‌اند که با دوست‌پسرشان صیغه بوده‌اند و با تمسک به این حربه شرعی، توانسته تا حدودی از فشار بازجویی بکاهند. زینب پیغمبرزاده که در حین جمع آوری امضا برای کمپین یکی میلیون امضا برای تغییر قوانین

---

[۱] شهادت سپیده پورآقایی، عدالت برای ایران.

[۲] شهادت درسا سامی، عدالت برای ایران.

[۳] شهادت زینب پیغمبر زاده، عدالت برای ایران.

تبعیض‌آمیز در متروی تهران دستگیر شده است، دربارهٔ بازجویی فردی به نام قربانی[1]، معاون پلیس امنیت تهران می‌گوید:

«[همه‌ش حالتش این بود که] بگویم چه کار کثیفی کرده و چه آدم هرزه‌ای هستی. گفتم من کاری نکرده‌ام که ازش خجالت بکشم. گفت کاری نکردی؟ رابطهٔ نامشروع داشتی. گفتم نه من هر رابطه‌ای که داشتم رابطهٔ شرعی بوده. گفت یعنی چی؟ گفتم یعنی با نامحرم رابطه نداشتم. گفت یعنی چی؟ گفتم صیغه بودیم. گفت این را بنویس. من هم نوشتم. گفت خب صیغه بودی پدرت می‌دانسته؟ گفتم نه صیغه که نیاز به اجازه پدر ندارد. گفت چرا دارد. گفتم نه چیزی که تو قانون آمده اینست که ازدواج دائم نیاز به اجازه پدر دارد. در مورد صیغه تو قانون هیچی نداریم بجز قانون ارث. چون نیامده تو قانون، حکم شرع است و حکم شرع را هم خیلی از علما اجازه می‌دهند و این بحث‌های شرعی را کردم... چون می‌دانستم اگر تو بازجویی بیفتند تو بحث اخلاقی تا آخرش می‌خواهند این مورد را ادامه بدهند و این را اهرم فشاری بکنند، که وقتی ببینند حساسیت داری، هی روی این موضوع ادامه می‌دهند. وقتی دیدند من حساسیت نشان نمی‌دهم و اصلاً برایم مهم نیست، مجبور شدند استراتژی‌شان را عوض کنند.»[2]

زینب مستوفی نیز که دربارهٔ دوست‌پسر خود مورد بازجویی قرار گرفته در پاسخ بازجویان گفته است: "ما خودمان به هر حال آدم‌های بالغی هستیم و صیغهٔ عقد را خوانده‌ایم ولی مسائل خانوادگی اتفاق افتاده که هیچ وقت فرصت نشده که این کار را قانونی و مکتوب کنیم."[3]

---

[1] شاهد اعتقاد دارد این اسم مستعار است.

[2] شهادت زینب پیغمبر زاده، عدالت برای ایران.

[3] شهادت زینب مستوفی، عدالت برای ایران.

ج. حساسیت نشان ندادن: برخی از مصاحبه شوندگان بر این عقیده‌اند که در صورتی که زندانی زن در برابر اتهامات مربوط به روابط جنسی، حساسیت نشان ندهد، بازجویان نیز نمی‌توانند از آن طریق بر او فشار وارد کنند و به این ترتیب، مسئله فشار برای اخذ اعترافات جنسی منتفی می‌شود. نگین شیخ‌الاسلامی درمورد تجربهٔ آخرین دورهٔ دستگیری خود می‌گوید: "مثلا می‌گفت این آقا پسر کی بود که فلان کرد؟ می‌گفتم دوست‌پسرم بود. خودم می‌گفتم. آنها دیگر از دست من خسته شده بودند. می‌گفتند یعنی چی دوست‌پسرم بود؟ چندتا دوست پسر داشتی؟ گفتم شخصی است. چه ربطی دارد؟ این‌جوری رفتار می‌کردم. می‌گفتند فلانی که تو ان‌جی‌او است. گفتم از من خواستگاری کرد یکی دو بار با هم رفتیم بیرون. فلانی چطور؟ خوشم آمد ازش رفتم، خوش تیپ است دیگر. من این‌جوری می‌گفتم. خسته شده بودند از این مسئله. دفعه‌های پیش آنها خودشان رو این قضیه انگشت می‌گذاشتند ولی من دیگر برایم آن چیزها مهم نبود."[۱]

زینب پیغمبرزاده نیز می‌گوید: "تجربهٔ من اینست که از مسئله اخلاقی بیشتر به‌عنوان اهرم فشار استفاده می‌کنند و تا موقعی هم که آن اهرم فشار برایشان کارکرد نداشته باشد یعنی طرف تحت فشار قرار نگیرد و عصبی نشود نمی‌توانند از این اهرم استفاده کنند."[۲]

د. شیوه‌های دیگر: برخی از زندانیان، حاضر شده‌اند اتهامات سیاسی را بپذیرند تا فشار روی آنها برای اقاریر جنسی کاهش یابد. فرشته قاضی اعتقاد دارد که خود او، یکی از کسانی بوده که اگرچه برخی از اتهام‌های سیاسی از جمله جاسوسی را تحت فشار بازجویان پذیرفته، اما در نهایت توانسته از زیر بار اعترافات دروغ به داشتن روابط جنسی با مردان اصلاح‌طلب شانه خالی کند:

---

[۱] شهادت نگین شیخ‌الاسلامی، عدالت برای ایران.

[۲] شهادت زینب پیغمبر زاده، عدالت برای ایران

«علت اینکه من از اتهام رابطهٔ نامشروع توانستم خلاص بشوم، این بود که یکی از زنان زندانبان آمد به من گفت روز عروسی‌ات نزدیک است و حیف است اینجا بمانی. هرچی می‌خواهند بنویس و برو. گفتم وقتی به من می‌گویند رابطهٔ نامشروع داری، من چی بنویسم؟ گفت مگر عروسی‌ات نزدیک نیست؟ این را نمی‌دانم اتفاقی گفت، از سر تعجب گفت یا خواست کمک کند. ولی کمک بزرگی که کرد این بود که من رفتم توی اتاق بازجویی و وقتی این را بازجو مطرح کرد گفتم اشکال ندارد من می‌نویسم رابطهٔ نامشروع داشتم ولی توی دادگاه، همسرم برگه‌ای را که قبل از بازداشت شدن من گرفته را رو خواهد کرد. گفت چه برگه‌ای؟ گفتم آقای محترم من عید فطر عروسی‌ام است. من زن نیستم دختر باکره هستم. نمی‌توانستم با این افرادی که شما می‌گویید رابطهٔ نامشروع داشته باشم و رفته‌ام برگه گرفته‌ام. اولش کمی مکث کرد ولی تنها تغییری که کرد گفت بنویس از پشت رابطهٔ نامشروع داشتی. یعنی انقدر وقیح بودند که من را هم وقیح کرده بود. اینکه من برگردم به یک مرد بگویم که برگه‌ای که من گرفتم هم از پشت است هم از جلو و نشان می‌دهد که من از هر دو طرف سالم و باکره‌ام، تصور اینکه من این را به آن مرد گفتم برای خودم آزاردهنده و غیرقابل باور است ولی من این را گفتم. و با تغیّری که کرد گفت بنویس در حد عشق بازی بود.

به هیچ عنوان در رابطه با رابطهٔ نامشروع زیر بار نرفتم به این علت که من عقد کرده بودم و در مورد سنگسار گزارش نوشته بودم و این را خیلی خوب می‌دانستم که اعتراف خود فرد کافی است برای چنین چیزی. بخاطر همین از رابطهٔ نامشروع شروع شد و آخر سر اتهام اخلاقی که به من زدند دست دادن با افراد نامحرم و بی‌حجابی در خارج از کشور بود.»[1]

[1] شهادت فرشته قاضی، عدالت برای ایران.

شهناز غلامی هم با استفاده از دفع‌الوقت، در نهایت حاضر به اعتراف نشده است:

«ساختمان اطلاعات داخل زندان [تبریز] یک اتاق داشت که تویش دوربین است. یک اتاق کوچک بود که کمی بهش رسیده بودند، گل و عکس گذاشته بودند، صندلی‌هایش شیک بود، اینها من را بردند در اتاقی کمی بزرگ‌تر از اتاق بازجویی که فضا برای مصاحبه مناسب باشد، صندلی گذاشته بودند، این طرفم عکس خامنه‌ای بود، آن طرفم عکس خمینی بود، وسط هم یک میز بود با گل و اینها. یک دوربین بود، که روبروی من گذاشته بودند و بازجوهایم هم ایستاده بودند، به من می‌گفتند باید مصاحبه کنی. چاره‌ای نداری. می‌گفتند راضی‌ات می‌کنیم به مصاحبه تلویزیونی. این هم به‌خاطر این بود که من خبرهای مختلفی را پخش کرده بودم و تصویرم در جاهای مختلف پخش شده بود سر همین می‌خواستند بگویند هیچ‌کاری نمی‌توانید بکنید که این آدمی که دارد در جاهای مختلف کار می‌کند را به این وضع کشانده‌ایم. می‌گفتند هم باید مصاحبه کنی هم در مورد هرچه نوشتی باید تکذیبیه بدهی... در آذربایجان چیزی که هست و کم در رسانه گفته می‌شود، مسئلهٔ قتل‌های زنجیره‌ای مشکوک و مرموز و پنهانی است. در تبریز خیلی این اتفاق می‌افتد، من خودم شمردم و توی آن نوشته‌ای که دارم تحت عنوان "قاتلان به نام پلیس و شاهدانی به نام آذربایجان" توی آن مقطعی که من بودم اقلاً یازده تا از این کشته‌ها داشتیم. که یکیش هم غلامرضا امانی بود که از اعضای تشکیلات بود که به طرز مشکوکی کشته شد. که من برای بررسی موضوع آقای غلامرضا امانی، یک مطلبی نوشته بودم هم از غلامرضا امانی حمایت کرده بودم، و از کارهایش، و گفته بودم مرگش مشکوک است و علاوه بر این یازده دوازده نفری ما داریم که مرگشان مشکوک است. پیشنهاد کرده بودم که کمیته‌ای تشکیل شود که به اسم کمیتهٔ حقیقت‌یاب در تبریز که

در این کمیته از وکلا و اعضای حقوق بشر باشد که بیاید و واقعاً تحقیق کند که ما بدانیم فعالین ما چطور کشته می‌شوند.

به من گفتند که تو باید مصاحبه بدهی، من دیدم ول نمی‌کنند، مجبور شدم به اینها کلک بزنم، به اینها گفتم باشد بگذارید فکر کنم به شما جواب می‌دهم. فکر کنم اینها فکر کرده بودند من می‌خواهم مصاحبهٔ تلویزیونی کنم. سر همین کمی کوتاه آمده بودند و من را به خانم دهقان سپرده بودند. این خانم معصومه دهقان از دههٔ ۶۰ تا حالا رئیس زندان زنان است و حالا توی همان سمت است. خودش هم آدم اعدام کرده، شلاق زده و توی این سی سال همیشه رئیس بخش زنان زندان بوده. من را به او سپرده بودند که به من یک سلول جدایی بدهد که من فکرهایم را بکنم، من که فکرهایم را کردم گفتم قبول نمی‌کنم. بعد دیگر اینها رسیدند به اینکه حالا که مصاحبه نمی‌کنی تکذیبیه بده در مورد هرچه نوشتی که بعد من گفتم تکذیبیه نمی‌دهم. سر همین خیلی باهام لج شدند، من در مقاطع زیادی دستگیر شدم ولی سال ۸۷ خیلی برایم بد بود از این نظر که واقعاً خیلی برایم سخت‌گیری می‌کردند، ده دوازده ساعت در روز من بازجویی داشتم با بازجوهای مختلف... این بار باز آزارجنسی روی من بود. از این نظر که اینها خیلی اصرار داشتند بگویند که تو با فعالینی که کار می‌کنی رابطهٔ جنسی داری. حتی با آقای امانی که کشته شده بود. یک وقتی من سوار ماشین این شده بودم و داشتیم می‌رفتیم برای برنامه‌ای، من جلوی ماشین نشسته بودم و این کنار دستم بود، چون تنهایی داشتیم مسیری را می‌رفتیم اینها می‌خواستند بگویند که من با آقای امانی قبل از اینکه بمیرد رابطهٔ جنسی داشتم، این را خیلی تأکید می‌کردند که من قبول نمی‌کردم و می‌گفتم همچین چیزی امکان ندارد.[1]

---

[1] شهادت شهناز غلامی، عدالت برای ایران.

سپیده پورآقایی هم با دست زدن به اعتصاب غذا توانسته بدون اینکه اعتراف در مقابل دوربین انجام دهد آزاد شود.[۱]

هـ استناد به ارزش‌های خانواده: برخی از زندانیان زن با استناد به اینکه در فرهنگ خانوادگی‌شان این موضوع که زن به‌عنوان زندانی در مقابل دوربین ظاهر شود تحمل نمی‌شود، زیر بار اعترافات تلویزیونی نرفته‌اند.

سارا زرکوب می‌گوید:

«همان آقایی که خیلی داد می‌زد، آمد گفت اعتراف نمی‌کنی؟ دو سال باید اینجا بمانی. [شرکت در تجمع] ۱۸ مینیمم دو سال است حکمش. بعد بازجویم هی می‌آمد آدم خوبی باشد می‌گفت اگر اعتراف تلویزیونی بکنی جلوی دوربین خیلی بهت کمک می‌کند. که من قبول نکردم. دوباره رفتارهای بدشان شروع شد با من. که تو غلط کردی، بی‌جا کرده‌ای این کارها را کردی. دقیقاً یادم نیست چه فحش‌هایی می‌دادند ولی یادم می‌آید که آن لحظه فحش خوردم به‌خاطر اینکه گفتم اعتراف نمی‌کنم. گفتم من نمی‌توانم به‌خاطر خانواده‌ام این کار را بکنم. خیلی خوشحالم که نکردم، شاید آن لحظه به هر دری می‌زدم که آزاد بشوم و بروم پیش پدر و مادرم، ولی آن لحظه احساس می‌کنم خیلی عاقلانه رفتار کردم. خیلی اخلاقی رفتار کردم. یک بار آدم اعتراف علیه خودش می‌کند، خودش است ولی اینها می‌خواستند من بیایم بر علیه موسوی و کروبی اعتراف کنم و اعتراف کنم که موسوی و کروبی بعد از اینکه شورای نگهبان صحت انتخابات را تأیید کرده، ما بیاییم اعتراف کنیم که اینها دروغ گفته‌اند تمام این مدت به مردم.»[۲]

---

[۱] شهادت سپیده پورآقایی، عدالت برای ایران.

[۲] شهادت سارا زرکوب، عدالت برای ایران.

فرشته قاضی با بیان اینکه چون خانواده همسرش سیاسی هستند و در پیش از انقلاب و در جریان مبارزه با شاه، زندانی سیاسی داشته‌اند، اگر قبول کند اعترافات تلویزیونی انجام دهد، دیگر جایی در آن خانواده نخواهد داشت، توانسته از زیر بار اعترافات تلویزیونی شانه خالی کند. با این همه او از این موضوع مطمئن است که اطاق‌های بازجویی در بازداشتگاه مخفی اطلاعات ناجا در میدان کتابی تهران دوربین داشته و تمامی بازجویی‌های او فیلمبرداری شده است.[1]

و. هزینه‌های سنگین مقاومت: اما برخی از زنان زندانی، هزینه‌های سنگین‌تری برای مقاومت در برابر فشارهای بازجویان پرداخته‌اند.

«هنگامه شهیدی که به مدت چهار ماه (تیر تا آبان ۸۸)، هر روز به جز جمعه‌ها از ۸ صبح تا ۸ شب تحت بازجویی بوده، در نهایت با وجود شکنجه‌های جسمی که تحمل کرده و اعدام نمایشی، حاضر به اعتراف کتبی و تلویزیونی نشده است. وی هم‌اکنون به دلیل اثرات ناشی از شکنجه، مهره‌های کمرش آسیب دیدگی شدیدی پیدا کرده است. او می‌گوید: "برای من به‌عنوان یک زن خیلی حیثیتی بود که راجع به کسی در مورد مسائل جنسی اقرار دروغ ندهم. برایم یک اصل بود. وجدانم امروز آسوده است که هیچ‌کس از افرادی که در داخل و خارج زندان بودند را به واسطهٔ اعتراف دروغ تحت فشار نگذاشتم تا مجبور باشد به خواسته نامشروع اینها تن در دهند. زمانی که کتک می‌خوردم تا به رابطهٔ نامشروع در خصوص خاتمی و کروبی اعتراف بدهم... امروز هر فشار روانی بر روی من باشد که به دلیل اثرات شکنجه در زندان و نگهداری در بند عمومی... اما فشار وجدان ندارم که علیه کسی اعترافی به دروغ نوشته باشم و گواه من کمر ناقصم است...»[2]

---

[1] همان.
[2] شهادت هنگامه شهیدی، عدالت برای ایران.

شهناز غلامی که از سال ۱۳۶۸ تا ۱۳۷۸، سابقهٔ چهار بار دستگیری و حبس را داشته، فشارهای آخرین باری را که در سال ۱۳۸۷ به مدت ۶۹ روز در زندان انفرادی بوده و روزی ۱۲ ساعت تحت فشار برای اعترافاتی بوده که بخشی از آنها به روابط نداشته‌اش با فعالان سیاسی تبریز برمی‌گشته، در نهایت، شرایط را برای خود و دخترش پس از آزادی به گونه‌ای دید که مجبور به ترک ایران شد.

لیلا نوبری می‌گوید: "خیلی از اون بچه هایی که قبول می‌کردند بنویسند که با آقای خاتمی رابطه داشته‌اند، زود آزاد می‌شدند اما ما چند ماه توی زندان ماندیم چون زیر بار نرفتیم..."[۱]

جمع‌بندی

در دهه ۷۰ و ۸۰ شمسی، و در پرونده‌های سیاسی، بازجویان به‌طور گسترده و برنامه‌ریزی شده‌ای، زندانیان را تحت فشار برای اقرار کتبی و تلویزیونی دربارهٔ جزییات روابط جنسی خود قرار داده‌اند تا از این رهگذر، زندانیان به انجام اعمال علیه امنیت ملی، جاسوسی و براندازی اعتراف کنند. این الگوی شکنجه در بستر فرهنگی جامعه ایرانی معنا می‌یابد. جامعه‌ای که هنوز حتی بسیاری از فعالین سیاسی آن نسبت به بسیاری از روابط جنسی، از جمله روابط خارج از ازدواج و روابط همجنسگرایانه، به دیده "گناه" و "ننگ" می‌نگرد. در چنین بستر فرهنگی است که فشارهای بازجویان برای اقرار و اعتراف به روابط جنسی که جامعه و حتی در مواردی خود فرد زندانی آنها را گناه می‌پندارد، باعث می‌شود که او، در هم بشکند و اتهامات سیاسی را که بازجویان به او القا می‌کنند، بپذیرد. شکنجه زندانیان سیاسی زن از رهگذر تفتیش در زندگی خصوصی آنها و نسبت دادن روابط جنسی که بیشتر آنها ریشه در واقعیت ندارد، کارکرد دیگری

[۱] شهادت لیلا نوبری، عدالت برای ایران.

نیز دارد و آن، منفعل کردن زن فعال و ساکت کردن اوست. به‌خصوص اینکه منزلت اجتماعی یک زن فعال و جایگاه او در خانواده، پس از اینکه به انجام اعمالی که نادرست و غیر اخلاقی شمرده می‌شود، اقرار کرده است، کاهش می‌یابد و از رهگذر بی‌اعتبار شدن "زن"، کلیه انگیزه‌ها و فعالیت‌های او هم بی‌اعتبار می‌شود. به همین دلیل است که زن زندانی که از زندان بیرون می‌آید، یا همواره باید در هراس فاش شدن اعترافات مربوط به روابط جنسی‌اش به سر برد و یا اینکه اگر آن اعترافات به نحوی علنی شده باشد، مورد پرسش و سرزنش خانواده و جامعه قرار گیرد. با این همه، زنان زندانی با توسل به شیوه‌های گوناگونی سعی کردند که در مقابل این نوع از آزار جنسی مقاومت کنند و اگرچه همیشه موفق نشدند، اما توانستند الگوها و روش‌هایی برای مقاومت را برای آیندگان ترسیم کنند.

۳- استفاده از الفاظ رکیک و توهین‌های جنسی

فحش‌های جنسی در همه فرهنگ‌ها، تحقیر کننده‌ترین فحش‌ها هستند. فحش‌های جنسی فحش‌هایی هستند که اندام جنسی و یا عمل جنسی را به صورت تحقیرآمیز بیان می‌کنند یا عمل جنسی خارج از ازدواج و یا شغل‌های جنسی را به شکل تحقیرآمیزی به شخص نسبت می‌دهند. مطالعات روانشناسی ثابت می‌کند استفاده از این فحش‌ها به دلیل تابوهای اجتماعی و فرهنگی، به‌ویژه در مورد زنان، می‌تواند باعث به‌هم ریختگی روحی، افسردگی و از دست دادن تمرکز در فرد شود[۱]. نسبت دادن گروه‌های طرد شده‌ای مانند کسانی که از یک رابطه خارج از ازدواج به دنیا می‌آیند (حرامزاده)، تن‌فروشان (فواحش) و... به افراد دشمن، در حوزه منازعات سیاسی و اجتماعی، برای بی‌اعتبار کردن و در هم شکستن آنان استفاده می‌شده است. به‌عنوان مثال در دوران نازیسم، در زمان سرکوب یهودیان به آنها "کونی" گفته می‌شده است.[۲]

نتایج این تحقیق نشان می‌دهد استفاده از الفاظ رکیک در زندان‌ها و علیه زندانیان زن در طول دو دهه ۷۰ و ۸۰، همانند دهۀ ۶۰، کاربرد وسیعی داشته است[۳].

تعداد زیادی از مصاحبه شوندگان این تحقیق، در زمان دستگیر شدن و یا در هنگام بازجویی و حتی در دادگاه، مورد توهین و فحاشی جنسی قرار گرفته‌اند. این توهین‌ها جز موارد انگشت‌شمار، عمدتاً از سوی مأموران انتظامی و امنیتی، بازجویان و مقامات قضایی که همگی مرد بوده‌اند، انجام شده است. در بسیاری از موارد زنان زندانی زمانی که به آنها توهین جنسی

---

[1] "Connasse, CaLice, Kilba" Oder Ein Überblick über den Gebrauch von Schimpfwörtern weltweit und an den frankophonen Beispielgebieten Frankreich, Quebec und Marokko, Nele Bach,2006, GRIN Verlag, p 10

[۲] همان

[۳] برای اطلاعات بیشتر به این منبع مراجعه کنید:
جنایت بی عقوبت، شکنجه و خشونت جنسی علیه زندانیان سیاسی زن در جمهوری اسلامی، بخش اول: دهه ۶۰، عدالت برای ایران، دسامبر ۲۰۱۱، ص ۱۴۰-۱۴۲

می‌شده، در اتاق‌های بازجویی و دادرسی، با مردان تنها بوده‌اند و به دلیل قرار داشتن در موقعیت فرودست زندانی، امکان پاسخگویی به این توهین‌ها و دفاع از خود را نداشته‌اند. به همین دلیل است که زبان و ادبیات، تبدیل به ابزار شکنجه در قالب خشونت شدید کلامی می‌شود و آزار و تحقیر شدید زندانی سیاسی را که تحت این خشونت کلامی قرار گرفته به همراه دارد.

مرور شهادت‌های مصاحبه شوندگان این تحقیق ثابت می‌کند به کارگیری الفاظ تحقیرآمیزی مانند "خراب"، "جنده" و... نه تنها در مورد زنانی که به دلایلی مانند بی‌حجابی و رابطۀ نامشروع بازداشت شده بودند بلکه در مورد زنانی هم که به دلیل فعالیت‌های سیاسی و اجتماعی یا عقاید مذهبی خود دستگیر شده بودند، هم در زندان‌های تهران و شهرهای مختلف و هم در مراجع قضایی عمومیت داشته است.

روژین محمدی در دومین روز بازجویی خود در آبان ۱۳۹۰ در دادسرای شهید مقدس اوین روایت مواجهۀ خود با حجت‌الاسلام نوریان، رییس شعبه دوم بازپرسی چنین بیان می‌کند:

«ساعت ۹ رفتم [دادسرای اوین]، گفتند بیا بالا. این دفعه خود نوریان بود. رفتم تو دفترش، گفت پرونده تو را هنوز برای من نیاورده‌اند که بخوانم. برو فردا دوباره ساعت ۹ بیا. فردا یا پس فردایش ساعت ۹ رفتم، دقیق یادم نیست که سه روز این‌طوری شد یا چهار روز، رفتارش تا روز قبل خوب بود. داد زد که جنده برو بیرون. تو اصلاً پرونده‌ات پر از روابط نامشروع است. همین‌طوری شروع کرد به داد زدن و می‌گفت جنده برو بیرون، من ایستاده بودم تو دفترش و همین‌طوری نگاهش می‌کردم. بعد همان لحظه داشت وثیقه را مشخص می‌کرد، گفت دویست و پنجاه میلیون تومان. که من گفتم یکهو بنویسید یک میلیارد سه میلیارد، ما نداریم انقدر بدهیم. اگر می‌خواهید واقعاً بعدش آزاد کنید، یک چیزی بگذارید در حد توان خانوادۀ من. اینکه داد می‌زد یک آقای دیگری آمد

پشت سر من، دیدهاید که خیلی چیز دارند که توی چیز عمومی نمی‌آیند به یک خانم دست بزنند، هی به من می‌گفت برو بیرون. من می‌گفتم می‌خواهم ببینم چرا دویست و پنجاه میلیون تومان وثیقه گذاشته‌اید، بگذارید یک میلیارد، سه میلیارد شیک‌تر است. اول خیلی کل کل کردم. پر رو بودم بعد تغییر رویه دادم. از دفترش بیرون نمی‌رفتم و داد می‌زد جنده، فاحشه. جنده خیلی تو ذهنم مانده.... آقای نوریان حتی شروع کرده بود به لری حرف زدن با پدرم، گفته بود تو می‌فهمی من چی می‌گویم. چون ما کُردیم، یک مقدار زبان لری برای ما آشناست. آره دخترت جنده است، دخترت فلان است.»[1]

او پس از بازداشت، در بند ۲الف زندان اوین که تحت کنترل اطلاعات سپاه است نیز تجربه‌ای مشابه با بازجوی پرونده خود داشته است: "این آقای اصفهانی به من می‌گفت جنده گوزو. داد می‌زد می‌گفت جنده گوزو تو تا به حال فهمیده‌ای فلان... می‌فرستیمت پزشکی قانونی...»[2]

زینب مستوفی نیز دربارهٔ جلسه دادرسی خود چنین شهادت می‌دهد: «قاضی به من گفت که همه جا آن‌قدر محجبه‌ای یا آمدی پیش من این همه محجبه آمده‌ای؟ این را با لحن یک لات چاله میدانی گفت و منظورش این بود که به همه می‌دی چرا به ما نمی‌دی؟ دقیقاً این نوع برخورد را کرد.»[3]

اما از این الفاظ برای خطاب دادن زنان فقط در زندان یا نزد مراجع قضایی استفاده نمی‌شده بلکه در تجمعات مخالفان که زنان در آنها شرکت داشتند نیز برای تحقیر و مرعوب کردن آنها به کار می‌رفته است. کانی اردلان به‌یاد می‌آورد که در روز ۲۶ خرداد ۱۳۸۸ زمانی‌که طرفداران

---

[1] شهادت روژین محمدی، عدالت برای ایران.
[2] همان.
[3] شهادت زینب مستوفی، عدالت برای ایران.

محمود احمدی‌نژاد، پیروزی او را جشن گرفته بودند، گروهی از مخالفان وی هنگام بازگشت از جلوی صدا و سیما در میدان ونک، تحت محاصره نیروی انتظامی قرار گرفته‌اند. او که خود در میان آن جمعیت بوده روایت می‌کند:

«بچه‌های بسیج که پشت نیروی انتظامی قرار داشتند خیلی شعارهای بدی می‌دادند. فحش می‌دادند. برخوردها خیلی بد بود..... یکی دوبار سبزها به نیروی انتظامی‌گفتند که این‌طرز صحبت کردن درست نیست. ما که حرفی نزدیم. فقط دوتا از انگشتانمان بالاست. شعار هم نمی‌دهیم. مأمورهای نیروی انتظامی دعوت به سکوت می‌کردند و می‌گفتند ردشان می‌کنیم ولی اصلاً ندیدیم که نیروی انتظامی یک بار برود با آن بسیجی‌ها صحبت کند یا ردشان کند تا بروند. این کار را نکرد. کار دیگری هم که بسیجی‌ها انجام می‌دادند این بود که با موتور به داخل جمعیت بچه‌های سبز حمله می‌کردند..... برخی از بسیجی‌های پیاده هم به دنبال موتورها می‌آمدند وسبزها را می‌زدند.... نیروی انتظامی آنقدر آنجا نگهمان داشت تا بالاخره ساعت از ده یا یازده شب هم گذشت. بعد نیروی انتظامی کنار کشید و ما مورد حمله نیروهای امنیتی و لباس شخصی‌ها و بسیج قرار گرفتیم. [جمعیت برای اینکه از دستشان فرار کند به سمت یک خیابان فرعی رفت] وارد فرعی که شدیم چندتا موتور در خیابان فرعی کاملاً سوخته شده بود ولی خاکسترشان هنوز داخل خیابان بود. معلوم بود بسیجی‌ها قبلاً این کار را کرده بودند. چون داشتند حمله می‌کردند بنابراین به سمت موتورها فرار کردیم تا از آنجا هم بگذریم. همین‌که به محل سوخته شدن موتورها رسیدیم، شروع کردند به فیلمبرداری از ما و موتورهای سوخته شده تا بعداً بگویند آتش زدن آنها کار معترضین بوده. درست نمی‌دانم ساعت چند بود... من و یک سری از خانم‌ها، توی آن خیابان فرعی وارد یک جایی شدیم که ورودی بانک یا یک خانه بود. قسمت جلوی

ساختمان فرورفتگی داشت. شکل معماری‌اش این‌طوری بود. قسمت فرورفتگی هم تاریک بود. ما رفتیم توی تاریکی و آنجا ایستادیم. گفتیم ما را نمی‌بینند. آنجا که بودیم یک لباس شخصی آمد و متوجه‌مان شد. اولین چیزی هم که گفت این بود که موش‌های کثیف اینجا هستند. این را گفت و دستش را برد لای پایش. شروع کرد به تکان دادن و گفت شما برای این آمده‌اید توی خیابان؟! اشاره‌اش به خانم‌ها بود. وقتی صدا زد که موش‌های کثیف اینجا هستند، یک سری دیگر از مأمورها به آنجا ریختند و به ما حمله کردند. با چوب و چماق همه را می‌زدند. اصلاً برایشان مهم نبود که زن آنجاست یا بین این آدم‌ها یک سری بچه هستند. هیچی برایشان مهم نبود. حتی دیدم چنان ضربهٔ را محکم می‌زدند که چوب توی کمر این آدم‌ها می‌شکست. یا توی سرشان می‌زدند. ضربه‌ها آنقدر شدید بود که چوب از وسط می‌شکست. شروع کردند به زدن و ما از آنجا بیرون آمدیم. یکی از آنها که قد و هیکل بسیار بلند و درشتی داشت بعد از هر ضربه می‌گفت «ماشالله». کسانی هم که پشت سرش بودند به دنبالش می‌گفتند «حزب‌الله». ما از آنجا بیرون آمدیم و فرار کردیم تا از فرعی خارج شویم. جلوتر از من یک پسر قدبلند بود که هیکل درشتی هم داشت. یکی از پلیس‌های ضدشورش با باطوم او را زد. ضربه را به پایش زد. پسر هم از شدت درد به زمین افتاد. من دیدم اگر بخواهم رد بشوم باید پایم را روی بدن این پسر بگذارم. دلم نیامد. یک لحظه خم شدم تا به پسر کمک کنم، از پشت سر چنان به من ضربه زدند که عین توپ فوتبال از روی پسر پرت شدم و به زمین افتادم. بعد چند نفرشان ریختند روی من و شروع به کتک زدن من کردند. [وقتی می‌زدند فحش هم می‌دادند] می‌گفتند فاحشه. یک چنین فحش‌هایی...»[1]

---

[1] شهادت کانی اردلان، عدالت برای ایران.

این شهادت‌ها همچنین ثابت می‌کند که مقامات انتظامی، امنیتی و سیاسی غیر از تحقیر زندانی زن، می‌خواسته‌اند به وی القا کنند که زنی که به هر شکلی، در مخالفت با نظم موجود، پایش به زندان باز شده، به اصطلاح آنها، "خراب" است. این گفتمان "زن مخالف" مساوی "زن خراب"، در مورد زندانیان سیاسی، عقیدتی و همین‌طور زنانی که در مخالفت با نظم اخلاقی و ایدئولوژیک مسلط رفتار یا زندگی می‌کرده‌اند، به یکسان استفاده می‌شده است. در واقع زنانی که به دلایلی بسیار متفاوت، در طول دو دهه مورد مطالعه بازداشت شده‌اند، به شکلی یکسان با این گفتمان مواجه شده‌اند که هرگونه تعارض یا مخالفت زنان با نظام مستقر و قوانین موجود، و هرگونه حضور اجتماعی و مستقل آنان به‌ویژه زمانی که در یک همکاری با مردان تبلور داشته است به معنای آن است که آنها، می‌خواسته‌اند روابط جنسی آزاد داشته باشند. عاملیت این زنان، مخالفت یا فعالیت سیاسی آنان و یا نحوهٔ زندگی آنان و در مواردی هویت جنسی و یا اعتقادات این زنان هیچگاه به رسمیت شناخته نمی‌شود. در واقع زنان، با اینکه در بیشتر موارد به روشنی می‌دانسته‌اند که علت دستگیری‌شان، طغیان در برابر نظام سیاسی-اخلاقی مسلط بوده است، اما از لحظهٔ دستگیری با جملاتی مواجه می‌شدند که تمام انگیزه‌ها و آرمان‌های آنها را با القای اینکه تنها هدف و انگیزه‌شان، برقراری رابطهٔ آزاد جنسی با مردان متعدد بوده، زیر سئوال می‌برده است. این نوع گفتارها، اگرچه به تناسب نوع پرونده زندانی تفاوت می‌کرده ولی همواره درون‌مایه "زن زندانی= زن خراب" را حفظ کرده است. به‌عنوان مثال، به زنی که به اتهام همکاری با کومله بازداشت شده بود گفته می‌شده که زن‌های کمونیست چون به خدا اعتقاد ندارند، همه خراب‌اند، به زنی که به اتهام تأسیس سازمان غیردولتی زنان بازداشت شده بود گفته می‌شد می‌دانی فمینیست یعنی جنده و به زنی که به دلیل بهایی بودن بازداشت شده گفته می‌شده شما بهایی‌ها در مهمانی‌هایتان همه با هم می‌خوابید. در این چارچوب گفتمانی که توسط نظام کنترل، ایجاد شده،

اساس برخورد با زنان، فروکاستن آنها به کلیشه "زن لکاته"، در مقابل کلیشه "زن اثیری" است که فرمانبر و مطیع نظم موجود است[۱].

شیدا سلطانی[۲] که به اتهام همکاری با کومه‌له به همراه خواهر و زن‌برادر خود در پاییز ۸۲ در بوکان دستگیر شده، به یاد می‌آورد مأموری که به وی در بازداشتگاهی مخفی در بوکان تجاوز کرد، در حین تجاوز به او گفته بود: "تو که کمونیستی اینها برایت مهم نیست، مردها همه ازت سوءاستفاده می‌کنند، تو که خدا را نمی‌پرستی، تعهد برایت مهم نیست، بیا حالش را ببر..."[۳]

نگین شیخ‌الاسلامی که انجمن زنان آذرمهر را در کردستان تأسیس کرده بود، می‌گوید: "[بازجو] گفت فمینیست یعنی جنده. یعنی فاحشه خانم. فمنیست‌ها فقط دارند برای این مبارز می‌کنند. گفتم استغفرالله. خب بنده هستم. زندگی خودم است. گفت وقتی می‌گویی هستم می‌دانی یعنی چی؟ یعنی باید سنگسار بشوی. کشته بشوی. داری تخطی می‌کنی."[۴]

مریم رضوی (نام مستعار)[5] که در جریان اعتراضات دانشجویی ۱۸ تیر ۱۳۷۶ بازداشت شد روایت می‌کند:

«فحاشی می‌کردند...به مادر و پدرم، به خودم فحش می‌داد می‌گفت آمریکا خر کی‌ست، آمریکا هیچ غلطی نمی‌تواند بکند، آمریکا الان

---

[۱] دو اصطلاح "زن اثیری" و "زن لکاته" را از بوف کور هدایت وام گرفته‌ایم. در این اثر بسیار مهم ادبی، زن تنها دو نماد و گونگی می‌تواند داشته باشد: اثیری یا لکاته. زن اثیری، فرشته‌آسا، ساکت، خاموش و بی‌حرکت است. از نظر هدایت، او مظهر کمال در زن و نمادی از زن کامل و دور از دسترس است. در نقطه مقابل، زن لکاته که مورد نکوهش قرار می‌گیرد، لکاته زنده است، حرکت می‌کند، حرف می‌زند، «فاسق‌های جفت و طاق» دارد و... او عکس‌برگردان اثیری است. این نگاه به زن، در آثار ادبی تاریخ ایران و همچنین نگرش غالب جامعه قبل و بعد از هدایت، نمود بسیار دارد و منحصر به وی نمی‌باشد. در این نوع نگاه، زنی که خاموش و منفعل نیست، قطعاً و حتماً از نظر اخلاقی، روابط و رفتارهای قابل نکوهش و زشت دارد.

[۲] متن کامل شهادتنامه شیدا سلطانی ضمیمه این گزارش شده است.

[۳] شهادت شیدا سلطانی، عدالت برای ایران

[۴] شهادت نگین شیخ‌الاسلامی، عدالت برای ایران.

[5] متن کامل شهادتنامه مریم رضوی در ضمیمه این گزارش آمده است.

کجاست؟ سازمان ملل خر کی‌ست؟ سازمان ملل هیچ غلطی نمی‌تواند بکند... کثافت، هرزه، فاحشه از این کلمات استفاده می‌کردند. می‌خواهید انقلاب کنید که کُس و کونتان را بیرون بیندازید؟ می‌خواهید انقلاب کنید که لخت بیایید توی خیابان ها؟»[۱]

درسا سامی نیز چنین شهادت می‌دهد:
«من یک سری بازجویی‌های دیگر هم داشتم در مورد بهایی بودنم که همهٔ آنها توهین بود. ... یکی‌شان می‌گفت ما فیلم گرفته‌ایم از بهایی‌هایی که می آیند مسلمان‌های مظلوم را می‌آورند، دختر با دامن مینی‌ژوپ را می‌گذارند کنارشان که اغفال شوند و بهایی شوند و بعد دیگر مثلاً خرابش می‌کنند. شروع می‌کردند به توهین کردن که دخترهای بهایی دخترهای خرابی‌اند... اینکه همه می‌دانند توی جلسات بهایی‌ها چه خبر است. همه می‌دانند شما یک مشت دختر خرابید که می‌ریزید آنجا و پسرهای ما را از راه به‌در می‌کنید. یک بار اصرار کرد که من در رابطه با طرح‌های مذهبی، کلاس‌های مذهبی که گذراندم بنویسم. من حاضر نشدم و عصبانی شد. دیگر شروع کرد به بی‌احترامی کردن که من می‌دانم تو چه آدم خرابی هستی، با پسرها چه ارتباطاتی برقرار می‌کنی برای اینکه اینها را بکشانی به دینتان.»[۲]

فرزانه عسکریان‌پور، پس از اینکه درخواست پناهندگی‌اش توسط کمیساریای عالی پناهندگان در ترکیه رد می‌شود در زمان دستگیری در مرز ایران، با برخوردهای بسیار توهین‌آمیز مأموران مواجه می‌شود: "از سربازش گرفته تا افسرش که ما را تحویل گرفتند می‌گفتند رفته بودی آنجا فاحشه‌خانه."[۳]

---

[۱] شهادت مریم رضوی (نام مستعار)، عدالت برای ایران.
[۲] شهادت درسا سامی، عدالت برای ایران.
[۳] شهادت فرزانه عسکریان پور، عدالت برای ایران.

همانطور که گفته شد، استفاده از گفتار زن مخالف=زن خراب، تنها در مورد زنان زندانی به‌کار نمی‌رفته و در هر زمینه‌ای که زنان فعال بودند، برای منکوب کردن آنها استفاده می‌شده است. مریم اکبری، فعال حقوق زنان در قزوین شهادت می‌دهد که وقتی برای پیگیری پرونده همسر خود، حمید مافی، روزنامه‌نگاری که پس از انتخابات بازداشت شده به اداره اطلاعات این شهر مراجعه می‌کند، خود به دلیل فعالیت‌هایش در مخالفت با حکم سنگسار، تحت بازجویی حبیبی، یکی از مأموران اطلاعات قزوین قرار می‌گیرد:

«می‌گفت روابطتان خیلی آزاد است و همه‌تان خیلی بی‌بند و بارید، همه‌تان یا طلاق می‌گیرید یا رابطهٔ جدا از ازدواجتان دارید. این تهمت‌ها را می‌زد... گفت برای چی از سنگساری‌ها دفاع می‌کنید. گفتم وظیفه‌مان است برای اینکه ما با سنگسار مخالفیم با اعدام مخالفیم، گفت نه مخالف نیستید به‌خاطر اینکه خودتان هم چنین روابطی دارید و به‌خاطر اینکه برای خودتان بهتر بشود دارید از اینها حمایت می‌کنید. حرف‌هایشان خیلی آزاردهنده بود. من شکنجهٔ فیزیکی نداشتم ولی روحاً آسیب دیدم.»[1]

عمومیت داشتن استفاده از توهین‌ها و فحش‌های جنسی به این معنا نیست که تمامی مصاحبه شوندگان این تحقیق، در زمان بازداشت و یا پس از آن، تحت این نوع از آزار جنسی قرار گرفته‌اند. برخی از مصاحبه شوندگان تأکید کرده‌اند که اگرچه برخوردها با آنها برخی از مواقع بسیار شدید بوده اما هیچگاه توهین‌های جنسی نشنیده‌اند؛ اگرچه تعداد این مصاحبه شوندگان آن‌قدر زیاد نبوده که بتوانیم نتیجه روشنی در مورد دلایل عدم توهین جنسی به آنها بگیریم اما می‌توان گفت در برخی موارد بالا بودن سن زندانی و یا شناخته شدن او در فضای سیاسی و اجتماعی، در این زمینه، بی‌تأثیر نبوده است.

---

[1] شهادت مریم اکبری، عدالت برای ایران.

توهین و استفاده از فحش‌های جنسی برای شکنجه روانی زندانیان زن در حالی صورت می‌گیرد که قوانین ایران نسبت به ایراد الفاظ رکیک، مجازات‌های سختگیرانه‌ای را پیش‌بینی کرده است. براساس این قوانین، "قذف"، یعنی نسبت دادن زنا (رابطه جنسی خارج از ازدواج زن و مرد) یا لواط (رابطه جنسی میان دو مرد) به شخص دیگری، ۸۰ ضربه شلاق مجازات دارد. (مواد ۱۳۹ و ۱۴۰ قانون محازات اسلامی). به موجب همین قوانین سایر توهین‌های جنسی، مجازات‌هایی از ۷۴ ضربه شلاق تا بین ۵۰ هزار و یک میلیون ریال جزای نقدی در بر خواهد داشت (تبصره ۲ ماده ۱۴۰، ماده ۱۴۵ و ماده ۶۰۸ قانون مجازات اسلامی). آیین‌نامه اجرایی سازمان زندان‌ها و اقدامات تامینی و تربیتی کشور نیز ایراد دشنام یا الفاظ رکیک را ممنو ع کرده است (ماده ۱۶۹). اما با وجود ممنوعیت قانونی و مجازات‌های نسبتاً سنگین، هیچ‌یک از مصاحبه شوندگان این تحقیق، به یاد نمی‌آورند که بازجویان، قضات و سایر مسئولانی که به زندان زندانی توهین‌های جنسی وارد می‌کرده‌اند، تحت پیگرد قضایی قرار گرفته باشند.

جمع‌بندی

با وجود ممنوعیت قانونی استفاده از الفاظ رکیک و توهین‌های جنسی، این نوع از شکنجه روانی به صورت گسترده‌ای علیه زندانیان زن در دهه ۷۰ و ۸۰ استفاده شده است. در این دو دهه، نه فقط بازجویان که سایر مقامات انتظامی و قضایی، در زندان‌ها و شهرهای مختلف، تلاش کرده‌اند به زن زندانی القا کنند که تنها به دلیل تمایلش برای داشتن روابط جنسی آزاد و متعدد، به سراغ سیاست آمده یا با نظم موجود اخلاقی و ایدئولوژیک مخالفت کرده است. کلیشه "زن مخالف مساوی زن خراب" که متأسفانه همچنان در جامعه و در خانواده‌ها قابلیت تأثیرگذاری بر علیه زنان فعال را دارد، با شکلهای مختلف در زمان بازداشت زنان استفاده شده و از سوی مصاحبه شوندگان این تحقیق به‌عنوان یکی از آزاردهنده‌ترین اشکال شکنجه روانی توصیف شده است.

فصل چهارم

آزارهای مبتنی بر جنسیت

۱- زندان‌های مردانه

در اغلب زندان‌های مدرن، اصل تفکیک جنسیتی حاکم است. زنان و مردان زندانی در اماکنی جداگانه نگه‌داری می‌شوند و بنا به ضرورت و نیازهای زندانی زن، از زندانبانان زن استفاده می‌شود. در ایران نیز این قاعده در زندان‌های عادی رعایت می‌شود. علاوه بر این، به دلیل "اسلامی" بودن حکومت و نهادهای رسمی و آموزشی و نیز اعمال سیاست‌های جداسازی جنسیتی به نام اجرای دستورات اسلام و همچنین باور عمومی در مورد عدم اختلاط زن و مرد نامحرم در سطح جامعه، تصور می‌رود که این رویه در فضای زندان‌های ایران به شکل کاملی حاکم باشد و زندان‌ها و مناسبات آن نیز از این مقررات تبعیت کنند. اما برخلاف این تصور، زندانیان سیاسی زنی که در این تحقیق مورد مصاحبه قرار گرفته‌اند در وجه غالب از "مردانه" بودن فضای بازداشتگاه‌ها و اتاق‌های بازجویی سخن گفته‌اند. نگهداری زنان زندانی در بازداشتگاه‌هایی با فضاهای مردانه، مستلزم شکستن بسیاری از قواعد مذهبی مربوط به رابطه زن و مرد نامحرم[۱] است. از آن جمله، براساس قواعد مذهبی، تنها بودن زن و مرد نامحرم، در یک فضای در بسته حرام است[۲]. در حالی‌که مرور شهادت‌های زندانیان زن ثابت می‌کند که جداسازی

---

[۱] تعریف محرم و نامحرم و خلاصه‌ای از قواعد مربوط به آن در این نشانی‌های اینترنتی:
http://www.shareh.com/persian/magazine/maaref_i/74/10.htm
http://dinofalsafe.blogfa.com/cat-75.aspx

[2] http://www.rahebehesht.org/book/item.asp?id=36

جنسیتی، به‌شکلی که در بیرون از زندان، به‌عنوان یک اصل، تبلیغ می‌شود، در درون زندان‌ها و به‌خصوص در مورد زندانیان سیاسی در شهرستان‌ها، کاربرد چندانی ندارد. به دلیل غلبه این نگاه که تفکیک جنسیتی در زندان‌های جمهوری اسلامی کاملاً رعایت می‌شوند، زندانیان اغلب از فضای مردانۀ حاکم بر بازداشتگاه و بازجویی‌های خود متعجب شده‌اند.

هدی هواشمی[۱] که خود تجربه ۱۹ روز بازداشت در یک مکان نامعلوم و ۱۴ روز بازداشت در بازداشتگاه اداره اطلاعات اهواز را دارد و در تمام این مدت، هیچ مأمور زنی را ندیده، مردانه بودن بازداشتگاه و بازجویی‌ها را خلاف تصویری می‌داند که جمهوری اسلامی از خود ترسیم کرده است:

> «دولت فارس[۲] با اسم اسلام و قرآن و مذهبی بودن خودش به تمام کشورها خودش را معرفی کرده ولی جای بسی تعجب است که چطور می‌توانستند یک زن را با یک بچۀ شیرخواره در بین این همه مرد تنها بگذارند. خودم هم تعجب کرده بودم که یعنی توی این همه بازداشتگاه و اتاق‌هایی که آنجا وجود داشت یک زنی وجود ندارد که از من بازجویی کند، یا در سلول را بزند و به من بگوید که وقت بازجویی تو رسیده. چرا همیشه یک مرد وارد اتاق من می‌شود؟! چرا قبل از ورود در اتاق را نمی‌زنند؟! چرا به این شکل به من نگاه می‌کنند؟! من بعد از اینکه از زندان خارج شدم این سؤال همیشه در ذهن من تداعی می‌شد که من چطور توانستم بین این همه مرد مقاومت کنم و با این همه مرد در آن واحد به بحث و گفتگو بنشینم و به سؤالات آنها جواب بدهم؟! خودم هم تا به الان تعجب می‌کنم که چطور من آنجا این همه روزها را سر کردم.»[۳]

---

[۱] متن کامل شهادت هدی هواشمی در ضمیمه این گزارش آمده است.

[۲] زندانیان سیاسی عرب اغلب از نظام حاکم بر جمهوری اسلامی با عنوان "دولت فارس" یاد می‌کنند زیرا به باور آنها، حکومت ایران توسط اکثریت متعلق به قوم فارس یا کسانی که "فارس‌گرا" هستند اداره می‌شود و به همین دلیل نسبت به سایر قومیت‌ها از جمله عرب‌ها تبعیض روا می‌دارند.

[۳] شهادت هدی هواشمی، عدالت برای ایران.

فرهنگ جداسازی جنسیتی و قواعد سخت رفتاری میان زن و مرد
نامحرم نه فقط از سوی دولت تبلیغ می‌شود بلکه در گسترۀ وسیعی از
جامعه کاربرد دارد. براساس این قواعد مذهبی، زنان باید خود را از مردان
نامحرم بپوشانند و در مقابل آنها حجاب داشته باشند. همچنین معاشرت
زن و مرد نامحرم با یکدیگر جز در زمانی که ضرورت ایجاد کند، حرام
است. این قواعد، تا حد زیادی فضاهای عمومی در ایران را نیز تحت تأثیر
قرار داده است. زنان موظف به داشتن حجاب در تمامی مکان‌های عمومی
هستند. مدارس و در برخی از موارد دانشگاه‌های دختران و پسران از یکدیگر
جداست. هر نوع رابطه خارج از ازدواج بین زن و مرد نامحرم ممنوع و
مستوجب مجازات است. از سوی دیگر نظام رسمی آموزش و تبلیغ به‌طور
مداوم به زنان می‌گوید اگر حجاب و سایر قواعد رفتاری مربوط به محرم/
نامحرم را رعایت نکنند، باعث برافروختن آتش شهوت بین آنها و در نتیجه
ایجاد ناامنی در جامعه خواهند شد. در این گفتمان، همواره یکی از دلایل
عدم امنیت فضاهای عمومی برای زنان چنین عنوان می‌شود که آنها به
اندازۀ کافی از مردان نامحرم فاصله نگرفته یا حجاب خود را به‌طور کامل
رعایت نکرده‌اند. به این ترتیب، حتی اگر زن زندانی در خانوادۀ خود، این
قواعد مذهبی را از کودکی فرانگرفته و درونی نکرده باشد، در جامعه یاد
می‌گیرد که چگونه آنها را رعایت کند. در چنین چارچوب فرهنگی-اجتماعی،
یکی از دلایلی که تحمل فضاهای کاملاً مردانه را در هنگام دستگیری، تا
بازجویی‌ها و در مواردی در بازداشتگاه‌ها برای زندانیان سیاسی زن دشوار
کرده حس شدید ناامنی و ترس دیده شدن بدون لباس، تجاوز یا سایر
آزارهای جنسی در زمانی است که از سوی مردان نامحرم کاملاً احاطه شده
است. به‌خصوص اینکه ذهنیت عمومی این است که به زن زندانی در
زندان‌ها تجاوز می‌شود، این ذهنیت در هنگامی که خود زن در فضایی گاه
مطلقاً مردانه قرار می‌گیرد، کاملاً عینی و واقعی می‌شود. از سوی دیگر، بنا
بر تجربه، فضاهای مردانه، امکانات بیشتری را برای اعمال آزار و شکنجۀ

جنسی علیه زنان فراهم می‌آورد. شهادت شیدا سلطانی دربارهٔ بازداشتگاه شهر بوکان یکی از مثال‌های این مدعاست. (رک، ضمیمه شماره ۱)

مواجهه زندانی زن با فضای کاملاً مردانه، در مورد اکثر مصاحبه شوندگان از لحظه دستگیری آغاز شده است. لیلا نوبری در این مورد می‌گوید: "[وقتی آزاد شدم] همه ازم می‌پرسیدند خانم آمد برای دستگیری‌ات؟ می‌گویم خانمی موقع دستگیری در کار نبود. همه مرد بودند. ولی همه فکر می‌کنند حتماً یک مأمور زن هم همراهشان بوده. واقعاً این‌جوری نبود."[۱]

تمام مصاحبه شوندگان این تحقیق، به استثنای دو نفر توسط یک یا چند مرد، بازجویی شده‌اند و ساعت‌های طولانی بازجویی را گاهی فقط با یک بازجوی مرد و در یک اتاق دربسته بازجویی، اغلب در حالی‌که چشم‌بند به چشم داشته‌اند یا رو به دیوار نشانده شده بودند و تصویری از مردان بازجو و اعمال و حرکاتشان نداشته‌اند، تنها بوده‌اند. این فضاها به بازجویان اجازه می‌دهد رعب بیشتری در زندانیان ایجاد کنند. مریم حسین‌خواه دربارهٔ اتاق‌های بازجویی بند ۲۰۹ زندان اوین چنین شهادت می‌دهد:

«در کاملاً بسته بود و چیزی بود که حتی عایق ضد صدا داشت. من هیچ‌وقت تو ۲۰۹ نمی‌توانستم چشم‌بندم را بردارم، ولی از پله که می‌رفتم بالا، قشنگ احساس می‌کردم که توی راهرویی راه می‌روم که هیچ‌کس دیگری نیست فقط ما هستیم... اصلاً نمی‌دانستی کجا هستی بعد با مردی توی اتاق تنهایی که می‌دانی دارد بهت اعمال قدرت می‌کند... [یا اینکه] این بازجوی ما من را به اسم کوچک صدا می‌کرد. هم من و هم دوستانم را... در حالی‌که روال آنجا این‌طوری نبود که اسم شخصی بیاورند و خب این برای من آزار دهنده بود که این آقا که بخواهد من را با صمیمیت و اسم کوچک صدا کند... هر جای دیگر که من را به اسم کوچک صدا کنند من حس راحتی و صمیمیت بیشتری می‌کنم ولی آنجا نه، حتی احساس خطر بیشتری

---

[۱] شهادت لیلا نوبری، عدالت برای ایران.

می‌کردم که چرا این انقدر دلش می‌خواهد به من نزدیک بشود و من و دوستانم را به اسم کوچک صدا می‌کند.»[۱]

ترس از تجاوز، در میان بسیاری از مصاحبه شوندگان این تحقیق، زمانی که در فضاهای کاملاً مردانهٔ بازداشتگاه با مردان تنها بوده‌اند، ایجاد شده است. سارا زرکوب این ترس را در یک بازداشتگاه موقت[۲]، پیش از انتقال به اوین در روز ۱۸ تیر ۱۳۸۸، در نخستین ساعات پس از بازداشت در یک تجمع معترضان پس از انتخابات تجربه کرده است، می‌گوید:

«یک ساختمان بود، مثل ساختمان‌های نمازخانه‌های مدرسه، یک در خیلی بزرگ آهنی پشت سرمان بود،... وارد که شدیم همه‌مان را بردند به صف کردند ته جایی که خرابه بود. کسان دیگری هم دستگیر شده بودند. وقتی همه به صف شدند، خب من همان لحظه گفتم می‌خواهند بکشندمان چون دیدم که همه مسلح‌اند، همه را به صف کرده بودند رو به دیوار، دیوار آجری بود، همان موقع به پدر و مادرم فکر کردم که چقدر دوستشان دارم. بعد گفتم خدایا من را ببخش به‌خاطر هر اشتباهی که توی زندگی‌ام کرده‌ام و منتظر بودم که بهمان شلیک کنند چون خیلی رفتار بدی داشتند. بعد یک آقایی آمد دونه به دونه از پشت اسم‌ها را پرسید... ما را بردند داخل سالنی که شبیه نمازخانهٔ مدرسه بود. کفاش موکت طوسی بود، ما را بردند گوشهٔ دیوار نشاندند... دیگر خیلی طولانی نشسته بودم و می‌ترسیدم و می‌لرزیدم که پاهایم خواب رفته بود. یک آقایی آمد من را صدا کرد گفت بیا برویم اینجا. من را بردند یک سمت دیگر

---

[۱] شهادت مریم حسین‌خواه، عدالت برای ایران.

[۲] از توصیف‌هایی که مصاحبه شونده، دربارهٔ مدت زمان انتقال از محل دستگیری در نزدیکی میدان فردوسی تا بازداشتگاه و نیز فضای داخلی بازداشتگاه می‌کند، به نظر می‌رسد که او و سایر دستگیرشدگان را به دفتر پیگیری وزارت اطلاعات (ستاد خبری ریاست جمهوری) واقع در خیابان صبای شمالی، چهار راه ولی عصر برده‌اند.
http://www.dw.de/a-5246740/روزنامه‌نگاران-ایران-در-بند-نیروهای-امنیتی

سالن، گوشهٔ دیوار نشاندند و روی یک صندلی مثل صندلی مدارس و دانشگاه‌ها نشاندند، دسته‌دار بود، صندلی چوبی بود، یک کاغذ گذاشتند، من که گوشهٔ دیوار نشسته بودم پشت سرم یک میز بود که بازجویم پشت سرم نشسته بود، آن‌موقع هنوز بهم چشم‌بند نداده بودند، ولی اجازه نمی‌دادند سرم را بالا بیاورم. یک برگه بهم دادند... بازجویی‌ها فکر کنم نزدیک ساعت هفت بود شروع شد، نزدیک ساعت دوازده بود که تمام شد... بازجوی من رفت. همه رفتند و فقط من مانده بودم و با چندتا سرباز و یک آقای دیگری که او هم مسئول بود. من تا ساعت دو شب آنجا نشسته بودم. پشت سر من چندتا سرباز ایستاده بودند که با باتوم برقی‌هایشان من را اذیت می‌کردند، هی می‌آمدند پشت سر من، نمی‌دانم چه شکلی بود ولی من همه‌ش احساس می‌کردم الان با من برخورد می‌کند. الان اذیتم می‌کنند. نمی‌توانستم ببینم پشت سرم اینها در چه موضعی هستند... یک بار که سرم را برگرداندم یکی از سربازهایی که دیدم، آن لحظه سعی کردم اسمش را بخوانم ولی الان یادم نمی‌آید. سرم را که برگرداندم گفتم که چی شد؟ من می‌خواهم بروم امشب خانه‌مان. گفت بیا بریم دستشویی بهت می‌گویم در چه وضعیتی هستی. که من نرفتم. احساس خطر کردم که الان نباید این را قبول کنم. من آن لحظه دیدم خب من یک دخترم اینجا، اینها دوتا سربازند هیچ مسئولی هم شاید اینجاها نباشد و شاید این دوتا بخواهند از این موضوع استفاده کنند. بعد که یک خرده گذشت، یک آقایی که می‌گویم قیافه‌اش را دیدم، من را برد توی یک اتاق. که مبله بود. به من گفت بنشین اینجا. من گفتم من خیلی ترسیده‌ام من را با این سربازها اینجا نگذار. گفت که نگران نباش هیچ اتفاقی نمی‌افتد. گفتم چی شده؟ من الان باید چه کار کنم؟ آن آقا رفتارش از همه با من بهتر بود. گفت کارشناس‌های پروندهٔ شما دارند می‌آیند

که مشخص کنند که می‌توانی بروی یا نه. من توی اتاق نشسته بودم و گریه می‌کردم...»[۱]

بسیاری از موارد شکنجه آزار جنسی زندانیان سیاسی زن که در این گزارش مستند شده، در این اتاق‌های بسته و تنگ بازجویی و با استفاده از امکانی که مردانه بودن فضاهای زندان و تنها بودن زندانی زن با بازجو ایجاد می‌کند اتفاق افتاده است. با این همه، بسیاری از زنان زندانی سعی کرده‌اند این فضاهای مرعوب کننده را بشکنند و با وجود زندانی بودن، بر اوضاع پیرامون خود مسلط شوند. برخی از آنها با شیوه‌های مختلف به بازجویان اجازه نداده‌اند از فضاهای مردانه به نفع خود استفاده کنند.

زینب مستوفی دربارۀ روندی که منجر به حضور مأموران زن در بازجویی‌هایش شده می‌گوید: "یک زن همیشه توی بازجویی‌های من بود چون من از اول گفته بودم که حاضر به هیچ نوع صحبت کردنی نیستم. چون وحشت تجاوز کردن داشتم، گفتم حاضر نیستم هیچ صحبتی بکنم مگر اینکه توی هرجایی که بازجویی می‌خواهد با من صحبت کند، یک زن هم باشد."[۲]

در واقع تنها با اصرار شدید زندانیان زن بوده که در موارد استثنایی، امکان حضور مأمور زن در اتاق بازجویی فراهم شده است[۳].

مریم حسین‌خواه نیز دربارۀ اعتراض برخی از ۳۳ فعال جنبش زنان که روز ۱۳ اسفند ۸۵ در مقابل دادگاه انقلاب بازداشت شدند دربارۀ بازجویی توسط مردان می‌گوید:

---

[۱] شهادت سارا زرکوب، عدالت برای ایران.

[۲] شهادت زینب مستوفی، عدالت برای ایران.

[۳] لیلا نوبری نیز به یاد می‌آورد که در میان بازداشت شدگان پس از انتخابات، در بند ۲۰۹، زنی هم‌سلول او بوده که "خیلی اصرار داشت که خانم ازش بازجویی کنه، تو تظاهرات هم گرفته بودنش، خیلی گریه می‌کرد. سابقۀ خودکشی داشت، یک ترسی از مردها داشت، زندان هم بود و بیشتر می‌ترسید. بالاخره یک خانمی را از همین زندانبان‌ها در اتاق بازجویی، سؤال‌ها را بازجو بهش می‌گفت، زنه از این می‌پرسید."

«خیلی از بچه ها اصرار داشتند که بازجویشان زن باشد، یا اینکه یک زن هم کنار بازجو باشد. بچه ها اعتراض می‌کردند که الان من با یک بازجوی مرد تو یک اتاقم و شما در را بسته اید و من اینجا احساس امنیت نمی کنم. واقعاً برای اینکه در طول شب هم بچه ها را مدام برای بازجویی می‌خواستند و خیلی خوشایند نبود که تو نصف شب تو دویست و نه بروی تو اتاق دربسته‌ای با یک مرد،... چون در شرایطی که تو را نصفه شب برای بازجویی می‌خواهند، خب نه اینکه فکر کنی می‌خواهند الان بهت تجاوز کنند ولی حس خوبی نداری. آن حس امنیت را نداری.»[۱]

سپیده زمانی نیز توانسته در زمان بازداشت، با اصرار، مسئولان دادگاه انقلاب ساری را وادار کند که برای بردن او مأمور زن بیاورند اما این مأمور زن در آستانه بازداشتگاه، رفته است و وی، در بازداشتگاه کاملاً مردانه شهید کچویی تحت بازجویی قرار گرفته است:

«... مأمور می‌گفت خانم بیا برویم، می‌گفتم من بدون مادرم هیچ‌جا نمی‌آیم. می‌گفتند [مادرت هم] بیاید برویم. رفته بودم پشت پیشخوان قاضی ایستاده بودم می‌گفتم من نمی‌آیم. به زور می‌خواهید من را ببرید. گفتم مگر این همه فیلم نمی‌بینید توی تلویزیون که الان این همه موج سبزی‌ها بهشان تجاوز می‌کنند توی زندان، بعد یک دفعه آن آقا چشمش گرد شد گفت خانم چه می‌گویی؟! مادرم همان موقع یک نیشگون ازم گرفت که برای چی این حرف را زدی من که گفته بودم این حرف را نزن... نمی‌دانستند چه کار کنند، یعنی هی هم را نگاه می‌کردند. من یک هو از دهانم در رفت که مأمور خانم بیاورید. او هم گفت باشد مأمور خانم می‌آوریم. بنشینید تا بیاید. با خودم دعوا می‌کردم که ای کاش نمی‌گفتم، اینها داشتند فکر می‌کردند که چطوری می‌خواهند ما را ببرند. به زور

[۱] شهادت مریم حسین‌خواه، عدالت برای ایران.

نمی‌توانستند که دستمان را بگیرند... زیاد گذشت تا مأمور خانم آوردند.»[۱]

حضور مأموران زن، نه تنها ترس زنان از وقوع تجاوز را کاهش داده بلکه باعث شده بازجویان احتمالاً به دلیل وجود یک شاهد مؤنث، فشار کمتری بر زندانیان زن وارد کنند. فرشته قاضی[۲] که در بازداشتگاه مخفی اطلاعات نیروی انتظامی در میدان کتابی تهران بوده، دربارهٔ تأثیرات حضور و عدم حضور مأموران زن در هنگام بازجویی چنین شهادت می‌دهد:

«با وجود اینکه برخی از این زن‌ها به طرز عجیبی آدم را آزار می‌دادند، اما حضورشان کمی امنیت را در وجود آدم می‌ریخت. وقتی من را می‌بردند اتاق بازجویی یک صندلی کنار در بود، این زنی که من را می‌برد اتاق بازجویی، آنجا می‌نشست. هر وقت آن زن در اتاق بازجویی حضور داشت، بازجویی تا حدودی حالت مؤدبانه‌تری به خودش می‌گرفت، کمتر فحاشی می‌شد، کمتر وارد مسائل شخصی زندگی خودم می‌شدند. کمتر مسائل جنسی مطرح می‌شد ولی مواقعی که بازجو ازش می‌خواست اتاق را ترک کند، همهٔ اینها به شدت برعکس می‌شد. وقتی این خانم‌ها حضور داشتند، نه در بازجویی دخالت می‌کردند نه در کار دیگری. فقط تماشاچی بودند و آن حضورشان این را می‌رساند که دارند معیارهای شرعی خودشان را که شعارش را می‌دهند مراعات می‌کنند که یک زن با یک مرد توی یک اتاق کوچک تنها نباشند. ولی مواقعی که ایشان نبود گویا این مسائل شرعی هم یادشان می‌رفت. بارها شنیده بودم که [به مأموران زن] مثلاً می‌گفتند شما فعلاً بیرون باشید.»[۳]

[۱] شهادت سپیده زمانی، عدالت برای ایران.
[۲] متن کامل شهادت فرشته قاضی در ضمائم این گزارش آمده است.
[۳] شهادت فرشته قاضی، عدالت برای ایران.

علاوه بر عدم حضور مأموران زن در زمان دستگیری و بازجویی، تعداد قابل توجهی از مصاحبه شوندگان این تحقیق، در زمان بازداشت و در یک مورد در مدت محکومیت، در بازداشتگاه‌هایی کاملاً مردانه و بدون حضور حتی زندانبانان زن زندانی بوده‌اند. این امر به‌خصوص در مورد زندانیان سیاسی در شهرستان‌ها که به بازداشتگاه‌های وزارت اطلاعات برده شده‌اند و همین‌طور زنان بهایی، بیشتر تجربه شده است. در واقع تنها یک مورد (سپیده پورآقایی) از مصاحبه شوندگان بازداشتی در تهران، چندین روز در بازداشتگاه عشرت‌آباد که متعلق به سازمان قضایی نیروهای مسلح است، نگهداری شده است و بقیه بازداشت شدگان تهرانی، در بازداشتگاه‌هایی با نگهبانان زن محبوس بوده‌اند. از میان ۱۶ مصاحبه شونده‌ای که در دهه ۷۰ و ۸۰ در شهرستان بازداشت شده بودند، ۷ نفر آنها به بازداشتگاه‌هایی کاملاً مردانه منتقل شده‌اند که از این ۷ نفرمصاحبه شونده، سه نفر بهایی بوده‌اند.

در حالی‌که در دهه ۶۰، مسئولان زندان جدا کردن زندانیان زن بهایی را از زندانیان دیگر و نگه داشتن آنها را در بازداشتگاه‌های مردانه به این شکل توجیه می‌کردند که بهایی‌ها نجس هستند[1]، در دهه ۷۰ و ۸۰،

[1] ژیلا، ر. که در سال ۱۳۶۲ در ساری بازداشت شده و به مدت سه سال با چند زن بهایی دیگر در بندی کاملاً مردانه و جدا از بند عمومی زندان ساری بوده است چنین شهادت می‌دهد:
«چون ما را به دلیل بهایی بودن نجس می‌دانستند، هیچ وقت در تمام این سه سال من هیچ وقت در بند عمومی نبودم... ما را که توی زندان بردند معضل بزرگی که داشتند این بود که ما را کجا بگذراند. چون جا نبود به‌خاطر اینکه معتقد بودند که ما نباید برویم در بند عمومی که حالا نجس می‌شود... چون نمی‌خواستند به بند ببرند، برده بودند تو بهداری. بهداری دو تا دستشویی داشت، ما را بردند گفتند این دستشویی مال شماست، به قول خودشان فکر می‌کردند ما نجسیم، این مال شماست و این دستشویی دستشویی عمومی است. یادم است یک بار رئیس زندان به همراه یک سری از پاسدارها و کسانی که دور و برشان بودند شروع کردند به داد و بیداد و تحقیر و توهین که ما یک تار موی زنانه توی دستشویی عمومی دیده‌ایم پس شما توی آن رفته‌اید و توالت ما را هم نجس کرده‌اید چون شما بهایی هستید. جالب این بود که اینجا بهداری بود یعنی تمام روز زندانی‌ها را از بندهای مختلف می‌آوردند که بروند دکتر و توی این راهرو بودند و هر زندانی‌ای اگر می‌خواست دستشویی برود از همین دستشویی استفاده می‌کردند. خب هر ← ←

حداقل به مصاحبه شوندگان بهایی این تحقیق این استدلال بیان نشده

کسی می‌توانست برود. دستشویی که در اختیار ما بود دست ما بود و کلید داشت و گفته بودند این مال شماست. و هرچه دلشان خواست نثار ما کردند به اتهام اینکه ما یک تار موی زنانه دیدیم و شما توالت ما را نجس کردید و رفته‌اید توی توالت ما. جالب اینجا بود که مسئلهٔ نجس شدن اینجا به نفعمان بود. توالت چون اختصاصی خودمان بود، تمیزش می‌کردیم، خیلی خوب بود. ولی خیلی برایمان سنگین تمام شده بود که شما فکر کنید که آن توالت کثیفی که روزی حداقل همه زندانی‌ها می‌آمدند بهداری و آن وسط از توالت استفاده می‌کردند، یک تار موی زنانه پیدا کرده بودند و گفتند ما نجسش کردیم... بعد ما را از بهداری بردند در یک ساختمان نیمه‌کاره‌ای داشتند که می‌خواستند سلول انفرادی بسازند برای تنبیه زندانی‌ها. این ساختمان نیمه‌کاره بود. یعنی فکر کنید که دستشویی‌اش در نداشت. یک اتاق کوچکی بود دقیقاً سایز تخت دو نفره برای اینکه پتویی که کاملاً اندازهٔ این اتاق می‌شد پتویی بود که قالب تخت دو نفره بود. فکر کنید توی یک اتاق گوشه‌اش دستشویی توالت باشد که در هم نداشته باشد. نورگیری که توی سقف بود هنوز شیشه‌اش را نگذاشته بودند. یعنی هنوز ناقص بود. چون جا نداشتند و ما را هم حاضر نبودند به هیچ وجه بگذارند توی بند، یک مقطعی در بهداری گذاشتند ما را و بعد که دیدند چاره‌ای ندارند، یک مدتی ما را گذاشتند توی همین سلول‌ها مثلاً ما چهار تا دختر مجرد بودیم با هم گذاشتند توی همین [جای تنگ] نگه داشتند. یک خانم مسنی بود نزدیک ۶۰-۷۰ سال سن داشت، خانم قدسی علویان. او را در یک سلول تنها گذاشته بودند و دو تا خانم دیگری که آنها هم جوان بودند ولی چون ازدواج کرده بودند آن دو تا را با هم گذاشته بودند توی سلول‌های انفرادی ولی درها بسته بود. اوایل اگر باران می‌آمد از سقف آب می‌آمد ولی ما چاره‌ای نداشتیم. فکر کنید ما چهار نفر آدم در یک سلول که توالتش هم در نداشته باشد. نگهبان‌ها هم همیشه مرد بودند. یادم است که اول که دستگیر شدیم اضطراب این را داشتیم که چون دختریم نکند اینها یک هو بیایند در را باز کنند، یک هو نکند برایمان مسئله‌ای پیش بیاید که حتی مثلاً سعی می‌کردیم لباسمان داخل سلول پوشیده باشد. این ترس را داشتم که اگر یک هو در را باز کنند چی. یعنی این اضطراب را داشتم. یادم است که بعد از مدت‌ها یکبار ما توی همین سلول‌های انفرادی‌ای که بودیم، یک بار یک پاسدار در را باز کرد آمد تو. بدون اینکه مثلاً چیزی بگوید و حرفی بزند خب ما بدون حجاب بودیم. بدون حجاب بودن برای من که بهش اعتقاد ندارم مهم نیست ولی آنجا معنا پیدا می‌کند، برای اینکه فردی که مدعی است که نباید نامحرم را ببیند در را باز می‌کند می‌آید من را می‌بیند برای من احساس ترس ایجاد می‌کند که این چرا این کار را می‌کند. من یادم است که رفتیم به رئیس زندان شکایت کردیم که چرا این کلیددار بدون اینکه چیزی به ما بگوید در را باز کرد. ما چهار تا دختر جوان توی اتاق نشسته بودیم شاید شرایطمان مناسب نبود. که در جواب گفت پاسدار مثل دکتر می‌ماند همان‌طور که دکتر محرم است، همان‌طور که دکتر می‌تواند یک زن نامحرم را معاینه کند و از نظر اسلام مشکلی ندارد، پاسدار هم اجازه دارد که وارد حریم خصوصی بند نامحرم بشود. او اگر این کار را کرد حتماً می‌خواسته بداند شما چه کار دارید می‌کنید.»

است. بلکه دلیل عدم انتقال زندانیان بهایی به بندهای عمومی این عنوان
شده که آنها در آنجا به تبلیغ دین خود خواهند پرداخت.

رها ثابت، که به دلیل راه‌اندازی تشکلی که در محلات فقیرنشین
شیراز برای کودکان فعالیت می‌کرد و به همراه بیش از چهل نفر دیگر دستگیر
شد، پس از اینکه به چهار سال حبس محکوم شد، مدت سه سال و چهار
ماه از این محکومیت را در زندان انفرادی بازداشتگاه پلاک صد شیراز که
متعلق به وزارت اطلاعات است و هیچ مأمور زنی در آن وجود ندارد،
گذراند. در حالی‌که طبق قوانین ایران، انتقال از بازداشتگاه به زندان
عمومی، برای گذراندن مدت محکومیت حبس، از حقوق زندانیان است و
هیچ مقامی حق ندارد زندانی محکوم را در بازداشتگاه و به حالت انفرادی
نگه دارد. براساس شهادت رها ثابت، به دستور جابربانشی، دادستان عمومی
و انقلاب شیراز که خود پیش از آن در مقام قاضی، وی را به چهار سال
حبس محکوم کرده بود و با این توجیه که اگر وی را به زندان عمومی
بفرستند، "از دربان زندان عادل‌آباد[1] تا رییس زندان بهایی می‌شوند"، او
بیشتر مدت محکومیت خود را در بازداشتگاه پلاک صد شیراز محبوس
بوده است:

«سه سال و چهار ماه مرا در شرایط بازداشتی نگه داشتند. شرایط
بازداشتی یعنی هفته‌ای دو بار یا سه بار می‌توانستیم برویم هواخوری،
کلاً همه‌اش انفرادی بود، حتی شما را تنهایی می‌بردند هواخوری.
هیچ زنی نبود. چون هیچ پرسنلی که زن باشد نداشتند، حتی
چندبار یادم می‌آید زن‌هایی می‌آوردند که قاچاقچی بودند یا هر
چیزی، برای اینکه بگردنشان ببینند چیزی همراهشان نیست، من
را [برا یبازرسی بدنی] صدا می‌کردند.»[2]

---

[1] عادل‌آباد، زندان عمومی شیراز و یکی از بزرگ‌ترین زندان‌های ایران است.
[2] شهادت رها ثابت، عدالت برای ایران

علاوه بر تحقیر و فشاری که هر زندانی و در هر زندان تحمل می‌کند، مهم‌ترین آزاری که زنان در بازداشتگاه‌های مردانه دیده‌اند، حس ناامنی مدام و شدید بوده است. هدی هواشمی در تمام مدتی که در دو بازداشتگاه کاملاً مردانه اداره اطلاعات اهواز بوده، حتی در زمان استحمام، حجاب داشته است:

«آیا حجاب کامل را داشتم؟! ... این را یادم است که بیست و چهار ساعتی که شب و روز را به پایان می‌رساندم روسری‌ام سرم بود و لباس بلند را پوشیده بودم ولی حس می‌کردم که من در امنیت کامل نیستم. فقط وقتی که حمام می‌کردم [روسری‌ام را برمی‌داشتم.] آنها می‌گفتند که با راحتی کامل می‌توانی حمام کنی [ولی] من با لباس‌های خودم دوش می‌گرفتم و فقط موهایم را می‌شستم. امنیت احساس نمی‌کردم به‌خاطر اینکه واقعاً هیچ امنیتی وجود نداشت. هر آن ممکن بود کسی وارد شود و دستت را بکشد و ببرد جای دیگر. یا ببرد برای اعدام. هیچ‌گونه اطلاعاتی نداشتی که تو در یک ساعت یا یک دقیقه بعد چه چیزی به سرت می‌آید. حدس نمی‌زدی. همه چیز برایت به شکل رعب و وحشت بود. این باعث شد که من احساس ناامنی کامل را حس کنم. من در ذهنم هم فکر می‌کردم در سلول‌های انفرادی حتماً دوربین‌هایی را کار می‌گذارند و به همین دلیل همیشه احتیاط می‌کردم و می‌گفتم که بالاخره من یک روزی از اینجا خارج می‌شوم. ذهنیتم این بود که این مکانی که من در آن هستم جای امیدی نیست که ازش خارج بشوم ولی خودم را امید می‌دادم که اگر خارج بشوم شاید علیه من بتوانند چیزی را تلقین کنند و بهم اتهام بزنند. ولی من مطمئن بودم که بالاخره یک روزی از سلول انفرادی بیرون می‌روم و با روی سفید به خانواده‌ام برمی‌گردم

و اینها همیشه در ذهنم بود. ترس و رعب تا الان هم باهام است و حتی در خانه خودم هم احساس ناامنی می‌کنم.»[۱]

سپیده پورآقایی نیز احساس خود را چنین تشریح می‌کند:
«آن بازداشتگاه یک بازداشتگاه کاملاً مردانه بود، یعنی در این مدت من هیچ زنی ندیدم، تمام زندانبان‌ها مرد بودند، حتی یک بار هم که من را بردند حمام، یک آقا آمد دم سلول، یک چوب دستش گرفته بود می‌گفت تو آن سر چوب را بگیر و خودش هم سر دیگر چوب را گرفته بود و گفت برویم. بعد رفتم حمام، در حمام هم سوراخ داشت و من حس می‌کردم حتماً از این سوراخ نگاه می‌کنند، خیلی احساس عذاب داشتم، خیلی این قضیه برایم مهم بود، به خاطر تربیتی که تو ایران داشتم، وقتی وارد حمام شدم اول نگاه می‌کردم ببینم سوراخ سنبه‌ها کجاست، می‌دیدم کنار در حمام قسمت قفلش سوراخ های زیادی هست...»[۲]

احساس شدید ناامنی در بازداشتگاه‌های مردانه، در میان بیشتر مصاحبه شوندگانی که تجربهٔ این بازداشتگاه‌ها را داشته‌اند، مشترک است. سها زمانی، شهروند بهایی که در نخستین دستگیری خود در دی ۱۳۸۷، بسیار جوان بوده، دربارهٔ احساس خود در بازداشتگاه کاملاً مردانه شهید کچویی ساری که متعلق به وزارت اطلاعات است می‌گوید:
«رسیدیم به دم در اطلاعات. یک عالم من را چرخاندند و من نفهمیدم که از کجا رفت. وارد یک حیاط شدیم و بعد هم دم در یک ساختمانی نگه داشت و گفت تکان نخور تا من برگردم. رفت و برایم چادر و چشم‌بند آورد. من اصلاً نمی‌توانستم راه بروم چه برسد با چشم‌بند. اصلاً نمی‌توانستم راه بروم و نه مأمور زنی بود که به من

---

[۱] شهادت هدی هواشمی، عدالت برای ایران.
[۲] شهادت سپیده پورآقایی، عدالت برای ایران.

کمک کند این مسیر را بروم و همه‌ش هم پله بود و خلاصه از چند تا پله گذشتم و من را بردند توی اتاقی، یک اتاق خیلی کوچک که کف‌اش موکت بود، یک دستشویی و دو تا شیر آب گرم و سرد بود و دو سه تا پتو. من وارد این اتاق شدم و قبل از اینکه در را ببندند من شروع کردم به گریه کردن. واقعاً تا آن لحظه خودم را نگه داشته بودم. اصلاً نمی‌دانستم آنجا کجاست... هیچ مأمور زنی وجود نداشت خیلی ناراحت بودم، عذاب می‌کشیدم [و بازجویی هم که شروع شد،] از اینکه سه تا مرد جلوی من نشسته بودند و اولش که [موحد[۱]] هی رژه می‌رفت و می‌رفت و می‌آمد، اولش که سکوت آزار دهنده و بعد هم شروع کرد توهین‌آمیز حرف زدن، یک حالت دلهره و ترسی توی من ایجاد شده بود و اصلاً نمی‌توانستم یک کلمه حرف بزنم انقدر بغض کرده بودم...[می‌ترسیدم،] ترس از این مرد. ترس از این فضا...»[۲]

ترس از بدون لباس دیده شدن توسط مردان نیز بر احساس ناامنی زندانیان سیاسی زنی که در بازداشتگاه‌های مردانه بودند افزوده است. سپیده زمانی، شهروند بهایی که به همراه خواهرش سها[۳]، در بازداشتگاه شهید کچویی ساری زندانی بوده می‌گوید: "توی سلول دو نفره‌مان دوربین بود، ولی چندبار که ما اعتراض کردیم به رمضانی، رئیس زندان، که این دوربین اینجاست ما لباسمان را در می‌آوریم، ما حجاب نداریم، دستشویی می‌رویم، می‌گفت دوربین خاموش است."[۴]

---

[۱] دربارهٔ عباس علیزاده، موحد، اسم مستعار عباس علیزاده، از مسئولان اداره اطلاعات ساری است که اطلاعات بیشتر دربارهٔ او را می‌توانید در اینجا بخوانید:
http://justiceforiran.org/human-rights-violators-individuals-databank/abbas-alizadeh/

[۲] شهادت سها زمانی، عدالت برای ایران.

[۳] سها زمانی در دومین بازداشت خود به همراه خواهرش سپیده دستگیر می‌شود و این بار، مجدداً هر دو به بازداشتگاه شهید کچویی ساری برده می‌شوند که او بار نخستین بازداشتش نیز در آنجا سپری کرده بود.

[۴] شهادت سپیده زمانی، عدالت برای ایران.

علاوه بر احساس ناامنی شدید، زندانیانی که در بازداشتگاه‌های مردانه زندانی بوده‌اند، درخواست نواربهداشتی از زندانبانان مرد در زمان قاعدگی را یکی از تجربیات آزاردهنده خود توصیف کرده‌اند:

«من را بردند یک سلول دیگر که دستشویی‌اش نصفه بود. یعنی توالتی که فقط سنگ توالت است، یک شیر آبی که فقط یک لگن هم بود و یک شامپو و صابون. یادم نیست دقیقاً که چندمین روز بود که پریود شدم. به اون آقا گفتم یک مأمور خانم برایم بیاور. گفت چه کار داری؟ زندانمان دو تا در داشت. یکی بالا یکی پایین. دریچهٔ بالا را هیچ وقت برای خانم‌ها باز نمی‌کنند فقط پایین را باز می‌کنند که مثلاً صورت خانم را نبینند فقط دست. گفتم یک مأمور خانم می‌خواهم. گفت الان نیست. گفتم ضروری است می‌خواهم. بعد رئیس‌شان همین آقای رمضانی را صدا کرد، او آمد گفت چه کار داری؟ گفتم من مأمور خانم می‌خواهم کارش دارم یک مشکلی دارم. گفت باشد. رفت بعد توی نایلون مشکی یک بسته نواربهداشتی گذاشت و از دریچه داد به من، گفت همین کارت بود با خانم؟ گفتم بله. در را بست. آن‌قدر خجالت کشیدم. نه آن مرد را می‌شناختم، نه اصلاً می‌دانستم کی هست ولی نمی‌دانم، حس خوبی نداشتم.»[1]

زندانیان سیاسی زن در بازداشتگاه‌های مردانه، آزارهای شدیدتری را نیز تحمل کرده‌اند. براساس شهادت هدی هواشمی دربارهٔ فهیمه اسماعیل بدوی[2]، وی مجبور شده است فرزندش را در مقابل چشمان دو مأمور اطلاعاتی

---

[1] شهادت سپیده زمانی، عدالت برای ایران.

[2] فهیمه اسماعیل بدوی، ۲۶ ساله، عرب اهوازی، معلم ابتدایی، در ۷ اسفند آذر ۱۳۸۴، در حالی‌که ۸ ماهه باردار بوده، به همراه همسرش، علی مطوری‌زاده دستگیر می‌شود. علی مطوری‌زاده، از مؤسسان حزب وفاق، یک حزب رفرمیست عرب که فعالیتش تا آبان ۸۴ آزاد بود و حتی در انتخابات شورای شهر نیز کاندیدا معرفی کرد، بوده است. یک ماه بعد، دختر آنها، سلما در زندان سپیدار اهواز به دنیا می‌آید. مقامات قضایی، سه شرط برای آزادی فهیمه مقرر می‌کنند: ۳۰۰ میلیون تومان وثیقه بگذارد، از شوهرش به‌طور غیابی طلاق بگیرد و اسم دخترش را از ←

و بدون برخورداری از هیچ‌گونه امکانات پزشکی در بازداشتگاه وزارت اطلاعات اهواز به دنیا بیاورد:

«خانم بدوی معلم دوران دبستان است. معلم ریاضی است همسرش فعال بود و ایشان را به اتهام همکاری با همسرش دستگیر کرده بودند. معلم بود و فعالیت فرهنگی داشت. ایشان را قبل از زندان ندیده بودم ولی وقتی از زندان [سپیدار اهواز] ما را برای سؤال و جواب و بازجویی به مقر استخبارات[۱] می‌بردند، با ایشان آشنا شدم... ایشان حامله بود و فرزندش را در زندان به دنیا آورد... وقتی من دیدمش بچه به دنیا آمده بود. در زمانی که ما را اطلاعات می‌بردند خود ایشان به من گفت: به مردم بگو من اینجوری بچه‌ام را به دنیا آوردم، دو مأمور اطلاعاتی بالای سرم بودم و بدون اینکه از اتاق خارج بشوند بالای سرم ایستادند تا من وضع حمل کردم... در زمان زایمان ایشان هیچ زنی بالای سر ایشان نبوده دو تا اطلاعاتی با اسلحه بالای سر ایشان ایستاده بودند و ... ایشان هیچ آدمی را نمی‌دید به جز دو تا از نیروهای اطلاعاتی.»[۲]

← یک اسم عربی غیرمذهبی، به نام دیگری تغییر دهد. فهیمه شروط را نمی‌پذیرد و به ۱۵ سال زندان محکوم می‌شود. علی مطوری‌زاده، تحت شکنجه‌های شدید و فشار زیاد به دلیل همسر و نوزاد دختر زندانی‌اش، اتهام تروریست بودن را می‌پذیرد و در ۲۸ آذر ۱۳۸۵ اعدام می‌شود. فهیمه در زمان نوشتن این گزارش برای گذراندن باقی حبس خود به زندان یاسوج تبعید شده است.

برای اطلاعات بیشتر در این زمینه:

http://www.amnesty.org/en/library/asset/MDE13/059/2006/en/f179e22f-d428-11dd-8743-d305bea2b2c7/mde130592006en.html

http://www.amnesty.org/en/library/asset/MDE13/127/2006/en/91baca29-d3d7-11dd-8743-d305bea2b2c7/mde131272006en.html

http://www.amnesty.org/en/library/asset/MDE13/143/2006/en/e78633e6-d34c-11dd-a329-2f46302a8cc6/mde131432006en.html

http://shadisadr.wordpress.com/2012/05/02/fahime/

[۱] اداره اطلاعات.

[۲] شهادت هدی هواشمی، عدالت برای ایران.

جمع‌بندی

زندانیان سیاسی زن در طول دهه ۷۰ و ۸۰، به‌طور گسترده‌ای با فضاهای کاملاً مردانه‌ای، از لحظه دستگیری تا بازجویی و در مواردی، بازداشتگاه‌ها، مواجه شده‌اند. بازداشت زنان در بازداشتگاه‌های کاملاً مردانه که هیچ زندانبان زنی هم در آن حضور نداشته، در شهرستان‌ها و نیز در مورد شهروندان بهایی، عمومیت بیشتری داشته است. نتایج این تحقیق نشان می‌دهد فضاهای مردانه بازجویی‌ها و بازداشتگاه‌ها، شرایط را برای اعمال آزار و شکنجهٔ جنسی علیه زنان مساعدتر می‌کند. در عین حال، خود این فضاها، باعث ایجاد حس ناامنی شدید و ترس از دیده شدن بدون لباس، ترس از روبرو شدن با تحقیرهای جنسی، ترس از وقوع تجاوز و... شده است. برخی از زندانیان، در بازداشتگاه‌های مردانه، آزارهای جنسیتی مانند تحقیر و شرم ناشی از درخواست لوازم بهداشتی در زمان قاعدگی را تجربه کرده‌اند. در یک مورد، یک زندانی زن عرب مجبور شده فرزند خود را نه تنها بدون کوچک‌ترین امکانات بهداشتی، بلکه در یک بازداشتگاه مردانه و در مقابل چشم دو مأمور اطلاعات به دنیا بیاورد.

۲- بازرسی داخل اندام‌های جنسی زنان

بازرسی کامل بدنی زندانیان زن، به‌عنوان بخشی از روند اداری پذیرش زندانی در بازداشتگاه و یا زندان، در مورد زندانیان غیرسیاسی همواره اعمال می‌شده است. نحوه بازرسی به این‌گونه است که زندانی زن هر بار که می‌خواهد وارد بازداشتگاه یا زندان شود، باید سراپا و به‌طور کامل لخت شود و علاوه بر بازرسی عادی بدنی، داخل واژن و مقعد وی نیز مورد بازرسی قرار می‌گیرد. این بازرسی با دست و اغلب با استفاده از دستکش توسط زندانبانان زن صورت می‌گیرد. بازرسی داخل اندام‌های جنسی زنان نه فقط در زمان ورود اولّیه به زندان یا بازداشتگاه، بلکه هر بار که به‌عنوان مثال زن زندانی برای رفتن به دادگاه یا ملاقات‌های هفتگی با خانواده و یا حتی ملاقات با وکیل خود در معیت زندانبانان از فضای بازداشتگاه خارج می‌شود، در موقع بازگشت انجام می‌گیرد.

براساس موازین بین‌المللی رفتار با زندانیان زن، به منظور اجتناب از آثار احتمالی زیانبار، شیوه‌های جایگزینی، از قبیل اسکن‌های الکترونیک برای بازرسی بدنی از طریق برهنه کردن و بازرسی اندام‌های داخلی بدن باید مورد استفاده قرار بگیرد. (قاعدهٔ بیستم از قواعد سازمان ملل در رفتار با زندانیان زن (قواعد بانکوک)[۱]

قوانین داخلی ایران بدون اینکه دقیقاً شیوه بازرسی بدنی را مشخص کرده باشند، آن را تنها در زمان ورود و خروج زندانی از زندان به منظور جلوگیری از ورود یا خروج اشیا ممنوعه مجاز دانسته است (مواد ۳۰ و ۳۱ و ۷۹ آیین‌نامه اجرایی سازمان زندان‌ها و اقدامات تامینی و تربیتی کشور). براساس همین قوانین، مسئولان زندان می‌توانند محل زندگی، لوازم و اشیا محکومان را بازرسی کنند اما این قوانین حق بازرسی بدنی زندانیان را جز در زمان ورود و خروج از زندان به آنها نداده است. (مواد ۸۱ و ۸۲ همان آیین‌نامه).

---

[1] http://www.un.org/en/ecosoc/docs/2010/res%202010-16.pdf

نتایج این تحقیق ثابت می‌کند که در مواردی، علاوه بر زندانیان عادی، زندانیان سیاسی زن نیز در بازداشتگاه‌های تحت کنترل نهادهای مختلف امنیتی، تحت بازرسی داخل اندام جنسی و یا بازرسی داخل مقعد قرار گرفته‌اند. تمامی این بازرسی‌ها توسط زنان زندانبان انجام شده اما در دو مورد، مرد یا مردانی نیز در زمان بازرسی بدنی حضور داشته‌اند. در یک مورد نیز از زندانی زن خواسته شده در مقابل چشمان هم‌سلولی‌هایش کاملاً لخت شود و بازرسی در حضور آنان انجام شده است. در تمام موارد، مصاحبه شوندگان، بازرسی داخلی بدن را توهین‌آمیز و مصداق آزار جنسی دانسته‌اند. به‌خصوص اینکه چون به دلایل سیاسی بازداشت شده بودند، توقع نداشته‌اند مانند زندانیان غیرسیاسی بازرسی بدنی شوند. برخی از آنها به شدت در مقابل بازرسی بدنی کامل مقاومت کرده‌اند.

فرشته قاضی[۱] دربارهٔ زمانی که وارد بازداشتگاه مخفی اطلاعات ناجا در میدان کتابی تهران شده چنین شهادت می‌دهد:

> «وقتی چشم‌بند را برداشتم خانمی جلویم بود که از من خواست لباس‌هایم را در بیاورم و تحویل بدهم. مانتو و شالم را در آوردم و تحویل دادم ولی از من خواست لباس‌های دیگرم را هم در بیاورم. برای من خیلی ثقیل بود. گفتم برای چی؟ گفت باید بازرسی بشوید. بازرسی مواد مخدر و اینکه از بیرون چیزی نیاورده باشید. گفتم من روزنامه‌نگارم، احضار شده‌ام و توی دادگاه بازداشت شده‌ام. اگر کسی چیزی همراهش داشته باشد، وقتی می‌رود توی دادگاه قطعاً با خودش نمی‌برد. ولی خب اصرار کرد و دو تا خانم دیگر هم اضافه شدند. من تا در آوردن بلوز و شلوار و کفش‌هایم رفتم ولی قانع نبودند و درگیری شد بین من و آنها. چون واقعاً برایم غیرقابل تصور بود آن‌طور بازرسی که می‌خواستند بکنند. نمی‌خواهم بگویم کتکم زدند یا

[۱] متن کامل شهادتنامه فرشته قاضی در ضمیمه این گزارش آمده است.

ضرب و شتم کردند. نه. توی درگیری با حالت خشن و زدن و کشیدن بالاخره به صورت لخت مادرزاد من را بازرسی بدنی کردند.»[۱]

فرناز معیریان هم که پس از بازداشت در یکی از تجمعات پس از انتخابات ۱۳۸۸ توسط نیروهای پلیس امنیت تهران در بازداشتگاه اماکن در خیابان مطهری تهران بازرسی بدنی شده می‌گوید:

«ما آنجا تقریباً نزدیک به سه بار بازرسی بدنی شدیم. دوبار در حد این بود که لباس‌هایمان تنمان بود و یک بارش برهنگی کامل بود. یعنی یک فضای عجیب سکسیستی دیگر. اولاً همه که فحش می‌دادند یعنی از آن سرهنگ که دارد برگه تفهیم اتهام اولیه را به من می‌دهد دارد به من فحش می‌دهد تا زنی که مسئول اینجاست دارد فحش می‌دهد و اصلاً در آن فضا هیچ‌کاری نمی‌شد کرد، فقط باید نگاه می‌کردی. یک حالت فروریخته... یک بار که برهنگی کامل بود، یک مردی تو چارچوب در ایستاده بود، و ما توی اتاقک‌هایی در یک سالن حمام مانندی بودیم که توی اتاقک نمی‌رفتیم. در واقع باید دم در اتاقک می‌ایستادیم. یک کسی که خانم بود پشتمان می‌ایستاد، مجبورمان می‌کرد که برهنه کامل بشویم، خم شویم، راست شویم، تو این مایه‌ها... مَرده حضورش حتی برای من سنگین هم نبود یعنی در واقع اصلاً من نمی‌دیدمش. اصل قضیه این بود که به هر صورت هر آدمی یک جور است و من با برهنگی کامل همیشه مشکل داشتم یعنی احساس می‌کردم که یک نقطه‌ای حریم خود من است... اصلاً فکر نمی‌کردم تو این موقعیت قرار بگیرم و مجبور بشوم این کار را بکنم، فقط یادم است که نمی‌دانم لحظه‌ای که می‌گفت [لخت شو]، من فقط التماس می‌کردم و گریه می‌کردم که: نه بیشتر از این اگر بیشتر از این می‌خواهی خودت بکن من ارادی

---

[۱] شهادت فرشته قاضی، عدالت برای ایران.

نمی‌توانم. آن‌قدر گریه کردم که بی‌خیال شد. گفت خب لباس‌هایت را بپوش برو. واقعاً نمی‌توانستم.»[۱]

نگین شیخ‌الاسلامی نیز به یاد می‌آورد چگونه در زمان ضرورت، قواعد حاکم بر محرم و نامحرم و لزوم داشتن حجاب اسلامی در حضور مردان در زندان، می‌تواند نادیده گرفته شود:

«اینها من را بردند مستقیم انداختند تو اوین. یک دفتر هم تو کیفم بود، همیشه این دفتر را داشتم، خاطراتم را می‌نوشتم... می‌خواستم یک جوری این دفتر را نفله کنم. وقتی رسیدم تو اوین یک زنی پایین [۲۰۹] لباس‌های ما را تفتیش کرد، [دستم را یک جوری گرفتم جلوی دهنم انگار دارم عق می‌زنم] اینجوری کردم گفت چی شده؟ گفتم حالم دارد به هم می‌خورد، گفت حامله‌ای؟ گفتم آره. حامله که نبودم. گفت بیا بریزش تو سطل آشغال. دفتر را رسیده بودم پاره کنم، همین که آمدم بریزم تو سطل آشغال، سطل آشغال خالی بود. این را گذاشتم توی سطل آشغال، یک نایلون بزرگ مشکی بود، این را که گذاشتم توش مشخص بود. آمدم عقب. گفتم بروم دستشویی. می‌خواستم این زن را از سطل آشغال دور کنم. گفتند ما باهات می‌آییم. این دوتا زن با ما آمدند که برویم دستشویی، یکی دیده بود تو سطل آشغال یک چیزی هست، کاغذها را در آورده بود. اینها را فوراً نشان نگهبانان [مرد] داد، نگهبانان زن خیلی بدتر از نگهبانان مردند. علت هم دارد، من به‌خاطر اینکه کار می‌کردم تو حیطه زنان دیگر می‌دانستم، این زنها می‌خواهند خودشان را ثابت کنند و بگویند ما هستیم. می‌خواهند مردها برایشان کف بزنند، به آن اعتماد به نفس نرسیده‌اند و وجود خودشان را با تأیید مردها تأیید می‌کنند. به‌خاطر این است که در محیط‌های اینجوری زنها خیلی بدتر از مردها رفتار می‌کنند. گاهی من احساس می‌کردم

---

[۱] شهادت فرناز معیریان، عدالت برای ایران.

که نگهبانان مرد یک حس همدردی دارند. ولی زنها اصلاً اینجوری نبودند. این زن آمده بود اینها را نشان حاج‌آقا بدهند. من رفته بودم دستشویی ولی کاری نداشتم. این در دستشویی را از جا در آورده بود. می‌گفت بیا بیرون! آمدم بیرون گفتم چرا اینجوری می‌کنید؟ گفت بگردیدش. دیگر رحم نکردند آنجا. حجاب اسلامی و اینها. لختم کردند، همان‌جا من را گشتند... نه لخت لخت. پالتوم را در آوردند، روسری‌ام را در آوردند، لای موهایم را گشتند. گفتم بابا! دفتر خاطراتم بود نمی‌خواستم شما بخوانید...»[۱]

بازرسی بدنی کامل زنان در بازداشتگاه ۲۰۹ اوین که تحت کنترل وزارت اطلاعات و برای متهمان سیاسی است به این شکل انجام می‌شود که مأموران زن پس از اینکه زندانی را کاملاً لخت کردند، از او می‌خواهند که واژنش را در حالت نیمه نشسته باز کند و چند بار بنشیند و بلند شود (به حالت بشین پاشو)[۲]. این روند در مورد هر زندانی، یک بار در زمان ورود و بار دیگر در زمان آزاد شدن اتفاق می‌افتد. این در حالی است که مردانی که به ۲۰۹ برده می‌شوند، بازرسی بدنی کامل نمی‌شوند و تنها از آنها خواسته می‌شود در پشت یک پرده لباس‌های خود را با لباس زندان عوض کنند[۳]. اگرچه برخی از مردان زندانی سیاسی در زندان‌های دیگر، به‌خصوص زمانی که برای طی مدت محکومیت خود زندانی می‌شدند، تجربهٔ بازرسی از مقعد خود را به هنگام ورود به زندان داشته‌اند[۴]. برخی از آنان، این امر را بسیار تحقیرآمیز و آزاردهنده دانسته‌اند. یکی از این زندانیان سیاسی مرد

---

[۱] شهادت لیلا نوبری، عدالت برای ایران.

[۲] شهادت لیلا نوبری، عدالت برای ایران.

[3] شهادت علی کلایی، عدالت برای ایران.

[۴] برای نوشتن این بخش از گزارش، با بیش از ۲۰ زندانی سیاسی مرد تماس گرفته شد و از آنها خواسته شد اگر تجربهٔ بازرسی بدنی برهنه داشته‌اند، بنویسند.

می‌نویسد: "بعد که بردنم بند تا چند روز حالم بد بود و احساس کسی را داشتم که بهش تجاوز جنسی شده باشد."[1]

با این همه مرور شهادت‌های زنان نشان می‌دهد علاوه بر جنبه توهین و تحقیرآمیز بازرسی بدنی، ترس و فشار ناشی از آن برای زنان، به چند دلیل بیشتر است. یکی اینکه زن زندانی سیاسی، از لحظه بازداشت، وارد فضایی می‌شود که عمدتاً مردانه است. همان‌طور که در بخش قبلی گزارش آمد، در زمان بازداشت اکثریت قریب به اتفاق مصاحبه شوندگان این تحقیق، هیچ مأمور زنی حضور نداشته است. بازجویان و کادر قضایی همگی مرد هستند. به بسیاری از مصاحبه شوندگان در حین بازداشت یا در همان بازجویی‌های اولیه، توهین‌های جنسی شده است. برای تحلیل تأثیر بازرسی بدنی بر زنان زندانی، باید آن را در همین چارچوب فضای مردانه و مرعوب کننده و به شدت جنسی زندان قرار داد. در این چارچوب است که اگرچه بازرسی بدنی عمدتاً توسط مأموران زن انجام شده، اما در زنان زندانی این احساس را به وجود آورده که ممکن است پس از بازرسی، مورد آزار جنسی یا تجاوز قرار بگیرند.

نگین شیخ‌الاسلامی پس از اینکه درتهران و در تجمعی مقابل دفتر سازمان ملل در بهمن ماه ۱۳۷۹ به همراه چند مرد دانشجو بازداشت می‌شود، دربارهٔ نخستین باری که به بند ۲۰۹ برده شده چنین شهادت می‌دهد:

«برخورد دفعهٔ اول این زنها خیلی بد بود. من کم‌سن و سال بودم، بچه بودم. زن به من گفت لخت شو. چشم‌هایم بسته شده بود. تو انفرادی بودم. گفت لخت شو، شورتت را در بیاور، کرستت را در بیاور، این زن که اینجوری می‌گفت، گفتم می‌خواهد به من تجاوز کند. آخر اینجوری گفت بنشین، واژنت را باز کن، گفتم رویم نمی‌شود. گفت اِ؟ رویت نمی‌شود؟ رویت می‌شود با آن همه مرد گرفتنت، یک

[1] شهادت پیمان عارف، عدالت برای ایران.

زن را با ده مرد گرفته‌اند، رویت نمی‌شود اینجوری خودت را برای ما زنها لخت کنی؟»[۱]

احساس ترس از تجاوز در حین بازرسی بدنی در زنان زندانی دیگر نیز ایجاد شده است. فرشته قاضی می‌گوید: "خیلی خیلی شوکه بودم. یعنی به هیچ عنوان انتظار چنین چیزی را نداشتم، تصور اینکه چنین اتفاقی بیفتد را نداشتم. می‌شود گفت بیشتر از هرچیز شوک اول آنجا بهم وارد شد و نگرانی و ترس در وجودم نشست که اینها که تا این حد پیش می‌روند و در لحظهٔ ورود چنین کاری می‌کنند، بعد چه خواهند کرد. بعد چه در انتظار است."[۲]

در عین حال، نمی‌توان تأثیرات فرهنگی که بدن زن و برهنگی او را تابو می‌بیند را بر افزایش میزان آزار دیدن زندانیان سیاسی زن از بازرسی بدنی، انکار کرد. این موضوع تا حدی مهم و جدی است که به‌عنوان مثال، فرناز معیریان، اجبار به لخت شدن و بازرسی داخل اندام جنسی و مقعد را بدترین نوع آزار جنسی که در طول دو دوره بازداشت خود تجربه کرده می‌داند: "بدترینش نحوهٔ بازرسی بدنی‌شان در پلیس امنیت بود، برهنگی کامل، آزار جنسی اینست دیگر، هیچ اختیاری روی بدنت نداری. باید التماس کنی و گریه کنی و به دست و پای طرف بیفتی که نمی‌خواهم لباس زیرم را در بیاورم."[۳]

بازرسی داخل اندام‌های جنسی زنان، در برخی از مواقع به‌عنوان یک روش تحقیر و تأدیب زندانیان زن نیز استفاده شده است. در روز ۹ آبان ۱۳۹۱، مأموران زن زندان اوین، پس از تفتیش وسایل زندانیان سیاسی زن، اقدام به بازرسی داخل اندام جنسی و مقعد آنان کردند. در این بازرسی، سه مأمور زن، با خشونت و با دست، درون واژن و مقعد زندانیان زن را جستجو

[۱] شهادت نگین شیخ‌الاسلامی، عدالت برای ایران.
[۲] شهادت فرشته قاضی، عدالت برای ایران.
[۳] شهادت فرناز معیریان، عدالت برای ایران.

کردند. هر ۳۳ زن زندانی محبوس در بند زندانیان سیاسی اوین، در نامه‌ای به رییس این زندان، علی‌اشرف رشیدی اقدم، خواستار "عذرخواهی مقامات مسئول و تعهد ایشان دربارهٔ عدم تکرار چنین رفتاری با زنان زندانی" شدند. در بخشی از این نامه که در سایت کلمه منتشر شده[۱] چنین آمده است:

«چیزی که قابل گذشت نیست رفتار وحشیانه بعضی از مأموران در بازرسی بدنی است که دور از شأن و مصداق بارز تعرض و هتک حرمت به‌شمار می‌آید و قلم از بیان صریح آن شرم دارد. با توجه به انواع دوربین‌های امنیتی و سختگیری در رفت آمدها و نقل و انتقال وسایل و غیره و با توجه به وجود ابزار الکترونیکی مناسب که می‌توانست برای بازرسی بدنی بکار رود و یا دست کم محترمانه باشد بر ما معلوم نیست که چرا چنین رفتار توهین آمیزی صورت گرفته است.»[۲]

پس از اینکه هیچ پاسخی به این نامه داده نشد، ۹ نفر از زندانیان زن به دلیل اینکه این بازرسی بدنی را مصداق "آزار جنسی"[۳] دانستند، تصمیم گرفتند در اعتراض به آن اعتصاب غذا کنند. یک نفر از آنها (راحله زکایی)، پس از آنکه مسئولان زندان اعتصاب کننده‌ها را تهدید به انتقال به انفرادی و ممنوعیت ملاقات کردند، به اعتصاب خود پایان داد. ۸ نفر دیگر، یک هفته بعد، با تنظیم شکایتی از مأموران خاطی و تعهد مسئولین حفاظت و

---

[۱] در نسخهٔ اصلی نامه که زنان زندانی نوشته بودند و برای انتشار از طریقی که برای ما روشن نشد به سایت کلمه، منسوب به نزدیکان میرحسین موسوی، فرستاده بودند، یک جمله وجود دارد که در آن صراحتاً گفته شده چون زنان زندانی، این عمل را مصداق بارز "آزار جنسی" می‌دانند، دست به اعتصاب غذا می‌زنند. این جمله پیش از انتشار، به وسیله اداره‌کنندگان سایت کلمه حذف شده است با اینکه این سایت ادعا کرده که متن کامل را منتشر کرده است. حذف این جمله نشان می‌دهد تابوهای فرهنگی در طرح مسائل مربوط به زنان و جنسیت تا چه حد پررنگ است.

[2] http://www.kaleme.com/1391/08/11/klm-118377/

[3] http://justiceforiran.org/call-for-action/womeninhungerstrike/

بازرسی زندان اوین مبنی بر پیگیری مسئله و برخورد با افراد خاطی و عدم تکرار این نوع بازرسی‌ها در آینده، به اعتصاب خود پایان دادند.[۱]

سارینا صبوری که پس از بازداشت به بند ۲۰۹ زندان اوین برده شده و او را مجبور کرده‌اند در مقابل سه نفر دیگر در یک سلول دسته‌جمعی کاملاً لخت شود و چند بار "بشین پاشو" کند، نیز عقیده دارد: "به نظر من بازرسی و یا خیلی کارهایی که تو زندان انجام میشه برای اینه که رعب و وحشت ایجاد کنند و این احساس رو داشته باشی که همه چی فوق امنیتیه. و الا می‌تونند با دستگاه‌های الکترونیکی بدون این که دست به بدن بزنند بازرسی کنند."[۲]

جمع‌بندی

در حالی‌که موازین بین‌المللی رفتار با زندانیان زن، بازرسی داخل اندام‌های جنسی زنان با استفاده از دست را جایز نمی‌داند، در بسیاری از موارد زندانیان سیاسی زن در ایران، مورد بازرسی بدنی کامل اندام‌های جنسی و مقعد قرار گرفته‌اند. برخی از مصاحبه شوندگان این تحقیق، این بازرسی‌ها را مصداق آزار جنسی دانسته‌اند. به‌خصوص اینکه در تمامی مواردی که در این تحقیق گزارش شده است، زندانبانان زن از دست‌هایشان برای بازرسی داخل واژن یا مقعد استفاده کرده‌اند و در معدودی از موارد، مردان در هنگام بازرسی هر چند ناظر نبوده‌اند اما حضور داشته‌اند. مصاحبه شوندگان این تحقیق همچنین این نوع از بازرسی‌ها را که در مورد زندانیان غیرسیاسی، یک رویه معمول است که برای جلوگیری از انتقال مواد مخدر به زندان استفاده می‌شود، در مورد زندانیان سیاسی که به دلیل عقاید یا فعالیت‌های سیاسی خود بازداشت شده‌اند، عملی توهین‌آمیز می‌دانند.

---

[1] http://news.gooya.com/politics/archives/2012/11/149906.php

[۲] شهادت سارینا صبوری، عدالت برای ایران.

۳- آزارهای جنسیتی پس از زندان

زن زندانی، پیش از آنکه به‌عنوان زندانی شناخته شود، زن است. او در زندان نیز از جنسیت خود و گرفتاری‌های ناشی از آن رها نمی‌شود. وقتی از زندان بیرون می‌آید و پس از آزادی نیز همچنان و قبل از هر چیز زن است. آن هم در جامعه‌ای که زن بودن تعاریف خاص و محدود کننده‌ای دارد. به این معنا، زنی که در یک خانواده یا فضای اجتماعی سنتی زندگی می‌کند، محدودیت‌ها و تبعیض‌های جنسیتی، نه فقط در زمانی که هنوز به زندان نیفتاده، بر زندگی و فعالیت‌هایش تأثیر می‌گذارد بلکه پس از بیرون آمدن از زندان، به شکلی پررنگ‌تر و بی رحمانه‌تر، نمایان می‌شوند. در مورد برخی از مصاحبه شوندگان این تحقیق، فشار و تحقیر ناشی از فرهنگ "زن زندانی به مثابه لکهٔ ننگ بر پیشانی خانواده"، خود را نشان داده است.

هدی هواشمی[۱]، زندانی عرب که در هنگام خروج از کشور در فرودگاه اهواز بازداشت شده، از فشار روانی سنگینی که در دوران بازداشت بر او به دلیل نگرانی از واکنش خانواده و اینکه می‌خواسته "روسفید" از زندان بیرون بیاید می‌گوید:

«من را همراه فرزند یک سال و نیمه‌ام در ملاءعام دستگیر کردند که توانست حالت وحشت را در من ایجاد کند که [گویا توانستند] دید مردم را علیه من به یک شیوه‌ای تغییر دهند. همان‌طور که می‌دانید طبیعت ما عرب‌ها اینست که اگر زنی وارد زندان بشود، دیگر آن زن نیست. با این نگاه به ما نگاه می‌کنند.... در ذهنم هم فکر می‌کردم در سلول‌های انفرادی حتماً دوربین‌هایی را کار می‌گذارند و این را یادم است که بیست و چهار ساعتی که شب و روز را به پایان می‌رساندم روسری‌ام سرم بود و لباس بلند را پوشیده بودم... من هیچ وقت به شکل کامل حمام نکردم و موهایم را نشستم.

---

[۱] متن کامل شهادت هدی هواشمی ضمیمه این گزارش است.

احتیاط می‌کردم و می‌گفتم که بالاخره من یک روزی از اینجا خارج می‌شوم. ذهنیتم این بود که این مکانی که من در آن هستم جای امیدی نیست که ازش خارج بشوم ولی خودم را امید می‌دادم که اگر خارج بشوم شاید علیه من بتوانند چیزی را تلقین کنند و بهم اتهام بزنند. ولی من مطمئن بودم که بالاخره یک روزی از سلول انفرادی بیرون می‌روم و با روی سفید به خانواده‌ام برمی‌گردم و اینها همیشه در ذهنم بود. ترس و رعب تا الان هم باهام است و حتی در خانهٔ خودم هم احساس ناامنی می‌کنم. این نکته‌ای است که دولت فارس[1] موفق شد که این حالت را در من بوجود بیاورد که تا ابد ترس با من خواهد بود... خوشبختانه نتوانستند به هدف خودشان برسند و خانواده و نزدیکان من خیلی ناراحت بودند از این عمل و بعد از دستگیری من تقریباً نوزده روز بود که از من خبر نداشتند به‌خاطر اینکه نیروهای اطلاعاتی هیچ‌گونه اخباری را به آنها نمی‌دادند... ولی وقتی که من وارد زندان[2] شدم و دیدم که خانواده‌ام به ملاقات من می‌آیند و این دیدگاه غلط را دیگر ندارند خیلی خوشحال شدم. دولت فارس می‌داند که عرب‌ها حساسند به جنس زن و برایشان خیلی سخت است که ببینند همسر یا زن یا دختر یا مادرشان در زندان است و براساس این دیدگاه می‌خواستند خانواده‌های ما را از ما جدا کنند و حالت تشویش به ذهنیت‌ها وارد کنند ولی خوشبختانه موفق نشدند. هنگامی که من از زندان آزاد شدم با استقبال بسیار گرم خانواده‌ام مواجه شدم و اکثر فامیل و نزدیکانم به دیدارم آمدند و حتی می‌شود گفت که این کار دولت را غلط دانستند و گفتند که

[1] زندانیان سیاسی عرب اغلب از نظام حاکم بر جمهوری اسلامی با عنوان "دولت فارس" یاد می‌کنند زیرا به باور آنها، حکومت ایران توسط اکثریت متعلق به قوم فارس یا کسانی که "فارس‌گرا" هستند اداره می‌شود و به همین دلیل نسبت به سایر قومیت‌ها از جمله عرب‌ها تبعیض روا می‌دارند.

[2] منظور، انتقال از بازداشتگاه اطلاعات به زندان عمومی سپیدار اهواز است.

چطور توانستند تو را در زندان بگذارند و این همه شکنجه را تحمل کنی.»[۱]

نگین شیخ‌الاسلامی دربارهٔ برخورد خانوادهٔ او که براساس توصیف وی "یک خانوادهٔ خرده بورژوا، متشکل از یک پدر و مادر کارمند" است پس از آزاد شدن از زندان می‌گوید:

«چیزی که خیلی برای پدرم اهمیت دارد، تجاوز به من است. آیا تجاوز به من شده یا نشده. چون وقتی من از زندان آزاد شدم، بابام گفته بود هیچ‌کس نفهمد نگین زندان بوده. وقتی آمدم سنندج برای من مولودی، (یک جشن مذهبی مال سنی‌ها است که می‌گیرند و شکر می‌کنند) گرفتند. اما هیچ‌کس از فامیل نمی‌دانست برای چی است. [در حالی‌که اگر برادرم بود با افتخار به‌عنوان زندانی سیاسی اعلام می‌شد]... خب آن نگاه و تفکر سنتی که تو جامعه است که امکان دارد یک زن [در زندان] مورد تجاوز قرار بگیرد، همان نگاه ناموس، [باعث این برخورد پدرم بود]. با اینکه کسی که خیلی من را بیشتر گستاخ کرد پدرم بود... مثلاً پدر من هیچ وقت به من نگفته اینجوری نرو، یا اینجوری ننشین، با این آقا حرف نزن. ولی آنجا این مسئله برای پدر من پررنگ شده بود. من ناموس آنها تلقی می‌شدم. این مسئله بعد از زندان خیلی پررنگ شد... زندان سیاسی دخترش را داشت پنهان می‌کرد. هیچ‌کس نفهمید، حتی افرادی هم که تو اخبار و تلویزیون‌های کردی شنیده بودند، اشاره نمی‌کردند. اصلاً قضیه پنهان شد. من که آزاد شدم و آمدم، آنهایی که هم‌فکر بودند و سیاسی بودند، اکثر مردها آمدند خانهٔ ما، یکی زانویم را می‌بوسید، یکی سر شانه‌ام را می‌بوسید، می‌گفتند تو باعث افتخاری برای ما. همه می‌دانستند من دستگیر شده‌ام اما پنهان کردن قضیه از طرف من باعث شد همه سکوت کنند. دوستان من

[۱] شهادت هدی هواشمی، عدالت برای ایران.

هم توی خانه دیدن من نیامدند، دوستان برادرم نیامدند. به‌خاطر اینکه احساس کردند قضیه برای پدر من اهمیت دارد. پدر من مایل نبود که کسی بفهمد دستگیر شده‌ام.»[1]

تجربه‌های متعدد مصاحبه شوندگان این تحقیق نشان می‌دهد که بسیاری از زنان زندانی، در شرایطی که به دلیل فشارهای زندان و مشکلات روحی و جسمی ناشی از آن، نیاز به توجه و حمایت نزدیکان خود دارند، نه فقط در بسیاری از موارد از حمایت خانواده پس از آزادی از زندان برخوردار نبوده‌اند بلکه به شکل‌های گوناگون تحت فشار قرار گرفته‌اند که به این سئوال پاسخ دهند که آیا در زندان به آنها تجاوز شده است یا خیر. سؤالی که برای آنها بسیار آزار دهنده بوده است.

نگین شیخ‌الاسلامی تجربهٔ اولین باری را که اجازه یافته به خانواده‌اش از زندان تلفن کند چنین به یاد می‌آورد:

«مادرم گفت: کجایی؟ از نگهبان پرسیدم: اینجا کجاست؟ گفت: اوین. گفتم: مامان اوین است. گفت وای اوین!. اوین خیلی انعکاس داشت تو ذهن آنها. [بازجوها به من گفته بودند مادرم سکته کرده] گفتم تو حالت خوب است؟ تو سکته نکردی؟ گریه می‌کردم. مادرم می‌گفت من حالم خوب است. تو مواظب خودت باش. می‌گفت بهت تجاوز کردند؟ اولین چیزی که پرسید این بود. یعنی این از همه برایش بیشتر اهمیت داشت. گفتم نه. هیچی نشده. گفت می‌زدنت؟ گفتم نه به خدا هیچ کس من را نزده. من کتک نخوردم، بهم هم تجاوز نشد. ولی این ذهنیت تو ذهن خانواده‌ام بود.»[2]

سئوال در مورد وقوع تجاوز به‌خصوص در مورد زندانیان زنی که پس از انتخابات ریاست جمهوری ۱۳۸۸ بازداشت شده بودند، حتی در خانواده‌های نه‌چندان سنتی هم در موارد متعدد مطرح شده است.

---

[1] شهادت نگین شیخ‌الاسلامی، عدالت برای ایران.
[2] شهادت نگین شیخ‌الاسلامی، عدالت برای ایران.

فرناز معیریان که در یکی از اعتراضات خیابانی پس از انتخابات بازداشت شده دربارهٔ حس‌هایش پس از آزادی می‌گوید:

«... شما وقتی آزاد می‌شوید،.... قبل از هرچیزی برای خودت فروریخته‌ای. یعنی یک سری اتفاقات آن تو افتاده، یک سری جزئیاتی است که جزئیات تو است و آن بازجو و وقتی آزاد می‌شوی اولش یک حالت شوکی است و حرفی نمی‌توانی بزنی و خب من شب اول خیلی خوشحال بودم که آزاد شده‌ام ولی خب خانه هم برای من خانه نبود. قرار توی آن خانه وجود نداشت یعنی حالت آرامشی حالت اینکه بگویم خانه است، سکونی دارد... من همان شب اول بهترین دوستم را نگه داشتم که با پدر و مادرم تنها نباشم. گفتم امشب پیشم بمان و از فردا صبحش به مدت سه چهار هفته شاید من سه روزش را پیش خانواده‌ام بودم. بقیه‌اش را ترجیح می‌دادم این طرف و آن طرف باشم، هرجایی باشم غیر از خانه، غیر از جایی که من مجبور باشم مواجه بشوم و به اینها یک سری توضیح‌هایی را بدهم. برای اینکه آنها هم یک سری استرس‌هایی را داشتند که من نمی‌خواستم آن موقع راجع بهش حرف بزنم. مهم‌ترین استرسشان تجاوز بود. من اصلاً نمی‌خواستم راجع به این قضیه کسی از من سؤال کند. برای اینکه این اتفاق به مفهوم تجاوز نیافتاده بود. ولی اینکه شما هی بخواهی توضیح بدهی راجع به آن جزئیات و اینکه در جواب "نه نشده" بپرسند چی شده؟ و شما هی بخواهی این را تکرار کنی یعنی یک بار دیگر بروی توی آن سلول، یک بار دیگر همهٔ آن اتفاق‌ها برایت بیفتد... حالم خوب نبود، نه حال جسمی‌ام خیلی خوب بود به‌خاطر اینکه دچار عفونت شدید ریه بودم و نه حال روحی خوبی داشتم و دپرشن [افسردگی] شدید داشتم و اصلاً حال خوبی نداشتم.»[1]

---

[1] شهادت فرناز معیریان، عدالت برای ایران.

سارا زرکوب که از فعالان ستاد کروبی بوده می‌گوید:

«بعد از بازجویی‌ام اجازه دادند به خانواده‌ام خبر بدهم. بازجویم حرف زد گفت از اوین تماس می‌گیریم. یک لحظه گوشی را دادند به خودم فقط با پدرم حرف زدم، با مادرم نتوانستم حرف بزنم. گفتم بابا من اوینم. گفت بابا دست بهت نزدند؟ کاریت نکردند؟ گفتم نه بابا. [منظورش] این بود که کاری باهات کردند؟ بهت تجاوز کردند؟ اولین سؤالی بود که ازم پرسید. گفتم نه بابا.»[1]

او در یادداشتی که حدود سه سال بعد از آزادی، در صفحه فیس‌بوک خود نوشته، راجع به تأثیر این سئوالات می‌نویسد: "اصولاً وقتی تو جمع دوستام هستم خیلی از دورانی که توی اوین گذروندم ازم می‌پرسن و دوست دارن وارد جزئیاتش بشن. منم که زیاد دوست ندارم حرفی بزنم خیلی کوتاه و سر بسته جواب می‌دم.... فقط تعداد خیلی معدودی از دوستای نزدیکم در جریان جزییاتش هستن اونم صرفاً به دلیل شغل و حرفه‌شون. یادمه برای اولین بار که با خانوادم از اوین تماس داشتم اولین سؤالی که پدرم ازم پرسید این بود که بابا دست که بهت نزدن کاریت که نکردن !؟ و منم با بغض و مکث جواب دادم نه بابا جونم! و این اولین و آخرین سؤالی بود که پدرم ازم تو این سه سال پرسید. و همیشه بیزارم از این سؤال تکراری که صرفاً خیلی از دوستام توی مهمونی‌ها یا دور همی‌ها یا حتی تو یه گفتگوی ساده می‌پرسن: کاری هم باهات کردن؟ انگار داستان اگه بگم آره براشون جذاب‌تر و دلچسب‌تر می‌شه!"

برخی از مصاحبه شوندگان حتی مورد قضاوت بی‌رحمانه و رفتار خشن‌تری از سوی خانواده و بستگان قرار گرفته‌اند که اگر به جای آنها پسر خانواده بازداشت شده بود، امکان نداشت چنین رفتارها و قضاوت‌هایی درمورد او صورت بگیرد. کانی اردلان که در خانواده‌ای بسیار سنتی بزرگ شده دربارهٔ تجربه خود پس از آزادی از زندان می‌گوید:

---

[1] شهادت سارا زرکوب، عدالت برای ایران.

«در منطقهٔ ما فقط یک مورد داشتیم خانمی که بازداشت شده بود و البته اتهامش مالی بود. در همان زمان بازداشت همسرش رفت درخواست طلاق داد. یعنی تا این حد بد می‌دانند کسی که سابقهٔ بازداشت و زندان داشته باشد و همیشه این تصور برایشان هست که هر زنی برود داخل زندان حتماً مورد تجاوز قرار می‌گیرد. خب این ذهنیت در مورد من هم بود و خیلی برایشان سخت بود. وقتی آزاد شدم اوایل مادرم به من می‌گفت به کسی نگوییم که بازداشت شده‌ای. خواهرم گفت اینکه اسمش توی سایت‌ها پر است. یعنی هیچ‌کدام از کردها اینها را نمی‌خواند؟ نمی‌داند این بازداشت شده؟ مامان چی را می‌خواهی قایم کنی؟ توی فامیلمان هم فقط یک دختر جرأت کرد آن هم پای تلفن گفت شنیدیم کانی بازداشت شده، یعنی مادرم حیثیت برای این دختر نگذاشت و هرچه از دهانش آمده بود بارش کرده بود که آن طفلک جرأت نکرد عید خانه ما بیاید. بار اول هیچ کس حرفی نمی‌زد. بابای من هم روزی که می‌خواستم آزاد شوم مادرم بهش گفته بود حداقل ملاقات نیامدی دارد آزاد می‌شود بیا. بابام گفته توقع داری دسته گل بیاورم، یک گوسفند هم جلوی پایش قربانی کنم؟ خیلی کار خوبی کرده؟ ما دیگر سر داریم بلند کنیم جلوی مردم با این کاری که این کرده؟ آخر دختر برود زندان؟ آن زمان که من بازداشت شده بودم در عین اینکه گریه می‌کرده و ناراحت بوده از این وضعیت و نگران بوده که ممکن است بکشندش ولی در کنارش هم می‌گفته بیاید بیرون یک گلوله مایه‌اش می‌کنم. دایی‌ام یک تفنگ شکاری دارد همه‌ش می‌گفته تفنگ دایی را بدهید به من، من این را می‌کشم. فکر می‌کرد آنجا مورد تجاوز قرار می‌گیرم و کسی که مورد تجاوز قرار گرفته، اصلاً در آن جامعه شانس زندگی کردن ندارد. این چیزی بود که خواهرم اینها می‌گفتند. ولی مادرم و برادرم خیلی حمایت کرده بودند.

[در حالی‌که اگر برادرم می رفت زندان] خیلی متفاوت بود. مطمئنم بابام هر روز جلوی در آن زندان بود. یعنی فکر می‌کنم وسایل خوابش را هم به جلوی در آن زندان می برد. چون مثلاً توی خانه‌مان هم دیده بودم یک اشتباهی را ممکن بود من مرتکب شوم، به شدت از طرف پدرم برخورد می‌شد اما همان اشتباه را اگر برادرم انجام می‌داد اصلاً همچین برخوردی نمی‌شد. تنها دلیلی که می‌توانم برایش پیدا کنم این بود که او پسر بود و من دختر بودم... [یکی از مردهای خیلی نزدیک در فامیلمان] عید که به خانه ما آمد با دست به پهلویم زد و گفت خب کانی خانم تخم حرامت کی به دنیا می‌آید؟ منظورش این بود که حتماً در زمان بازداشت مورد تجاوز قرار گرفتم ... نمی‌دانم قبلاً آیا واقعاً این اتفاق توی زندان‌ها می‌افتاده یا نه. توی منطقهٔ ما می‌گفتند هر زنی را اگر به زندان ببرند حتماً موهای سرش را می‌تراشند. مادرم به خاطر همین و اینکه مردم بعداً برایم حرف در نیاورند خیلی نگران بود. خواهر و برادرم با ایشان صحبت کردند تا کمی آرام شد.[فقط] می‌گفت کانی یک مقدار روسری‌ات را ببر عقب که ببینند موهایت را نتراشیده‌اند. این حرف خیلی برایم آزاردهنده بود. ولی خب مادرم بود. نمی‌توانستم چیزی بگویم.»[1]

کانی اعتقاد دارد سنگینی فشار اجتماعی پس از زندان حتی از فشار ناشی از بازجویی در زندان بدتر است: "[فشار اجتماعی] حتی از سختی‌های لحظات بازجویی به نظر من بدتر است. چون من کمتر از ده روز بازداشت شدم و بعد تمام شد. درست است الان اثراتش مانده [اما خودش تمام شد] ولی فشار اجتماعی همیشه هست."[2]

[1] شهادت کانی اردلان، عدالت برای ایران.

[2] همان.

اما این تنها خانواده‌ها نیستند که پس از آزادی از زندان، فضای زندگی زنان را تنگ و آزاردهنده می‌کنند. آکان محمدپور که در یکی از شهرهای شمالی ایران دانشجو بوده شهادت می‌دهد که چگونه پس از بازداشت یک‌شبه خود به‌خاطر نداشتن روسری و بر تن داشتن لباس پسرانه، فضای اجتماعی آنچنان برای او آزار دهنده شده بود که دیگر نتوانست به تحصیلات خود در آن شهر ادامه دهد:

«انعکاس [آن بازداشت] توی جایی که زندگی می‌کردم [بود]، توی راه که می‌خواستم بروم دانشگاه، پسرها متلک می‌پراندند، اذیت می‌کردند. می‌گفتند: اِ این دو جنسه است که آن شب گرفتنش... چرا گرفتنت خوشگله؟ خب من جواب چند نفر را بدهم؟ من داشتم آنجا زندگی می‌کردم. نمی‌توانستم جواب بدهم و اصلاً در حد شخصیت من نبودند که جواب بدهم.»[1]

فشارهای وارده بر زندانی زن پس از آزادی، تنها به خانواده و جامعه اطراف محدود نمی‌شود بلکه در موارد متعدد، مقامات امنیتی همچنان آزار و اذیت زنی را که از زندان آزاد شده ادامه داده‌اند. این فشارها، به‌خصوص در مواردی که زنان زندانی تحت آزار و شکنجهٔ جنسی از سوی بازجویان خود قرار گرفته‌اند، در بیرون از زندان تأثیر منفی شگرفی بر زندگی و فعالیت‌های آنان گذاشته است. در برخی از موارد، زندانیان برای بازجویی مجدد احضار شده‌اند، در موارد دیگر، بازجویان با برقراری تماس‌های تلفنی متعدد با زندانی آزاد شده و صحبت‌های طولانی، آنها را کنترل می‌کرده‌اند. در بعضی از موارد نیز تماس با زندانی سابق و خانواده‌اش به بهانه پس دادن وسائل و مدارک بوده است. در مقایسه با دهه ۶۰، به دلیل وجود موبایل و سایر وسائل ارتباطی، دسترسی به زندانیان و یافتن آنها توسط بازجویان در این دوره آسان‌تر صورت می‌گرفته است.

[1] شهادت آکان محمدپور، عدالت برای ایران.

فرشته قاضی[1] دربارهٔ آزار و اذیت‌هایی که بازجوی وی پس از آزادی او از زندان شروع کرده و باعث خروج وی و خانواده‌اش از کشور در تیرماه ۱۳۸۷ شده می‌گوید:

«بازجوی من مدام به من زنگ می‌زد و می‌گفت بیا فلان‌جا ازت سؤال دارم. دیگر دفتر پیگیری و دادگاه نبود. می‌گفت بیا سر فلان کوچه کارت دارم. یا چند تا سؤال دارم ازت. آن‌قدر اینها تکرار شد که من می‌ترسیدم بروم بیرون. چون یک مقطعی این تهدیدها در دوران بازداشت بود، خب می‌شود گفت با این تهدیدها می‌خواستند مجبورت کنند آن چیزهایی که می‌خواهند را بنویسی. ولی این بیرون هیچ توجیهی نبود و نمی‌فهمیدم برای چی باید مدام به من زنگ بزند و بگوید بیا فلان‌جا. آن قدر اینها تکرار شد که من جواب نمی‌دادم، از شماره‌های مختلف زنگ می‌زد. دیگر رسیده بود به اینجا که اگر نیایی هرچه دیدی از چشم خودت دیدی و می‌آییم بازداشتت می‌کنیم. یا همان تهدیدهای داخل بازداشتگاه آمده بود بیرون... من آن موقع بچه هم داشتم. اینکه اگر جان بچه‌ات را دوست داری باید گوش کنی به حرفم. الان خیلی راحت می‌تونه برای خودت یا همسرت در یک تصادف "مشکلی" پیش بیاید. اینها مدام تکرار می‌شد و من نمی‌دانستم برای چه باید بروم، هر بار هم می‌ترسیدم بروم و هیچ‌وقت هم نرفتم واقعیتش. چون حالت غیر رسمی داشت و اگر هم اتفاقی می‌افتاد کسی مسئولیت را نمی‌پذیرفت، من حدود هفت ماه زندگی مخفی داشتم. یعنی به این صورت که خانهٔ یکی از دوستانم رفتم و هفت ماه آنجا بودم به هوای اینکه تمام می‌شود... دفعات اول که تماس می‌گرفت می‌رفت روی بحث پاسپورت و اینکه کمک می‌کنم پاسپورتت را بگیری و پرونده‌ات ختم به خیر شود. خیلی با حسن نیت سعی می‌کرد خودش را

---

[1] متن کامل شهادت فرشته قاضی ضمیمه است.

نشان بدهد. ولی خب من هیچوقت نمی‌رفتم و و شروع کرد به تهدید کردن و همان لحن مشمئز کنندهٔ داخل زندانش بود با اینکه آن چیزها را تکرار نمی‌کرد ولی همان بود. یعنی من فکر می‌کردم این آدم یک بیمار جنسی است یا در این راستا اهدافی دارد که می‌خواهد با من قرار بگذارد یا اینکه سر شکایتی که من کردم و صراحتاً اعلام کردم که چه بلاهایی سر من آورده توی بازجویی، می‌خواهد انتقام‌گیری بکند. نمی‌دانم واقعاً چرا. ولی حالت رسمی نداشت و این حالت رسمی نداشتن من را می‌ترساند.»[1]

راضیه (پری) نشاط نیز جریانی را که در خروج او از ایران تأثیر داشته چنین روایت می‌کند:

«در این فاصله که از زندان آمدم، اینها انگار که پشیمان شده باشند که چرا من را آزاد کرده‌اند، هر هفته به مادرم تلفن می‌کردند. من خانهٔ مادرم نمی‌رفتم، خانهٔ خواهرم هم نمی‌رفتم. یعنی نمی‌دانید اوضاع من چطوری بود، آخر رفتم خانهٔ یکی از دوستانم. تلفن می‌کردند به مادرم می‌گفتند دفاع آخرش را نکرده باید بیاید. بعد من یک بار زنگ زدم گفتم من هم دفاع آخر کردم هم تمام چیزهایم را ازم گرفته‌اید هیچ چیزی ندارم، پاسپورتم را هم بهم ندادند. گفتم من وثیقه داده‌ام قانوناً باید پاسپورت من را بدهید. موبایلم را بهم ندادید. گفت بیا بگیر. من هم برادر و مادرم را فرستادم. رفته بودند و نداده بودند پاسپورت را. فقط موبایل را داده بودند... بعد از سه ماه توی مراسم مهندس سحابی، فراهانی[2] را دیدم. تمام آنجا اطلاعاتی‌ها بودند، تا من رسیدم بلند شد اینجوری کرد [سرش را به نشانهٔ شناختن تکان داد] تا اینجوری کرد گفتم الان می‌آید، به روی خودم نیاوردم، مستقیم را نگاه کردم و کمی رفتم جلو و دیگر پشتم

---

[1] شهادت فرشته قاضی، عدالت برای ایران.
[2] بازجوی پرونده پری نشاط.

را هم نگاه نکردم. یک ماشین داشت می‌رفت سریع پریدم گفتم آقا
تا سر خیابان من را می‌رسانی؟ من را برد.»[1]

آزار و اذیت مقامات امنیتی، پس از آزادی از زندان، تنها شامل خود
زندانی نمی‌شود بلکه در برخی از موارد، خانواده‌های آنان نیز تحت آزار و
اذیت قرار گرفته‌اند. بعضی از مصاحبه شوندگان شهادت داده‌اند که چه در
زمانی که بازداشت بوده‌اند و چه پس از آن، بازجویان سعی در القای این
موضوع به خانواده‌هایشان، به‌خصوص اعضای مذکر خانواده داشته‌اند که زن
زندانی، از نظر اخلاقی، منحرف و "فاسد" است.

روژین محمدی می‌گوید:

«بابای من آدم مذهبی خشک نیست ولی خب مذهبی است و یک
دختر دارد و دخترش سیندلاری باباش است، با تمام مردسالاری‌ای
که داشت باز خیلی احترام برای من قائل بود.... یکی از چیزهایی که
بابام را باهاش اذیت می‌کردند، زنگ می‌زدند به بابام، بهش
می‌گفتند که دخترت را سالم می‌خواهی یا مثلاً مرده. دخترت را
سالم می‌خواهی یا... حالا بابای من دقیقاً به من نمی‌گفت چی
گفته‌اند، فلانش می‌کنیم. این اصطلاحی بود که بابام جلوی من
استفاده می‌کرد... [یا مثلاً] من سیگار می‌کشیدم، می‌گفتم بابام
می‌داند. گفتند خانواده‌ات می‌دانند؟ گفتم آره می‌دانند. ولی خب
بابام نمی‌دانست، اینها بهش گفتند من سیگار می‌کشم... بعدش که
من آزاد شدم بابام را چندبار خواسته بودند، بابام رفته بود هر بار به
یک بهانه‌ای، یک بار لپ‌تاپ را تحویل می‌دهیم، سه بار بابای من...
رفت، همین آقای نوریان[2] حتی شروع کرده بود به لری حرف زدن
با پدرم، گفته بود: آره دخترت جنده است، دخترت فلان است. بابام

---

[1] شهادت پری نشاط، عدالت برای ایران.
[2] رییس شعبه ۲ دادسرای شهید مقدس اوین.

گفته بود حق با شماست دختر من مشکل روانی دارد، هرچه شما می‌گویید...»[1]

آزار و اذیت‌های مقامات امنیتی و وابستگان آنها، تنها به تماس‌های مکرر تلفنی یا فراخوانی برای بازجویی‌های مجدد ختم نمی‌شود. حداقل در مورد یکی از مصاحبه شوندگان این تحقیق که یک زن طلاق گرفته بوده و تنها زندگی می‌کرده، که به دلیل شرکت در یک تجمع دانشجویی دستگیر شده بود، پس از آزادی از زندان، چندین بار خانه‌اش تحت عنوان "خانه فساد و روابط نامشروع" مورد بازرسی مأموران انتظامی قرار گرفته است. پروانه چنین شهادت می‌دهد:

«اینها دائم از دیوار خانهٔ من می‌کشیدند می‌آمدند بالا که اینجا روابط نامشروع است. خانهٔ تیمی است. من را خرکش می‌کردند می‌بردند. آقای قاسمی رئیس کلانتری اوین‌درکه بود. آدم خوبی به نظر می‌رسید. چون تنها کسی بود که یک بار باهاش صحبت کردم و بهش گفتم ببینید تیپ و قیافه و طرز صحبت کردن من به آدم‌هایی که شما می‌آورید و خلاف‌کارند می‌خورد یا نه؟ من یک زن تنها هستم که هزار کار می‌کنم که بتوانم خودم و خانواده‌ام را سر و سامان بدهم. چطور می‌تواند خانهٔ من رفت و آمد نامشروع داشته باشد. همین الان طبق قانون شما من صیغهٔ یک آدم پولدار بشوم خرج خودم و خانواده‌ام را می‌دهد و احتیاجی به کار ندارم. آن موقع ۲۷-۲۸ سالم بود. او یک مقدار قضیه را شل می‌گرفت ولی کسانی که برای بازجویی می‌آمدند، آزار و اذیت‌ها و توهین‌هایشان اینکه مثلاً تحقیر کردنشان و نگاه‌های بدشان آزاردهنده بود. من همیشه فکر می‌کنم که عین تن لختی می‌ماندم که با ناخن‌های بلند رویش چنگ می کشیدند. ... بعدها قاسمی توی لفافه به من گفت آدم یک زمانی یک کاری می‌کند و تاوانش را بعداً پس می‌دهد...»

---

[1] شهادت روژین محمدی، عدالت برای ایران.

و تاوان پس دادن پروانه به این اذیت و آزارها ختم نشده است. او دو بار توسط افراد نزدیک به مقامات امنیتی، در مکان‌هایی غیر از زندان، مورد تجاوز قرار گرفته است.[۱]

جمع‌بندی

نتایج این تحقیق نشان می‌دهد زنان زندانی، نه فقط در داخل زندان که حتی پس از آزادی از زندان نیز با فشار و تحقیر خانواده و جامعه مواجه می‌شوند. در برخی از موارد، صرف زندانی شدن زن به معنای بدنام و بی‌آبرو شدن اوست. فشارهای خانوادگی و اجتماعی از ابراز نگرانی و پرسش دربارهٔ اینکه آیا به زن در زندان تجاوز شده آغاز می‌شود و حتی به شیوه‌هایی خشن‌تر مانند تهدید به قتل گسترش می‌یابد. زن زندانی به روشنی مشاهده می‌کند مردان هم‌طراز او، پس از آزادی از زندان همچنان از شأن و منزلت اجتماعی سابق برخوردارند و یا حتی در برخی از موارد، منزلتی بالاتر کسب کرده‌اند. در حالی‌که او، منزلتی را که پیش از رفتن به زندان داشته، به آسانی از دست رفته می‌یابد. همان‌طور که در فصل مربوط به تجاوزهای بعد از انتخابات دیدیم، طرح اخبار و گزارش‌های مبنی بر تجاوز به زندانیان، اگرچه به افشای حقایق کمک می‌کند و ذهن زن فعال را برای آنچه ممکن است با آن روبه‌رو شود آشنا می‌کند اما در عین حال، به دلیل اینکه در ساختار جامعه مردسالار صورت می‌گیرد، می‌تواند تأثیراتی منفی به‌خصوص در محدود کردن و افزایش کنترل فعالیت‌های سیاسی- مدنی زنان داشته باشد. برای بازجویان پرونده‌ها نیز آزادی زن از زندان، پایان کار پرونده او نیست بلکه کنترل و تعقیب و تهدید وی، به شیوه‌های مختلف در بیرون از زندان نیز ادامه دارد. تحمل این فشارها در مواقعی که زندانی در درون زندان تحت آزار یا شکنجهٔ جنسی از سوی بازجوی خود قرار گرفته،

[۱] جزییات این موضوع در فصل مربوط به تجاوز در این گزارش آمده است.

بسیار دشوارتر می‌شود. تداوم آزار و تعقیب در خارج از زندان، فضای بیرون از زندان را آنچنان برای زن تنگ می‌کند که در بسیاری از موارد، او تنها چاره را خروج از ایران می‌بیند.

فصل پنجم

تحلیل حقوقی پیرامون تجاوز و خشونت جنسی علیه زندانیان سیاسی زن

۱- نگاهی به تجاوز، سایر موارد شکنجهٔ جنسی و آزارهای مبتنی بـر جنـسیت در مـــوازین حقـــوق داخلـــی ایـــران

اگرچه اصل ۳۸ قانون اساسی ایران "هرگونه شکنجه برای گرفتن اقرار و یا کسب اطلاع" را ممنوع کرده است و مقرر کرده است که "متخلف از این اصل طبق قانون مجازات می‌شود." اما در قوانین عادی، هیچ تعریفی از شکنجه به عمل نیامده است و هیچ‌یک از قوانین ایران، مشخص نمی‌کند چه نوع عملی شکنجه محسوب می‌شود و مجازات آن چه باید باشد. بند ۹ قانون احترام به آزادی‌های مشروع و حفظ حقوق شهروندی هم که می‌گوید: "هرگونه شکنجهٔ متهم به منظور اخذ اقرار و یا اجبار او به امور دیگر ممنوع بوده و اقرارهای اخذ شده بدینوسیله حجیت شرعی و قانونی نخواهد داشت." باز هم تعریفی از شکنجه و اینکه چه اعمالی شکنجه محسوب می‌شوند ارائه نمی‌دهد. تنها در ماده ۵۷۸ قانون مجازات اسلامی آمده در صورتی‌که مأموران قضایی و غیرقضایی برای اینکه "متهمی را مجبور به اقرار کند او را اذیت و آزار بدنی نماید علاوه بر قصاص یا پرداخت دیه حسب مورد به حبس از شش ماه تا سه سال محکوم می‌گردد و چنانچه کسی در این خصوص دستور داده باشد فقط دستور دهنده به مجازات حبس

مذکور محکوم خواهد شد و اگر متهم بواسطهٔ اذیت و آزار فوت کند مباشر مجازات قاتل و آمر مجازات قتل را خواهد داشت." به این ترتیب، برای تعیین حکم و مجازات شکنجهٔ جسمی، باید به قوانین مربوط به قصاص و دیه مراجعه کرد و هیچ تعیین تکلیفی نیز دربارهٔ سایر انواع شکنجه به عمل نیامده است.

به همین ترتیب، هیچ قانون مشخصی که به شکنجه و آزار جنسی پرداخته باشد نیز وجود ندارد. بنابر این، در غیاب قوانین اختصاصی برای شکنجه، برای یافتن اینکه قوانین جمهوری اسلامی ایران چه مجازات‌هایی برای عاملان و آمران تجاوز و شکنجهٔ جنسی در زندان‌ها، باید به سراغ قوانینی رفت که این جرائم را به‌طور عمومی و صرف‌نظر از اینکه در کجا (زندان یا غیر از زندان) و توسط چه کسانی (افراد عادی یا مأموران دولتی) بررسی می‌کنند. به بیان دیگر، قوانین ایران چه در تعریف جرم، چه در روش‌های اثبات جرم و چه در مجازات‌ها، هیچ تفاوتی بین شکنجه که توسط مأموران دولتی و اغلب در زندان انجام می‌شود و انجام این اعمال توسط افراد عادی و در بیرون از زندان قائل نشده است. به همین دلیل، نظام قضایی از کسی که به‌عنوان مثال در زندان مورد تجاوز مأموران قرار گرفته یا به او توهین‌های جنسی شده، همان دلایلی را برای اثبات جرم مطالبه می‌کند که از کسی که فردی در خیابان به او توهین کرده و یا مثلاً در محیط کار توسط کارفرما به او تجاوز شده است. در ادامه به تشریح جزییات قوانین ایران دربارهٔ تجاوز و سایر انواع آزار و شکنجهٔ جنسی می‌پردازیم.

تجاوز در قوانین ایران

موارد متعددی از تجاوز به زندانیان زن در دهه‌های ۷۰ و ۸۰ شمسی گزارش شده است (رک فصل دوم). قوانین ایران تجاوز را در چارچوب "زنا" (رابطهٔ جنسی کامل خارج از ازدواج یک زن و یک مرد) قرار داده و

آن را به‌عنوان زنای به عنف شناخته است. بر اساس مادهٔ ۸۲ قانون مجازات اسلامی، مجازات زنای به عنف و اکراه برای کسی که با توسل به زور دخول انجام داده است، اعدام است. این قوانین نه تنها ویژگی‌های خاص جرم تجاوز به‌طور کلی را در نظر نگرفته‌اند بلکه به‌طور خاص، در مورد تجاوز در داخل زندان، به ویژگی‌های این جرم هیچ توجهی نداشته است. به همین دلیل، برای اثبات زنای به عنف (تجاوز)، چهار بار اقرار زانی (متجاوز) و یا چهار شاهد مرد[1] که خود عمل تجاوز را دیده‌اند، لازم است. بدیهی است برای زندانی که مورد تجاوز قرار گرفته، اینکه شکنجه‌گر چهار بار در دادگاه اقرار کند و یا چهار مرد پیدا شوند که دیده باشند در چاردیواری بسته سلول یا اتاق بازجویی چه گذشته است، تقریباً محال است. در واقع علاوه بر فرهنگ مصونیت عاملان و آمران شکنجه که همان‌طور که در این گزارش مستند شد، به شکلی فراگیر در جمهوری اسلامی وجود دارد، حتی اگر قرار باشد عاملان تجاوز مورد محاکمه و مجازات قرار گیرند، قانون مجازات فعلی و به‌خصوص ادله اثبات این جرم، امکان مجرم شناخته شدن شکنجه‌گر را بسیار بعید کرده است.

آزار جنسی فیزیکی در قوانین ایران

برخی از زنان زندانی در دهه‌های ۷۰ و ۸۰ اشکال مختلفی از آزارهای جنسی فیزیکی از جمله تماس بدنی یا شروع به تجاوز را تجربه کرده‌اند (رک فصل سوم، بخش ۱). همان‌گونه که قوانین ایران تجاوز را در چارچوب "زنا" بررسی کرده، سایر آزارهای جنسی فیزیکی را نیز در قالب رابطهٔ نامشروع غیر از زنا بررسی می‌کند. به این ترتیب، مانند تجاوز، در این مورد هم نه فقط ویژگی‌های خاص آزارهای جنسی فیزیکی نادیده گرفته شده بلکه اگر این جرائم به‌عنوان مصداقی از شکنجه در زندان انجام

---

[1] این چهار شاهد مرد می‌توانند با سه شاهد مرد و دو زن نیز جایگزین شوند.

شود نیز به همان شکلی مورد رسیدگی قضایی قرار خواهد گرفت که در عرصهٔ خصوصی و بین یک مرد و یک زن خارج از زندان اتفاق افتاده باشد. ماده ۶۳۷ قانون مجازات اسلامی می‌گوید: "هرگاه زن و مردی که بین آنها علقه زوجیت نباشد، مرتکب روابط نامشروع یا عمل منافی عفت غیر از زنا از قبیل تقبیل یا مضاجعه شوند، به شلاق تا نودونه ضربه محکوم خواهند شد و اگر عمل با عنف و اکراه باشد فقط اکراه کننده تعزیر می‌شود."

بدیهی است به دلیل اینکه در قانون، هیچ توجهی به ویژگی‌های شکنجه، از جمله شکنجهٔ جنسی نشده، اثبات اینکه آزار جنسی فیزیکی در سلول یا اتاق بازجویی زندان اتفاق افتاده برای زندانی بسیار مشکل و حتی غیرممکن خواهد بود.

تفتیش زندگی خصوصی و اجبار به اعتراف دربارهٔ روابط جنسی در قوانین ایران

زندانیان زن در دهه‌های ۷۰ و ۸۰ شمسی به شکل قابل توجهی برای اقرار راجع به روابط جنسی داشته و نداشته خود تحت فشار قرار گرفته‌اند و زندگی خصوصی آنها به شیوه‌های مختلف از سوی مأموران امنیتی و قضایی مورد تفتیش قرار گرفته است (رک فصل سوم، بخش ۲). این در حالی است که بند ۱۱ قانون احترام به آزادی‌های مشروع و حفظ حقوق شهروندی دربارهٔ بازجویی مقرر می‌دارد که: "پرسش‌ها باید، مفید و روشن و مرتبط با اتهام یا اتهامات انتسابی باشد و از کنجکاوی در اسرار شخصی و خانوادگی و سؤال از گناهان گذشته افراد و پرداختن به موضوعات غیرمؤثر در پرونده مورد بررسی احتراز گردد."

با این همه، چون هیچ مجازاتی برای طرح پرسش‌های مربوط به مسائل شخصی در بازجویی در قوانین پیش‌بینی نشده، تخلف از این بند هیچ ضمانت اجرایی ندارد و به کرات نیز در مورد مصاحبه شوندگان این تحقیق روی داده است.

استفاده از الفاظ رکیک و توهین‌های جنسی در قوانین ایران

زندانیان زن در دهه‌های ۷۰ و ۸۰ به‌طور گسترده‌ای انواع مختلف آزارهای جنسی کلامی، به‌خصوص استفاده از الفاظ رکیک را تجربه کرده‌اند. بسیاری از زندانیان زن شهادت داده‌اند که بازجویان یا سایر مقامات قضایی و امنیتی، آنها را با الفاظی مانند "جنده" یا "فاحشه" خطاب قرار داده‌اند (رک فصل فصل سوم، بخش ۳). همان‌طور که گفته شد، طبق قوانین ایران تعریفی از شکنجه ارائه نمی‌دهد و تفاوتی بین توهین در فضاهای عمومی و یا توهین و آزارجنسی کلامی در زندان وجود ندارد.

براساس ماده ۱۳۹ قانون مجازات اسلامی، نسبت دادن روابط خارج از ازدواج به شخص دیگر، جرم "قذف" است و مجازات آن ۸۰ ضربه شلاق است.

ماده ۶۰۸ همین قانون نیز سایر انواع توهین و استفاده از الفاظ رکیک را جرم و مستوجب تا ۷۴ ضربه شلاق ضربه و یا پنجاه هزار تا یک میلیون ریال جزای نقدی دانسته است. آیین‌نامۀ اجرایی سازمان زندان‌ها و اقدامات تأمینی و تربیتی کشور نیز تندخویی، دشنام و ادای الفاظ رکیک را ممنوع کرده است (ماده ۱۶۹). اما با وجود ممنوعیت قانونی و مجازات‌های نسبتاً سنگین، هیچ‌یک از مصاحبه شوندگان این تحقیق، به یاد نمی‌آورند که بازجویان، قضات و سایر مسئولانی که به زنان زندانی توهین‌های جنسی می‌کرده‌اند، تحت پیگرد قضایی قرار گرفته باشند.

بازرسی داخل اندام‌های جنسی زنان

بسیاری از مصاحبه شوندگان این تحقیق موارد متعدد بازرسی بدنی داخل اندام‌های جنسی خود را گزارش کرده‌اند. (رک فصل چهارم). قوانین داخلی ایران بدون اینکه دقیقاً شیوه بازرسی بدنی را مشخص کرده باشند، آن را تنها در زمان ورود و خروج زندانی از زندان به منظور جلوگیری از

ورود یا خروج اشیاء ممنوعه مجاز دانسته است (مواد ۳۰ و ۳۱ و ۷۹ آیین‌نامهٔ اجرایی سازمان زندان‌ها و اقدامات تامینی و تربیتی کشور). بر اساس همین قوانین، مسئولان زندان می‌توانند محل زندگی، لوازم و اشیاء محکومان را بازرسی کنند اما این قوانین حق بازرسی بدنی زندانیان را جز در زمان ورود و خروج از زندان را به آنها نداده است. (مواد ۸۱ و ۸۲ همان آیین‌نامه). این قوانین هیچ‌گونه ضوابط خاصی در مورد بازرسی داخل اندام‌های جنسی زنان ندارد.

۲- نگاهی بـه تجـاوز و سـایر مـوارد شـکنجهٔ جنـسی و آزارهـای مبتنـی بر جنسیت در موازین حقوق بین‌الملل

میثاق بین‌المللی حقوق مدنی- سیاسی، که جمهوری اسلامی ایران نیز متعهد به اجرای مفاد آن است، در ماده ۷، شکنجه و رفتارهای ظالمانه، غیرانسانی و رذیلانه را ممنوع کرده است.

ماده ۱ کنوانسیون جهانی منع شکنجه و سایر رفتارها و مجازات‌های وحشیانه، غیرانسانی و ترذیلی، شکنجه را چنین تعریف کرده است: "شکنجه به هر عملی اطلاق می‌شود که عمداً درد یا رنج جانکاه جسمی یا روحی به شخص وارد آورد، به منظور اهدافی از قبیل اخذ اطلاعات یا اقرار از شخص مورد نظر یا شخص ثالث، یا تنبیه شخص مورد نظر یا شخص ثالث به اتهام عملی که وی مرتکب شده یا مظنون به ارتکاب آن است، یا به منظور ارعاب، تخویف یا اجبار شخص مورد نظر یا شخص ثالث و یا به هر دلیل دیگری که مبتنی بر شکلی از اشکال تبعیض باشد، منوط به اینکه چنین درد و رنجی توسط کارگزار دستگاه حاکمه یا هر شخص دیگری که در سمت مأمور قرار دارد یا به موجب ترغیب یا رضایت صریح یا ضمنی مأمور مزبور تحمیل شده باشد."

پاراگراف اول ماده ۱۶ همین کنوانسیون نیز مقرر می‌دارد که تمامی قوانین بین‌المللی مربوط به منع شکنجه باید در مورد رفتارها و مجازت‌های وحشیانه، غیرانسانی و رذیلانه نیز اعمال شود:

«هر یک از کشورهای طرف کنوانسیون متعهد می‌شود که در تمام قلمرو تحت صلاحیت قضایی خود از هر نوع اعمال مجازات یا رفتار ظالمانه، غیرانسانی و تحقیرآمیز دیگری که در شمول تعریف شکنجه در ماده ۱ قرار ندارد نیز جلوگیری به‌عمل آورد منوط بدان‌که این اقدام از طرف مأمور دولت یا شخص دیگری که به‌طور

رسمی انجام وظیفه می‌نماید، یا به تحریک یا رضایت صریح یا ضمنی وی انجام گرفته باشد.

تجاوز به وسیله تمامی دادگاه‌های بین‌المللی به‌عنوان یک نقض شدید تمامیت جسمانی زن و شکلی از شکنجه یا رفتار غیرانسانی و وحشیانه شناخته شده است.»

مانفرد نواک، گزارشگر ویژه سازمان ملل دربارهٔ شکنجه اظهار می‌دارد: "تجاوز، به‌عنوان شکنجه شناخته می‌شود وقتی به‌وسیلهٔ مقامات عمومی یا به تحریک، یا رضایت یا دلالت آنها صورت گرفته باشد."[1]

دادگاه اروپایی حقوق بشر نیز در پرونده‌های متعدد تجاوز را به‌عنوان شکنجه به رسمیت شناخته است. به‌عنوان مثال در یک پرونده، یک زن جوان که در بازداشتگاه پلیس در ترکیه به اتهام همکاری با یک گروه مسلح بازداشت شده بود، به زور، لباس‌هایش را کنده بودند، او را کتک زده، آب سرد را با فشار زیاد روی بدنش ریخته بودند و در حالی‌که چشم‌بند داشت به او تجاوز کرده بودند. دادگاه اروپایی این تجاوز را به‌عنوان شکلی از شکنجه شناسایی کرد.[2]

هرچند مصوبه بین‌المللی ویژه شرایط زنان در زندان‌ها وجود ندارد اما بسیاری از حقوق مصرح در اعلامیهٔ جهانی حقوق بشر، میثاق بین‌المللی حقوق مدنی- سیاسی و میثاق بین‌المللی حقوق اقتصادی، اجتماعی و فرهنگی قابل انطباق بر وضعیت زنان زندانی است. کنوانسیون بین‌المللی رفع همه گونه تبعیض علیه زنان نیز هرگونه خشونت مبتنی بر جنسیت را ممنوع کرده است. کمیته رفع تبعیض علیه زنان در "توصیه‌های عمومی" خود چنین بیان می کند:

«منظور این کنوانسیون از اصطلاح خشونت علیه زنان هرگونه خشونت مبتنی بر جنیست است که آسیب فیزیکی، جنسی یا روحی به زنان وادار

[1] See Special Rapporteur on Torture report before the Human Rights Council, 15 January 2008, A/HRC/7/3, para 36.

[2] European Court of Human Rights, Aydin v. Turkey, Communication 23178/94, 25 September 1997)

می‌کند، شامل تهدید به خشونت، اجبار یا محرومیت از آزادی چه در زندگی خصوصی و چه در زندگی عمومی می‌شود... خشونت علیه زنان، خشونت فیزیکی، جنسی و روانی را که به‌وسیلهٔ دولت‌ها انجام می‌شود را نیز در بر می‌گیرد.»[۱]

حقوق بین‌الملل دربارهٔ تفتیش زندگی خصوص و اجبار به اعتراف دربارهٔ روابط جنسی نیز موازین ممنوع کننده‌ای مقرر کرده است.

ماده ۱۴ میثاق بین‌المللی حقوق مدنی- سیاسی دربارهٔ حقوق بازداشت شدگان صراحتاً مقرر می‌دارد که هیچکس نمی‌تواند بازداشت شده را به اقرار علیه خود مجبور سازد

موازین سازمان ملل برای حمایت از حقوق بازداشت شدگان و زندانیان، سوء استفاده از شرایط فرد زندانی را به منظور اجبار او به اقرار علیه خود یا شخص دیگری ممنوع کرده است.[۲]

اصل ۲۱,۲ همین سند مقرر می دارد که هیچ فرد بازداشت شده‌ای را در زمان بازجویی نمی‌توان تحت شکنجه، تهدید یا روش‌های بازجویی که به ظرفیت وی برای تصمیم گیری یا قضاوت لطمه می‌زند قرار داد.[۳]

کمیته حقوق بشر سازمان ملل در یک مورد شکایت یک فرد اروگوئه‌ای که تحت شکنجه جسمی و روانی برای اعتراف علیه خود قرار گرفته بود، علیه دولت اروگوئه حکم داد و این دولت را ملزم به جبران خسارت شاکی و انجام اقداماتی برای اطمینان از اینکه خشونت‌های مشابه در آینده تکرار نخواهد شد کرد.[۴]

[1] See *General Recommendation No. 19 (11th session, 1992):* http://www.un.org/documents/ga/res/48/a48r104.htm, Article 1.

[2] Body of Principles for the Protection of All Persons under Any Form of Detention or Imprisonment, G.A. Res. 173, U.N. GAOR, 43rd Sess., Supp. No. 49, at 298, U.N. Doc A/43/49 (1988) at Principle 21.1. See also at: http://www.tjsl.edu/slomansonb/10.3_DetentionImprisonment.pdf

[3] Ibid principle 21.2

[4] Estrella v. Uruguay, comm. No. 74/1980, Selected Decisions of the Human Rights Committee Under the Optional Protocol Vol. 2 at 93-98, U.N. Doc. CCPR/C/OP/2, U.N. Sales No. E.89.XIV.1 (1990).

قطعنامهٔ سازمان ملل دربارهٔ اصول حمایت از تمامی افراد بازداشتی و زندانی[1] هیچ اصول ویژه‌ای دربارهٔ زنان ندارد. هرچند ماده ۵ مقرر می‌دارد که این اصول باید در مورد تمام زندانیان اجرا شوند و به‌خصوص زنان، زنان باردار و مادران زندانی، بچه‌ها و نوجوانان، افراد پیر، بیمار و معلول، تحت هیچ تبعیضی قرار نگیرند.

استانداردهای حداقلی قواعد رفتار با زندانیان، مصوب اولین کنگره سازمان ملل دربارهٔ پیشگیری از جرم و رفتار با مجرمان و شورای اقتصادی-اجتماعی سازمان ملل[2] مقرر می‌دارد که زنان و مردان زندانی باید جدا از یکدیگر نگهداری شوند. این استانداردها همچنین مقرر می‌کنند در بازداشتگاه‌ها یا زندان‌هایی که هم زنان و هم مردان را پذیرش می‌کنند، تمامی بخش اختصاص یافته به زنان باید به‌طور کامل جدا باشد.

موازین پیشگیرانه از آزار زنان زندانی به وسیله زندانیان یا مقامات مذکر به‌طور روشنی در قاعدهٔ شماه ۵۳ این استانداردها توضیح داده شده است:

«در هر بازداشتگاه یا زندانِ زنان و مردان، قسمت مربوط به زنان باید جدا و تحت کنترل یک مسئول زن که کلید تمامی بخش‌ها را دارد باشد. هیچ مأمور مردی نمی‌تواند وارد بخش زنانه زندان شود مگر اینکه با یک مأمور زن همراهی شود. زنان زندانی باید تحت نظارت یک مسئول زن پذیرش و مراقبت شوند. این به معنای عدم اجازهٔ کارمندان حرفه‌ای مرد به‌خصوص پزشکان یا معلمان نیست که برای انجام وظایف حرفه‌ای خود در بندهای زنان حضور می یابند.»

حداقل در یک مورد که در این گزارش مستند شده، یک زندانی سیاسی زن مجبور به وضع حمل در سلول انفرادی، بدون برخورداری از

---

[1] The Body of Principles for the Protection of All Persons under Any Form of Detention or Imprisonment, See http://www.un.org/documents/ga/res/43/a43r173.htm

[2] The Standard Minimum Rules for the Treatment of Prisoners, See http://www2.ohchr.org/english/law/treatmentprisoners.htm

هرگونه امکانات پزشکی و در حضور دو مأمور مرد شده است. در حالی‌که استانداردهای حداقلیِ سازمان ملل دربارهٔ قواعد رفتار با زندانیان، موازین خاصی در مورد بارداری، وضع حمل و نگهداری از کودکان در نظر گرفته است. قاعده ۲۳ مقرر می‌دارد: "در زندان‌های زنان باید بخش ویژه‌ای برای مراقبت‌های پیش و پس از زایمان باشد. باید ترتیبی اتخاذ شود که زنان زندانی در بیمارستان وضع حمل کنند."

قواعد سازمان ملل برای رفتار با زنان زندانی، به منظور اجتناب از آثار احتمالی زیانبار، شیوه‌های جایگزینی، از قبیل اسکن‌های الکترونیک برای بازرسی بدنی از طریق برهنه کردن و بازرسی اندام‌های داخلی بدن باید مورد استفاده قرار بگیرد. (قاعدهٔ بیستم از قواعد سازمان ملل در رفتار با زندانیان زن (قواعد بانکوک)[1]

جمع‌بندی

قوانین داخلی ایران تعریف روشنی از شکنجه و به تبع آن از شکنجهٔ جنسی ارائه نمی‌دهند. عدم وجود قوانین مختص به جرم و مجازات اعمال شکنجه، در کنار فرهنگ گستردهٔ مصونیت، که در فصل‌های پیشین مورد بررسی قرار گرفت، اصلی‌ترین دلایلی است که عاملان و آمران شکنجهٔ جنسی همچنان مصون از هرگونه پیگرد حقوقی قرار گرفته‌اند. این در حالی است که برخی از تعهدات بین‌المللی، از جمله میثاق بین‌المللی حقوق مدنی- سیاسی، صراحتاً دولت جمهوری اسلامی را موظف به منع اعمال همه گونه شکنجه از جمله تجاوز و سایر انواع شکنجهٔ جنسی کرده است.

---

[1] http://www.un.org/en/ecosoc/docs/2010/res%202010-16.pdf

نتیجه‌گیری و توصیه‌ها

ایدئولوژی و قوانین شرعی حاکم در جمهوری اسلامی این فرضیه را ایجاد می‌کند که موازین مذهبی، به‌خصوص قواعدی که مبتنی بر حرام بودن اختلاط میان زن و مرد هستند، و یا قواعدی که هرگونه تماس فیزیکی و رابطهٔ جنسی میان مردان و زنان نامحرم را مردود می‌شمارند، به‌طور کامل در زندان‌های این نظام نیز رعایت می‌شوند. در حالی‌که نتایج این تحقیق به روشنی ثابت می‌کند زندانیان زن به‌طور گسترده‌ای تحت برخی از شیوه‌های شکنجه و آزار جنسی قرار گرفته‌اند که در این مورد ناقض تمامی این قواعد شرعی مورد تبلیغ و تأیید مسئولان و کل نظام جمهوری اسلامی ست.

زندانیان سیاسی زن در طول دهه‌های ۷۰ و ۸۰، به‌طور گسترده‌ای از لحظهٔ دستگیری تا بازجویی و در مواردی، در بازداشتگاه‌ها، با فضاهای کاملاً مردانه‌ای مواجه شده‌اند. بازداشت زنان در بازداشتگاه‌های کاملاً مردانه که هیچ زندانبان زنی هم در آن حضور نداشته، در شهرستان‌ها و نیز در مورد شهروندان بهایی، عمومیت بیشتری داشته است. نتایج این تحقیق نشان می‌دهد فضاهای مردانه بازجویی‌ها و بازداشتگاه‌ها، علاوه بر آزارهای جنسیتی مانند تحقیر و شرم ناشی از درخواست لوازم بهداشتی در زمان قاعدگی شرایط را برای اعمال آزار و شکنجهٔ جنسی علیه زنان مساعدتر می‌کند. در عین حال، خود این فضاها، باعث ایجاد حس ناامنی شدید و ترس از دیده شدن بدون لباس، ترس از وقوع تجاوز و ... شده است.

تهدید به تجاوز، به شکل تلویحی یا آشکار، یکی از شیوه‌های شکنجهٔ روانی زندانی سیاسی زن بوده است که در دهه‌های ۷۰ و ۸۰، از سوی بازجویان به‌کار گرفته شده است. نتایج حاصل از این تحقیق نشان می‌دهد

که روش‌ها و مضمون گفتارهای به‌کار گرفته شده برای اینکه زندانی زن را تهدید به تجاوز کنند، در زندان‌ها و دوره‌های مختلف، مضمونی مشابه داشته است و به قصد از بین بردن مقاومت زن زندانی و تسلیم او به خواسته‌های بازجویان استفاده شده است. در عین حال شهادت‌های این تحقیق نشان می‌دهد که استفاده از این روش شکنجهٔ جنسی، همیشه موفقیت بازجویان را در رسیدن به مقصد خود در پی نداشته و زنان در بیشتر مواقع در برابر آن مقاومت کرده‌اند.

این تحقیق همچنین مواردی از تجاوز به زنان در دهه‌های ۷۰ و ۸۰ را مستند کرده است. هرچند نتایج این تحقیق، این فرضیه را که از تجاوز، به‌عنوان یکی از ابزارهای رایج شکنجه زندانیان زن در این دو دهه استفاده می‌شده و به اکثریت یا تعداد قابل توجهی از آنان تجاوز شده است را تأیید نمی‌کند.

یافته‌های این تحقیق به روشنی اثبات می‌کند از تجاوز جنسی به‌عنوان یکی از شیوه‌های شکنجهٔ بازداشت شدگان اعتراضات پس از انتخابات ۱۳۸۸ استفاده شده است. در خصوص میزان گستردگی یا سازمان‌یافته بودن اعمال این شیوه، هرچند نتیجه‌گیری قطعی بدون دسترسی کامل به اسناد و آرشیوهای زندان‌ها و نهادهای امنیتی و امکان تحقیق از مقامات مسئول امکان پذیر نیست، اما برخلاف باور عمومی، مجموعه تحقیقات ما ثابت نمی‌کند که این شکل از شکنجه نه در بازداشتگاه کهریزک و نه در بازداشتگاه‌های دیگر به شکلی گروهی یا سازمان‌یافته (سیستماتیک) و یا گسترده علیه مردان یا زنان زندانی اعمال شده باشد.

تجاوز، به‌عنوان خشن‌ترین شکل شکنجهٔ جنسی، هم در قوانین ایران و هم در قوانین بین‌المللی که جمهوری اسلامی ایران متعهد به اجرای آن است، ممنوع و مستوجب مجازات شناخته شده است. با این همه تحقیق ما نشان می‌دهد هیچ‌یک از موارد تجاوز به زندانیان که از طرق مختلف به مقامات قضایی جمهوری اسلامی گزارش شده، مورد رسیدگی و پیگرد کیفری

قرار نگرفته است و آمران و عاملان این جنایت‌ها همچنان از مصونیت مطلق برخوردارند.

این تحقیق ثابت می‌کند در طول دهه ۷۰ و ۸۰ شمسی در جمهوری اسلامی ایران، ممنوعیت‌های شرعی تماس بدنی زن و مرد نامحرم توسط مأموران انتظامی و نظامی در موارد متعددی نقض شده است. تماس بدنی مأموران مرد و زنان زندانی، در هنگام دستگیری و شکنجه، برخلاف انتظارات آنان از یک نظام اسلامی متکی به قواعد شرعی بوده است. برخی از مصاحبه شوندگان این تحقیق، آزارهای جنسی فیزیکی ناشی از تماس و لمس بدن و اندام‌های جنسی‌شان را تجربه کرده‌اند که به قصد درهم شکستن مقاومت آنها اعمال شده است.

با وجود ممنوعیت قانونی استفاده از الفاظ رکیک و توهین‌های جنسی، این نوع از شکنجه روانی بسیار علیه زندانیان زن در دهه‌های ۷۰ و ۸۰ استفاده شده است. در این دو دهه، نه فقط بازجویان که سایر مقامات انتظامی و قضایی، در زندان‌ها و شهرهای مختلف، تلاش کرده‌اند به زن زندانی القا کنند که تنها به دلیل تمایلش برای داشتن روابط جنسی آزاد و متعدد، به سراغ سیاست آمده یا با نظم اخلاقی و ایدئولوژیک موجود مخالفت کرده است. کلیشه "زن مخالف، مساوی زن خراب" که با شکل‌های مختلف در زمان بازداشت زنان استفاده شده، از سوی مصاحبه شوندگان این تحقیق به‌عنوان یکی از آزاردهنده‌ترین اشکال شکنجهٔ روانی توصیف شده است.

نتایج این تحقیق نشان می‌دهد زنان زندانی نه فقط در داخل زندان که حتی پس از آزادی از زندان نیز با فشار و تحقیر خانواده و جامعه مواجه می‌شوند. فشارهای خانوادگی و اجتماعی از ابراز نگرانی و پرسش دربارهٔ اینکه آیا به زن در زندان تجاوز شده آغاز می‌شود و حتی به شیوه‌هایی خشن‌تر مانند تهدید به قتل گسترش می‌یابد. زن زندانی به روشنی مشاهده

می‌کند مردان هم‌طراز او، پس از آزادی از زندان همچنان از شأن و منزلت اجتماعی سابق برخوردارند و یا حتی در برخی از موارد، منزلتی بالاتر کسب کرده‌اند. در حالی‌که او، منزلتی را که پیش از رفتن به زندان داشته، به آسانی از دست رفته می‌یابد. همان‌طور که در فصل مربوط به تجاوزهای بعد از انتخابات دیدیم، طرح اخبار و گزارش‌های مبنی بر تجاوز به زندانیان، اگرچه به افشای حقایق کمک می‌کند و ذهن زن فعال را برای آنچه ممکن است با آن روبه‌رو شود آشنا می‌کند اما در عین حال، به دلیل اینکه در ساختار جامعه مردسالار صورت می‌گیرد، می‌تواند تأثیراتی منفی به‌خصوص در محدود کردن و افزایش کنترل فعالیت‌های سیاسی- مدنی زنان داشته باشد. برای بازجویان پرونده‌ها نیز آزادی زن از زندان، انتهای کار پروندهٔ او نیست بلکه کنترل و تهدید و تعقیب وی، به شیوه‌های مختلف در بیرون از زندان نیز ادامه دارد. تحمل این فشارها در مواقعی که زندانی در درون زندان تحت آزار یا شکنجهٔ جنسی از سوی بازجوی خود قرار گرفته، بسیار دشوارتر می‌شود. تداوم آزار و تعقیب در خارج از زندان، فضای بیرون از زندان را آنچنان برای زن تنگ می‌کند که در بسیاری از موارد، او تنها چاره را خروج از ایران می بیند.

با این همه، زنان زندانی به شیوه‌های مختلفی در برابر شکنجه و خشونت جنسی مقاومت کرده‌اند و در بسیاری از موارد که برخی از آنها به تفصیل در این تحقیق گزارش شده، بازجویان نتوانسته‌اند از طریق توسل به شیوه‌های آزار و شکنجهٔ جنسی، مقاومت زندانی را در هم شکنند و یا او را وادار به تسلیم دربرابر خواسته‌های خود از جمله ابراز اقاریر غیر واقعی علیه خود و دیگران بکنند.

براساس یافته‌های این تحقیق که بخشی از آن در بالا آمده، عدالت برای ایران، بر این باور است که برای خاتمه دادن به شکنجهٔ جنسی، تحقق فوری توصیه‌های زیر ضروری است:

۱- باید شرایطی فراهم شود که قربانیان تجاوز و سایر شکنجه‌های جنسی بتوانند بدون شرم و ترس از تابوهای اجتماعی و فرهنگی، تجربهٔ خود را با دیگران در میان بگذارند و از حمایت خانواده و جامعه برخوردار شوند. این حمایت‌ها باید شامل امکانات درمانی و مشاوره‌ای باشد که قربانیان برای برخورداری از یک زندگی عادی به آن نیاز دارند. همچنین باید رسانه‌های جمعی و وسایل آموزش عمومی کوشش کنند قربانیان شکنجهٔ جنسی از احترام و منزلت اجتماعی که شایسته آن هستند برخوردار شوند.

۲- باید تحقیق مستقلی دربارهٔ کلیه موارد تجاوز و شکنجهٔ جنسی زندانیان زن انجام شود و آمران و عاملان آن تحت تعقیب و محاکمه قرار گیرند و به مجازات متناسب برسند تا نه تنها واقعیت بخشی از وقایعی که در پشت دیوارهای زندان‌ها افتاده روشن شود بلکه از وقوع چنین وقایعی در آینده پیشگیری شود.

۳- باید قوانین، دستورالعمل‌ها و مکانیزم‌های اجرایی- حقوقی مطمئن برای اینکه کلیه مأموران انتظامی و امنیتی از اعمال شکنجهٔ جنسی، جسمی یا روحی پرهیز کنند ایجاد شود. مهم‌تر از همه اینکه باید قوانین تعریف روشنی از شکنجهٔ جنسی متناسب با ویژگی‌های این نوع از شکنجه ارائه دهند که امکان پیگیری را برای قربانیان آن فراهم کند.

ضمائم

۱– شهادت‌نامه‌ها

شهادت‌نامه دکتر شهرام اعظم

شهرام اعظم هستم، متولد سال ۱۳۴۴. در ایلام متولد شدم. در کرمانشاه دبیرستان رفتم و در ارومیه، دانشگاه. سال ۱۳۷۱ به‌عنوان پزشک از دانشگاه علوم پزشکی ارومیه فارغ‌التحصیل شدم.

خیلی زود، یعنی وقتی سال دوم دانشگاه بودم ازدواج کردم. یک مقداری فشار مالی و اینها... در نیروی انتظامی که تازه تشکیل شده بود و مخلوطی بود از ژاندارمری، پلیس و کمیته، به‌عنوان پزشک استخدام رسمی شدم؛ پزشک و افسر. یعنی رسماً درجه گرفتم. از همان سال مشغول به کار بودم. در ارومیه، اردبیل در شهرهای مختلف بودم تا روزی که منتقل شدم به تهران.

تقریباً یک سال و نیم، دو سال بود در تهران بودم. از ۱۳۷۹ تهران بودم. نکته‌ای که وجود داشت این بود که وقتی من به تهران رفتم، درجه‌ام درجۀ سرگردی بود. سرگرد نیروی انتظامی بودم و پزشک. بیمارستانی در خیابان بهار محل خدمتم بود که بیمارستان شماره یک نیروی انتظامی است. بیمارستان خانواده است. وقتی به تهران منتقل شدم، از لحاظ مالی فشاری بر من وارد شده بود و اینکه در تهران کسی نمی‌آید پیش یک

پزشک عمومی که تازه سه- چهار سال است فارغ‌التحصیل شده، تهران با آن همه متخصص و بیمارستان و اینها. اجازه داده بودند که ما برویم در بیمارستان‌های متفاوت، در شیفت شب اضافه‌کاری بکنیم. یکی از بیمارستان- هایی که خوب پول می‌داد- برای اینکه یکی از بیمارستان‌های بسیار پیشرفته و بسیار مجهز تهران بود و هست- بیمارستان بقیةالله بود. من به ستاد نیروی انتظامی رفتم و گفتم که من حتماً شیفت می‌خواهم در این بیمارستان. از همان حدود ۶ ماه قبل از واقعهٔ شبی که آن بیمار را که بعداً بیمار معروف شد و من فهمیدم کی است داشتم، نامه‌ای گرفتم از ستاد فرماندهی کل قوا، که من را به‌خاطر تجربه‌ای که داشتم، معرفی کردند به بیمارستان بقیةالله به‌عنوان پزشک. من هفت- هشت سال قبل از آن، همهٔ آن مدت در اورژانس‌های جنگی کار کرده بودم و در شهرهای پرت و دور افتاده و مناطق جنگی دور افتاده، در مناطقی مثل مهاباد و سردشت و پیرانشهر و اینها بودم. از این جهت می‌دانستند که چون در ایران ما تخصصی به اسم تخصص اورژانس نداریم، پزشک‌های عمومی یا جراح‌های عمومی می‌آیند کار می‌کنند. می‌دانستند تبحر کافی را دارم. آنجا شروع کردم کار کردن. در ماه، شش- هفت شیفت شب، از ساعت ۸ شب تا صبح می‌دادیم. آن موقع نسبتاً پول خوبی می‌دادند.

بیمارستان بقیةالله به‌طور عمده یک بیمارستان نظامی است، ولی به شدت تجهیز شده و هزینهٔ بسیار بالایی در آن کرده‌اند، یعنی مثلاً تصور کنید که در سال ۱۳۷۸، اولین ام. آر.آی کشور را آنجا داشت یا اولین اس. پی. آی. آر. سیتی کل کشور را آنجا گذاشتند.

به همین دلیل که این امکانات بالا را داشت، با اینکه بیمارستان مال سپاه است، ولی مردم عادی می‌روند آنجا. اورژانس خیلی شیک، لوکس، تخت‌های بیمارستانش خیلی لوکس بود. به‌عنوان مثال، یک عمل آنژیوپلاستی خیلی ساده که آن موقع توی بیمارستان معمولی ۳ میلیون تومان بود، در بیمارستان بقیةالله ۲۱ میلیون تومان بود. به‌خاطر لوکس بودن اتاق‌هایش،

به‌خاطر لوکس بودن اتاق عمل و تجهیزاتش. با توجه به همهٔ اینها پذیرش عمومی داشت. بیمارستان بقیةالله یک طبقهٔ یازدهم دارد که این طبقه یازدهم طبقهٔ امنیتی است. معمولاً سران و مقامات اگر دچار مشکلی می‌شدند آنجا بستری می‌شدند. مستقیماً می‌آمدند و می‌رفتند آنجا، توی اورژانس هم نمی‌آمدند. در طول ۶ ماهی که من آنجا کار می‌کردم، موارد خیلی زیادی بود که اصلاً مستقیماً آنها پذیرش می‌شدند و توی پذیرش عمومی بخش نمی‌آمدند. من اصلاً رفت و آمدی به آن طبقه نداشتم. من در اورژانس کار می‌کردم.

دکترهای خاصی که آن طبقه بودند، کادر وزارت اطلاعات و سپاه بودند. جالب است که من آن موقع، تنها جایی که در ایران دیده بودم آسانسور کارتی است، همان‌جا بود. بدون کارت نمی‌توانستی بروی طبقه ۱۱. باید حتماً با کارت می‌رفتی طبقه یازدهم، دژبان مخصوص داشت؛ حتی اگر می‌خواستی از پله‌ها بالا بروی. همه چیزش کنترل خاصی داشت. ما هم اصلاً کاری نداشتیم. اصلاً آنجا نمی‌رفتیم. ولی می‌دانستیم که اینجا منطقهٔ ویژه‌ای است. بعضی وقت‌ها که آیت‌الله‌ها مریض می‌شوند، آنجا بستری می‌شوند. ولی شنیده بودم که گه گاه زندانی‌های معروف هم آنجا بستری می‌شوند. این تنها چیزی بود که دربارهٔ آنجا شنیده بودم. ولی بیمارهای معمولی ما، یک چیزی حدود ۷۰-۸۰ درصدشان مردم متمول و پولدار بودند، ۱۰-۲۰ درصدشان هم ارتشی و نظامی‌هایی که همان حوالی زندگی می‌کردند و می‌آمدند. مراجعه مثل تمام اورژانس‌های دیگر تصادفی‌ها و مسمومیت‌ها و خودکشی و حملهٔ قلبی و چیزهای مختلف بود. ولی خب چون منطقه‌ای که در آن بودیم منطقه‌ی بالایی است، یعنی میدان ونک و آن مسیر، بیمارستان‌های زیادی هم دورش هست. معمولاً کسانی آنجا می‌آمدند که حتما یکی از این دو دسته باشند، یا خیلی پولدار باشند یا ارتشی و نظامی باشند؛ و الا آنجا نمی‌آمدند، چون خیلی برایشان گران تمام می‌شد.

یک نکته که باید اینجا بگویم این است که اصلاً معمول نبود بیمارهایی را که از زندان منتقل می‌شدند بیاورند اورژانس. معمولا آنها مستقیم می‌رفتند بخش امنیتی. آن شب به دلیل اینکه این بیمار در کما بود، قاضی کشیک مستقیماً درخواست کرده بود که در اورژانش پذیرش بشود. مثل همه‌ی بیماران دیگری که اعزام می‌شدند. چون از جاهای مختلف می‌آمدند. بیمارستانی بود که از نقاط مختلف اورژانس برایش مریض می‌آمد. آمبولانس آمده بود، پرستار پذیرش کرده بود، بعد پرستار من را خواست. کاغذی بهم داد که بیماری است که از زندان آمده. این هم برای من جلب توجه نمی‌کرد. ولی بیمار کاملاً بی‌هوش بود. این توی شرح حال هم بود. ولی در برگهٔ اعزامش نوشته بود خونریزی معده. برگهٔ اعزام توسط بهداری اوین امضا شده و قاضی کشیک امضایش کرده بود. اسم قاضی کشیک متأسفانه یادم نیست. ولی چیزی که دقیقاً توی ذهنم هست، این است که توسط بهداری اوین امضا شده بود و قاضی کشیک امضا کرده بود. چون خروج از زندان را قاضی باید تأیید بکند. این را من بعداً متوجه شدم.

دقیقاً ساعت دوازده شب ۱۳ تیر بود. ساعت دوازده شب است. اورژانس تک و تایی ندارد و خلوت است به نسبت روزهای دیگر. روال معمولاً این است که قبل از اینکه بیمار را از آمبولانس بیاورند پایین، برگه را می‌دهند که پزشک پذیرش می‌کند یا نه، اگر پذیرش می‌کند... چون بعضی وقت‌ها مریض اصلاً مریض آنجا نیست و باید بفرستندش جای دیگر... باید بروند بخش دیگری. برای همین اول می‌دهند به پزشک، من خواندم «خونریزی گوارشی»، گفتم مشکلی نیست. احتمالاً یک مشکلی بوده؛ غذای بد خورده، پذیرش می‌کنم. ما او را پذیرش کردیم. بیمار را با برانکار آوردند. وقتی بیمار را تو آوردند، بیمار کاملاً تا روی گردنش پوشیده بود. خانمی بود که روسری هم سرش بود، ولی سر و روی خیلی کوبیده و زخم و زیلی. کبودی روی سر و صورتش بود. مریض را بردند توی یکی از کیوبیک‌های معاینه گذاشتند. با توجه به برگه، یک پیش‌داوری در ذهن

پزشک ایجاد می‌شود که بیمار برای چی آمده. من به پرستار گفتم برو لوله‌ای که از بینی به معده می‌رود برایش بگذار تا من بیایم معاینه کنم، که ببینیم علت خونریزی معده چیست.

یک ملافه تا بالای سینه انداخته بودند و سر و صورتش خونی بود. به وضوح مشخص بود. به‌عنوان یک ناظر که او را دیدم، یعنی اولین چیزی که به ذهنم خطور می‌کرد این بود که این کتک خورده. این سر و صورت انگار تریلی از رویش رد شده بود، نه کتک خورده. یک همچین حالتی. یعنی روی صورتش زخم و زیلی بود. زخم‌هایی که کاملاً کبودی و ورم‌کردگی روی سر و صورت را می‌دیدی. روسری دور سرش پیچیده شده بود. روسری کاملاً بسته بود. یعنی انگار این آدم آماده شده بود. پرستار صدا زد گفت: دکتر این لوله تو نمی‌رود. من که رفتم، دیدم این به اصطلاح استخوان بینی که یک حالتی دارد به صورت زاویه دو تا استخوان کنار هم، کاملاً تخت شده بود، یعنی کاملاً شکسته بود. دست می‌زدی خرچ خرچ می‌کرد و معلوم بود که استخوان شکسته. خب از آنجا نمی‌شد لوله را فرو داد تو. به اجبار از راه دهان این کار را کردیم. لولهٔ متفاوتی است، پروسهٔ متفاوتی است. لوله از دهان گذاشتیم.

اگر نوشته نشده بود خونریزی معده و نمی‌خواستیم این لوله را بگذاریم هم کاملاً می‌شد متوجه شکستگی دماغش شد. یعنی اصلاً وقتی که نگاه می‌کردی اینها همه مشهود بود دیگر. صورت کاملاً زخم و زیلی است. ناحیهٔ چشم کاملاً کبودی داشت؛ چشم سمت راستش. کبودی‌های تو سر و صورت و زخم و زیلی‌های خراش مانند و... خیلی خیلی له و لورده؛ مثل بوکسرهایی که بعد از مسابقه می‌بینید، ورم می‌کنند. به این حالت. بعد ما لوله را گذاشتیم چیز زیادی نیامد. یعنی خون زیادی نبود. شست و شو هم که دادیم- به اصطلاح می‌گوییم "لاواژ"، مایع می‌دهیم برمی‌گردانیم ببینیم چی هست- خونی نبود. لخته‌هایی بود که انگار بلع کرده. حالا خون‌دماغ شده بلع کرده، چیزی بیرون آمده، یک چنین حالتی. خب این از شکستی بینی و اینهایی که دیدم. بعد دیگر من تمرکز کردم روی

مسئله‌اش. خب کسی با این درد؛ داری هی دستکاری می‌کنی، هی دماغش را لوله می‌کنی، باید واکنش نشان بدهد دیگر. معلوم بود که این توی کمای عمیق است.و اصلاً واکنش نشان نمی‌دهد. برای همین، اولین کاری که به‌عنوان پزشک اورژانس می‌کنی این است که بگردی دنبال اینکه خب اتفاق چی است. یک سری آزمایش‌های قند و کلسیم و اینها را می‌فرستی. بعد دنبال مسئلهٔ هماتوما. توی هماتومای پس سر یک خونمردگی دارد، خونمردگی که نه، خون توش بود. یعنی برجستگی کاملاً نرم پشت سر. در حقیقت مثل تاول بزرگ. پوست برآمده بود؛ دقیقاً برجسته. این اتفاق در صورت ضربه می‌افتد. وقتی من مریض را لمس می‌کنم، اولین چیزی که به ذهنم می‌آید یک ضربهٔ مستقیم به جمجمه است و اولین فکری می‌کنم این است که وقتی این خون بیرون هست، تو هم هست دیگر. جمجمه یک توپ بسته‌ی استخوانی است، یک رویش خونریزی کرده، این‌قدر هم واضح. اولین فکری که می‌کنی این است که اگر این شکسته، آن تو چی است. وقتی مریض بیهوش است می‌دانی مریض رفته. می‌دانی جمجمه شکسته.

مریض همراه با دو تا خانم، یک آقا و یک راننده آمده بود. خانم‌های مأمور زندان آورده بودنش، یک آقا و یک راننده بودند. آن آقا نمی‌دانم کی بود اسم و اینها که نه ولی لباس‌های یونیفورم سازمان زندان‌ها را داشتند. یعنی آرم یونیفورم‌دار سازمان زندانها را داشتند. خانم‌ها چادر داشتند ولی روی سرآستین مانتوهایشان درجه داشت. سازمان زندان‌ها درجه‌هایشان مثل نیروی انتظامی است ولی هیچ ارتباطی به هم ندارند. چون من هم نظامی بودم، می‌دانستم. خانم‌ها احتمالاً هر دویشان استوار بودند؛ یعنی یک چیزی در آن رده. یعنی درجات بالا نبودند.

فکر می‌کنم آقا آمده بود فقط برایشان حمل کند. یعنی با راننده استرچر را آورده بودند. پرسیدم که این چرا وضعیتش این‌جوری است؟ گفتند: صدمه دیده. تصادف دیده، زندانی است. شما وقتی ۸ سال، ۱۰ سال توی محیط نظامی کار کرده باشی، می‌دانی مسئلهٔ حراست و اطلاعات، ضداطلاعات چیست. معمولاً نه شما زیاد سؤال می‌کنی نه دنبال سؤال

می‌گردی. من که پزشک عادی نبودم. باید برای کارت چیزهایی بدانی، ولی می‌دانی که نمی‌توانی بپرسی. دقیقاً می‌دانی که بعضی چیزها را نباید جلوتر از حدی بروی. یعنی مجبور بودم روی معاینات خودم قضاوت کنم و جالب است که من به همین نکته اشاره کردم. به یکی از خانم‌ها نشان دادم که اینجا می‌گوید خونریزی معده، اما این معده خونریزی ندارد. من اگر می‌دانستم قصه این است، مریض را پذیرش نمی‌کردم. چون به نظر من این مریض به جای اینکه بیاید اینجا، باید می‌رفت بیمارستان میلاد. برای اینکه آنجا مرکز مجهزتری برای جراحی‌های مغز و اعصاب است تا اینجا. الان باید الان زنگ بزنم که آن-کال جراحی اعصاب یا رزیدنت‌های جراحی اعصاب بیایند. اگر می‌دانستم اصلاً پذیرش نمی‌کردم. تنها غری که می‌توانستم بزنم این بود که چرا پزشک امضا کننده تشخیص غلط داده و چیز دیگری نوشته. بعد خب ماجرا تا اینجا، تقریبا یک ساعتی طول کشید. منشی بخش من را صدا کرد. او تنها مریضی نبود که آنجا بود. مریض‌های دیگر هم بودند. من باید می‌رفتم بین مریض‌ها تا به آنها برسم. در این بین که داشتم این ور آن ور می‌رفتم، منشی من را صدا زد که تلفن با شما کار دارد، تصور کن که شما یک مریض بدحال داری که خودت می‌دانی مریض در حال مرگ و در کمایی است، سه چهار تا مریض غرغروی پولدار داری که شب خوابشان نمی‌برد، اعصابت خرد است، تلفن کارت دارد، به منشی گفتم کی است تلفن؟ گفت دادستانی، دفتر دادستانی. اینها چیزهای غیرعادی است که همه چیز را عوض می‌کند. یعنی این از شب‌های معمولی کشیک من نیست. گوشی را برداشتم. آقایی از آن‌ور خط گفت شما؟ گفتم من پزشک اورژانس هستم. گفت اسم و مشخصات و درجه و اینها، گفتم من مشخصات و درجه‌ام اینهاست. می‌توانم بدانم شما کی هستید؟ گفت من از دفتر دادستانی صحبت می‌کنم، شما مریضی را پذیرش کرده‌اید که از زندان اوین آمده. می‌خواستم ببینم پیشرفتش در چه وضعیتی است. اسمش را نگفت. فقط اسم دفتر دادستانی را گفت. من دقیقاً شرح حال را گفتم. گفت تسهیل کنید. تا جایی که می‌توانید تسهیل کنید، هرکاری که

می‌خواهید هم ما می‌توانیم کمک کنیم. گفتم کمک که نه، من زنگ زده‌ام آن-کال جراحی اعصاب، گفته‌ام بیاید. آن-کال کشیک‌های متخصصی هستند که رزیدنت نیستند. می‌روند خانه، بهشان زنگ می‌زنی می‌آیند. آنهایی که می‌مانند توی بیمارستان معمولاً دانشجو هستند. دانشجوهای جراحی‌اند. من حتی زنگ زدم به آن-کال که بیاید. چون می‌دانستم این به احتمال ۹۰ درصد باید برود جراحی، اتاق عمل. باید جمجمه را باز کنند. برای همین زنگ زدم و خودم باهاش صحبت کردم. [دادستانی] گفت باشه. می‌خواست در جریان قرار بگیرد. این از اینجا. من بعد از اینکه این استرس قضیه را متوجه شدم، دوباره تماس گرفتم با دانشجوی رزیدنت سال چهار جراحی اعصاب که آقای دکتر صفی آرین [سرهنگ سپاه]، چطوری است قصهٔ این مریض؟ گفت خودت باهاش برو توی سی.تی.اسکن. گفتم آخر دکتر دیگری که همراه من است توی اورژانس، الان شیفت استراحتش است. گفت بیدارش کن ولی خودت با این بیمار برو. ما با پرستار پاشدیم رفتیم. اینها گزارش‌هایش توی پرونده هست.

صفی آرین این توصیه را کرد برای اینکه مریض بدحال بود. هر لحظه ممکن بود برود. ایست تنفسی بکند. مسئلهٔ امنیتی‌اش نبود حداقل در آن مقطع برای دکتر صفی آرین. چون نمی‌دانست مریض کی است. اگر هم می‌دانست، استرسش فقط برای وضعیت بیمار بود.

گفت برو برای سی.تی.اسکن و بالای سر مریض باش. رفتیم سراغ مریض. حالا یک پرانتز باز بکنم. یک پیشینه‌ای را باید توضیح بدهم در مورد کلاس‌های بازآموزی پزشکان. پزشکان در ایران برای اینکه پروانه‌شان برقرار بماند، باید با شرکت در کنگره‌ها و سخنرانی‌ها در سال یک مقداری امتیاز جمع بکنند. ماه قبل از همین قصه،کنگره‌ای در سنندج برگزار شده بود که ما رفتیم در آن شرکت کردیم، با تعدادی از بچه‌هایی که بودند اتاق گرفتیم. توی هتل و با هم بودیم. می‌رفتیم سر کنگره و برمی‌گشتیم. این را داشته باشید. خدمه و نرس و من تخت را هل می‌دهیم، داریم می‌رویم از اورژانس بیرون به سمت رادیولوژی و سی‌تی‌اسکن، یکهو من دو تا از

دکترهایی را که با هم توی کنگره در هتل هم‌اتاق بودیم دیدم، حال و احوال و اینها. توی این حال یکی از دکترها یک جوری شد. مریض من را دید. حالا هنوز من اسم را نمی‌دانم. یک حالتی شد.

آن دو تا اینجا کار نمی‌کردند. یکی از فامیل‌هایشان، سکته کرده بود و آمده بودند مریض را آورده بودند اینجا. می‌دانید که. توی ایران فامیل دکتر داشته باشی، حتماً باید بیاید. آنها برای خودشان مریض داشتند. توی کریدور دیدمشان. توی بیمارستان هیچ کاری نداشتند، می‌دانستند من آنجا کار می‌کنم، ولی نمی‌دانستند که من شیفتم. یک لحظه به پرستار گفتم شما بروید، من می‌رسم. از جلوی اینها که رد شد این دوست ما نتوانست تحمل کند. بالاخره وقتی ۴ روز با کسی در سفر و حضر باشی می‌دانست من با اینکه نظامی‌ام کمی هم قابل اعتمادم. گفت می‌دانی این کی است؟ گفتم نه. از زندان آورده‌اند. گفت من بودم که دستگیرش کردند. گفتم کجا؟ گفت این تظاهراتی بود جلوی در اوین همین هفتهٔ پیش، چهار پنج روز پیش... این دوست ما خانه‌اش همان حوالی بود. گفت یک تظاهراتی بود، تجمعی بود که من آنجا آن دور و بر بودم. دیدم که این را گرفتند. از نزدیک قشنگ دیدمش. برای همین قیافه‌اش را کاملاً یادم است. داد می‌زد که من ایرانی نیستم کانادایی‌ام، من اصلاً شهروند کانادام. دستگیرش کردند و بردنش. برای همین وقتی من دیدم همین جوری مات ماندم که به این قیافه در آمده. اینجا بود که چیزی تو ذهن من کلیک کرد. حالا هنوز کانادا نمی‌داند که این دستگیر شده، ولی این دوست ما از آنجا که می‌آید بیرون، می‌رود به سفارت کانادا زنگ می‌زند. باز به صورت ناشناس زنگ می‌زند صدای مکالمه‌اش را هم ضبط کرده. خود این دوست ما این را می‌گوید ولی سفارت کانادا می‌گوید نه. این دوست ما همان شب به سفارت کانادا زنگ می‌زند. ولی سفارت کانادا انکار می‌کند. دوست ما آمده و تلفن زده و ادعا می‌کند که صدای تلفنش را هم ضبط کرده، از تلفن عمومی زنگ زده و این را بهشان گفته. در تاریخ دقیقاً همان شب سیزدهم یا چهاردهم [تیر] یا همان شب یا روز بعدش. این را دقیقاً خاطرم نیست.

پس کانادا در آن تاریخ می‌دانسته، ولی ادعا می‌کند که هفتهٔ بعدش می‌دانسته، حالا یا تلفنچی قصور کرده یا تلفنچی نبوده یا پنهان می‌کنند. بالاخره از این کارهای سیاسی است.

این دو نفر بعد از اینکه می‌بینند به این وضع افتاده و در بیمارستان است به سفارت زنگ می‌زنند. چون آنجا اصلاً هیچ عکس‌العملی نشان نمی‌داد. من یک چیز را بارها گفته‌ام. من آدمی بودم که قبل از آن حادثه، در اورژانس جنگی کار کرده‌ام، شل و پل زیاد دیده‌ام، یعنی کسی پایش قطع بشود، دل و جیگرش بیرون باشد... اینها چیزهایی نیست که من را تحت تأثیر قرار دهد. من کارم این بوده، ولی این صحنه صحنهٔ ویژه‌ای بود برای اینکه یک خانم پنجاه و چهار، پنج ساله، له و لورده شده. این به شدت تحت تأثیرت قرار می‌دهد. اگر بدانی که ماشین بهش زده، حرف دیگری است. بعد که می‌فهمی این کتک خورده، شما حساب بکن، در این کشورهای یک مقدار متمدن، وقتی یک بیمار آزار دیده می‌آید، همه شاخک‌هایشان یک شکل دیگر می‌شود.

حالا من هم هنوز تا آنجا هیچ حسی نداشتم. واقعیتش بی‌اغراق، من هم فکر می‌کردم بالاخره یک حادثه برایش اتفاق افتاده... چه می‌دانم... درست است از زندان آمده، ولی توی زندان زندانی‌ها همدیگر را چاقو می‌زنند. من چه می‌دانم این چه زندانی است. همدیگر را می‌زنند. من چه می‌دانم این کی است. تو ذهن من این [خانم] از زندان آمده و توی زندان کتک خورده. بالاخره همهٔ ما می‌دانستیم که توی این زندان‌های عمومی، همدیگر را می‌زنند. این هم یکی از این کیس‌هاست؛ کتک خورده، سرش... ولی اصلاً جریان فرق کرد. اولاً اینکه این زندانی‌ای نیست که خیلی مدت باشد گرفته شده باشد. چهار پنج روز پیش است. یعنی شاهدی زنده‌ای دارد با من صحبت می‌کند و به من می‌گوید من بودم که این را گرفتنش. ۴ روز است. یک خانم پنجاه و چهار پنج ساله. دقیقاً هم‌سن خواهر ارشد من است. اینها مسائل عاطفی است که آدم با آنها ارتباط برقرار می‌کند. چون این سؤال معمولاً هست یک چیزهایی بهت تلنگر می‌زند. یعنی نگاه

می‌کنی که این می‌توانست خواهر من باشد، همان سن و سال است. چهار پنج روز پیش جلوی زندان... خب، مریض دارد از کریدور رد می‌شود، من باید از اینها خداحافظی کنم و بروم. حالا آنها توی شوک مانده‌اند. من توی شوک مانده‌ام که این چی است؟ یک قصه جلوی اوین اعتراض بوده، دستگیرش کرده‌اند، گفته ایرانی نیستم. حالا ببین تمام چیزها دارد توی ذهنت عمل می‌کند، می‌دانی این دارد می‌میرد، چون تشخیص یک پزشک این است که مریض در حال مرگ است، مریضی که به اصطلاح توی معاینات من دیده بودم. وقتی ضربهٔ مغزی را بررسی می‌کنی، ته چشم را که نگاه می‌کنی، می‌بینی که مریض خیلی وضع ناجوری پیدا کرده. رفتیم سی‌تی‌اسکن. دیدم دو تا شکستگی روی جمجمه بود، یک شکستگی مال پس سر بود، یک شکستگی مال قسمت راست جمجمه بود و یک خونریزی داخل جمجمه هم وجود داشت که خیلی بزرگ بود.

این خونریزی خیلی وسیع بود. اول اینکه ضربه [بود]. برای اینکه دو تا شکستگی هست، یک ضربه نیست. اینها را همه تکنیکی صحبت می‌کنم، یعنی کارشناسی صحبت می‌کنم. یک ماشینی که تصادف می‌کند ولی توی دره می‌افتد، ضربه می‌خورد، ضربه می‌خورد، ضربه می‌خورد. این اتفاق ممکن است بیفتد. یعنی ضربه اول می‌زند یک جا را می‌شکند، ماشین یک ور دیگر می‌شود، یک ضربه دیگر می‌خورد، یک جای دیگر می‌شکند. یک همچین اتفاقی. چون در دو جهت مختلف، یکی سمت راست شکستگی دارد، دو جهت مختلف. یعنی نمی‌توانیم از این صحبت کنیم که یک جسم به یک جا می‌خورد کنار هم دو تا شکستگی نبود.

حالا ادامه می‌دهیم بررسی کارشناسی را که چی شده. چون بعد که مریض برگشت، من مریض را در وضعیت پایدار قرار دادم. بعد معایناتم را ادامه دادم، این به اصطلاح پروسهٔ بیمارستانی است دیگر. باید پرونده بنویسی برایش، باید شرح حال بنویسی، باید پروسه را تکمیل بکنی. اول باید مریض را استیبل بکنی، بعد بروی سراغ آن کار. من حالا از همانجا زنگ زدم به دکتر صفی آرین. گفتم دکتر این قصه این است. گفت اوکی،

من می‌آیم عکس‌ها را با هم می‌بینیم. برگردانش به تحت نظر. گفتم بفرستم آی‌سی‌یو؟ گفت نه، بگذار تحت نظر باشد، چون بالا پزشک نداریم. ولی پایین خودت هستی. در اورژانس تحت نظر بماند تا من بیایم با هم ببینیم.

نمی‌دانم که باهاش تماس گرفته بودند یا نه. احتمال می‌دهم وقتی دادستانی با اورژانس تماس می‌گیرد، با رئیس بیمارستان هم تماس گرفته باشد.

به صفی آرین نمی‌گویم این کیست. اصلاً من مسئول نیستم و اگر بخواهم چیزی را تأکید بکنم، ممکن است خودم را درگیر بکنم. برای همین ما اصلاً در آن زمینه کاری نکردیم. برگشتم توی بخش تحت نظر و شروع کردیم به ادامه‌ی معاینات، توی دستوری که من گذاشتم برای مریض، باز همهٔ اینها هست، ساعت خورده. الان حضور ذهن ندارم که ساعت‌ها را نمی‌گویم. اینها همه سند دارد، چون کپی‌های پرونده همه موجود است، ما داریمش. که نوشته‌ام پرستار برود برایش سوند ادراری بگذارد.

پرستار با بغض برگشت. گفت وحشتناک است این اصلاً. گفت من نمی‌توانم این را بگذارم. گفت بیا خودت ببین. معمولاً توی بیمارستان به‌خاطر مسئلهٔ مذهبی و اینها، کارهای تناسلی و اینها را خانم‌ها انجام می‌دادند. یک پارگی وسیع. با یک جسمی فرو کرده بودند توی قسمت تناسلی. اصلاً با خودت نگاه می‌کنی این یک دختر جوانی نیست که این بلا به سرش آمده باشد، یک خانم پنجاه و چهار، پنج ساله‌ای که اصلاً تو ذهنت قرار نمی‌گیرد که این چی شده؟ شما حساب کن، پیش‌زمینه‌ها همه می‌آید روی هم. دیگر داشت داغانم می‌کرد. ما فیکس کردیم سوند را گذاشتم. سوند را از روی مثانه گذاشتیم. از مجرا نمی‌رفت. مجرا کلاً به هم ریخته بود. از مجرا نمی‌رفت. مثانه داشت می‌ترکید. تا روی ناف، مثانه آمده بود بالا، پر شده بود. مجبور شدیم از بالا سوزن بزنیم که ادرار را تخلیه کنیم.

بعد من همان‌جا با رزیدنت زنان تماس گرفتم. گفتم زنگ بزنیم. باز اسم می‌گویم، به‌خاطر اینکه ایشان هم باز افسر سپاه است. خانم دکتر معصومه خلیلی‌قره آقاجی. من تماس گرفتم گفتم خانم دکتر خلیلی، یک مریضی داریم این‌جوری است. می‌شود ببینیدش. چون بخش زنان معمولاً توی بخش بودند. آنجا بخش زنان و زایمان هم داشت. بعد از نیم ساعت، ایشان آمد نوشت. باز گزارشش هست. گزارش آسیب‌های تناسلی به امضای خانم دکتر خلیلی هست. یعنی چیزی که می‌گویم تنها گزارش من نیست یا گزارش پرستار نیست که این اتفاق افتاده و این پارگی مجراست، همهٔ اینها را ایشان خودش نوشته. بعد ساعت حدودهای سه و چهار صبح دکتر صفی آرین آمد توی اورژانس و سی‌تی‌اسکن‌ها را نگاه کردیم و گفت نمی‌شود. [جمجمه] را نمی‌توانیم باز کنیم، چون مریض به حد کامل در وضعیت پایدار نیست. اگر بخواهیم جمجمه را باز کنیم، ممکن است خطر بیشتری داشته باشد، نگه داریم ببینیم تا صبح چه می‌شود. کمی نگه داریم تحت نظر بماند. دیگر چیز برجسته‌ای رخ نداد تا ساعت هفت که من بخش را تحویل دادم و رفتم.

وقتی آن صحنه را دیدم، بلافاصله چیزی که فکر کردم، این بود که تجاوز نبود. یک جسمی را فرو کرده‌اند. برای اینکه بدون شک خانمی که توی آن سن است، یک دوشیزهٔ باکره با جنیتالیای دست نخورده نیست، خانمی است که زندگی جنسی داشته، توی آن سن، ممکن است بچه داشته باشد. حالا من اینها را آن موقع نمی‌دانم، بعداً فهمیدم. آن موقع نمی‌دانستم ایشان بچه داشته، پس بدون شک یک قضاوتی از لحاظ کارشناسی بهت می‌دهد که سن این مریض بهش نمی‌خورد که اولین بار... بعد شما وقتی آن به‌اصطلاح ناحیهٔ پرینوام- ناحیهٔ تناسلی بین فاصلهٔ جلو و عقب را می‌گویند- همه با هم کلاً پاره شده، این دیگر مشخصاً این است که یک جسم را فرو کرده‌اند. این چیزی نیست که فقط مسئلهٔ نزدیکی باشد. در تجاوز این اتفاق نمی‌افتد. من باز به دلیل موقعیت شغلی‌ام، وقتی در مهاباد بودم، به مدت ۳ سال پزشک قانونی مهاباد هم بودم. یعنی من

کار کارشناسی پزشک قانونی هم دارم، من تجاوز و ضرب و جرح را طبق قوانینی که جمهوری اسلامی دارد، کار کارشناسی‌اش را می‌دانم؛ یعنی دوره‌اش را دیده‌ام برای پزشک قانونی. دقیقاً اینها را با جزییات، حداقل با چارچوب‌های قانونی می‌دانم که چی چطوری است. یک نکته‌ای را اینجا اشاره کنم، در معاینهٔ عمومی بدن، بعد از اینکه شروع به معاینه بدن کردیم، همه درب و داغان بود. ناخن‌های پای کنده شده، انگشت شکسته شده. من نمی‌دانم. ممکن است با یک ضربه ناخنش کنده شده باشد، ولی ناخنی که دارد خون می‌آید. نصفش. ناخن دستش یک دانه بود، ناخن‌های پایش... خیلی پاها وضعش خراب بود. خیلی خراب بود. این را دیگر الان دارم می‌بینم که رفته‌ام برای معاینه‌ی کلی. دیگر ملحفه نیست، دارم می‌بینم. پاها خیلی وضعش داغان بود. کف پاها داغان. ناخن‌های پاها شل و پل و آویزان. خیلی وضع زنندهٔ کریهی. کاملاً ضرب و شتم برنامه‌ریزی شده و این هم باز دعوا نیست. نتیجه می‌خواهم بگیرم. اول اینکه یک سری چیزها را من به دلیل زمینه پزشک قانونی‌ام می‌دانم. ضربه کبودی ایجاد می‌کند. کبودی با زمان رنگش تغییر می‌کند. دقیقاً شما می‌توانستی زمان را ببینی که پنج روز زمان فاصله است بین کبودی اول و کبودی آخر. یعنی ۵ روز است دارند این را می‌زنند. یعنی یک کبودی است مال روز اول و یک کبودی دارد که تازه است. ممکن است مال ۳ ساعت پیش باشد. قبل از اینکه بیاید اورژانس. در تمام بدن این مشاهده می‌شد. یک جایی هست خونریزی باز است. مشخص است یک زخم باز است. احتمالاً عصر امروز شروع شده و درست شده. یک چیزی هست که خیلی کهنه است و رنگش دارد می‌رود که قهوه‌ای و زرد بشود و مشخص است که دارد جذب می‌شود خونمردگی. اینها کاملاً چیزهای مختلفی است که زمان‌بندی مختلفی ایجاد می‌کند.

در حقیقت وقتی ساعت ۷ صبح شیفتت تمام شد، بیمار در همان وضعیتی بود که آورده شده بود، با این تفاوت که سوند ادرار برایش زده بودیم، رگش پیدا می‌شد. معده‌اش را آزمایش کرده بودیم، تمام اینها را

گزارش کرده بودیم، سی‌تی‌اسکن سر را گرفته بودیم و دکتر خلیلی هم معاینه داخلی واژینال کرده بود گزارش داده بود، دکتر صفی آرین هم گزارش خودش را داده بود. من اورژانس را تحویل دادم و رفتم بیمارستان خودمان. تقریباً حوالی ظهر، یازده و نیم- دوازده ظهر، دیگر طاقت نیاوردم. زنگ زدم به اورژانس بیمارستان بقیةالله. خب شیفت صبح تمام شده بود. بیمارستان بزرگی است با تعداد زیادی پرسنل. منشی بخش من را به شخصه نمی‌شناخت. گفتم من پزشکی هستم که دیشب کشیک بودم، مریضی دارم آنجا، ببین چطوری است، خیلی شلوغ بود و خیلی مضطرب گفت مریض را دارند احیا می‌کنند، مریض ایست تنفسی کرده. یعنی همان چیزی است که من هر لحظه تصور می‌کردم بکند. ایست تنفسی است. دیگر مغز ایستاده، کار نمی‌کند دیگر. احیا را- توی پرونده هست- حدودهای مثلاً ساعت ۱۱ شروع کردند. من ۱۱:۳۰- ۱۲ زنگ زدم ازشان سؤال کردم، بعد ساعت ۲، یک لیستی از پزشک‌ها هست که به اصطلاح مرگ مغزی اعلام می‌کنند. اعلام می‌کنند که این مریض مرگ مغزی شده. جالب این است که ساعت دوی بعد از ظهر روز بعد از پذیرش شدن، یعنی روز پنجم، این لیست پزشک‌ها- باز این سند هست- اعلام می‌کنند که این مریض مرگ مغزی شده و توی ایران ما این را نداریم که کسی را که مرگ مغزی شده باشد با دستگاه نگهش دارند. ولی ایشان به مدت ۱۳روز به دستگاه وصل می‌ماند. ایشان را انتقالش می‌دهند به آی‌سی‌یو، از همانجا توی اورژانس و مریض می‌رود توی دستگاه می‌ماند تا ۱۳روز.

آن دستگاه ساعتی چند میلیون تومان هزینه‌اش است؛ دستگاهی که تنفس می‌دهد و معمولاً برای کسانی که امیدی به برگشتن‌شان هست، برای کسی که احیاش کرده‌اند، خواباندنش، فلج شده، مسموم شده، تنفسش کار نمی‌کند، وصل می‌کنند به دستگاه برای اینکه می‌دانند امیدی هست که تنفسش برگردد. ولی وقتی که طبق یک سری دستورالعمل‌هایی، پزشکان اعلام کرده‌اند که این مغزش فلت‌لاین است، یعنی کلاً مرگ مغزی است، آن ساعتی چند میلیون تومان را خرجش نمی‌کنند که به دستگاه

وصل باشد، هی هوا بدهد توی ریه‌اش و از آن طرف هم قلبش پمپ بزند، بشود مثل گیاه زنده بماند. دستگاه را خاموش می‌کنند و مریض ظرف چند دقیقه خفه می‌شود و می‌میرد. خفه می‌شود یعنی زنده نیست در اصل، مریض زندگی نباتی را شروع کرده، چون مرگ مغزی شده. ولی خب تنفسش را از دستگاه قطع می‌کنند. این کاری است که در ایران می‌کنند.

من آن شب کشیک نبودم. کشیک بعدی‌ام ۹ روز بعد بود. ۹ روز بعد، من توی بیمارستان بقیةالله کشیک بودم. دوباره و برحسب تصادف، آن-کال جراحی اعصابم دکتر صفی آرین بود. دکتر صفی آرین آمد. حالا ۹ روز دقیقاً گذشته از واقعه. ما مریض‌هایمان را دیدیم و بدون اینکه توجه او را جلب بکنم، بهش گفتم دکتر یادت می‌آید آن روز یک مریض آسیب‌دیده داشتیم، پذیرش کردیم، چطوری است؟ قصه‌اش چی بود؟ چی شد؟ گفت اتفاقاً خوب است. برویم بالا با هم ببینیمش اگر وقت داری. گفتم برویم. کجاست؟ آی.سی.یو است. پاشدیم رفتیم آی.سی.یو. توی راه صحبت می‌کردیم، چیزهای علمی‌اش را برایم توضیح می‌داد و [اینکه] بالاخره چی شده و چرا باز نکردیم و هنوز مریض فلت‌لاین [دچار مرگ مغزی] است، ولی هنوز به دستگاه وصل است. ما رفتیم بالا. توی اورژانس ملافه تا روی گردن بود، ولی اینجا دست‌ها بیرون بود برای اینکه رگ و اینها بهش وصل بود و ملافه تا روی سینه بود. لباس بیمارستان تنش بود و توی آی.سی.یو. کاملاً کبودی‌ها از بین رفته بود. یعنی رنگش متغیر شده بود، در حد آن هشت- نه روز، تر و تمیزتر شده بود. سر و صورت وضع بهتری پیدا کرده بود که من همان لحظه توی ذهنم افتاد که علت اینکه به دستگاه است این است. آن روند ترمیم در زندگی نباتی ادامه پیدا می‌کند، چون بدن و سلول‌های بدن عملاً زنده‌اند. در صورتی که حیات، حیات واقعی نیست، ولی آن روند کار خودش را می‌کند و این جسد تا حدودی قابل ارائه است.

حتی اگر می‌توانستند بیشتر ادامه می‌دادند. از دستشان در رفت. قلب دیگر نکشید. یعنی بعد از آن، روز سیزدهم قلب دیگر نکشید، ایستاد، وقتی قلب ایستاد دیگر نمی‌شد هیچ کارش کرد. نمی‌شد قلب مصنوعی هم

برایش بگذارند. وقتی قلب ایستاد، توی آن روز، ۱۳روز بعد از پذیرشش، دیگر سر و صدا هم بلند شده بود و [به] رئیس جمهوری [کشیده بود] و استفان پسرش هم از اینجا داد هوار می‌کرد و دیگر روزهای آخر همه می‌دانستند این کی است. سر و صدایش بلند شده بود که این یک مورد ویژه است. خارجی است.

من کاملاً بطور کارشناسی این را اعلام کردم و به‌طور قطع می‌توانم بگویم که شکنجهٔ سازماندهی شده نه حتی یک دعوای معمولی. به‌طور سازمان‌دهی شده، در طول یک روند سه چهار روزه، شکنجه شده. یعنی اینکه ضربات متعدد با جزییات در گزارش‌های من هست، توی اسنادی که همراهم آورده‌ام هم هست. کجاها هست، اندازه‌هایشان، به‌خاطر همان مسئلهٔ پزشک قانونی، من حتی توی اصل پرونده که نوشتم، به اندازه نوشتم. مثلاً طول ۵ سانتی‌متر، عرض ۵ سانتی‌متر، از چپ، همهٔ اینها به دقت هست.

وقتی رفتم با این دکتر بالا سر بیمار، این کنجکاوی را با این زمینه [مطرح کردم]، نه به‌عنوان کیس، به‌عنوان اینکه، من سؤال کردم که برای من خیلی جالب است که پروسهٔ ترمیم قشنگ ادامه پیدا کرده. من این‌جوری بحث را کشاندم. خب او جراح اعصاب است. به‌عنوان جراح اعصاب سؤال کردم که این مریض مرگ مغزی است، ولی شما نگاه بکنی، بدن خودش را ترمیم کرده، این رابطه بین سیستم عصبی با سیستم ترمیم چطوری است؟ به‌صورت یک سؤال علمی مطرح کردم که شک و تردیدی هم ایجاد نکند. بعد او برایم توضیح داد که خب اینها از هم جداست. پوست زخمی است، گوشت زخمی است، این کار خودش را می‌کند. بافت، بافت ترمیمی را ایجاد می‌کند و آنجا مغز کاره‌ای نیست. فقط تفاوتش این است که مریض درد حس نمی‌کند. آنجا اگر کله‌ای بود و سری بود و مغزی هم بود، درد حس نمی‌کرد. فرق این بود. مثل گیاهی که شاخه‌اش را زخمی کنی، بعد از یک هفته خوب می‌شود. این همان اتفاق برایش افتاده بود.

سر اندام جنسی چیزی نگفتم. خب این تابو توی ایران هست، هنوز هم هست، آن موقع هم بود، خصوصاً در بیمارستانی مثل بیمارستان بقیةالله، معمولاً مردها هیچ وقت خیلی وارد نمی‌شوند، شما نگاه بکنی، از بعد از انقلاب فرهنگی هیچ متخصص زنان و زایمان مردی فارغ‌التحصیل نشده. حتی متخصصان زنان و زایمان قدیم که مرد بوده‌اند همه دارند از دور خارج می‌شوند. همه متخصصین زنان و زایمان خانم هستند.

یعنی اگر آن خانم پرستار کارش را آن‌جام می‌داد و صدایش را در نمی‌آورد و آدمی نبود که تحت تأثیر قرار بگیرد، [من چیزی نمی‌فهمیدم] چون واقعاً با همان واکنشی که من گفتم، آمد به من گفت. یعنی اصلاً انگار که در حالت شوک کمک بطلبد.

این را که می‌بینی، تنها باور کردن نیست. احساس بسیار مشمئز کننده‌ای است، چون تو بخشی از آنی. یعنی شما هیچ‌وقت نمی‌توانی تصور بکنی آن لحظاتی را که... یک دوستی یک بار از من پرسید که خب چی شد که آمدی [از ایران بیرون]؟ می‌توانستی بنشینی زندگی‌ات را بکنی. خب نمی‌توانستم! اگر می‌توانستم می‌کردم. اگر فرصتی بشود از همسرم بپرسید. داشتم کاملاً دیوانه می‌شدم. برای اینکه همه چیزم به هم ریخته بود. برای اینکه یک‌هویی هویتم، دنیا و آخرتم، همهٔ حساب‌هایم به هم ریخته بود، این‌جوری نباید می‌شد. من بخشی از این جنایتم. من دیگر چطوری فردا بیایم با بچه‌ام بنشینم سر همین میز بخندم؟! من فردا چی می‌خواهم بگویم به این؟ بالاخره من توی این خانواده هستم. چرا خانواده را آنقدر بزرگ می‌کنم؟ برای اینکه من خیلی متعهدم به همسرم. یعنی نه تعهد به شکل کلاسیکش. خیلی نزدیکم... نزدیک‌ترین دوستم است. من چطوری می‌توانم صمیمیت و صداقت و انسانیت را بگویم، وقتی چشم بستم که یکی را له کردند و من بخشی ازش هستم. یعنی یک ثانیه بعد از آن تأیید کردنش می‌شدم شریک جنایت. از آن لحظه‌ای که فهمیدمش دیگر نمی‌توانستم بایستم.

نکتهٔ دیگری که من را بیشتر و بیشتر مصمم کرد که دیگر پروندهٔ این سیستم بسته است، آن شامورتی‌بازی بود که کمیسیون اصل نود و کمیسیون حقیقت‌یاب خاتمی کردند. من مصاحبه کردم با هر دو کمیسیون. جالب این است که آقای پزشکیان- خیلی خنده‌دار است، اول اینکه ایشان با من هم دانشگاهی بوده، دوم اینکه از نزدیک همدیگر را می‌شناسیم، وزیر بهداشت دورهٔ خاتمی، سوم اینکه در دو تا جلسات کمیتهٔ حقیقت‌یاب با حضور ایشان با من مصاحبه کردند. نه تنها با من، با تمام کسانی که درگیر بودند در بیمارستان با پرونده خانم کاظمی. ولی با پستی تمام اعلام می‌کنند من اصلاً ایشان را نمی‌شناسم، جالب است که من با ایشان عکس دارم. تو جاهای مختلف. ما توی تبریز، توی دانشگاه ارومیه بارها با هم بودیم. بعد وقتی که ما رفتیم، دیدیم از کمیسیون‌ها چیزی در نمی‌آمد. اصل نود قانون اساسی، اصل رسیدگی به شکایات است که به مجلس اختیاراتی می‌دهد که شکایت از هر قوهٔ دیگر، هر اتفاق دیگر را ببرند توی مجلس. رییس کمیسیون هم آن موقع آقای انصاری راد بود. محسن آرمین، عضو کمیسیون امنیت ملی بود. توی آن کمیسیون حقیقت‌یاب هم پزشکیان بود و ابطحی بود و یکی دیگر.

زهرا (زیبا) کاظمی

جالب این است که پرونده هم در اختیارشان بوده. بعد آمدند دوباره از ما خواستند که شما تأیید می‌کنی؟ گفتم من نوشته‌ام آنجا. و جالب این است که یک انسان خوبی، در طی همان ۱۳ روزی که خانم کاظمی بیمارستان است، از تمام صفحات پرونده کپی می‌گیرد. من نیستم. این را بعداً به دست من رساندند. یک آدم خوبی که احساس می‌کند در همان زمینهٔ بیمارستان مثل من درگیر است. ولی در چارچوب‌های اجتماعی آن‌قدر قدرت ندارد که علناً بیرون بیاید. نمی‌توانسته. ولی این کار خوب را انجام

می‌دهد. تمام صفحات پرونده. سی‌تی‌اسکن پرونده. بعد از پزشک قانونی، وقتی جسد را می‌برند پزشکی قانونی قبل از دفن شدن، از جسد عکس گرفته‌اند که برای کمیسیون ببرند. از آن عکس‌های جسد کپی برابر اصل کرده که کاملاً اینها تاییدکنندهٔ شکنجه است. گزارش پزشکی قانونی است.

این عکس‌ها جایی منتشر نشده. خارج از کشور به‌طور جدی من می‌توانم بگویم فقط من دارم. من هم البته الان ندارم. الان توی یک گاوصندوق است. یک نفر دسترسی ندارد. یک پروسهٔ حقوقی دارد که بشود آن صندوق را باز کنند. پیش‌شرطش این است که یک دادگاه رسمی حقوقی در هر نقطه از زمینه درخواست بکند. یعنی منظورم این است که من برای اینکه موقعیتم از موقعیت شاهد تغییر نکند، به هیچ عنوان این اجازه را به خودم نمی‌دهم که این را بگذارم روی میز بگویم یکی این را بردارد. این یک جایی هست. وقتی یک دادگاهی اعلام بکند که آقا جان شما بیا این تیکه را برایمان توضیح بده، آن وقت می‌آید ضمیمهٔ پرونده قرار می‌گیرد.

شهادتنامه مریم رضوی

من سال ۱۳۷۸ دستگیر شدم.

فعالیتم را در جنبش دانشجویی در سال ۱۳۷۸ شروع کردم. یعنی در اصل می‌شود گفت که من بعد از کشته شدن داریوش و پروانه فروهر [در آذر ۱۳۸۷] مجدداً فعال شدم.

من دانشجو نبودم، خانه‌دار بودم ولی یک زن مبارز و آزادی‌خواه بودم و خارج از دانشگاه فعالیت می‌کردم. بعد از کشته شدن داریوش و پروانه فروهر، چون از یاران و دوستان همسر من، بودند، به منزل‌شان رفتم و در تمام مراسم‌شان بودم. با توجه به شناختی که ازشان داشتم و از دوستان قدیمی ما بودند، مرتب آنجا بودم و با طیف دانشجو، بچه‌های آزادی‌خواه- چه زن چه مرد- آشنا شدم. بعد از این مسائل، با آقایی به اسم منوچهر محمدی آشنا شدم که ایشان از من خواست که با هم کار سیاسی بکنیم. گفت من هم یک فرد آزادی‌خواه و مبارزم، مخالف این رژیمم. ما با هم کار سیاسی‌مان را شروع کردیم. دفتری در میدان انقلاب اجاره کردیم. بعد وزارت اطلاعات آمد آنجا را پلمپ کرد و دیگر جایی نداشتیم. به اجبار آمدیم در منزل خودم. منزل من شد پایگاه مبارزات جنبش دانشجویی و جنبش آزادی‌خواهی ملت ایران. طیف‌های مختلفی می‌آمدند، دانشجوها، آدم‌های عادی با افکار و اندیشه‌ی مختلف؛ سلطنت‌طلب‌ها، ملی‌گراها، بچه‌های چپ، بچه‌های سازمان چریک‌های فدایی، بچه‌های مجاهدین. با افکار و اندیشه‌ی مختلف می‌آمدند. من درِ خانه‌ام را برای مبارزه علیه رژیم باز کرده بودم، برای سرنگونی رژیم جمهوری اسلامی. این نبود که از کسی سؤال کنم اندیشه‌ی

سیاسی تو چیست. خودم یک فرد چپ آزادی‌خواه هستم، ولی بر این
عقیده نبودم که باید اول از افراد عقیده‌شان را پرسید بعد به مبارزه راهشان
داد و در کنارشان مبارزه کرد. چون مبارزه داخل ایران خیلی با خارج از
ایران فرق دارد. داخل ایران، فقط یک هدف داری آن هم سرنگونی رژیم
است. دشمنت روبه‌رویت ایستاده و هرچه نیروی بیشتری کنار هم باشید
بهتر است. به هر حال، من به این معتقدم که در فردای ایران، افکار و
عقیده‌های مختلفی وجود دارد. همه در کنار هم باید آن کشور را بسازیم و
مردم را از آن بدبختی و از آن فقر و استبداد نجات بدهیم و ایرانی آباد و
آزاد تحویل نسل‌های بعد بدهیم.

من فعال بودم و چندین بار هم در خیابان مورد حمله قرار گرفتم. دو
بار هم به منزلم حمله کردند؛ از طرف انصار حزب‌الله و دادگاه انقلاب و
وزارت اطلاعات و لباس شخصی‌ها. تیپ لباس پوشیدن‌شان این‌طور بود که
شلوارهای پارچه‌ای پایشان می‌کردند، پیراهن‌های روی شلوار افتاده، آستین
بلند، یقه بسته، ریش‌دار، که همه می‌شناسند. ولی لباس ارگان مشخصی
نپوشیده بودند. اینها توی ایرانی‌ها همان کسانی هستند که الان هم توی
تظاهرات با لباس شخصی مردم را سرکوب می‌کنند.

یک بار، دو تا آدم در خانهٔ من بودند از طرف دوستان خارج از کشور،
به اینها گفته بودند که از من شب و روز مواظبت بکنند. این دوستان رفته
بودند خرید بکنند. زنگ خانه را زدند. من فکر کردم بچه‌ها برگشته‌اند. در
خانه را باز کردم، دیدم چهار، پنج نفر ریختند توی خانه و نفس من را
گرفتند. مرا مورد ضرب و جرح قرار دادند و [به من] حمله کردند که تمام
بدنم سیاه شد. مادرم، پسر ۱۰ساله‌ام و دختر خواهرم را که با من زندگی
می‌کردند، کردند توی اتاق و در را به رویشان بستند. دشنهٔ بزرگی دست‌شان
بود. من رفتم داخل آشپزخانه. دیوار آشپزخانه اوپن بود. من به‌خاطر دفاع
از جانم در خانه وسیله‌ای درست کرده بودم. یک دشنه گذاشته بودم سر
یک متر و نیم چوب، که وقتی مسئله‌ای پیش آمد بتوانم از خودم دفاع

کنم. من هم رفتم آن را دست گرفتم. گفت ما خیلی راحت از اینجا می‌توانیم این دشنه را پرت کنیم فرو کنیم در قلب تو.

مادر و پسرم با من زندگی می‌کردند؛ ولی پسرم از پدر دیگری است. ایشان هم یکی از افراد سیاسی بود که سال ۶۷ از خانه رفت بیرون و دیگر هیچ خبری ازش نداریم و اصلاً نمی‌دانم چه به سرش آمد. یکی از چهره‌های شاخص مبارز بچه‌های چپ بود. به همدیگر قول دادیم اگر چیزی شد هیچ وقت اسمش را نبرم. چون شخصیت برجسته‌ای بود. پسرم ۱۲سالش بود، سرپرستی مادرم را هم من داشتم. در کنار من زندگی می‌کردند.

به هر حال من با آنها درگیر بودم، به من حمله کردند. چون من سال ۶۰ هم زندانی سیاسی بودم، مادرم به این مسائل وارد بود. مادرم در را باز کرد و چهار دست و پا از پشت دست اینها که با من درگیر بودند رد شد و رفت توی خیابان. یک دفعه دیدم صدای مادرم می‌آید که توی راه پله دارد هوار می‌کشد. وقتی این قضیه را دیدند، سریع فرار کردند و رفتند. همان موقع که رفتند، در را بستیم. تمام بدنم خونین و مالین بود. دوستانی که آنجا بودند، با آقای مخبر که از بچه‌های حزب ملت ایران است و آقای نمازی تماس گرفتند و گفتند همچین اتفاقی افتاده. گفت بهتر است که شما با یکی از روزنامه‌ها تماس بگیرید. خودشان تماس گرفتند و بعد شماره تلفن را به من دادند. فکر می‌کنم سردبیرش هم آقایی بود که در تصادف برادرش را کشتند، عبدالله نوری، فکر می‌کنم سردبیر روزنامه... الان اسم روزنامه‌اش یادم نیست. تماس گرفتم گفتم همچین جریانی است. گفت الان خبرنگار می‌فرستیم که بیاید با شما مصاحبه کند که هرگز هم خبرنگار نیامد با من مصاحبه کند. روزش یادم نیست. اما لباس‌ها گرم بود. کت و کاپشن نبود. فکر می‌کنم زمستان بود. بعد از کشته شدن داریوش و پروانه. چیزی حدود یک ماه و نیم بعد، بعد از چهلم داریوش و پروانه، من با آقای خسرو سیف که جانشین داریوش فروهر است، تماس گرفتم و گفتم یک همچین چیزی است. گفت بهتر است که تهران را ترک کنی. بچه و مادر و دخترخواهرم

رفتیم اراک. آنجا با دوستان‌مان که از بچه‌های چپ بودند هماهنگ کرده بودیم. آنها حدود یک ماه در اراک مرا پنهان کردند. بعد از یک ماه، من باید برمی‌گشتم. برگشتم و فعالیت خیلی بیشتر شد. بعد از آن قضایا بود که با منوچهر آشنا شدم و فعالیت‌مان را شروع کردیم. دیگر خانه شد پایگاه مبارزات جنبش دانشجویی و جنبش آزادی‌خواهی مردم ایران. من به هر حال کار سیاسی‌ام را آنجا ادامه دادم. مرتب مصاحبه با رسانه‌های بین‌المللی و تظاهرات به مناسبت‌های مختلف؛ تا جریان ۱۸ تیر به وجود آمد. فردای شب ۱۸ تیر، من رفتم دانشگاه تهران. شبانه‌روز آنجا با بچه‌ها بودم. شب ۱۹ تیر من جلوی خوابگاه امیرآباد بودم. ساعت حدود ۳ صبح بود. ما جلوی کوی ایستاده بودیم با بچه‌ها. جلوی خوابگاه بچه‌های دانشجو بودند، پایینش انصار حزب‌الله و نیروهای امنیتی بودند. ما که شعار می‌دادیم اینها الله‌اکبر می‌گفتند و شعارهایی علیه ما می‌دادند. من آمدم وارد کوی بشوم، بچه‌های اطلاعات اجازه ندادند. من گفتم من بچه‌هایم آنجا هستند می‌خواهم بروم پیش بچه‌هایم. گفت مریم رضوی ما تو را می‌شناسیم. تو بچه‌ای آنجا نداری، گفتم همهٔ آنها بچه‌های من هستند. اگر نگذارید بروم من یک پلاستیک توی کیفم پر از بنزین دارم. می‌ریزم روی خودم و خودم را آتش می‌زنم. من باید بروم پیش بچه‌ها. با فحاشی گفتند برو. من رفتم و با بچه‌ها بودم. بعدش دختر خواهرم و بچه‌های دیگر آمدند. ساعت ۳و نیم بود. من ساعت ۶ صبح [با یک رادیو در خارج ایران] مصاحبه داشتم. قبلش زنگ زده بود از من وقت گرفته بود. بچه‌ها گفتند خانم رضوی شما صبح زود مصاحبه داری، برو خانه استراحت کن. حدود نیم ساعت قبلش، یک ماشین آخرین مدل آمد، با یک آقایی که لباس آستین کوتاه پوشیده بود، پیپ در دستش بود، ریش پرفسوری، شلوار جین به پا داشت، ایستاد کنار ما و شروع کرد به صحبت کردن و مخالف کردن با رژیم. بچه‌ها که گفتند خانم رضوی شما بهتره که بروی، صبح مصاحبه داری استراحت کن، این آقا گفت کجا می‌روید؟ من می‌رسانم‌تان. گفتم من غرب تهران می‌روم. من و دختر خواهرم با ۲ تا از بچه‌های دانشجو

سوار ماشین شدیم. خودم جلو سوار شدم، آن سه تا عقب. تا سوار شدیم، ایشان نوار هایده گذاشت، شاید بگویم یک دقیقه بعد خاموشش کرد. کله‌اش را آورد جلو گفت خیلی خوشم می‌آید یک زن با شهامت تا این موقع شب کنار این دانشجوها مبارزه کند. می‌شود بگویی هدفت چی است؟ گفتم هدفم سرنگونی این رژیم است. گفت چرا؟ گفتم زندگی را از من گرفته، زندگی را از مردم گرفته، کشتار، قتل عام، فقر، فساد، فحشا، اعتیاد، بیکاری، دیگر چرا ندارد. گفتم شما اینجا چه کار می‌کنید؟ گفتم برادرم مجاهد بوده اعدامش کرده‌اند. همین‌جور که می‌رفتیم، من یک لحظه احساسی بهم دست داد که می‌تواند دروغ باشد. یک رمزی با بچه‌ها داشتیم، آن رمز را انجام دادم. کمی جلوتر رسیدیم فلکهٔ آریاشهر- الان می‌گویند فلکه‌ی دوم صادقیه- یک پارکی هست و روبه‌روی این پارک یک آپارتمان هست. گفتم خانهٔ ما همین جاست. گفت می‌شود شماره‌ات را بدهی؟ گفتم شمارهٔ من با صاحبخانه مشترک است، چون یک زن مجرد هم هستم، صلاح نیست شماره‌ام را به شما بدهم. شماره‌ام را ندادم. پیاده شدیم. حس ششمم به من گفت این برمی‌گردد. به بچه‌ها گفتم بچه‌ها این برمی‌گردد. اگر برگشت و اتفاقی افتاد ما دست‌مان خالی است، هوا هم گرگ و میش و تاریک است. خیابان هم خلوت است و کاری از شما بر نمی‌آید. فقط مریم- دختر خواهرم- را نجات بدهید و خودتان اصلاً قاطی این مسائل نشوید. در همین صحبت‌ها بودیم که دنده عقب آمد. ولی بچه‌ها گفتند اگر آمد عقب، شماره ماشینش را یادداشت کنیم. آمد و با یک انگشت گفت بیا. یکی از بچه‌ها مهندس بود. گفتم مهندس ببین ایشان چه می‌گوید. گفت نه خودت بیا. شیشهٔ سمت شاگرد را آورده بود پایین. گفتم بفرمایید. مهندس هم کنار در عقب ایستاده بود. دخترخواهرم هم داشت شماره ماشین را می‌نوشت. یکی از بچه‌ها هم این طرف ایستاده بود. گفت می‌خواهم شماره‌ام را بهت بدهم. می‌شود خودکار بدهی؟ گفتم من خودکار ندارم. برگشتم که بپرسم مهندس خودکار داری، مهندس پرتم کرد. یک لحظه یک صدایی از کنارم رد شد و شانه‌ام درد گرفت. شانه‌ام را

گرفتم، پرتم کرده بود. نگو وقتی من برمی‌گردم، او با کلتش که توی دستش بود به سمت من شلیک می‌کند. مهندس هم دارد او را می‌پاید. تا می‌بیند که کلت را گرفته به سمت من، من را پرت می‌کند. ولی گلوله آن‌قدر از نزدیک من رد شده بود که من شانه‌ام را گرفته بودم و احساس می‌کردم چیزی بهم خورده. فحش خیلی رکیک و زشتی داد. فکر می‌کرد تمام شده. گفت فاحشهٔ کثافت ضد انقلاب. بعد رفت. بچه‌ها آمدند گفتند خانم رضوی زنده‌ای؟ گفتم گلوله بهم خورده، فقط بلندم کنید از روی زمین. شانه‌ام درد گرفته بود احساس می‌کردم گلوله بهم خورده. مهندس دیده بود گفت کلت سربی رنگ بود. سرش یک هم یک چیز کلفت گذاشته بود، صدا خفه کن بود. گفت من خودم سرباز بوده‌ام؛ سرش صداخفه‌کن گردی گذاشته بود. چون خود من اصلاً چیزی ندیدم، صورتم را برگردانده بودم که از مهندس خودکار بگیرم که به سمت من شلیک کرد.

من را که بلند کردند، دیدیم یک پیکان دارد می‌آید. گفتم بچه‌ها من شکمم را می‌گیرم بگویید می‌خواهد وضع حمل کند، ما را تا یک جایی ببرد. گفتند باشد. همان‌طور که من شکمم را گرفته بودم و داشتم راه می‌رفتم، دیدم او جلوتر پارک کرده. تا ما را دید، دنده عقب گرفت به سمت ما. جلوی آن پیکان را گرفتند. یک خانم چادری بود با یک آقایی. مهندس گفت خانمم می‌خواهد وضع حمل کند ما را تا دم آژانس برسانید. یک مقدار که رفت- یادم نیست اکباتان بود، کجا بود- نزدیک آژانس ما را پیاده کرد. کلی گشتیم تا رسیدیم خانه. دخترخواهرم فقط من را نگاه می‌کرد و جیغ می‌زد. خودم زبانم بند آمده بود. شوکه شده بودم. سریع بچه‌ها با دوستان خارج از کشور تماس گرفتند. آنها گفتند بهترین راه این است که زنگ بزنید به دفتر خاتمی. بچه‌ها زنگ زدند به دفتر خاتمی، مشاور خاتمی گوشی را برداشت. فکر می‌کنم ابطحی بود. وصل کردند به او و صحبت کردند. گفت نه این از طرف ما نیست. خود گروه‌های سیاسی می‌خواهند این را بکشند بیندازند گردن نظام. همان شبی که ما کوی بودیم، مادرم گفت که آن‌قدر در خانه را فشار دادند که داشت خرد می‌شد.

مادرم ترسیده بود و به خودش ادرار کرده بود. بچه‌ام هم ادرار کرده بود به خودش. هر دو رفته بودند توی اتاق خواب و در اتاق خواب را بسته بودند. گفت در را داشتند خرد می‌کردند که بیایند تو.

این جریان گذشت تا ۲۲ تیر، ساعت ۸ شب دستگیر شدم. من هر روز در مبارزات خیابانی با بچه‌های دانشجو بودم، دم کوی دم دانشگاه تهران، همه جا. اگر دقت کرده باشید در روزنامه‌های ایران، من چهارمین عامل حادثهٔ کوی دانشگاه معرفی شده‌ام. تلفن من هم که کاملاً کنترل بود، خانه‌ام هم کاملاً کنترل بود، یک گلفروشی روبروی خانه ما بود که به ما خبر دادند که اصلاً دوربین توی آن گلفروشی گذاشته بودند و زوم کرده بودند توی خانهٔ من، یک روز هم در زدند من اف اف را برداشتم گفت برای سرشماری آمدیم. چند نفر آمدند و بعدش هم فهمیدم دروغ است. گفتم شما برای سرشماری نیامده‌اید، شما از طرف اطلاعات آمده‌اید. گفت نه خانم سرشماری است. به هر حال اینها که خداحافظی کردند رفتند، من آمدم تو، بعد از یکی دو دقیقه من در را باز کردم که ببینم اینها رفتند طبقات بالا برای سرشماری، دیدم نه تنها کسی که سرشماری کردند من بودم. یعنی وزارت اطلاعات بود.

شب بیست و دو تیر به من اطلاع دادند که بهتر است یک مدتی تهران را ترک کنی. من در همین صحبت‌ها بودم و داشتم به مادرم می‌گفتم که من و تو و پسرم تهران را ترک کنیم و برویم. داشتیم رادیو اسرائیل گوش می‌کردیم و حرف می‌زدیم. به دخترخواهرم گفتم هرکس زنگ زد، من نیستم. بگو خانه نیست. ۱۰ دقیقه بعد تلفن زنگ زد. دخترخواهرم برداشت. یادش رفته بود من چه گفتم، گفته بودند خانم رضوی هست؟ این هم گفته بود بله. گفته بودند ما دانشجو هستیم و خبر مهمی از تبریز برای ایشان داریم. دخترخواهرم هم آمد گفت خاله یک دانشجو از تبریز برایت خبر دارد. گفتم الو. دیدم هیچ کس نیست. ۵ دقیقه بعد دیدم در می‌زنند. از پشت چشمی نگاه کردم، دیدم سه چهار تا از این هیکلی‌ها، پیراهن روی شلواری‌ها هستند. دیدم یکی هم کلتش معلوم است تو کمر. گفتم کی

است؟ یکی گفت ما دانشجوییم خبر برایت آورده‌ایم. گفتم من با هیچ دانشجویی ارتباط ندارم. گفت چرا ما خبر برایت آورده‌ایم. گفتم من الان زنگ می‌زنم پاسگاه، پلیس بیاید. زنگ زدم، پاسگاه نیامد. گفتم آقا همچین جریانی است، گفتند ما نمی‌آییم. گفتم شاید می‌خواهند من را بکشند. اصلاً من فلانی‌ام. چون یک شب هم که ریخته بودند توی خانه، پاسگاه آمده بود. یکی از مأمورین خود پاسگاه، که از مأمورین رده بالایش بود و خودش هم مخالف رژیم بود، به من گفت اگر یک وقت زنگ زدی و نیرو نیامد، بدان که خود اطلاعات نمی‌گذارد ما همچین جاهایی دخالت کنیم.

من در را باز نکردم. گفت ما حکم ورود به منزل داریم. من توی خانه یک سری مدارک داشتم، یک سری شماره تلفن از دوستان خارج و داخل کشور داشتم، یک سری بیانیه و اعلامیه و سرودهای انقلابی داشتم. آقای مهندس با یکی از دانشجوهای دیگر و دخترخواهرم خانه‌ام بودند. گفتم بچه‌ها اینها را ببرید توی حمام آتش بزنید. گفت خانم رضوی می‌دانید اینها چقدر است، دود بلند می‌شود. گفتم اشکال ندارد ببرید آتش بزنید. بردند توی حمام و آتش زدند و تمام که شد، آب گرفتند و شستند و جلد نوارها را که آب شده بود پرت کردند روی بالا پشت‌بام همسایه روبه‌رویی.

ما درگیر بودیم و آنها می‌گفتند ما حکم ورود به منزل را داریم و از دادگاه انقلاب آمده‌ایم، راحت می‌توانیم در را بشکنیم و بیاییم تو. گفتم باشد الان باز می‌کنم. همان موقع تلفن زنگ زد. گوشی را برداشتم. خانم زینت هاشمی بود، گویندهٔ رادیو پژواک، رادیو دولتی سوئد. گفت خانم رضوی می‌خواستم مصاحبه کنم ببینم ایران چه خبر است. گفتم خانهٔ من در محاصره است، حکم ورود به منزل دارند، دارند در خانه را می‌شکنند می‌خواهند وارد منزل بشوند. ایشان با من مصاحبه کرد، مادرم جیغ و داد می‌کرد و نگران بود و از سازمان‌های حقوق بشری تقاضای کمک می‌کرد. مصاحبه تمام شد. گوشی را گذاشتم و دوباره تلفن زنگ زد. برداشتم دیدم آقای امیرمصدق کاتوزیان است، از رادیو آزادی. گفت خانم رضوی می‌خواهم مصاحبه کنم. گفتم جریان این است. خانه‌ام در محاصره است،

حکم ورود به منزل را دارند و می‌خواهند من را دستگیر کنند. گفت چه کمکی می‌توانیم بکنیم؟ گفتم هیچی. گفت کسی هست زنگ بزنیم، شماره بدهی؟ گفتم نه. هرکسی بیاید اینجا دستگیر می‌شود. این مصاحبه را من خودم ندارم ولی احتمالاً رادیو فردا دارد.

من دیگر کارهایم را انجام داده بودم، در را باز کردم و آمدند تو. حمله کردند. یکی‌شان اسلحه را گذاشت روی گیج‌گاهم، مرا چسباند به دیوار. یکی حمله کرد به دختر‌خواهرم و آن یکی به مهندس. گفت تو اینجا چه کار می‌کنی؟ مهندس از بچه‌های سیاسی بود و خیلی هم مصاحبه انجام داده بود. گفتم ایشان می‌خواهد داماد ما بشود و هیچ نقشی در مسائل سیاسی ندارد. تمام خانۀ من را زیر و رو کردند. تمام مبل‌ها را با چاقو پاره کردند و توی مبل‌ها را گشتند، گلدان‌ها را شکستند. بعدش به من گفتند اتاق خوابت و لباس‌های شخصی‌ات و ساکت. همه را ریختند بیرون و نگاه کردند. من یک دفعه دیدم پسرم نیست. گفتم بچه‌ام کو، هرجا را گشتم دیدم نیست. یک دفعه دیدم بچه زیر میز است. بچه را بیرون آوردم. دیدم صورتش مثل لبو قرمز است و دارد می‌لرزد. قلبش تاپ تاپ می‌زد. بغلش کردم. داشت می‌مرد. گفتم نترس، من پیشت هستم. گفت مادر اینها اسلحه گذاشته‌اند آنجا. گفتم اسلحه‌تان را بردارید. من از این خانه کجا می‌خواهم فرار کنم؟ گفت هیچ جا که نمی‌توانی فرار کنی. اینجا پرنده پر بزند ما روی هوا می‌زنیم. این منطقه در محاصره است. گفتم دیگر اسلحه چرا، بچۀ من دارد می‌میرد. برگشت به پسرم گفت عمو ناراحت نباش، نترس. گفتم شما با اسلحه عین وحشی‌ها حمله کردید. بچه دارد می‌میرد. بچه را گرفتم توی بغلم و سریع دختر‌خواهرم آب خنک و آب نمک درست کرد. بچه داشت می‌مرد. قلبش داشت از قفسه سینه‌اش بیرون می‌آمد. الان هم متاسفانه بچۀ من در اثر همان مسائل دچار ناراحتی روحی شده و مرتب گذشته را تکرار می‌کند.

بچه را جمع و جور کردیم. حمله کردند به مادرم و مادرم خورد زمین. من به‌خاطر اینکه به هر حال اینها یک رحمی به این پیرزن داشته

باشند، گفتم اگر اتفاقی برای مادرم بیفتد هیچ کدام از ما زنده از این خانه بیرون نمی‌رود. رفتم مادرم را بغل کردم. گفتم چرا این‌جوری می کنی؟ سال ۶۰ یادت است؟ خودت می‌گفتی بهت افتخار می‌کنم. یادت هست وزیر اطلاعات دوران هاشمی حاکم شرع کرمانشاه بود[۱] چه بلایی به سرت آورد؟ زده بود رگ پیشانی مادرم را پاره کرده بود؛ در کرمانشاه. قضیه مربوط به سال ۶۰ است. به هر حال مادرم را دلداری دادم و آنها همهٔ خانه را بازرسی کردند و من را بردند. وقتی آمدیم پایین، دیدم که تمام مغازه‌ها را تعطیل کرده بودند. مرا که سوار ماشین کردند، بعد از پنج، شش دقیقه یک کیسه کشیدند روی سرم. گفتند باید سرت پایین باشد. بعد از نیم ساعت تا ۴۰ دقیقه، مرا بردند زندان. آنجا مرا تحویل خانم‌ها دادند و چشم‌بند و کیسه را برداشتند. دیدم یک محوطه‌ای است و یک میزی هست. مرا لخت کردند. تمام لباس‌هایم را از تنم در آوردند و لباس زندان بهم دادند.

لباس زندان راه راه بود. راه‌های صورتی و سرمه‌ای داشت. ۲ دست بود. یک سری، راه‌های صورتی داشت، یک سری راه‌های سرمه‌ای یا قهوه‌ای؛ با دمپایی مردانه. من را انداختند تو سلول انفرادی. آن‌قدر دستگیر کرده بودند که جا نداشتند. تمام راهرویی که بین سلول‌های انفرادی بود، پر از آدم بود.

بعداً فهمیدم که به کجا برده شده‌ام. توی یک سلول انفرادی بودم. یک پنجرهٔ کوچک آن بالا بود. سقف خیلی بلندی داشت و روی آن پنجره هم یک پلاستیک زده بودند. شب دوم توی سلول از حال رفتم. بیهوش شدم. سلول مرا تحت کنترل داشتند. نگاه کردند از پشت چشمی دیدند من نیستم. می‌خواستند در را باز کنند، دیدند نمی‌توانند باز کنند. به هر حال در را باز کردند و دیدند من بیهوش شده‌ام. اکسیژن دادند. سلول خیلی کوچک بود. علت بیهوشی‌ام این بود که اصلاً اکسیژن به سلول

[۱] منظور علی فلاحیان است.

نمی‌رسید. بعد از ۴ روز من را بردند یک سلول دیگر. آخرین سلول که بغلش توالت و حمام بود و ته راهرو هم هواکش‌های عظیمی که در کارخانجات بزرگ می‌گذارند و صدایش دیوانه کننده بود.

بعدش بازجویی من شروع شد. از ساعت ۸ شب شروع می‌شد تا ۵ صبح. ۴ تا ۵ نفر بازجو داشتم که دو تا دو تا با هم بودند. خسته می‌شدند و آدم‌های بعدی می‌آمدند. دو تا دو تا عوض می‌شدند. بازجویی همراه با شکنجه و فحاشی بود. به من می‌گفتند تو چرا تمام انرژی‌ات را در این ۲۰ و چند سال گذاشته‌ای علیه جمهوری اسلامی. تو که وضع مالی‌ات خوب است، چرا نرفتی دنبال عشق و حال و زندگی‌ات؟ من هم جواب می‌دادم که تا زمانی که کودک شش، هفت ساله کنار خیابان با کوله پشتی مدرسه‌اش آدامس می‌فروشد [من مبارزه می‌کنم].

از من پرسیدند که داریوش و پروانه فروهر را چطور می‌شناسی؟ یکی از دوستان همسرم که اعدامش کردند، منوچهر مسعودی، وکیل دادگستری بود و ایشان را هم اعدام کرده بودند. می‌پرسیدند این را از کجا می‌شناسی؟ گفتم اینها دوستان همسر من هستند. حالا چه ربطی دارد که من از کجا می‌شناسم اینها را. از ارتباط من با کومله، با حزب دموکرات، با حزب ملت ایران، با جبهه ملی می‌پرسیدند. من اصلیتم کرد است. کرمانشاهی هستم. مادر لر است، پدرم کرمانشاهی است. گفتم من با هیچ کدام از این گروه‌ها هیچ ارتباط و وابستگی ندارم. علناً هم بهشان می‌گفتم که من با هیچ کدام از این گروه‌ها ارتباطی ندارم. من یک آدم آزادی‌خواهم.

توی بازجویی‌ها بسیار فحاشی می‌کردند. به‌خصوص یکی بود که سیبیل‌های کلفتی داشت، البته چشم‌بند روی چشمم بود. چادر نماز هم سرم می‌کردند، زیرش هم مقنعه سرم می‌کردند. دقیقاً همان چادری که زن سعید امامی سرش است توی فیلم، همان چادر سر ماها هم بود. من جلوی چادر را می‌آوردم پایین، یک مقدار چشم‌بند را می‌دادم بالا. چند بار بازجویم گفت تو چرا جلوی چادرت را می‌آوری پایین؟ گفتم من اینجا فهمیدم محرم و نامحرم یعنی چی. نمی‌خواهم شما صورت من را ببینید.

در صورتی که من هدف داشتم، می‌خواستم اینها را شناسایی بکنم و شناسایی کردم.

فحاشی می‌کردند. مخصوصاً آن آقایی که سیبیلو بود، آستین کوتاه و شلوار جین داشت، راه می‌رفت به مادر، پدرم، خودم فحش می‌داد. می‌گفت آمریکا خر کی است، آمریکا هیچ غلطی نمی‌تواند بکند. آمریکا الان کجاست؟ سازمان ملل خر کی است؟ سازمان ملل هیچ غلطی نمی‌تواند بکند.

کثافت، هرزه، فاحشه... از این کلمات استفاده می‌کردند. می‌گفتند می‌خواهید انقلاب کنید که کُس و کون‌تان را بیرون بیندازید؟ می‌خواهید انقلاب کنید که لخت بیایید توی خیابان‌ها؟ او خیلی به من فحاشی می‌کرد. این بازجوی سیبیلو تیپش با آنها فرق می‌کرد. سیبیل کلفتی داشت، موهای بلندی داشت. من فکر می‌کنم یا توده‌ای بود یا از بچه‌های سازمان چریک‌های اکثریت بود. شلوار جین پایش بود. بقیه اصلاً کاری با آمریکا و سازمان ملل نداشتند. فقط این بود که ضد آمریکا بود. از کلماتش آدم می‌فهمید که این آدم چقدر به آمریکا حساسیت دارد.

موقع بازجویی کتک هم می‌زدند. توی اتاق بازجویی، پرده‌ای بود که پایه‌هایش آهنی بود، مثل پرده‌ای که درمانگاه‌ها هست. دست‌های من را می‌بستند به آن آهن، پاهایم را هم با طناب می‌بستند به آن، می‌زدند تو کمرم. خیلی می‌زدند. توی کمرم می‌زدند، توی ماهیچه‌های پایم از پشت. موهای من خیلی بلند بود، موهایم را می‌گرفتند و تا قدرت داشتند می‌کشیدند که گردنم اصلاً برمی‌گشت عقب. این کار که تمام می‌شد، دوباره من را می‌نشاندند و بازجویی می‌کردند. آن یکی می‌رفت بیرون این یکی می‌آمد.

با مشت و لگد می‌زدند. زدن با کابل هم قسمت دیگری بود. بازجویم می‌گفت ببین رادنیا تو می‌میری ها. تو آنجا می‌میری. چرا همکاری نمی‌کنی؟ می‌گفتم من چیزی ندارم با شما همکاری کنم. هر شب هم که

بازجویی‌ام تمام می‌شد می‌گفت می‌دانی که اعدامی هستی؟ احتمال دارد که فردا تو را ببرند برای اعدام. می‌گفتم آره می‌دانم.

ما نمی‌دانستیم کجا هستیم. ظهر که می‌شد، صدای دلنگ دلنگ کلیسا مانندی می‌آمد. بعداً که آمدیم بیرون فهمیدیم که اینجا زندان توحید است و کمیته ضدخرابکاری زمان شاه است که توی توپخانه است. من ۴ ماه انفرادی بودم. ۳ ماه و خرده‌ای بازجویی می‌شدم.

موقعی که می‌آمدند من را از سلول تحویل بگیرند، برای بازجویی مرا می‌آوردند پایین، دم یک اتاقی. خیلی مخوف بود. ساختمان گردی بود. برای هواخوری ما را می‌بردند بالا پشت بام. دور پشت بام را دیوار گذاشته بودند و سقفش را هم تیرآهن گذاشته بودند. روزهای شنبه ۱۰ دقیقه یا ۱۵ دقیقه توی آفتاب هواخوری بود. من فهمیدم که این ساختمان گرد است. ۳ طبقه می‌رفتیم بالا، بعد حیاط بود. ازش می‌گذشتیم و می‌رفتیم توی ساختمانی که می‌بردند برای بازجویی.

هر شب بازجویی، فحاشی، مشت و لگد. خانواده‌ام هیچ خبر نداشتند که من زنده‌ام یا مرده‌ام. روزنامه‌ها هم اعلام کرده بودند حکم اعدام مریم رضوی. به یک سری از دوستانی که در زندان بودند گفته بودند مریم رضوی را اعدام کرده‌اند. هر روز ساعت ۵ که بازجویی تمام می‌شد به خودم می‌گفتند تو اعدامی هستی. صدای زنگ آنجا که می‌آمد، قلب من از قفسه سینه‌ام می‌زد بیرون. گوش‌هایم را تیز می‌کردم که ببینم صدای پا به سلول من نزدیک می‌شود یا نه. روزی هزار بار می‌مردم. به جایی رسیدم که التماس می‌کردم من را اعدام کنید؛ آن‌قدر که فشار روحی و شکنجه روی من زیاد بود.

نگهبان‌های قسمت ما خانم بودند. اینها ما را تحویل مردهای بازجو می‌دادند. برای شکنجه و مشت و لگد هم آقایان بودند.

درسلول‌های بغلی هم آدم بود. سر و صدایشان می‌آمد، آدم متوجه می‌شد. من هم در سلولی بودم که هرکس می‌خواست برود توالت از جلوی سلول من رد می‌شد. ناهار و شام و صبحانه هم عالی بهمان می‌دادند.

سیستم اینجوری بود که کارکنان و زندانی‌ها یک جا غذا می‌خوردند. حتی یک شب بازجویم بهم گفت شام چی خوردی؟ گفتم جوجه کباب. گفت کجای دنیا دیدی که بازجو و زندانی غذایش یکی باشد؟ گفتم این نه پول پدر آقای خمینی است نه آقای خامنه‌ای. پول نفت‌مان است که یک دلارش را هم بهمان نمی‌دهید بخوریم. گفت تو خیلی بلبل زبانی. این بلبل زبانی کار می‌دهد دستت.

هر شب که من را می‌بردند برای بازجویی، جلوی یک اتاقی که می‌رسیدیم، من را نگه می‌داشتند که از آن صدای جیغ و فریاد یک خانم می‌آمد. نگو که این نوار بوده. بعدش به من می‌گفتند رادنیا خدا نکند کارت به اینجا بکشد. تو کارت به اینجا بکشد، مرده‌ای. پس بهتر است همکاری کنی. کارت به اینجا برسد تمام است. زنده نمی‌مانی. من می‌گفتم من آرزویم مرگ است، چیزی برای زنده ماندن ندارم.

یک روز، طبق معمول که بازجو می‌آید، خانم نگهبان آمد گفت بازجویت است، بلند شو حاضر شو. گفتم توی روز من بازجو ندارم. دارند می‌برند اعدام؟ گفت نمی‌دانم. همان لباس زندان تنم کردم، چادر و چشم‌بند. مرا تحویل آنها داد. نگاه کردم دیدم ۴ تا پا هست. چون همیشه بازجویم و کمک‌بازجو می‌آمد. دیدم آدم‌های زیادی هستند. من را بردند طبقه پایین. یک دفعه آن یکی به من گفت شماره پایت چند است؟ گفتم ۳۸. یکی گفت حاجی تا ۴۰ جا دارد. من اصلاً نمی‌دانستم منظورش چی است. یک لحظه فکر کردم شاید می‌خواهند دمپایی زنانه برای ما بگیرند. چون دمپایی مردانه بزرگ پای ما بود. من را بردند توی اتاقی تمام دیوارش شلاق آویزان بود. یک تخت چوبی بود که بالا و پایین تخت چوبی از این آهن‌ها بود، دست‌بند به دستم، دمر خواباندند روی تخت. پاهایم را با طناب بستند، شستم را با نخ به هم بستند، دمر، طناب هم به دستم بستند، طناب را آوردند سر آهن بستند، طناب پایم را هم روی آهن کشیده بودند. من آن‌قدر از روی تخت بلند شده بودم، اصلاً احساس می‌کردم تمام رگ قلبم و رگ و ریشه‌ی بدنم دارم پاره می‌شود. یکی آمد تو. چشم‌های بزرگی داشت.

قیافه‌اش شکل قاتل‌ها بود. کاغذ دستش بود، پرسید ارتباط تو با کومله؟ ارتباط تو با حزب ملت ایران؟

این‌جوری که بسته بودند، چشم‌بند کمی رفته بود کنار. ۳ تا پسر بیست و هفت هشت ساله بین‌شان بود، همه پیراهن‌ها روی شلوار. همان انصار حزب‌الله که توی خیابان مردم را می‌زدند. من گفتم من هیچ‌کس را نمی‌شناسم. آن یکی گفت بزن. شروع کرد به زدن. کف پایم. اولی، دومی، سومی. فکر کردم شاید دلش به رحم بیاید... گفتم یا زهرا اینجا صحرای کربلاست. گفت زهرا چه جنده‌ای است؟ زهرا خر کی است؟ حسین کی است؟ محمد خر کی است؟ اسلام، اسلام ۵۷، امام هم فقط امام خمینی. چهارمی را که زد، از هوش رفتم. یک لحظه دیدم آب ریختند رویم. صدا به گوشم آمد که این مُرد. صدای بازجو بود. گفت این مُرد. آب پاشیدند توی صورتم، یک خرده به خودم آمدم. دوباره شروع کردند. کف پایم. ۲۰ ضربه اولین بار بهم زدند. گفتند بلند شو. طناب را که باز کردند تا بلندم کنند، من دیگر به هیچ عنوان نمی‌توانستم پایم را زمین بگذارم. دمپایی که گذاشتند جلوی پایم، شستم را نمی‌توانستم توی دمپایی بکنم. دمپایی دیگر اندازه من نشد. پاهایم ورم کرده بود. زیر بغلم را گرفتند، دو تا خانم هم آنجا بالای سرم بودند، همان مأمورهای زندان. گفت پایت را بگذار. گفتم نمی‌توانم. اصلاً نمی‌توانستم. هی می‌خوردم زمین، هی اینها بلندم می‌کردند. بردندم توی حیاط. حیاط گردی بود، دیوارش هم نقاشی بود. از بالا نگاه می‌کردی فکر می‌کردی مهدکودک است. حوضی هم وسطش بود. زیر بغلم را گرفتند تا مرا راه ببرند، ولی من نمی‌توانستم. زن‌ها زیر بغلم را گرفته بودند ولی مأمورهای مرد هم بودند. آن موقع یک و نیم، ۲ ماه از زندانی شدنم می‌گذشت. نمی‌توانستم راه بروم. یک دفعه یک مرد غولی، با کفش رفت بالا و آمد روی جفت پاهایم. از هوش رفتم. دوباره مرا به هوش آوردند؛ ۱۰ دقیقه بعدش. بازجویم گفت بیاوریدش توی اتاقم. همراه با بازجویم و آن خانم رفتیم. نمی‌توانستم راه بروم. با زانو پله به پله بالا می‌رفتم. بازجویم گفت تازه شروع کار است. اگر بخواهی این‌جوری مقاومت

کنی، زنده بیرون نمی‌روی. می‌میری زیر شلاق. گفتم من دیگر هیچ چیزی برای زنده بودن ندارم. می‌خواهم بمیرم.

مرا آوردند توی سلول. از تشنگی داشتم می‌مردم. گفتم آب بهم بدهید، ندادند. گفتم می‌خواهم بروم دستشویی. آنجا شلنگ آب را گرفتم خوردم. آمدم توی سلول. زن یک قوری چای آورد برایم. گفت چای بخور، پرسید آب خوردی؟ گفتم آره. گفت خاک بر سرت، قانقاریا می‌گیری. من نمی‌دانستم قانقاریا چی است. گفت همهٔ پاهایت عفونت می‌کند. گذشت تا ۱۰ روز بعدش دوباره در روز من را صدا کردند. فهمیدم شلاق و شکنجه است. آمدند در قسمتی که ما بودیم را زدند. خانم‌ها آمدند مرا از توی سلول بیرون آوردند و طبق معمول که می‌برند تحویل می‌دادند، تحویل آنها دادند. بازجویم هم بود. کردند توی اتاق. ۳ نفر بودند و با بازجویم ۴ نفر. دو نفر ماندند توی اتاق که یکی‌شان به من تجاوز کرد.

من همان لباس زندان تنم بود. مرا خواباندند روی تخت. دستم که دستبند بود. بعداً یکی‌شان آمد شلوارم را بکشد بیرون. من مقاومت می‌کردم، آن یکی هم من را می‌زد. می‌زد تو صورت و شکمم. گیج شده بودم. آن‌قدر زده بودند توی سر و صورتم که گیج شده بودم. یک دفعه آن مرد به من تجاوز کرد. با تمام قدرتش پاهای من را گرفت باز کرد. از جلو. مرا طاق‌باز خوابانده بودند. جوری تجاوز کرد که تمام کسانی که تو زندان بودند دیدند که من روزی ۴ بار لباسم را عوض می‌کردم. حدود ۴۰ روز خون‌ریزی داشتم. وقتی می‌رفتم توالت، تکه تکه از بدن من خون می‌آمد. فریاد می‌زدم.

بقیه بیرون بودند. پشت در با بازجویم بودند. من حالم بد بود. جیغ و هوار می‌کشیدم و گریه می‌کردم. بعد که تمام شد، شخص دوم هم آمد شاشید رویم. وقتی تجاوز کرد من حالم خراب شد دیگر. خون‌ریزی شدید داشتم. ۴ روز تمام خانم‌هایی که آن قسمت بودند دیدند که من هر روز خونی می‌شدم، یعنی تا لباس عوض می‌کردم می‌آمدم توی سلولم، لباسم خونی می‌شد. دوباره در می‌زدم. گوشهٔ توالت آنجا همیشه لباس خونی من

بود و همه هم فهمیده بودند مال من است. علناً فریاد می‌زدم توی توالت که من مریم رضوی‌ام، بهم تجاوز کرده‌اند. همچین بلایی به سرم آورده‌اند که دل و جگر من دارد بیرون می‌آید.

زن‌های دیگر توی سلول‌شان بودند. یکی از خانم‌هایی که توی سلول بغل من بود، مادر آقای فرهانی است که الان توی آمریکاست. یکی دیگر خانم هاشمی بود که ۲۰ روز زندان بود. یکی خانم امیرانتظام بود که یک ماه آنجا بود. که اینها آمده بودند بیرون گفته بودند امکان ندارد مریم رضوی زنده از زندان بیرون بیاید.

زن‌های نگهبان هم شنیده بودند که به من تجاوز شده. بِهِم فحش می‌دادند. می‌گفتند کثافت، آشغال، لیاقت تو همین است. امثال تو را باید همین بلا را به سرش آورد. من می‌گفتم شما که می‌گویید اسلام، این کجای اسلام است؟ می‌گفتند ما عین دکتر که به مریضش محرم است، محرمیم. اینجا ما کار خودمان را می‌کنیم. زن نگهبان می‌گفت با امثال شما کثافت‌ها باید همین کار را کرد. اینکه چیزی نیست. بدتر از این باید کرد. با آن وضع که از اتاق خارج شدم هیچ‌کدام از زن‌هایی که مرا تحویل گرفتند، تعجب نکردند. برایشان عادی بود. یکی‌شان که من باهاش خیلی صحبت می‌کردم، خانمی بود آن موقع حدود ۳-۴۲ ساله. بهش می‌گفتم تو اینجا چه کار می‌کنی؟ پدرش آخوند بود، خودش هم داشت درس الهیات می‌خواند. بهش می‌گفتم مگر شما مسئله‌تان اسلام نیست؟ این کجای اسلام است؟ به آدم تجاوز می‌کنند، شکنجه می‌دهند، هرکاری می‌کنند؛ این کجایش اسلام است؟ می‌گفت آدم‌های ضد انقلاب کافری مثل شما [حق‌تان است]. شما این کار را نکنید تا با شما کاری نداشته باشند. کسی که با نظام اسلامی در می‌افتد باید منتظر اینها هم باشد. شما وجدان ندارید.

با آن خانم خیلی صحبت می‌کردم. می‌گفتم تو ناراحت نمی‌شوی؟ می‌گفت نه. این همه آدم. چرا نمی‌روند با آنها بکنند؟ شما در مقابل یک

نظام ایستادی، این نظام هم با شما این برخورد را می‌کند. توی خانه‌ات بنشین، کاری نداشته باش، کاری باهات ندارند.

بعد از آن هم بازجویی داشتم. بازجو به من می‌گفت مقاومت نکن. اگر بخواهی این‌جوری ادامه بدهی زنده بیرون نمی‌روی. بهشان گفتم که تجاوز شده. یکی از بازجوها گفت این حکم مال ما نیست. این حکم حاکم شرع اینجاست. حکم ما نیست. فکر نکنی این حکم را من دادم. حکم را حاکم شرع اینجا داده. آن کسانی که تجاوز کرد، در بازجویی‌ها نبود. یک پسر ۸-۲۷ ساله بود.

بعد از این تجاوز بود که من خودکشی کردم. من عادت داشتم صبح‌ها آب بخورم. برای صورت شستن که می‌رفتم بیرون تا صبحانه بخوریم، آب می‌ریختم، می‌گذاشتند من بخورم. این شانه را گرفتم، یک خرده نرمش کردم، وارد حنجره‌ام کردم و تا جایی که توانستم فشار دادم. تا جایی که دیگر نرفت. گیر کرد داخل حنجره‌ام. اینها سلول را کنترل داده بودند می‌آیند می‌بینند، در سلول را باز کردند، یک مرد غول‌هیکلی صدا کرده بودند و دو سه تا مأمور و زن‌ها آمده بودند، از حنجرهٔ من بیرون کشیدند که من حدود یک ماه هیچی نمی‌توانستم بخورم. گلویم زخم شده بود. یک بار هم پیژامه‌ام را درآوردم و گردنم بستم. چون دیگر بریده بودم، طاقت آن همه شکنجه را نداشتم. طاقت آن همه زجر شبانه‌روز را نداشتم. به این نتیجه رسیدم که خودم خودم را خلاص کنم. چون دیگر احساس کردم که هیچ‌چیز برای زنده بودن ندارم. بازجو به من می‌گفت تو دیگر آبرو نداری. تو آدم بی‌آبرویی هستی. خودم هم به اینجا رسیده بودم. احساس می‌کردم آدم پوچی هستم و باید خودم را بکشم.

چون من دیگر دل و جگرم داشت بیرون می‌آمد، هفتهٔ بعدش، شنبه بود یا یکشنبه، من را بردند بهداری. آنجا یک سری قرص بهم دادند. حدود ۴۰ روز خونریزی داشتم. به آن دکتر یا کسی که معاینه کرد گفتم که چه اتفاقی افتاده. بهش گفتم من مورد تجاوز قرار گرفته‌ام و خونریزی شدید

دارم. چرا تکه تکه از من خون بیرون می‌آید؟ من نگرانم. گفت این قرص‌ها را بهت می‌دهم خوب می‌شوی. همین.

خودم فکر می‌کنم پارگی پیدا کرده بودم. چون خیلی وحشیانه، خیلی وحشتناک بود. این هم جای آتش سیگارهایی است که روی دستم گذاشته‌اند. البته این مال سال ۶۰ است که اینجا جراحی پلاستیک کردم. با اتو دستم را سوزاندند. همسرم یکی از فعالین سیاسی بود که سال ۵۹ کشتنش. سال ۶۰ هم خودم توی کرمانشاه دستگیر شدم. حدود ۶۰ نفر از همسایگان خواهرم امضا کرده بودند که این ضد انقلاب است. می‌نشیند علیه نظام صحبت می‌کند. آنها همه جهادسازندگی بودند. یک روز که در خانهٔ خواهرم نشسته بودم، ریختند توی خانه. روی پشت بام همه نیروی انتظامی بود. یک سال زندانی بودم. اگر روزنامه‌ها را بخوانید، می‌بینید که نوشته چون این قبلاً زندانی بوده و حکم اعدام داشته، این اعدام الان اجرا می‌شود. یک سال در کرمانشاه زندانی بودم، در زندان قزل آباد. ۵ بار مرا پای اعدام بردند. ۲۰ سالم هم بیشتر نبود.

موقعی که من رفتم توحید، بازجویم گفت که مریم رضوی، تو همان شب باید کشته می‌شدی. گفتم کدام شب؟ گفت همان شبی که بهت شلیک شد. تو می‌دانی حکم قتل شرعی تو داده شده بود تو باید همان شب می‌مردی. آن شب قسر در رفتی، ولی اینجا دیگر نمی‌توانی قسر در بروی.

موقع آزادی از من تعهدی نگرفتند. سند گذاشتم. ۵ سال هم بهم تعلیقی دادند؛ در دادگاهی که اجازه نداد هیچ کدام از وکلایم بیایند، فقط ۵ دقیقه دادگاه بود.

زمانی که من ایران بودم و حکم اعدامم را داده بودند اولین کشوری که اعتراض کرد به حکم اعدام من، وزیر امورخارجهٔ سوئد خانم آنالین بود. یک چیزی حدود ۳۰۰ نفر از استادان دانشگاه‌های سوئد توماری را امضا کرده بودند. آقای مهرداد درویش‌پور که در رابطه با من خیلی فعال بود هم توماری امضا کرده بود. دولت سوئد در مسئلهٔ ما شدیداً در مقابل رژیم موضع‌گیری کرد. به همین دلیل من که آمدم اینجا نیازی نبود کاری بکنم.

تلویزیون دولتی سوئد مرتب مرا نشان می‌داد، روی تکس‌های تلویزیون‌شان مرتب اخبار من بود، در روزنامه‌هایشان اخبار من بود. در همین استکهلم، زمانی که حکم اعدام من اعلام شد، حدود ۸ هزار ایرانی جلوی وزارت امور خارجه‌ی سوئد تظاهرات کردند.

شهادت‌نامه شیدا سلطانی

ما برای یکی از احزاب سیاسی کومله کار می‌کردیم. خانوادگی دستگیر شدیم. اول پاییز ۱۳۸۲، حدوداً ۲۰ سالم بود. متولد ۱۳۶۲ هستم. وزارت اطلاعات بوکان ما را دستگیر کرد. برادرم برای کومله کار می‌کرد. یک مرد زخمی پیش‌مان بود، این مرد زخمی را فرستادیم عراق. اطلاعات این را فهمید. گزارش دادند که این مرد زخمی پیش ما بوده. [وقتی] آمدند گفتند امید کجاست؟ من گفتم امید اینجا نیست. امید همان پسری بود که زخمی بود. آمدند خانه را نگاه کردند. گفتند امیر کجاست؟ امیر برادرم است. امیر و امید اسم مستعارشان بود. ما همیشه اسم مستعار داشتیم. امیر را پیدا نکردند. مردی را هم که زخمی بود پیدا نکردند، چون او را شب فرستاده بودیم. هی گشتند. گفتند با ما بیا اطلاعات، کارتان داریم. خواهرم را جداگانه دستگیر کردند و من و زن برادرم ماندیم. زن برادرم گریه کرد و گفت من حامله‌ام، نمی‌توانم بیایم. با زور، دست‌بند را گذاشتند توی دستم و زن برادرم را هم بردند. برادرم فرار کرد، همهٔ خانواده را دستگیر کردند. چشمان‌مان را بستند و نفهمیدیم کجا بردند. وقتی چشمم را باز کردم، دیدم تاریک است و هیچ‌کدام پیش همدیگر نبودیم. نه من، نه خواهر و نه زن برادرم. هر کدام یک جایی بودیم، نمی‌دانستم آنها را کجا بردند.

ما را از خانه‌مان سوار ماشین کردند. خانه‌مان در کوه تپه بود. یکی دو ساعتی طول کشید تا به آن محل رسیدیم. نمی‌دانم در ماشین‌های جدا بودیم یا نه. چون آنها با من نبودند. مطمئنم که با من نبودند. در مسیر

چشم‌بند داشتم. همان موقع که دست‌بند را زدند، چشم‌بند هم زدند. یک خانم و دو مرد همراهشان بود.

آنجا که پیاده شدیم رفتیم تو. دستمان را مهر زدند. با چشم‌بند بودیم. گفتند این مرد زخمی کی بود خانه‌تان؟ ما هم می‌گفتیم هیچ مرد زخمی پیش ما نبوده. هی گفتند، هی ما گفتیم. یکی دو ساعتی [طول کشید]. گفتند امیر با کدام حزب کار می‌کند؟ با کومله زحمت‌کشان کار می‌کند؟ گفتیم نه، کار نمی‌کند. اصلاً سوپر مارکت دارد، هیچ کاری نمی‌کند. ما هم همین طور، من آرایشگاه دارم، کار می‌کنم. گفتند دروغ می‌گویی. یک مردی آمد مرا با سیلی زد. من هم گفتم احمق عوضی، چرا می‌زنی؟ می‌توانی محترمانه صحبت کنی. خیلی صحبت کردند، ولی من چیزی نگفتم.

مرا بردند توی یک اتاقی. چشم‌هایم را باز کردم. خیلی تاریک بود. مأمور آمد مرا برد و گفت این مسئول کارت دارد. مرا بردند یک اتاق دیگر که آنجا هم تاریک بود، فقط یک راهرو بود که آنجا روشن بود. یک راهروی باریک بود و طرف دیگرش یک اتاق بود. مرا برد به اتاق دیگر که آن هم تاریک بود. یک مبل توش بود، یک میز تحریر و صندلی هم بود. دیگر چیزی نبود.

سرباز رفت بیرون، مسئول نشست پیشم. خیلی مهربان صحبت کرد. گفت می‌خواهی بروی بیرون؟ بیا با هم باشیم. اول سؤال پرسید. گفت برادرت با کدام حزب کار می‌کند؟ شما چه کار می‌کنید؟ این مرد زخمی کی بود خانه‌تان؟ هی گفتم نه. گفت شما دروغ می‌گویی، ولی اگر می‌خواهی زودتر بروی، بیا با هم باشیم. منظورش این بود که با هم بخوابیم. زورکی آمد بغلم کرد. من هم گفتم احمق، برو آن طرف. گفتم خب اعدام می‌کنید؟ مرا می‌گیرید؟ عذاب می‌دهید؟ بدهید. مهم نیست برایم. ولی نمی‌گذارم بهم تجاوز کنی. داد کشیدم این دفعه. او هم گفت داد نکش، صدایت را خراب نکن. اینجا کسی نیست. همین طوری دست زد بهم دوباره، گفتم نه. خلاصه آمد شانه‌هایم را گرفت. من هم دستش را کشیدم. گفت تو که کمونیستی، نباید این چیزها برایت مهم باشد گفتم من کمونیست نیستم،

من مسلمانم. گفت نه، می‌دانم کمونیست هستی. اینها اصلاً برایت مهم نیست. مرا زورکی گرفت. من هم فحش دادم. زورکی آمد مرا برد. الان یخ کردم دوباره، استرس آن روز را گرفتم دوباره... زورکی آمد بغلم کرد. خودم را کشیدم، ولی آنجا خیلی تاریک بود و افتادم روی مبل. از پشت افتادم و زورکی بغلم کرد. خلاصه تمام لباس‌هایم را پاره کرده بود. مرا خیلی عذاب داد. هی هلم می‌داد یا دستم را می‌گرفت، سینه‌ام را می‌گرفت، من اصلاً فقط فحش می‌دادم، دوری می‌کردم، او هی می‌آمد جلو... تا اینکه زورکی مرا گرفت. خودش آماده بود. در فاصله‌ای که این درگیری‌ها بود، تحریک شده بود. اصلاً نمی‌خندید. [فکر می‌کنم وقتی آن مرد این کار را با من می‌کرد، قصدش] لذت نبود. با فضای زور و ترس آن کار را می‌کرد.

آنجا همه‌اش موکت بود. فکر کردم موکت است. زمینش سفت سفت بود. زورکی مرا زد. من هم فشارش دادم که برود آن طرف، گفت نه نمی‌گذارم. لباس‌هایم را پاره کرد، کشید، همه لباس‌هایم را درآورد و تجاوز کرد. من اول دامن و بلوز تنم بود. آنجا که رسیدیم، لباسم را انداختند و گفتند این لباس را بپوش. یک لباس آبی رنگ بود. لباس زندان بود. تی شرت و شلوار آبی رنگ. یک چیزی بود که دکمه داشت تا این‌جایش. آن را پاره کرد. چون من اجازه نمی‌دادم، لباسم را کشید و دکمه‌هایش کنده شد.

وقتی دراز کشیده بودیم، مرا گاز می‌گرفت. هی من نمی‌گذاشتم. همه بدنم زخمی شده بود. روی موکت سفت، پشتم آن‌قدر به زمین مالیده شده بود که همه زخمی شده بود.

کارهایش صدایی نداشت. فقط دست مرا می‌گرفت. فقط می‌دانستم چاق است. قد بلند است. چهره‌اش را خوب نمی‌دیدم. تاریک بود. برق را روشن نکرد. من زور می‌زدم، دست مرا می‌گرفت تا راضی بشوم. به من می‌گفت شما که کمونیستید، باید آزاد باشید. خدا را نمی‌پرستید، اینها برایتان مهم نیست.

این وضعیت ۱۰ دقیقه طول کشید. خیلی داد کشیدم ولی کسی نیامد. گفت هی داد بکش، کسی نمی‌آید کسی اینجا نیست. حتماً دیگران

هم دست‌اندرکار بودند و می‌دانستند این اتفاق دارد می‌افتد، اشتباه نمی‌کنم. حتماً دوستان دیگرش یا همکارانش می‌شنیدند. من داد کشیدم. خیلی هم داد کشیدم، اما هیچ کس نیامد. می‌گفت خودت را اذیت نکن، داد نزن، کسی نمی‌آید. خیالش راحت بود.. او کامل تجاوز کرد. هیچی برایش مهم نبود. آن‌قدر گریه کردم که خودش رفت بیرون، در را بست. کارش تا آخر تمام شد و بعد مرا ول کرد و از سلول رفت بیرون.

بعد نیم‌ساعتی آنجا ماندم. هی گریه کردم، با صدا هم گریه می‌کردم، بعد از نیم ساعت سربازی مرا برد اتاقم، همان سربازی که مرا آورده بود. سرباز مرا دید خیلی ناراحت شد، به خدا اشک توی چشم‌هایش بود، ولی هیچی نگفت آن پسر به من، مثلاً اینکه چرا گریه می‌کنی. نمی‌دانستم سرباز کُرد است، فارس است یا عرب، هیچ صحبتی نکرد. گفت دستت را ببند. دستم را بست و چشمم را هم بست، مرا برد به اتاقم. [من هم دستم را] همین طوری گرفتم. [لباسم] باز بود.

این اتفاق، فردای شب دستگیری‌ام توی بوکان افتاد. مطمئنم شب بوده، به‌خاطر غذاهایی که می‌آوردند. آن روز که دستگیرم کردند، عصر بود. می‌دانم که طول کشید تا صبحش. ۲۴ساعت طول کشید تا آن‌وقت. شب بود، چون دو وعده غذا برایم آورده بودند؛ یکی صبحانه و یکی هم ناهار. پس شب بوده.

همه‌شان اطلاعات بودند. سرباز لباس نظامی پوشیده بود، ولی مرد لباس شخصی داشت. فقط آمد مرا دست‌بند زد و چشم‌بند زد و برد. من فقط یک اتاق را دیدم و اتاق خودم را. حدود ۵ دقیقه بین‌شان فاصله بود. زیاد فاصله نداشتند.

۶ روز [بوکان] بودم، تمام ۶ روز تنها بودم. توی ۶ روزی که آنجا بودم، دیگر صدایش را نشنیدم.

هیچ زنی را در آن ساختمان ندیدم. غذاها را مرد می‌آورد. توی آن ۶ روزی که آنجا بودم پریود نشدم.

بعد از آن جریان هم خونریزی نداشتم. اما بعد دوباره پریود شدم. نگران این بودم که حامله بشوم. وقتی این‌طوری خانوادگی می‌گیرند، در واقع کسی بیرون نمانده که بهش زنگ بزنی. اصلاً تلفن اجازه ندادند. به خدا آن‌قدر بدنم را گاز گرفته بود که همه زخمی شده بود... می‌گفتم من با چه رویی بروم بیرون؟ دوست داشتم همان‌جا بمانم تا کارم تمام شود. اعصابم به هم می‌ریخت، چون نمی‌توانستم چیزی را ثابت کنم. آنها هم طرفدار خودشان بودند، طرفدار من نبودند.

[غیر از این] با سیلی‌ای که به من زدند، سرم به دیوار خورد و شکست. جایش هم هنوز مانده. اینجا زده. یک شب هم نمی‌دانم یک چیز داغی به پایم انداختند. زن برادرم را هم همه بدنش را داغ کرده‌اند. برادرم همه بدنش را با اتو داغ کرده‌اند، دندان‌هایش را کشیده‌اند، ناخن‌هایش را کشیده‌اند. مرا هم پایم را داغ کردند، ولی من اعتراف نکردم. جایش روی پایم مانده است. نمی‌دانم با چی بود. فقط می‌دانم با یک میله‌ی داغ این‌طوری کردند. دست‌هایمان را بسته بودند، هم مال مرا، هم مال زن برادرم را. ستارهٔ کومله روی دستم بود، داغ کردند. یک خال کوبی کوچک بود.

به زن برادرم هم تجاوز کرده بودند و حامله هم بود. خودش تعریف کرد. من تعریف کردم، او هم تعریف کرد. می‌دانم یک نفر نبود که به ما تجاوز کرد. [زن برادرم] می‌گفت قدش کوتاه بود. جایی که من بودم اصلاً زن برادرم آنجا نبوده. زن برادرم هفت هشت ماهه حامله بود. چون توی زندان مریض شد، بردند دکتر و او را آزاد کردند.

[بوکان] هیچ حکمی ندادند که اسم کسی زیرش باشد، امضایی زیرش باشد که ببینم قاضی پرونده کی است. فقط مال ارومیه معلوم بود. کاغذهایش معلوم بود، مال بوکان اصلاً معلوم نبود.

بعد مرا بردند ارومیه توی زندان زنان گذاشتند. آنجا خیلی خوب بود، کاری بهم نداشتند. توی ارومیه در زندان عادی بودم. پر از زن بود. زندانی عادی بودند. برخورد آنها با ما به‌عنوان آدم‌هایی بود که سیاسی دستگیر شده بودند؛ در رابطه با یک حزب. آنها خیلی بدبخت بودند، ولی به محض

اینکه دانستند من سیاسی‌ام- می‌دانستم آنها یادشان می‌دهند- یکی دو تا گنده‌بک می‌آمدند پیشم، سؤال می‌کردند که سیاسی چطوری است. من هم هیچ وقت جواب‌شان را نمی‌دادم. می‌دانستم از طرف آنها یک چیزی بهشان یاد داده‌اند. چون آنها سه چهار ساعتی بیرون می‌رفتند. ولی به ما اجازه نمی‌دادند برویم. یک زن کرد آنجا بود که می‌گفت اینها با مسئولان زندان رابطه دارند. به‌خاطر همین آزاد می‌روند و می‌آیند و از ما سؤال می‌کنند. با چشم اشاره می‌کردند که هیچی پیش اینها نگویید.

هیچ وقت ازهیچ کدام از مقامات زندان اشاره‌ای نشنیدم که مسخره بکنند و مثلاً بدانند این اتفاق افتاده. زندان ارومیه که رفتم، هیچ مشکلی نداشتم. تا روزی که آزاد شدم، دادگاهی‌ام نکردند. یک روز قبلش دادگاهی‌ام کردند. [در ارومیه] در دادگاه، گفتم به من تجاوز کرده‌اند. گفتند دروغ نگو. توهین می‌کنی. در دادگاه ارومیه گفتند تو به مقامات دولتی توهین می‌کنی. این هم جرم دیگری دارد که توهین می‌کنی. گفتم من توهین نمی‌کنم، دروغ نمی‌گویم. ولی هست.

برادرم خودش را تحویل داد، به‌خاطر زنش. خودش را تحویل داد و ما را آزاد کردند. هفت، هشت ماه در[زندان] ارومیه بودم. اول پاییز رفتم، دومین ماه بهار بیرون آمدم؛ یعنی اردیبهشت ۱۳۸۳. روزش را یادم نیست.

برادرم ۸ سال زندانی کشید تا دو سال پیش آزاد شد. زن برادرم را زود آزاد کردند. وقتی بردنش بیمارستان، آزادش کردند. نمی‌دانم کی برادرم خودش را تحویل داد. بعداً که من آمدم بیرون، من فرار کردم، خواهرم هم فرار کرد. خواهرم هنوز توی عراق است. من رفتم عراق، او هم رفت عراق. من رفتم کومله، او رفت دموکرات.

برادرم از این قضیه اطلاع ندارد. خواهرم می‌گفت هیچی نشده. او از من بزرگ‌تر است. وقتی دستگیرش کردند ۲۴ ساله بود. [در مورد خواهرم]، احساس می‌کنم دروغ می‌گوید. خواهرم خیلی تودار است. امکان نداشت این چیزها. کثافت‌هایی که خودمان دیدیم آنجا. خواهرم هم درست ۶ روز آنجا بود، با ما منتقل شد زندان ارومیه و با خودم هم آزاد شد.

خواهرم ازدواج کرده بود اما بچه نداشت. با شوهرش زندگی می‌کرد. خانه‌ی ما بود. شغل شوهر خواهرم بنایی می‌کرد.

من دیگر توی شهر نماندم. آزاد که شدم رفتم یک مدتی تهران خانه‌ی دوستم. خواهرم هم آمد. از آن جا رفتیم ارومیه و بعد رفتیم عراق. انگشت نما شده بودیم آن‌جا. مسخره می‌کردند. کردها این‌طوری‌اند. یک زن را ببرند زندان، یک جور دیگری نگاه می‌کنند. زنی که زندانی شد، فکر می‌کنند فاحشه است. انگشت‌نما می‌شود.می‌گفتند زندان چه کارت کردند؟ خوش گذشت؟ صدبار به خودم گفتند این را. می‌گفتم زندانی شدم، مگر چه کار کردم؟ مرا عذاب دادند. اصلاً نماندم آن‌جا. فقط سه، چهار روزی ماندم. شوهر خواهرم گفت می‌رویم، این‌جا نمی‌مانیم. شوهرخواهرم اول رفت، بعد هم ما رفتیم. ده، پانزده روز تهران بودیم. شوهرخواهرم رفته بود عراق خانه بگیرد و مرتب کند تا ما برویم. خواهرم رفت دموکرات، من رفتم دنبال حزب خودم.

قبلا در مورد تجاوز توی زندان‌ها شنیده بودم. مطمئن بودم این کارها را می‌کنند. هیچی از جمهوری اسلامی بعید نیست.

دوستم را گرفته بودند. دختر بود. توی مرز، می‌خواست برود عراق، او را گرفته بودند و توی زندان پیران‌شهر بهش تجاوز کرده بودند. دختر را خرابش کرده بودند. آمد بیرون، پدر و مادرش شکایت کردند. پدر و مادرش را هم گرفتند. گفتند حتما توی کوه قاچاقچی‌ها این‌طوری کرده‌اند، ما این کار را نکردیم. گفتیم بروید آزمایش. نرفتند. ۲۲ساله بود. خودش برایم تعریف کرد. سال ۷۸-۷۹ بود. فعالیت نداشت. فقط دوست داشت از آن‌جا برود. نامادری داشت، از دست نامادری‌اش فرار کرد. از مرز پیران‌شهر که خواسته بود برود عراق، توی کوه سربازها گرفته بودند و برده بودنش اطلاعات پیران‌شهر. شب که آن‌جا مانده بود، آن کار را کرده بودند باهاش.

دختر دوبار دست به خودکشی کرد. می‌گفت آبرویم رفته، نمی‌توانم ازدواج کنم. همسایه بود. در آرایشگاه شاگرد خودم بود، خیلی به من اطمینان داشت، دوستم داشت. می‌آمد پیشم، گریه می‌کرد. افسردگی

گرفته بود. خیلی ناراحت بود، خجالت می‌کشید. می‌گفت باید من بمیرم. چه کار کنم... دختر که نیستم، آبرویم می‌رود. من هم بهش امید می‌دادم. می‌گفتم مهم نیست، چرا خودت را ناراحت می‌کنی، می‌توانی خودت را عمل کنی. می‌گفتم برو درست را ادامه بده. حقوق دار می‌شوی، خودت را عمل می‌کنی، تمام می‌شود. به پدرش گفته بود تجاوز کرده‌اند. اوهم رفته بود شکایت کرده بود. اما پدرش را هم گرفته بودند. گفته بودند توهین کرده‌ای به مقامات دولتی.

الان فقط آرزو دارم یک دفعه این مرد را ببینم. فقط تکه‌تکه‌اش می‌کنم. چون هر وقت این ماجرا یادم می‌آید، استرسم بالا می‌رود و یخ می‌بندم. اعصابم هیچ وقت راحت نیست. چون این جنایت است.

اگر این امکان را داشته باشم که از این آدم انتقام بگیرم این کار را می‌کنم. فقط دوست دارم خودم تکه‌تکه‌اش بکنم. نمی‌دانید من چه عذابی کشیدم. هیچ وقت وجدانم راحت نیست. ذهنم مشغول است. آن اتاق و آن مرد و حرف‌هایش می‌آید جلوی چشمم. شب‌ها که می‌خوابم، فکرش را می‌کنم. همیشه ذهنم را مشغول می‌کند. بعد از این قضیه من افسردگی گرفتم. هنوز هم روحیه‌ام ضعیف است. من حالا سیگار می‌کشم، تمام اعصابم به هم ریخته. انقدر اعصابم به هم می‌ریزد که موهایم را دانه به دانه می‌کشم. وجدانم ناراحت است. به‌خاطر همین، از هرچه مرد است متنفرم.

یک کسی هم زده بود توی گوشم. سرم شکست. همان شب اول توی بوکان بهم سیلی زد. اما او فقط زد. کاری به من نداشت. فقط زد. گفت تو دروغ می‌گویی. اما آنکه تجاوز کرد، مرا اذیت می‌کند. با میل خودم نبود. این جنایت است. یکی را دوست نداشته باشی، باهاش نباشی، زورکی این کار را بکنی، این جنایت است، خیانت است.

شهادتنامه فرشته قاضی

من فرشته قاضی هستم. روزنامه‌نگارم. متولد ۱۳۵۷. من به تبع کارم چندبار احضار و بازجویی شده بودم ولی دیگر تجربه‌ای نداشتم تا آبان ۱۳۸۳ که من را تلفنی احضار کردند. گفتم تا احضاریه کتبی ندهید نمی‌آیم. گفتند اشکال ندارد ما خودمان می‌آییم. من چون توی پروسهٔ ازدواج بودم یعنی عقد کرده بودم و داشتیم تدارک می‌دیدیم برای عروسی و دوست نداشتم خودشان بیایند، برای همین رفتم. ۷ ابان ۱۳۸۳ بود. من از طرف قاضی صابری ظفرقندی به دادسرای فرودگاه احضار شده بودم. وقتی وارد دفتر ایشان شدم اولین برخوردی که داشت وقتی گفتم سلام من فرشته قاضی هستم، فریاد کشید که ما چهل روز است دنبال شما هستیم، کجا فرار کرده بودی؟ من طبعاً انتظار چنین برخوردی را نداشتم با اینکه حس می‌کردم و حدس می‌زدم که بازداشت می‌شوم، یک سری از همکارانم بازداشت شده بودند ولی تا این حد را تصور نمی‌کردم. همان جا هم دستور بازداشت من را صادر کرد. این را بگویم که در رابطه با پروندهٔ وبلاگ‌نویسان و سایت‌های اینترنتی بود.

چند تا از بچه‌هایی که بازداشت شده بودند همکاران من در روزنامه بودند. یعنی روزنامه‌نگار بودند. بطور مشخص دو تا از بچه‌ها همکاران من در روزنامهٔ اعتماد بودند. علاوه بر این من تو آن مقطع خبرنگار سایت اینترنتی امروز بودم و مدیر فنی سایت امروز بازداشت شده بود و هم‌زمان

مدیر فنی سایت رویداد بازداشت شده بود و حساسیتی که اینها روی سایت امروز داشتند این حس را به من می‌داد که بازداشت خواهم شد.

من در آن مقطع وقتی بچه‌های دیگر را بازداشت کردند مسافرت بودم. و در تدارک عروسی بودم، دقیقاً روزی که برگشتم تهران با من تماس گرفتند و من را احضار کردند. من همان روز بعدش باید می‌رفتم، [نامفهوم] هم بعد از ظهر بود. تنها کاری که می‌توانستم بکنم خب به همکارهای روزنامه‌نگارم اطلاع دادم و یک مصاحبه با بی‌بی‌سی انجام دادم و قرار بود اگر برگشتم که خب مصاحبهٔ دیگری انجام شود و اگر برنگشتم همان مصاحبه منتشر شود و پخش بشود از بی‌بی‌سی. روی این محور هم بود که چون بچه‌های ما را که گرفته بودند، به نقل از آنها می‌گفتند اینها وکیل ندارند و خودشان گفته‌اند وکیل نمی‌خواهیم. و من تنها پیشگیری که توی این زمان کوتاه می‌توانستم بکنم این بود که مصاحبه کنم و گفتم من احضار شده‌ام، اگر بازداشت شدم و برنگشتم به صراحت الان می‌گویم که به شدت به وکیل نیاز دارم و اگر اعلام کردند که من وکیل نمی‌خواهم واقعیت ندارد و وقتی رفتم و بازداشت شدم بی‌بی‌سی آن مصاحبه را منتشر کرد.

واقعیتش این بود که خانوادهٔ بچه‌هایی که بازداشت شده بودند، دنبال وکیل و وکالت‌نامه امضا کردن بودند ولی خب جلوگیری می‌شد و مدام خبرهایی که از جانب دستگاه قضایی می‌آمد، و کسانی که پاسخگو بودند می‌گفتند که اینها وکیل نمی‌خواهند، خودشان امضا کرده‌اند که وکیل نمی‌خواهند و اجازه نمی‌دادند که وکالت‌نامه‌ها برود زندان و امضا شود. یعنی از جانب آن بچه‌ها گفته می‌شد که وکیل نمی‌خواهند. در حالی‌که همه می‌دانستیم که چنین چیزی امکان پذیر نیست و آنها تحت فشار می‌گویند که وکیل نمی‌خواهند و یا به نقل از آنها دارد دروغ گفته می‌شود. برای همین من گفتم اگر رفتم و گفتم وکیل نمی‌خواهم صد در صد تحت فشار هستم و همین جا اعلام می‌کنم که من به وکیل نیاز دارم. تأثیرش این بود که اولین کاری که در [بازداشتگاه] کردند این بود که برگه‌ای

گذاشتند جلویم و گفتند بنویس به وکیل نیازی نداری. یعنی قبل از اینکه هرچیزی شروع شود این را خواستند و بعد هم گفتند تو خیلی حرفه‌ای هستی و با برنامه‌ریزی بازداشت شدی و گیرشان هم به مصاحبه بی‌بی‌سی بود. گفتند از قبل برنامه‌ریزی کردی. گفتم شما برنامه‌ریزی کردید من را بازداشت کردید. من فقط یک مصاحبه کردم. گفتند نه تو خیلی حرفه‌ای هستی و ما نشان می‌دهیم با حرفه‌ای‌ها چطور برخورد می‌کنیم. یعنی این مصاحبه بی‌بی‌سی خیلی برایشان گران آمده بود. من آنجا که بودم از برخوردشان فهمیدم که بی‌بی‌سی مصاحبه را پخش کرده.

خلاصه برخورد اولیهٔ آقای ظفرقندی که گفت چهل روز است شما فراری هستی، کجا هستی، و ما چهل روز است دنبال شما هستیم، این گذشت ولی رفتارش حالت مؤدبانه‌تر به خودش گرفت و حتی به من نگفت حکم بازداشتت را صادر کردم و خیلی مؤدبانه سعی می‌کرد خودش را دلسوز نشان بدهد که: با مأمورهای ما می‌روی ادارهٔ اماکن و چند سؤال هست و آنجا پاسخ می‌دهید. همسرم هم بود. به همسرم گفت ایشان یک سری می‌روند اماکن پاسخ می‌دهند و می‌آیند. شما هم اگر می‌خواهی بروی برو جلوی اماکن که همسرت که آمد بیرون دستش را بگیری و بروی. آمدیم پایین و رفتیم سمت ماشینی که داشتند، من تا سوار شدم چشم‌بند را دادند دست من، گفتم من چشم‌بند را نمی‌بندم به‌خاطر اینکه به من گفته‌اند باید به چند سؤال در اماکن پاسخ بدهم و این غیرقانونی است. نمی‌بندم. ولی مجبورم کردند چشم‌بند ببندم. دست‌بند بستند. با یک دست‌بند پلاستیکی که به دست‌بند اسرائیلی معروف است از جلو دستم را بستند. آن را هم بستند و نشستیم و تا جایی یادم می‌آید خانم دیگری هم توی ماشین بود که بازداشت شده بود و مثل من بود ولی هیچ‌وقت نفهمیدم کی بود. ولی حس می‌کردم او هم شرایطی مثل من دارد. کمی که گذشت من می‌خواستم چشم‌بند را کنار بزنم و سرم را بیاورم بالا، آقایی که همراه ما بود، از پشت سر من را گرفت و آورد پایین و تا برسیم بازداشتگاه دست ایشان روی سر من بود و سر من را پایین نگه

داشته بود. توی راه به هیچ عنوان صحبت نمی‌کردند. نهایت صحبت تشر به ما بود تا یک ذره سر می‌خواست بالا بیاید. که سر باید برود پایین. هیچ صحبت دیگری نکردند. ما را به یک بازداشتگاه مخفی بردند. البته بعد که ما آزاد شدیم فهمیدیم بازداشتگاه مخفی است. توی خیابان کتابی که از یک طرف می‌خورد به میدان محسنی (مادر) و از یک طرف می‌خورد به سیدخندان. از بیرون مثل خانهٔ ویلایی است، انگار متعلق به خانوادهٔ متمولی است و اینجا زندگی جریان دارد. ولی خب تویش بازداشتگاه بود. باغی بود و داخل این باغ آن ساختمان بود که به صورت سلول- سلول در آورده بودند یا اینکه کلاً بازداشتگاه بود یا بخشی‌اش بازداشتگاه بود، نمی‌دانم.

با ماشین رفتند توی ساختمان، یک جایی نگه داشتند و ما را پیاده کردند، چشم‌بند به چشمم بود و همان موقع خانمی آمد دستم را گرفت، وارد ساختمان شدیم. یک سری پله رفتیم پایین و خب هیچی نمی‌دیدم تا صدای یک در آهنی که باز شد را شنیدم، آن خانم من را برد تو و در پشت سرم بسته شد. آنجا تازه من توانستم چشم‌بند را بردارم.

وقتی چشم‌بند را برداشتم خانمی جلویم بود که ازم خواست لباس‌هایم را در بیاورم و تحویل بدهم. مانتو و شالم را در آوردم و تحویل دادم ولی از من خواست لباس‌های دیگرم را هم در بیاورم. برای من خیلی ثقیل بود. گفتم برای چی؟ گفتند باید بازرسی بشود. بازرسی مواد مخدر و اینکه از بیرون چیزی نیاورده باشید. گفتم من روزنامه‌نگارم، احضار شده‌ام و توی دادگاه بازداشت شده‌ام. اگر کسی چیزی همراهش داشته باشد، وقتی می‌رود توی دادگاه قطعاً با خودش نمی‌برد. ولی خب اصرار کرد و دو تا خانم دیگر هم اضافه شدند. من تا در آورد بلوز و شلوار و کفش‌هایم رفتم ولی قانع نبودند و درگیری شد بین من و آنها. چون واقعاً برایم غیرقابل تصور بود آن‌طور بازجویی که می‌خواستند بکنند. نمی‌خواهم بگویم کتکم زدند یا ضرب و شتم کردند. نه. توی درگیری با حالت خشن و زدن و کشیدن بالاخره من را بصورت لخت مادر زاد بازرسی بدنی کردند.

خیلی خیلی شوکه شده بودم. یعنی به هیچ عنوان انتظار چنین چیزی را نداشتم، تصور اینکه چنین اتفاقی بیفتد را نداشتم. می‌شود گفت بیشتر از هر چیز شوک اول آنجا بهم وارد شد و نگرانی و ترس هم در وجودم نشست که اینها که تا این حد پیش می‌روند و در لحظهٔ ورود چنین کاری می‌کنند، بعد چه خواهند کرد. بعد چه در انتظار هست.

بالاخره لباس زیر و بلوز و شلوارم را دادند پوشیدم. من را بردند توی سلولی. سلولی که تویش بودم پنجره نداشت فقط یک دریچه بالای درش داشت. یک در آهنی خیلی بزرگ بود، یک دریچه در قسمت بالایی در بود. رو به راهرو. نمی‌توانم بگویم چقدر گذشت ولی خیلی زیاد طول نکشید که آمدند سراغم و گفتند حاج آقا آمده و من را بردند اتاق بازجویی و بازجویی شروع شد. وقتی می‌خواستند ببرند بازجویی، مانتو و روسری می‌دادند و یک چادر و چشم‌بند می‌بستند و بردند. وقتی برمی‌گشتیم دوباره همه اینها را می‌گرفتند و می‌فرستادند سلول.

حاج‌آقایی که می‌گفتند همان بازجو بود که بازجوی همه بچه‌های پرونده ما بود؛ به اسم آقای کشاورز یا فلاح. نمی‌دانم اسم واقعی‌اش چی بود. ایشان آمدند بازجویی شروع شد. شوک دوم همان جا به من وارد شد. چون تا وارد اتاق بازجویی شدم، روی یکی از این صندلی‌های تک نفره مدارس بود که میزش باز و بسته می‌شود، با چشم‌بند و رو به دیوار نشسته بودم. ایشان اولین چیزی که به من گفتند با تشر این بود که: تمام روابط نامشروعت را بنویس. خب این برای من شوک بود. چون با وجود اینکه خیلی شنیده بودم از مسائل زندان و بازجویی‌ها و خوانده بودیم از مسائل و اتفاقاتی که افتاده بود، اما تا این حدش را من نمی‌دانستم. برای اینکه خیلی از بچه‌هایی که بازداشت می‌شدند وقتی کسی وارد زندگی شخصی‌شان می‌شد بهشان اتهام زده می‌شد، بیرون که می‌آمد به‌خاطر فضای بیرون این مسائل را عنوان نمی‌کردند. به خاطر همین تا این حد من تصور نداشتم که اولین چیزی که از من خواستند این بود که روابط نامشروعت را بنویس. من گفتم رابطه نامشروعی ندارم. اگر هم داشته باشم یا داشته‌ام اینجا نباید

پاسخ بدهم. جایش جای دیگر است. گفت بهت نشان می‌دهم که کجا باید پاسخ بدهی، این تو نیستی که تعیین می‌کنی، من تعیین می‌کنم. که بازجویی شروع شد.

بازجویی‌ها دو بخش داشت؛ یک بخش مسائل اخلاقی بود و مسائل خصوصی زندگی‌ام و یک بخش مسائل کاری و ارتباطات کاری من و در بحث اخلاقی و رابطه نامشروع به‌طور مشخص چند تن از چهره‌های اصلاح‌طلب را عنوان می‌کردند و می‌گفتند باید بنویسی با اینها رابطهٔ نامشروع داشتی و من می‌توانم اسم ببرم؛ آقای محمدرضا خاتمی بود، نایب رئیس مجلس ششم. عطاالله مهاجرانی بود. تاج زاده بود. ابطحی بود. از اینها شروع شد و رسید به آقای خاتمی. در آن مقطع آقای خاتمی رئیس جمهوری بود و از اینها که شروع می‌شد در نهایت می‌رسید به اینکه بنویسم با ایشان رابطه نامشروع داشتم. علاوه بر اینها می‌پرسیدم ملاک چی هست؟ چرا باید بنویسم رابطه نامشروع داشتم. می‌گفت همکارانت گفته‌اند با اینها رابطه نزدیکی داشته‌ای. مثلاً به آنها مصاحبه نمی‌دادند به تو خودشان زنگ می‌زدند و خبر می‌دادند. من یک سری از افراد اصول‌گرا را اسم بردم و گفتم که من با اینها رابطه خبری بیشتری داشتم چون در روزنامهٔ ما اینها جواب خیلی از خبرنگارهای ما را نمی‌دادند ولی جواب من را می‌دادند. اگر ملاک اینست چرا نمی‌گویید اینها را بنویسم؟ که زود می‌گفتند نه. همین که گفتیم را باید بنویسی. علاوه بر این چهره‌ها، یکی از کسان دیگری که می‌گفتند من باهاش رابطه نامشروع داشتم یکی از همکاران من بود که همزمان با من هم آزاد شد. من این بخش اخلاقی را می‌گویم که تمام شود. بعد بخش کاری. در این فشارهایی که برای مسائل اخلاقی بود اینجوری نبود که صرفاً بنویسی رابطه نامشروع داشتی. می‌گفت باید با جزئیات بنویسی. می‌گفتم وقتی این اتفاق نیفتاده من چطور با جزئیات بنویسم، شروع می‌کرد به تعریف کردن و با لحن بسیار مشمئز کننده و آزار دهنده شروع می‌کرد به تعریف کردن انگار جزئیات یک فیلم پورن را تعریف می‌کند که طرف از در آمد تو، پیراهنش را در آورد، من اینجوری

کردم. یعنی با جزئیات یک فیلم پورن را تعریف می‌کرد و می‌گفت باید عین این را بنویسی و جای این شخصیت‌ها خودت و آن فرد را بگذاری. خب اینها خیلی آزار دهنده بود آن هم با لحن آن بازجو که یک بیمار جنسی بود واقعاً. و اینها مدام تکرار می‌شد اینطوری نبود که یکی دو روز باشد. می‌رفت تو مسائل کاری و دوباره وسطش گریز می‌زد و شروع می‌کرد و وارد این مسائل می‌شد. یک نکته دیگری هم که به من چیز می‌کردند در رابطه با این قضیه، سفرم به افغانستان بود. که من زمان حملهٔ ناتو به افغانستان و درگیری‌های طالبان به افغانستان رفته بودم به‌عنوان خبرنگار همشهری و به من می‌گفتند بنویس آنجا با چند نفر خوابیدی؟ با چند نفر و با کی بودی؟ برای چی رفتی؟ بعد همان جا وارد فاز کاری و جاسوسی می‌شدند. یا مثلاً می‌پرسید: چه مقدار قرص ضدبارداری با خودت برده بودی؟ اینکه با چند نفر خوابیدی، چطوری خوابیدی، به جزئیات باید توضیح بدهی، با خارجی‌ها چطوری است؟ با داخلی‌ها چطوری است؟ یعنی یک چیز وحشتناکی که حتی تصور اینکه من در چنین فضایی بودم و چنین چیزهایی را می‌شنیدم مرا آزار می‌دهد.

با وجود اینکه برخی از این زن‌های زندانبان به طرز عجیبی آدم را آزار می‌دادند، اما حضورشان کمی امنیت را در وجود آدم می‌ریخت. به خاطر اینکه من را وقتی می‌بردند اتاق بازجویی یک صندلی کنار در بود، این زنی که من را می برد اتاق بازجویی، آنجا می‌نشست. هر وقت آن زن در اتاق بازجویی حضور داشت، بازجویی تا حدودی حالت مؤدبانه‌تری به خودش می‌گرفت، کمتر فحاشی می‌شد، کمتر وارد مسائل شخصی زندگی خودم می‌شدند. کمتر مسائل جنسی مطرح می‌شد ولی مواقعی که بازجو ازش می‌خواست اتاق را ترک کند، همهٔ اینها به شدت برعکس می‌شد. خانم‌ها نه در بازجویی دخالت می‌کردند نه در کار دیگری. فقط تماشاچی بودند و آن حضورشان این را می‌رساند که دارند چیزهای شرعی خودشان که شعارش را می‌دهند مراعات می‌کنند که یک زن با یک مرد توی یک اتاق کوچک تنها نباشند ولی مواقعی که ایشان نبود گویا این مسائل شرعی

هم یادشان می‌رفت. بارها شنیده بودم که مثلاً می‌گفتند شما فعلاً بیرون باشید. حالا بیرون نمی‌دانم پشت در بود یا کجا. بعضی وقت‌ها شاید اشاره می‌شد. ولی مثلاً گاهی که می‌گفتند چشم‌بند را بیاور بالا و بنویس از زیر چشم می‌دیدم که صندلی خالی است و متوجه می‌شدم آن خانم رفته.

این نوع فشارها روی زن‌ها[ی زندانی] فقط نبود. روی مردها هم بود. توی آن دوره دورهٔ خاصی بود که اینجور چیزها در جامعه درک نمی‌شد و پذیرفته نمی‌شد. اینها هم نمی‌خواستند بگویند بازداشت به‌خاطر مسائل سیاسی است. سعی می‌کردند در مسائل اخلاقی خلاصه کنند و در بیرون قدرت دفاع را سلب کنند. باعث شوند کسی نتواند بیاید دفاع کند یا به خاطر این مسائل حاضر به دفاع نشود و آن تو هم با این مسائل آدم را می‌شکستند، یعنی مثلاً به من می‌گفتند یا جاسوسی یا اتهام نامشروع. یکی از اینها را باید بپذیری. مشخص بود چون من به‌خاطر نوع نگاه جامعه درست است که هیچ کدام از این اتهامات را قبول ندارم ولی وقتی آنقدر تحت فشار قرار می‌گیرم و مجبور می‌شوم بپذیرم، خب جاسوسی را می‌پذیرم. این نشان می‌دهد که اینها می‌خواستند از این طریق بشکنند تا اتهامات سیاسی و به اهدافی که در آن پرونده دنبال می‌کردند دست پیدا کنند.

اما اینکه من از اتهام رابطهٔ نامشروع توانستم خلاص بشوم، آن هم یکی از زنان زندانبان آمد به من گفت روز عروسی‌ات نزدیک است و حیف است اینجا بمانی. هر چی می‌خواهند بنویس و برو. گفتم وقتی به من می‌گویند رابطهٔ نامشروع داری. من چی بنویسم؟ گفت مگر عروسی‌ات نزدیک نیست؟ این را نمی‌دانم اتفاقی گفت، از سر تعجب گفت یا خواست کمک کند. ولی کمک بزرگی که کرد این بود که من رفتم توی اتاق بازجویی و وقتی این را بازجو مطرح کرد گفتم اشکال ندارد من می‌نویسم رابطه نامشروع داشتم ولی توی دادگاه همسر برگه‌ای که قبل از بازداشت شدن گرفته را رو خواهد کرد. گفت چه برگه‌ای؟ گفتم آقای محترم من عید فطر عروسی‌ام است. من زن نیستم دختر باکره هستم. نمی‌توانستم با این افرادی که شما می‌گویید رابطه نامشروع داشته باشم و رفته‌ام برگه

گرفته‌ام. اولش کمی مکث کرد ولی تنها تغییری که کرد گفت بنویس از پشت رابطه نامشروع داشتی. یعنی آنقدر وقیح بودند که من را هم وقیح کرده بود. اینکه من برگردم به یک مرد بگویم که برگه‌ای که من گرفتم هم از پشت است هم از جلو و نشان می‌دهد که من از هر دو طرف سالم و باکره‌ام، تصور اینکه من این را به آن مرد گفتم برای خودم آزاردهنده و غیرقابل باور است ولی من این را گفتم. و با تغییری که کرد گفت بنویس در حد عشق بازی بود.

نحوۀ ورودم به بازداشتگاه و نوع بازرسی بدنی و مسائلی که از سوی بازجو عنوان می‌شد و جزئیات رابطۀ جنسی که از سوی او بیان می‌شد، اینها باعث شده بود که وقتی تهدید به تجاوز شدم باور کنم. و فکر کنم وقتی اینها این کارها را می‌کنند این را هم می‌کنند. یعنی این چیزهایی که من هیچ وقت تصورش را نداشتم برایم اتفاق افتاد خب این هم ممکن است اتفاق بیفتد. من بارها تهدید به تجاوز شدم. ولی نه اینکه بگویند خودمان این کار را می‌کنیم. به من می‌گفتند اینجا یک سری مردها هستند که سالیان سال است زن ندیده‌اند و با آنها هم‌سلولت می‌کنیم. یا همسرت را بازداشت می‌کنیم و در حضورش این کار را می‌کنیم. خب این خیلی برای من قابل باور و جدی شد به‌خصوص اینکه بازداشتگاه ما، سمت زنان که وارد می‌شدیم، مانتو و روسری و چادر را می‌گرفتند و ما را می‌بردند توی سلول و سلول را می‌بستند. من یکبار صدای در سلول که آمد فکر کردم زن زندانبان است و آمده ناهار یا شام بدهد یا ببرد بازجویی، وقتی در باز شد و من بازجویم را جلوی در دیدم، حتی قدرت تکان خوردن نداشتم. یعنی تنها چیزی که بود فکر کردم تهدیدی که کرده را آمده عملی کند. چون اصلاً هیچ منطقی نداشتم که الان چه کار می‌خواهد بکند و خانم زندانبانی باهاش نیست، من هم با بلوز و شلوار و بی‌روسری توی سلولم. که با یک حالت خیلی بدی سر تا پای من را نگاه کرد و چند برگه داد و گفت اینها را بگیر، آن چیزهایی که گفتیم را امشب توی سلول می نویسی، اگر ننویسی آن حرف‌هایی که شنیدی هیچ کدام شوخی نیست. با هیچ کس

اینجا شوخی نداریم. من حتی قدرت اینکه بلند شوم و برگه‌ها را بگیرم را نداشتم. یخ کرده بودم. برگه‌ها را با خودکار انداخت توی سلول و در را بست و رفت.

غیر از تماس اول، ۲۳ روز بعد از بازداشت تماس تلفنی داشتم. تماس اول را خودشان اجازه دادند با خانواده تماس بگیرم. کنارم هم نشسته بودند و همان احوال پرسی ساده و تاکید بر اینکه من وکیل نمی‌خواهم. چون مصاحبهٔ بی‌بی‌سی انگار روی مخشان بود چون اولین جمله‌ای هم که من به همسرم گفتم این بود که من وکیل لازم ندارم اما یک مسئلهٔ دیگری که برایم پیش آمد این بود که مادر من سر همین قضیه بیمارستان بود. من اطلاع نداشتم. خب آدم وقتی آن تو است خیلی نگران بیرونی‌هاست. بیشتر فکر می‌کند که چه اتفاقی دارد آن بیرون می‌افتد، چه اتفاقی برای اعضای خانواده‌اش افتاده، چه مشکلی برای آنها پیش آورده‌اند. خب بی‌خبری مطلق است دیگر. نمی‌توانم با اطمینان بگویم که حتماً بازجوی من این را می‌دانست ولی آمد به من گفت مادرت به شدت مریض است و اگر سر عقل بیایی زودتر آزادت می‌کنم که هم به عروسی‌ات برسی هم به مادرت. همین که می‌آیند می‌گویند مادرت به شدت مریض است توی آن فضا آدم را به اندازهٔ کافی به هم می‌ریزد. چند ساعت بعد زندانبان من را آمد برد، توی اتاق بازجویی و گفت من متأسفانه خبر بدی برای شما دارم. دقیقاً هم زیاد از حد مؤدب شده بود برخلاف رفتاری که همیشه داشت. یک باره انگار آدم دیگری است در نهایت ادب گفت خبر خیلی بدی برایتان دارم. مادرتان فوت کرده و توی سردخانه می‌ماند هر کاری که بتوانم می‌کنم تو هم باید کمک کنی. خب این خیلی برای من فاجعه بود و من را به هم ریخت. تا آن روز به من اجازهٔ تلفن نمی‌دادند و فقط یک بار گذاشته بودند بعد از آن هر روز می‌گفتند بیا برو زنگ بزن و حتی در یک روز دو بار گفتند بیا برو زنگ بزن به مادرت. می‌گفتند باور نمی‌کنی فوت کرده؟ بیا زنگ بزن حالش را بپرس. من هربار زنگ می‌زدم، برادرم می‌گفت نیست. قطع که می‌شد بازجو می‌گفت باور کردی؟ باز دوباره این تکرار می‌شد.

هربار هم می‌گفت زنگ زدی بگو گوشی را بدهد به مادرت. بعد که می‌گفت نیست. برادرم هم نمی‌خواست چون من در زندانم بگوید مادرم بیمارستان است. بعد که قطع می‌کردم می‌گفت دیدی حالا؟ آنها نمی‌خواهند توی زندانی بهت بگویند. دوباره روز بعد تکرار می‌شد. بیا زنگ بزن. این تلفن دیگر روی مخ من بود، یعنی برخلاف اینکه قبلش هی می‌گفتم به من تلفن بدهید، دیگر از تلفن هراس داشتم.

شرایط عادی نبود. در شرایط عادی وقتی آدم این خبر را می‌شنود شاید بتواند حسش را هم توصیف کند. توی آن شرایط که هیچ چیز هم عادی نبود و از بیرون بی‌خبر بودم و فکر کن تهدید به تجاوز می‌شوی، در ساعات بازجویی داری جزئیات فیلم پورن را می‌شنوی، بحث جاسوسی هست، همهٔ اینها هست و در کنارش بحث مادرت می‌آید، وقتی داشتم این خبر را باور می‌کردم، توی سلولم انقدر گریه کرده بودم با صدای بلند که خیلی متأسفم چون خیلی باعث آزار روحی سلول‌های بغلی شده بودم. ساعت‌های متمادی با صدای بلند گریه می‌کردم و می‌زدم به دیوار. نمی‌دانم چقدر شد. جالب اینست که تا می‌خواستم با سلول بغلی آرام صحبت کنم می‌آمد که صدا نباشد اصلاً سراغم نیامد.

در اتاق بازجویی، دوربین بود. دوربین ثابتی بود و فکر می‌کنم تمام بازجویی ما ضبط می‌شد چون نمی‌توانم بپذیرم که دوربین آنجا بوده و خاموش بوده توی بازجویی‌ها. اما توی بازداشتگاه به‌خصوص بعد از انتقال به اوین تنها چیزی که از من خواسته شد چون دیگر بازجویی نداشتم و بازجو می‌آمد و تنها بحث این بود که باید چیزهایی جلوی دوربین گفته شود. نه فقط چیزهایی که خودم نوشته بودم، یک سری محورها داشتند که سرفصلشان را نوشته بودند، می‌آمد سر جزئیات محورها صحبت می‌کرد و می‌گفت اینها را باید جلوی دوربین بگویی. که تا جایی که یادم است یکی از هم‌پرونده‌ای‌ها دستخط بازجو و محورهایی که نوشته بود را خارج کرد. حنیف مزروعی توانسته بود از بازداشتگاه بیرون بیاورد. این فشار بود برای رفتن جلوی دوربین ولی من به هیچ وجه نمی‌پذیرفتم بروم. بازجویم

بهم می‌گفت اینجا بمانی عروسی‌ات هم توی زندان گذشت، در آستانهٔ
تشکیل زندگی جدیدی، زندگی‌ات از هم می‌پاشد، فکر کن خانوادهٔ
شوهرت چه می‌گویند، گفتم ببینید خانوادهٔ همسر من را تحقیق کنید بعد
بیایید بگویید. من ده سال هم اینجا بمانم زندگی‌ام از هم نمی‌پاشد ولی
بیایم جلوی دوربین زندگی‌ام از هم می‌پاشد. نه به این دلیل که آنها نمی‌توانند
درک کنند، به این دلیل که این خانواده قبل از انقلاب پدربزرگ همسر من
زیر شکنجه ساواک کشته شد، بعد از انقلاب در دههٔ شصت دایی و
شوهرخاله‌اش را شما اعدام کردید، خانواده‌اش را از هم پاشیده‌اید، این
خانواده اگر بیایم جلوی دوربین زندگی‌ام از هم می‌پاشد نه اینکه سال‌ها
اینجا بمانم. من برای اینکه زندگی‌ام از هم نپاشد نمی‌آیم جلوی دوربین.
تا جایی که من یادم می‌آید چهار تا از بچه‌های پروندهٔ ما بعد از آزادی،
رفتند جلوی دوربین.

توی آن بازداشتگاه من هر روز بازجویی داشتم تا دو روز مانده به
انتقالمان به اوین. که شب دور و ور ساعت دوازده و نیم بود که بازپرس
پروندهٔ ما آمد توی بازداشتگاه و توی اتاق بازجویی و به من تفهیم اتهام
کرد و من دیگر بعد از آن بازجویی نداشتم.

تمام اتهاماتی را که ردیف کرده بودند، آنجا بهم تفهیم کردند:
جاسوسی، اقدام علیه امنیت ملی، عضویت در گروه‌های معاند داخلی که
منظورشان سایت امروز بود، نشر اکاذیب و تشویش اذهان عمومی بود،
تلاش در راستای تضعیف قوه قضاییه بود و بحثشان سر افسانه نوروزی بود.
خیلی جالب بود زمانی که من توی بازداشتگاه سر افسانه نوروزی و نامه‌ای
که نوشته بودم بازجویی پس می‌دادم و بعد به‌عنوان اتهام بهم تفهیم شد،
که خانم نوروزی اصلاً آزاد شده بود. اصلاً مجدداً دادگاهی شده بود و آزاد
شده بود. آنجا توی بازداشتگاه رابطهٔ نامشروع هم به من تفهیم کردند. من
تأکید می‌کنم توی بازداشتگاه چون بعد توی دادگاه اتهامات عوض شده
بود. ما دادگاهی نشدیم ولی بعد که سر بازپرسی توی دادسرا رفتیم این
اتهامات تغییر کرده بود. کمتر شده بود و رابطهٔ نامشروع نبود.

من هم به هیچ عنوان در رابطه با رابطۀ نامشروع زیر بار نرفتم به این علت که من به هر حال متأهل بودم و در مورد سنگسار گزارش نوشته بودم و این را خیلی خوب می‌دانستم که اعتراف خود فرد کافی است برای چنین مجازاتی. به‌خاطر همین از رابطۀ نامشروع شروع شد و آخر سر اتهام اخلاقی که به من زدند دست دادن با افراد نامحرم و بی‌حجابی در خارج از کشور بود.

من در مورد خودم پذیرفتم که وقتی به افغانستان رفتم از طریق خبرنگاران خارجی که آنجا باهاشان آشنا شدم، یک سری اطلاعات بهشان داده‌ام و این ارتباط ادامه دارد و بهشان اطلاعات می‌دهم. اما با ذکر اینکه من دسترسی به چیزهای سری ندارم، از حوزه‌های خبری، اخبار پشت پرده را بهشان می‌دهم، این را پذیرفته بودم که با نامۀ افسانه نوروزی نشر اکاذیب و تشویش اذهان عمومی کرده‌ام، این اتهامات اینجوری در مورد خودم را پذیرفتم.

تمام مدت سی روزی که توی بازداشتگاه مخفی بودم در انفرادی بودم. روز سی‌ام منتقل شدم به اوین. در مجموع چهل روز در زندان بودم تا اینکه با پنجاه میلیون تومان وثیقه آزاد شدم.

در اوین هم با کسان دیگر نبودم ولی انفرادی هم نبودم. خیلی جالب است. وقتی من را بردند اوین توی راهروی بند نسوان که بندهای مختلف را از هم جدا می‌کرد و تهش هم می‌خورد به فروشگاه بند نسوان، اتاقکی بود که تازه رنگ کرده بودند و من را بردند توی این اتاقک دقیقاً روبروی اتاق تلفن بند نسوان بود که زن‌ها می‌آمدند تلفن می‌کردند. من آنجا بودم و هیچی هم نداشت. یک موکت بود که بعداً آوردند انداختند. مشخص بود برای این کار نیست. سلولی نبود. نمی‌دانم بعدها چه استفاده‌ای از آنجا شده، اگر قرار بود تنها باشم چرا سلول انفرادی نبردند و اگر قرار بود تنها نباشم چرا بند عمومی و پیش بقیه نبردند. هنوز نمی‌دانم این را. هیچ وقت هم پاسخ ندادند. دو روز توی آن اتاقک بودم. [نامفهوم] خیلی خیلی وحشتناک بود. چون دقیقاً روبروی جایی بود که باید زندانی‌ها زنگ

می‌زدند و این طرفش هم فروشگاه بود و سر و صدای وحشتناک زندانی‌ها، به شدت آزار دهنده بود. خب اعتراض کردم به زندانبان‌ها و گفتند جابه‌جایت می‌کنند ولی باید از قاضی سؤال بپرسند و بعد من را بردند توی بند نوجوانان. یادم نیست بند یک بود یا دو. بردند توی یکی از بندهای زنان که طبقه پایین شهلا جاهد و کبری رحمان پور بودند. طبقه بالا بند نوجوانان بود. روبروی بند نوجوانان اتاقی بود پر از مبل بود که همه را روی هم چیده بودند. یکی از این مبل‌ها را پایین آورده بودند، مثل تخت‌خواب‌شوها بود. این باز بود و من را بردند آنجا. یعنی تمام محوطه‌ای که داشتم این مبل بود. شب آنجا بودم، روز معاون بند نسوان خانم صداقت می‌آمد که بعد متوجه شدم آنجا دفتر ایشان است در اصل. می‌آمد با کامپیوتر. یک میز و صندلی بود و می‌آمد کارش را می‌کرد. من هم باید می‌نشستم ایشان را نگاه می‌کردم. ساعت اداری که تمام می‌شد ایشان می‌رفت و در قفل می‌شد و من دیگر تنها بودم. نمی‌دانم اسم این را باید چی بگذارم. انفرادی یا چیز دیگری نمی‌دانم.

این را توضیح بدهم که در بازداشتگاه در مورد من برعکس هم‌پرونده‌ای‌های مرد من، ضرب و شتم نبود فقط یک بار چشم‌بند را گفته بود یک ذره بیاور بالا و بنویس و من آورده بودم بالا وقتی به پشت برگشتم چون یک صدای دیگری هم از پشت می‌آمد، یک نفر دیگری هم در بازجویی حضور داشت. نمی‌دانستم کیست ولی صدا به شدت روی اعصابم بود، حس می‌کردم من این صدا را از نزدیک می‌شناسم، برای همین یکباره که برگشتم، شاید از قصد قبلی نزد و از برگشت من به عقب بود که محکم از پشت سر من با دست کوبید روی دستهٔ صندلی. همان‌جا بینی من خونریزی کرد و بعدها توی اوین که من را بردند بهداری پزشک آنجا گفت بینی‌تان آسیب زیادی دیده و باید سریع‌تر جراحی کنید وگرنه ناچار می‌شوید پیوند بزنید که خیلی جالب است تا این را گفت یک آقایی آمد تو و گفت ایشان هیچ مشکلی ندارد، بنویسید هیچ مشکلی ندارد. دکتر نوشت هیچ مشکلی ندارد و من را برگرداندند توی بند. من را اینها نمی‌خواستند انفرادی ببرند

و عمومی هم نمی‌بردند شاید یک دلیلش این باشد که بینی و اطراف بینی‌ام کبود بود. در دید اول از من سؤال می‌شد چون توی آن اتاقک هم که بودم دو شب اول تنها بود و از شب سوم یک خانمی را فرستادند پیش من، اکرم قویدل، آمد پیش من شب برای خواب. بهش هم گفته بودند من از این خانم رئیس‌ها هستم. این هم آمد پیش من. شب آخر شب می‌آمد پیش من می‌خوابید. صبح اول وقت می‌رفت. آن دو سه شب اول زیاد دیالوگ نداشتیم و کم کم متوجه شد آن چیزی که گفته‌اند درست نیست و من روزنامه‌نگارم، از خودش حرف زد و پروندهٔ خودش و اتفاقاً از طریق او بود که کمک کرد کبری رحمان پور به آقای خرمشاهی زنگ زده بود و گفته بود این اینجاست و چنین وضعیتی است. می‌خواهم بگویم شب‌های آنجا موقع خواب تنها نبودم.

ما که آزاد شدیم، دوباره احضار و بازجویی و فشار بود. این نبود که آزاد شدیم، تمام شد. خود من چند بار احضار شده بودم و اصلاً خود قاضی مرتضوی به من گفت بنشینم جلوی دوربین و پرونده‌ام را می‌بندند. دو تا چیز گفته بود؛ یکی بنشینم جلوی دوربین و اینکه ابطحی، شمس الواعظین و سحرخیز شکایت کنم به جرم افترا و تشویش اذهان عمومی و نشر اکاذیب. این بعد از آزادی بود. چیزی هم که در مورد این سه نفر می‌خواستند دلیلشان این بود که من وقتی از زندان آمدم بیرون اعلام کردم، با بی‌بی‌سی هم مصاحبه کردم گفتم اتهامات اخلاقی زدند، فشارهای اخلاقی بود، فحاشی شد، یکبار هم مورد ضرب و شتم قرار گرفتم، بینی‌ام شکست. بعد از آن آقای شمس، سحرخیز و ابطحی پیگیر این قضیه بودند، مصاحبه هم کرده بودند و این فشار به من می‌آمد که صحبت‌های آنها را تکذیب کنم و بگویم آنها تبانی کرده‌اند، من را هم فریب داده‌اند که چنین چیزی را بگویم و من از آنها شکایت دارم.

وقتی احضار شدم، من به اتفاق حنیف مزروعی احضار شدیم. به شعبهٔ اول بازپرسی دادسرای کارکنان دولت، من با دکتر سیف‌زاده رفتم، حنیف با عبدالفتاح سلطانی که وکیلش بود. به اتفاق هم رفتیم، به من

گفتند که بروید تو، بازپرس آقای حسینی بود، لهجهٔ شدید ترکی داشت. تا رفتم تو گفت حالا دیگر با ماهواره مصاحبه می‌کنی؟ گفتم من با ماهواره مصاحبه نکردم نمی‌دانم مصاحبه با ماهواره چطوری است. من با بی‌بی‌سی مصاحبه کرده‌ام. گفت نه برای ما مصاحبه با ماهواره و همه جا را آورده‌اند. یک آقایی هم آنجا نشسته بود که آنطور که برخورد و صحبت می‌کرد حدس من این بود که از مسئولین پروندهٔ بازداشتگاه بوده، ولی دقیقاً نمی‌شناختمش. گفت بنویسید که وضعیت غذا توی بازداشتگاه چطور بوده. گفتم در مورد این قضیه نمی‌توانم بگویم چون من کلاً آدم بدغذایی هستم، اکثر بازداشتم را هم در اعتصاب غذا گذراندم. وقتی هم اعتصاب نبودم وقتی من اعصاب ندارم یک ماه هم چیزی نخورم از پا نمی‌افتم. من زیاد آنجا غذا نخوردم نمی‌دانم. گفت بقیه گفتند کیفیت غذا بد بوده، بنویس که خوب بوده. نوشتم من نمی‌توانم اظهار نظر کنم در این زمینه چون نمی‌دانم واقعاً. در آن شرایط من کلاً روحیاتم اینجوری است، در شرایط عصبی اصلاً نمی‌توانم غذا بخورم و اگر هم بخورم هم هیچی از غذا نمی‌فهمم. گفت بنویس با شما خوش‌رفتاری شده. گفتم نه با ما هیچ خوش‌رفتاری نشده. گفت یا می‌نویسی خوش‌رفتاری شده و صحبت‌های شمس و ابطحی و سحرخیز را تکذیب می‌کنی، یا اینکه نیروی انتظامی از تو شکایت کرده و خودت هم‌پرونده‌ای آنها هستی و باید بیایی جواب پس بدهی. من نوشتم صحبت‌های آقایان شمس، ابطحی، سحرخیز کاملاً واقعیت دارد و هرچه گفته‌اند اتفاقاتی است که برای من افتاده. گفت خب برو پایین دفتر آقای مرتضوی باهات کار دارد. من با دکتر سیف‌زاده رفتیم دفتر مرتضوی، بهش گفتیم این اتفاقات افتاده این فحاشی‌ها و اینها، بحث این بود که ما شکایت کنیم از آن طرف، این هم می‌گفت نه اگر راست می‌گویید از بازجویتان شکایت کنید. گفتم باشد اشکال ندارد شکایت می‌کنم. یعنی یا باید از ابطحی اینها شکایت می‌کردم یا از بازجویم. بزرگ‌ترین اشتباهم این بود که از بازجویم شکایت کردم. نباید به هیچ عنوان این کار را می‌کردم. چون قطعاً می‌دانستم رسیدگی نخواهد شد و صرفاً فشار و هزینه بیشتر به خودم

وارد می‌شد. ولی در آن فضا آدم قدرت تصمیم‌گیری منطقی ندارد که براورد کند هزینه فایده را. گفتم باشد شکایت می‌کنم. گفت ببین فحش باد هواست. آدم باید از این گوش می‌شنود از آن گوش بیرون کند. حالا بازجو بهت فحش داده، کرده که کرده، اما برای بینی‌ات برو پزشکی قانونی. گفتم باشد می‌روم چون مدارک پزشکی هم دارم. گفت نه همین الان با مأمور ما می‌روی. دکتر سیف‌زاده هم حضور داشت. زنگ زد به دکتر شیخ آزادی که مدیرکل پزشکی قانونی غرب تهران بود. دقیقاً مکالمه‌ای که داشت این بود که من خانم قاضی را می‌فرستم پیش شما، ایشان جراحی زیبایی کرده، جراحی زیبایی‌اش شکسته، ولی ادعا می‌کند توی زندان شکسته. خودت معاینه‌اش کن. که دکتر سیف‌زاده به شدت اعتراض کرد گفت شما خط را بهش دادی. داری می‌گویی این را بنویس. من با موکلم می‌رویم پزشکی قانونی. گفت نه همین الان یا می‌رود پزشکی قانونی یا بازداشت است. که ما را فرستاد دفتر دکتر شیخ آزادی توی اشرفی اصفهانی، آنجا نه پزشکی بود نه چیزی، آنجا خود دکتر شیخ آزادی با من صحبت کرد اصلاً بینی من را معاینه نکرد. فقط به من گفت آدرس پزشک‌هایت را بده و مدارکت را. گفتم مدارکم را نمی‌دهم. آدرس دو تا پزشکانم را دادم و بعد فهمیدم احضارشان کرده‌اند و تحت فشار قرار داده‌اند، حتی پزشک من می‌گفت رسماً گفته‌اند نظام پزشکی‌ات را باطل می کنیم. خب به هیچ‌جا نرسید.

من مدارکم را از طریق آقای ضیایی‌فر رئیس کمیسیون حقوق بشر به دست خود شاهرودی رسانده بودم، چون آقایی ضیایی‌فر به من زنگ زد من رفتم پیششان بهم گفت آقای موسوی اردبیلی، که او هم از مسئولین حقوق بشر اسلامی، قرار است برود دیدن شاهرودی و تا جایی که ما می‌دانیم موضعش اینست که مرتضوی راست می‌گوید. شما مدارک را بده از طریق موسوی اردبیلی بهش برسانیم. من مدارک را دادم به آقای ضیایی‌فر و از طریق ایشان رسیده بود به آقای شاهرودی و بعد از آن بود که توی همان قضیه هم بی‌خیال من شدند چون قبلش هم علیه من پرونده باز

کرده بودند، نشر اکاذیب و برگهٔ دکتر شیخ آزادی را هم بعنوان برگهٔ پزشکی قانونی منتشر کرده بودند که من دروغ می‌گویم ولی بعد که رسید دست شاهرودی، مدارک من دیگر آن هم بایکوت شد و به شکایت من هم رسیدگی نشد. شکایت من از مرتضوی بعد از این بود.

در یکی از جلساتی که به اتفاق دکتر سیف‌زاده و همسرم هم بود، رفتیم پیش مرتضوی، ایشان از همسرم و دکتر سیف‌زاده خواست بروند بیرون. هنوز ترسی که من بعدها از مرتضوی پیدا کردم، هنوز به آن شکل نبود. چون الان آزادم و رسمی آمده‌ام، توی بازداشتگاه نیستم و بازجویم نیست، اینجا هم هر اتفاقی بیفتد حالت رسمی دارد. آقای مرتضوی به اینها گفت بروید بیرون و آمد جلوی من و دقیقاً به این شکل بود که عادت داشت یکهویی که ایستاده بود شلوار و کتش را می‌گرفت می‌کشید بالا. یک حالت خیلی مسخره بود. آمد جلوی من، من نشسته بودم، اول نشست بعد چون انقدر نزدیک شده بود، حالا روی یک صندلی دیگر نشسته بود اما انقدر نزدیک بود و خم شده بود که من به یکباره پاشدم و ایستاده شروع کردم به جواب دادن و حرف زدن. که آمد جلو، انقدر جلو آمده بود که نفسش دقیقاً به صورتم می‌خورد. گفت فکر نکن که آن چیزهایی که بهت گفته شده و کلمهٔ تهدید را به کار نبرد، ولی همان را می رساند، فکر نکن چیزهایی که بازجو رفته نمی‌تواند عملی شود و اتفاق بیفتد. همه‌اش بستگی به خودت دارد، یا راه می‌آیی و پرونده‌ات بسته می‌شود یا تک تک آنها برایت اتفاق می‌افتد. خیلی راحت و به سادگی.

همانطور که گفتم، انجمن صنفی روزنامه‌نگاران پیگیر پروندهٔ ما بود و خب یکی از هم پرونده‌ای‌های ما حنیف مزروعی پسر آقای [رجبعلی] مزروعی بود که هم رئیس انجمن صنفی بود هم نماینده مجلس ششم بوده و خب پرونده را پیگیری می‌کرد. هم‌زمان می‌خواهم بگویم که این خوشحالی را ما داشتیم که این پرونده در اواخر دورهٔ آقای خاتمی و به هر حال در دورهٔ ایشان این اتفاق افتاد چون کانال‌ها برای پیگیری باز بود. می‌شد از کانال‌هایی پیگیری کرد حتی اگر وکیل را راه نمی‌دادند مثل

زمان احمدی‌نژاد نبود که همهٔ روزنه‌های پیگیری بسته باشد. غیر از انجمن صفی زمان آقای خاتمی هیئت نظارت بر قانون اساسی هم بود که با آمدن آقای احمدی‌نژاد آن را هم منحل کردند. خواسته بود پروندهٔ ما را رسیدگی کند، پیگیری کند و به ایشان گزارش بدهد و هم‌زمان کمیسیون حقوق بشر اسلامی آقای ضیایی‌فر دبیرش بودند، که انصافاً ایشان پروندهٔ ما را خیلی پیگیری کردند. حالا دقیق نمی‌توانم بگویم انجمن یا کمیسیون یا کدامشان وقت دیدار را با آقای شاهرودی هماهنگ کرد ولی یادم است که آقای ضیایی‌فر یک دیدار بین ما و آقای جمشیدی گذاشت، آقای جمشیدی معاون آقای شاهرودی بودند اگر اشتباه نکنم و ما با ایشان دیدار کردیم و بعد از آن به ما گفتند آقای شاهرودی می‌خواهند شما را ببینند.

وقتی ما پیش آقای شاهرودی رفتیم فکر می‌کرد ما کسانی هستیم که عکس ائمه، عکس آقای خامنه‌ای و خاتمی را به صورت بی‌اخلاقی مونتاژ کرده‌ایم و توی اینترنت پخش کرده‌ایم. فکر می‌کرد به این طریق بازداشت شده‌ایم. چون دقیقاً این حرف را زد. وقتی ما شروع کردیم و حرف زدیم، برای ما یک ساعت یا چهل و پنج دقیقه وقت داده بود قرار بود برود یک جلسه‌ای که دیگر دو ساعتی حداقل طول کشید جلسهٔ ما. دقیقاً گفت آقای مرتضوی به من نشان داده آن عکس‌ها را شما خیلی کارهای بدی کرده‌اید. هم ما حیرت‌زده شدیم که این همه این پرونده سر و صدا کرده، آزاد هم بودیم داشتیم می‌دیدیم صداها تا کجا رفته ولی آقای شاهرودی دارد می‌گوید که مرتضوی عکس‌ها را به من داده و گفته شماها چه کاری کرده‌اید. آخر رئیس قوه قضاییه نمی‌داند واقعاً چه خبر است. باعث حیرت ما شده بود. وقتی ما تعریف کردیم، او حیرت‌زده شده بود. نکتهٔ جالب این بود که اول که شروع به صحبت کرد، گفت اینترنت خطرناک است، کامپیوتر خطرناک است، من توی خانه در اتاقی که کامپیوتر تویش هست را قفل می‌کنم که وقتی خانه نیستم دخترم سراغش نرود. یا در اتاق یا خود کامپیوتر را. جمله را دقیقاً یادم نیست ولی منظورش این بود که کاری می‌کند که بچه‌ها دسترسی پیدا نکنند. و دچار مشکل نشوند. یعنی چنین

تصور و ذهنیتی داشت. ولی وقتی تعریف کردیم آقای ایزدپناه مشاورش هم حضور داشت، قول پیگیری داد. انصافاً پیگیری کرد، درست است به جایی نرسید، شکایت من از بازجو، قاضی پرونده، به هیچ‌جا نرسید و بعدها شکایتم از مرتضوی به هیچ‌جا نرسید و بعدها مجدداً برای خودم پروندهٔ دیگری باز شد ولی آن پرونده را رسیدگی کرد و گفت تیمی تشکیل می‌دهد که پرونده را از مرتضوی بگیرد و بررسی کنند، نتیجه‌اش این شد که همهٔ بچه‌هایی که در این پرونده بودند تبرئه شدند بدون اینکه دادگاهی تشکیل شود. بدون اینکه به اتهاماتی که به ما زدند مستندات بدهند، یا ما حقی داشته باشیم، همین اعلام کردند که آقای شاهرودی بررسی کرده اینها تبرئه شده‌اند و فقط چهار نفری که اعتراف تلویزیونی هم کرده بودند تبرئه نشدند، قرار شد به دادگاه بکشد و بعد تبرئه شدند. البته به شکایات ما هم رسیدگی نشد. فقط به قولی مسکوت ماند همه چیز. بعدها دوباره جای دیگری مشکلات شروع شد و ادامه پیدا کرد ولی آن پرونده به این شکل بسته شد.

آن پرونده بسته شد، پرونده‌ای که به اسم وبلاگ‌نویسان و سایت‌های اینترنتی معروف بود. ولی پروندهٔ دیگری برای من باز شد. شاکی‌اش نیروی انتظامی بود. بعد از آن یک مدت گذشت، فکر کردم همه چیز تمام شده ولی یک سفر به خارج از کشور داشتم، وقتی برگشتم همان مشکلات مجدداً آغاز شد و مجدداً بازجوی سابقم از من بازجویی کرد. چیزی که اصلاً تصور اینکه یک روز من بتوانم بازجوی سابقم را ببینم نداشتم.

اردیبهشت ماه سال هشتاد و شش بود. وقتی از سفر خارج برگشتم، توی فرودگاه امام پاسپورتم را گرفتند و گفتند باید بروم دفتر پیگیری [وزارت اطلاعات] پاسپورتم را پس بگیرم. خب من نرفتم دنبالش و احضار شدم. و نکتهٔ خیلی خیلی عجیبی که آنجا وجود دارد برای من این است که بازجوی من توی آن پرونده و تا جایی که ما متوجه شدیم و گفته شد، مربوط به حفاظت اطلاعات نیروی انتظامی بوده. اما این بار بازجویم را در دفتر پیگیری وزارت اطلاعات دیدم. نمی‌دانم ایشان منتقل شده به وزارت

اطلاعات یا اینکه چیز دیگری ولی ایشان از من بازجویی کرد دربارهٔ سفری که به خارج از کشور داشتم. یعنی دوباره یک چیزهای دیگری شروع شد. اینکه چرا رفتم، برای چی رفتم، با چه کسانی دیدار کردم، چه هدفی داشتم، چرا هیچ خبری از من نیست و چرا من هیچ کاری نمی‌کنم و این خیلی مشکوک است. که من گفتم والله من بعد از آزادی، جایی هم که کار می‌کردم یا بهم درخواست کار می‌دادند، یا خودم درخواست کار می‌دادم خیلی به صراحت می‌گفتند که مرتضوی روی تو حساس است و حتی یک روزنامه‌ای اول دعوت به کار شدم، بعد که رفتم از مسئولین بالای روزنامه گفتند آقای مرتضوی جزء اسامی که گفته نباید توی روزنامه باشند خانم قاضی است. برای همین ما معذوریم. همین باعث شد من نتوانم کار کنم.

بازجویی بود و بهم گفتند باز من را خواهند خواست. گفتند برای گرفتن پاسپورت خبرت می‌کنیم. من احضار شدم شعبهٔ ۲۶ دادگاه انقلاب که قاضی حداد بود، توی آن پرونده دکتر سیف‌زاده شد وکیل من. به اتفاق دکتر سیف‌زاده رفتم دو بار رفتم آنجا. به بازداشت نکشید. می‌شود گفت مسکوت ماند و حالت غیررسمی پیدا کرد. یعنی بازجوی من مدام به من زنگ می‌زد و می‌گفت بیا فلان‌جا ازت سؤال دارم. دیگر دفتر پیگیری و دادگاه نبود. می‌گفت بیا سر فلان کوچه کارت دارم. یا چند تا سؤال دارم ازت. دفعات اول که تماس می‌گرفت می‌رفت روی بحث پاسپورت و اینکه کمک می‌کنم پاسپورتت را بگیری و پرونده‌ات ختم به خیر شود. خیلی با حسن نیت سعی می‌کرد خودش را نشان بدهد. ولی خب من هیچ‌وقت نمی‌رفتم و این نرفتن من رفته رفته این را چیزتر می‌کرد و شروع کرد به تهدید کردن و همان لحن مشمئز کنندهٔ داخل زندانش بود با اینکه آن چیزها را تکرار نمی‌کرد ولی همان بود. یعنی من فکر می‌کردم این آدم یک بیمار جنسی است یا در این راستا اهدافی دارد که می‌خواهد با من قرار بگذارد یا اینکه سر شکایتی که من کردم و صراحتاً اعلام کردم که چه بلاهایی سر من آورده توی بازجویی، می‌خواهد انتقام‌گیری بکند. نمی‌دانم واقعاً چرا. ولی حالت رسمی نداشت و این حالت رسمی نداشتن من را می‌ترساند.

آنقدر اینها تکرار شد که من می‌ترسیدم بروم بیرون. چون یک مقطعی این تهدیدها در دوران بازداشت بود، خب می‌شود گفت با این تهدیدها می‌خواستند مجبورت کنند آن چیزهایی که می‌خواهند را بنویسی. ولی این بیرون هیچ توجیهی نبود و نمی‌فهمیدم برای چی باید مدام به من زنگ بزنند و بگوید بیا فلان‌جا. انقدر اینها تکرار شد که من جواب نمی‌دادم، از شماره‌های مختلف زنگ می‌زد. دیگر رسیده بود به اینجا که اگر نیایی هرچه دیدی از چشم خودت دیدی و می‌آییم بازداشتت می‌کنیم. مثل دفعه قبل نیست. رفقای اصلاح‌طلبتان الان نیستند که هوایتان را داشته باشند، یا همان تهدیدهای داخل بازداشتگاه آمده بود بیرون. من آن موقع بچه هم داشتم. اینکه اگر جان بچه‌ات را دوست داری باید گوش کنی به حرفم. الان خیلی راحت می‌توانی خودت یا همسرت در یک تصادف مشکلی برایت پیش بیاید. اینها مدام تکرار می‌شد و من نمی‌دانستم برای چه باید بروم، هربار هم می‌ترسیدم بروم و هیچ‌وقت هم نرفتم واقعیتش. این باعث شد کم کم چون حالت غیررسمی داشت و اگر هم اتفاقی می‌افتاد مسئولیت را نمی پذیرفت، کم کم من حدود هفت ماه زندگی مخفی داشتم. یعنی به این صورت که خانهٔ یکی از دوستان رفتم و هفت ماه آنجا بودم به هوای اینکه تمام می‌شود. شاید بی‌خیال شود ولی خب دیگر به این نتیجه رسیدم که تحت هیچ شرایطی حاضر نیستم این شرایط را تحمل کنم، دیگر این بچه هست و فقط خودم نیستم و هیچ روزنه‌ای هم برای رسیدگی وجود ندارد. زمان آقای خاتمی حداقلش این بود که روزنه‌هایی برای پیگیری بود، کسانی بودند که حداقل حرفت را بشنوند. تا اینکه تیر ماه سال ۸۷ از ایران خارج شدم.

شهادت‌نامه هدی هواشمی

من قبل از دستگیری‌ام هیچ گونه فعالیتی نداشتم. سعی من این بود که به همسرم بپیوندم و از ایران خارج بشوم تا بار دیگر بتوانم خانوادهٔ ۴نفری‌ام را جمع کنم. قبل از دستگیری، با همسرم از طریق تلفن یا ارسال نامه در تماس بودم و دولت فارس از این طریق تحرکات من را زیر نظر داشت و از این طریق توانست اتهامی بر من وارد کند. با این دید به من نگاه کرد که امنیت کشور را زیر سؤال برده‌ای و همسرت که خارج از کشور است، اخبار و اطلاعاتی را به تو می‌داده و تو هم بلافاصله این اخبار و اطلاعات را به خانواده و دوستان ابلاغ می‌کردی. می‌شود گفت اتهام من فقط رابطه با همسرم بود نه بیشتر. یعنی در واقع من به نوعی گروگان بودم. چون همسرم خارج بود و نمی‌توانستند او را بگیرند، از این طریق می‌خواستند به ما بفهمانند که ما می‌توانیم به جای همسرت تو را دستگیر کنیم. می‌خواستند به همسرم فشار بیاورند که خودش را معرفی کند.

آن زمان من می‌خواستم به کشور سوریه پناه ببرم. به‌طور کامل از وضعیت همسرم اطلاع نداشتم، چون با توجه به‌خصوصیات شخصی‌ام سؤال نمی‌کنم. حتی در تماس‌های تلفنی نمی‌پرسیدم که شما کجا هستید و چه می‌کنید. می‌دانید که اگر همسری خانواده‌اش را ترک کند، از طریق خانواده فشارهای بدی وارد می‌شود. با توجه به فشارهایی که از طرف خانواده‌ام به

من وارد می‌شد، می‌خواستم به همسرم بپیوندم و یک جوری بر فشارهای عصبی کنترل پیدا کنم.

در تاریخ ۱۳ فرودین ۱۳۸۵ در الاحواز، به جرم اقدام علیه امنیت کشورم و همچنین شورش در شهر دستگیر شدم. دستگیری من هنگام خروج از ایران در فرودگاه اهواز، توسط گروه‌های اطلاعاتی لباس شخصی انجام شد. مرا به همراه فرزند یک و نیم ساله‌ام دستگیر کردند. موقع دستگیری، احمد پسر بزرگم نبود. پیش خانواده‌ام بود. شب همان روز، من را با چشم بسته به مکان نامعلومی بردند. وقتی دستگیر شدم هیچ حکم بازداشتی به من نشان ندادند. خانواده و نزدیکانم هم تقریباً ۱۹ روز از من خبر نداشتند؛ چون نیروهای اطلاعاتی هیچ‌گونه اخباری به آنها نمی‌دادند.

موقع دستگیری فحش و ناسزا ندادند، ولی با نگاه‌های بسیار مرموز و عجیبی به من نگاه می‌کردند که با خودم فکر می‌کردم نکند من دچار یک قتل یا جرم بزرگ‌تر از این شده‌ام که این‌طوری به من نگاه می‌کنند.

وقتی سوار ماشین شدم چشم‌بند زدند. من را به خانه‌ای بردند که نیروهای اطلاعاتی در آن مستقر بودند. صدای مردها را می‌شنیدم. مرا به یک راهروی تنگ و تاریک هدایت کردند و بعد از آن در یک اتاق ساکت بردند و نشاندند. بعد از نشستن، چشم‌بند را از چشم من برداشتند. اتاقی که در آن بودم بسیار سرد و ساکت بود و همین باعث شد که احساس ترس و وحشت کنم. چون بچه‌ام را از من جدا کردند و من تنها ماندم. بعد از ۴-۵ ساعت فرزندم را آوردند. ۳-۴ ساعتی که در اتاق بودم، گریه می‌کردم و می‌گفتم که بچه‌ام را بیاورید که گرسنه است و باید بهش شیر بدهم، چون شیرخواره بود. در این چند ساعت با تهدید به من گفتند که شما قاتل هستید و مردم را کشتید و همسرتان این‌گونه کرد و دوستانتان این‌طوری بودند. من اولین بار بود که این اتهامات را می‌شنیدم. به صورت تلقین اتهامات را به من وارد می‌کردند.

جایی که ۱۹روز اول آنجا بودم، هیچ صدایی نمی‌شنیدم. در دورهٔ ۱۹ روزه در مکانی مثل خانه بودم. در اتاقی کاملاً عادی، ولی سرد و ساکت و

بی‌روح. نمی‌توانستی از این اتاق خارج بشوی. حتی اگر می‌خواستی به جایی بروی که نفس بکشی نمی‌توانستی.

بعد آن ۱۹ روز، بازجویی به‌طور رسمی نبود، ولی طی ساعاتی که با آنها صحبت می‌کردم، اسامی دوستانی را می‌گفتند که دستگیر شده بودند و می‌گفتند اینها چه کار کرده‌اند و ما قرار است با تو چه کار کنیم و تمام عمرت را باید در زندان بگذرانی. اگر وصیت داری می‌توانی بنویسی، چون نه می‌توانی خانواده‌ات را ببینی نه می‌توانی با بچه‌هایت زیر یک سقف زندگی کنی. فکر می‌کنی این مکان آخرت است و بهتر است همکاری کنی. کم کم من احساس ناامیدی می‌کردم که از این اتاق هیچ‌گونه راه خروجی نیست. این آخرین ایستگاه من است و باید با این روش زندگی کنم.

بعد از ۱۹روز مرا به مقر سری اطلاعات که در آن فعالیت داشتند منتقل کردند و ۱۴روز آنجا بودم. در این ۱۴روز خیلی به من سخت گذشت، چون صدای گریهٔ افرادی را می‌شنیدم. ولی نمی‌دانستم اینها که دستگیر کرده‌اند، آیا بی‌گناهند یا مرتکب جرمی شده‌اند؟ فقط صدای گریه و آه‌شان را می‌شنیدم. صدای بلندی می‌شنیدم که می‌گفت چیزی بدهید که دردم را تسکین بدهم. ولی آنها می‌زدند و به‌صورت توهین‌آمیزی بهشان می‌خندیدند و می‌گفتند باید تحمل کنید، این راهی است که خودتان انتخاب کرده‌اید. محیطی که من را در آن زندانی کرده بودند، بسیار سرد بود. در آن ۱۴ روز نتوانستم حتی با آنها حرف بزنم و بگویم که برای چه اینها با صدای بلند ناله می‌کشند و بهشان کمک نمی‌کنید؟ چنین حقی نداشتم که سؤال کنم، چون اگر سؤال می‌کردم با اهانت و توهین به من جواب می‌دادند یا مورد ضرب و شتم قرار می‌گرفتم.

در آن ۱۴روز که در مقر اطلاعات بودم، فحش و ناسزا به من می‌گفتند، به صورت غافل‌گیرانه از پشت به من ضربه وارد می‌کردند و می‌گفتند تا به این سؤالات جواب ندهی این ضرب و شتم ادامه دارد. اگر به سؤالات ما جواب بدهی مورد ضرب و شتم قرار نمی‌گیری و باید به زور

جواب بدهی. در صورتی که من هیچ‌گونه اطلاعی از فعالیت همسرم یا دوستان همسرم نداشتم. ولی آنها می‌خواستند به زور به من اتهامی را وارد کنند که من از آن خبر نداشتم و مرتکب نشده بودم. انکار من باعث ضرب و شتم می‌شد. در حین ضرب و شتم می‌گفتند نباید صدایت در بیاید، نمی‌توانی آه و ناله کنی یا فریاد بکشی، فقط می‌توانی گریه کنی، آن هم با صدای خفیف.

یک صندلی بود آنجا، در یک اتاق ۳ در ۴ متری. من روی صندلی می‌نشستم و به سؤالات پاسخ می‌دادم. یک نفر پشت صندلی نشسته بود و من چشم‌بسته به سؤالات شفاهی آنها گوش می‌دادم. وقتی به سؤالاتی می‌رسیدم که به من ربطی نداشت یا از آنها اطلاعی نداشتم، اگر سؤال را جواب نمی‌دادم، بلافاصله کسی که پشت نشسته بود با چوبی که در دست داشت به پشت گردنم می‌زد. یک دفعه ضربه به پشت گردنم وارد می‌شد و شوکی به من وارد می‌شد که نمی‌توانستم جیغ و فریاد بزنم.

من از خودم مطمئن بودم و با شجاعت کامل به سؤال‌ها جواب می‌دادم. ولی آنها جوابی را می‌خواستند که خودشان برایش برنامه‌ریزی کرده بودند و متأسفانه به جواب‌هایی که می‌خواستند نرسیدند. برای همین ضرب و شتم استمرار پیدا می‌کرد. من حتی نمی‌توانستم از جای خودم بلند شوم، به‌خاطر اینکه طی بازجویی اشخاصی را می‌آوردند و از آنها جلوی من بازجویی می‌کردند که شما باید علیه این شخص و خانواده‌اش اعتراف کنید. من خیلی تعجب می‌کردم که فلان شخص، اعترافاتی می‌کند که اصلاً واقعیت ندارد. می‌دانستم که با این شخص هماهنگی کرده‌اند که اعتراف کند تا آزاد شود. از همان طریق اتهامات ما را ضبط می‌کرد تا بتواند بگوید بله ما اینها را بر همین منوال و بر اساس همین اتهامات دستگیر کردیم.

پسرم را می‌بردند قسمت دیگری که نتواند صدای من را بشنود. گاهی وقتی سؤالاتی در مورد تظاهرات یا فعالیت‌ها می‌پرسیدند، فرزندم را عمداً وارد می‌کردند و از این طریق می‌خواستند فشار وارد کنند که بچه‌ات

این‌جاست و بهتر است به سؤال ما جواب بدهی تا بچه‌ات اذیت نشود. به من فشار می‌آوردند که حداقل به‌خاطر بچه‌ات اعتراف کن.

ضرب و شتم زندانی را قوی می‌کند. آنها این را نمی‌فهمیدند و فشاری که بر من وارد می‌کردند، مثلاً بعد از پنجمین بار برای من عادی شد. قوی‌تر می‌شدم. ولی روش‌های مختلفی را روی من امتحان کردند. بعد از سؤال و بازجویی که خیلی به من فشار وارد می‌شد، درد شدیدی در اعضای بدنم حس می‌کردم. ازشان تقاضا کردم که دکتر مرا ببیند. دکتر با توجه به اینکه خیلی حالم بد بود یک آمپول به من تزریق کرد و این باعث شد من ۲ روز کامل در خواب به سر ببرم. یعنی ۲روز کامل هیچ اطلاعی از فرزندم نداشتم. بعد از ۲ روز فهمیدم که شخصی آمده بود توی اتاق. از یادداشت‌هایی که روی دیوار نوشته بودم فهمیدم که تاریخ را بعد از آخرین روزی که من نوشته بودم، اضافه کرده؛ مثلاً اگر من ۱۳ فروردین را نوشته بودم، آن شخص آمده بود و پانزدهم فروردین را ضبط کرده بود.

من با یکی دو تا از دوستان عرب هم که صحبت کردم، آنها هم این قضیه‌ی آمپول و تزریق آمپول به زندانی‌ها را می‌گفتند. یکی از این آقایان که برادرش هنوز توی زندان است، برایش تعریف کرده بود که به من آمپول زدند یا قرصی دادند که بر اثر آن من تو را توی زندان دیده‌ام، در صورتی که این اصلاً توی زندان نبوده. یا برادر دیگری دارند که در سوریه بوده، می‌گوید من او را دیده‌ام. این آمپول‌ها آمپول‌های وهم است که انسان را به عالم دیگری می‌برد. از این طریق می‌توانند اعترافاتی از زندانی بگیرند.یا وقتی که شما خواب هستید، سؤالاتی از شما می‌کنند و جوابی را به دست می‌آورند و این جواب را ضبط می‌کنند و بعد علیه شما در پرونده استفاده می‌کنند.

طی آن ۱۴روز یادداشت‌هایی نوشته بودم و آنها را زیر فرشی که رویش خوابیده بودم گذاشته بودم. ولی وقتی بیدار شدم آن نوشته‌ها را ندیدم. جرأت نداشتم بپرسم که نوشته‌هایم کجاست. نمی‌دانم در طی این ۲ روز اعترافاتی از من کشیده‌اند یا نه. شاید مثلاً کسانی را که دستگیر

کرده‌اند آورده‌اند و گفته‌اند بیایید ببینید که ما این شخص را دستگیر کرده‌ایم، این شخص این‌جاست و می‌بینید که خوابیده راحت و آزار و اذیتی بهش وارد نمی‌شود. این‌طوری می‌شود از آن طرف اعترافاتی را بگیرند.

نمی‌دانم که طی این ۲ روز آیا به من اهانت یا تعرضی شده یا نه. اینها برمی‌گردد به نیروهای اطلاعات چون اطلاعات نمی‌دهند که به شما در آن ۲ روز چه گذشته. ولی با تأکید می‌گویم که در طی آن ۲روز کسی آمده بود و نوشته‌های من را برداشته بود. حالا من به صورت واضح نمی‌دانم، ولی می‌شود به وضوح گفت که هیچ‌گونه تعرضی به من نشده بود. ولی همان‌طور که گفتم، شاید از این طریق اشخاصی را به مکان بازداشت من وارد کرده‌اند و بهشان می‌گفتند که ما این شخص را دستگیر کرده‌ایم و این شخص پیش ما هست. متأسفانه هیچ‌گونه سؤالی از این بابت از نیروهای اطلاعاتی نپرسیدم.

آنجا که بازداشت بودم همه مرد بودند. من هیچ زنی را ندیدم. حتی کسی که به من ضربه وارد می‌کرد مرد بود.

یک سلول بود ۳ در ۴متر. این سلول تمام زندگی من بود. یعنی در تمام ۲۴ ساعت توی این سلول قدم می‌زدم. با صدای بلند قرآن می‌خواندم و چندبار تکرار می‌کردم و بچهٔ من هم همان‌جا با من بود. یک دفعه در سلول را باز می‌کردند و چشم‌بند می‌زدند و می‌گفتند که وقت بازجویی است. که من نمی‌دانستم چه ساعتی به سلول وارد می‌شوم. ولی در ۲۴ ساعت حداقل ۵-۶ بار ازم بازجویی می‌شد. طی این بازجویی‌ها اشخاصی را می‌آوردند که هیچ‌گونه اتهامی نداشتند. مردم بسیار بی‌گناهی بودند، بسیار ساده که به زندگی خودشان مشغول بودند. ولی آنها را حاضر می‌کردند که از این طریق به من اتهام وارد کنند. مثلاً می‌گفتند ما این خانم را می‌شناسیم و این کار را کرده. ولی اشخاصی که دستگیر می‌کردند هیچ‌گونه اطلاعاتی نداشتند. به آنها تلقین می‌شد تا باعث شوند اتهاماتم بیشتر بشود.

۳ و نیم ماه به شکل مستمر از اطلاعات انتقال پیدا می‌کردم و طی این انتقال‌ها با فهیمه بدوی آشنا شدم. خانم فهیمه بدوی بسیار زن قوی و شجاعی بود و به من گفت ان‌شاءالله این روزهای تاریک تمام می‌شود. من هیچ امیدی نداشتم. برای اینکه دولت فارس و نیروهای اطلاعاتی را می‌شناختم و می‌دانستم که هیچ رحمی نسبت به زن نشان نمی‌دهند و پایان کار من یا مرگ است یا اعدام. در مدتی که از من بازجویی می‌شد، فهیمه بدوی را آوردند سلول انفرادی من؛ چون در همان زمان از او هم بازجویی می‌کردند. می‌گفتند بهتر است شماها با هم باشید. نیم ساعت یا ۳ربع ساعت با هم بودیم و بعد بلافاصله ما را برای بازجویی به جاهای مختلف می‌بردند.

فشارهایی زیادی به من وارد می‌شد. به من گفتند که ما خانواده و بچه‌ات را می‌آوریم و جلوی چشم‌هایت اذیت می‌کنیم و شکنجه می‌دهیم. به شکل مستمر بازجویی‌ام می‌کردند. من طاقت همچین فشاری را نداشتم. می‌گفتم می‌خواهم وکیلم را ببینم و با کسی صحبت کنم. آنها از این کار سرباز می‌زدند و می‌گفتند که حق نداری با قاضی صحبت کنی. اینها روی هم تلنبار شد و دست به خودکشی زدم. وقتی این صحنه را مشاهده کردند، ۱۰-۱۲ نفر به سلول من آمدند. نمی‌دانم چطور فهمیدند من این کار را کرده‌ام. شاید سلول‌ها دوربین دارند. برای من هم سؤال است که چطور متوجه شدند. چون من صدایی از خودم در نیاوردم، فقط بچه‌ام جیغ و فریاد کشید. نمی‌دانم چطور وارد سلول شدند و من را نجات دادند. از چوبهٔ داری که من آنجا درست کرده بودم، نجاتم دادند و بلافاصله وکیل را صدا زدند و گفتند این شخص می‌میرد. من به حد مردن رسیده بودم. بچه‌ام همان‌جا در سلول با من بود. یکی دو ثانیه با مرگ فاصله داشتم. به این صورت توانستم با وکیلم ملاقات کنم و به صورت حضوری تمام فشاری را که در آن ۱۴روز به من وارد شده بود بازگو کنم.

دولت فارس با اسم اسلام و قرآن و مذهبی بودن خودش را به تمام کشورها معرفی کرده، ولی جای تعجب است که چطور توانستند یک زن را با یک بچهٔ شیرخواره، بین این همه مرد تنها بگذارند. خودم هم تعجب

کرده بودم که یعنی توی این بازداشتگاه و اتاق‌هایی که آن‌جا وجود داشت یک زن وجود ندارد در اتاق را بزند و به من بگوید که وقت بازجویی تو رسیده؟ چرا همیشه یک مرد وارد اتاق من می‌شود؟ چرا قبل از ورود در اتاق را نمی‌زنند؟ چرا به این شکل به من نگاه می‌کنند؟ بعد از اینکه از زندان خارج شدم، این سؤال همیشه در ذهنم بود که چطور توانستم بین این همه مرد مقاومت کنم و با این همه مرد در آن واحد به بحث و گفت‌وگو بنشینم و به سؤالات آنها جواب بدهم. خودم هم تعجب می‌کنم که چطور آنجا این همه روزها را سر کردم.

اینکه حجاب کامل داشتم هیچ یادم نیست. ولی این را یادم است که ۲۴ ساعت شب و روز روسری‌ام سرم بود و لباس بلندم را پوشیده بودم. حس می‌کردم در امنیت کامل نیستم. آنها می‌گفتند که با راحتی کامل می‌توانی حمام کنی اما من با لباس‌های خودم دوش می‌گرفتم و موهایم را می‌شستم. امنیت احساس نمی‌کردم، چون واقعاً امنیتی وجود نداشت. هر آن ممکن بود کسی وارد شود و دستت را بکشد و ببرد جای دیگر یا ببرد برای اعدام. هیچ نمی‌دانستی یک ساعت یا یک دقیقه بعد چه بلایی به سرت می‌آید. حدس نمی‌زدی. همه چیز برایت به شکل رعب و وحشت بود. وقتی احساس دستشویی می‌کردم در می‌زدم و آنها هم می‌بردند. آنها بعد از هماهنگی کامل من را از سلولم خارج می‌کردند و به حمام می‌بردند. موقع حمام هم فقط موهایم را می‌شستم. فکر می‌کردم در سلول‌های انفرادی حتماً دوربین‌هایی را کار می‌گذارند. با همین دیدگاه هیچ‌وقت به شکل کامل حمام نکردم. احتیاط می‌کردم و می‌گفتم بالاخره من یک روزی از اینجا خارج می‌شوم. ذهنیتم این بود که جای امیدی نیست که خارج بشوم، ولی به خودم امید می‌دادم که اگر خارج بشوم، شاید بتوانند به من اتهام بزنند. ولی مطمئن بودم که بالاخره یک روزی از سلول انفرادی بیرون می‌روم و با روی سفید به خانواده‌ام برمی‌گردم و اینها همیشه در ذهنم بود. ترس و رعب تا الان هم با من است و حتی در خانه خودم هم احساس

ناامنی می‌کنم. دولت فارس موفق شد این حالت را در من به‌وجود بیاورد و تا ابد ترس با من خواهد بود.

زمانی که در مقر اطلاعات بودم هیچ ارتباطی با خانواده‌ام نداشتم، ولی وقتی مرا به زندان عمومی انتقال دادند، بعد از ۲ هفته، توانستم با خانواده‌ام ملاقات کنم.

وکلای من ۳ نفر بودند. یکی از آنها به صورت ۲۴ ساعته بود. فکر کنم از تهران آورده بودند و من فقط یکی دو بار با ایشان ملاقات کردم، چون حق ملاقات با وکیل را نداشتم. نمی‌دانم فامیل ایشان چه بود.

تا وقتی رفتم زندان سپیدار، مرا به دادگاه نبردند. تقریباً هر ماه ما را به دادگاه انقلاب می‌بردند و بازجویی می‌کردند و صحنه‌هایی به ما نشان می‌دادند که بیایید ببینید همهٔ دوستان‌تان را دستگیر کرده‌ایم و جای هیچ امیدواری نیست و تا آخر عمرتان اینجا می‌مانید و بعد دوباره ما را به زندان منتقل می‌کردند. در زندان خیلی روحیهٔ ما شکسته می‌شد. من و زهرا بنی‌طرف و فهیمه بدوی، حس می‌کردیم که زندان همان مکان اول و آخرمان خواهد بود و هیچ امیدی نیست که ازش خارج بشویم، چون حتی آنهایی را که هیچ‌کاری نکرده‌اند و هیچ فعالیتی نداشته‌اند، دستگیر کرده‌اند. فکر می‌کردم همسر من هم که از کشور خارج شده و صد در صد من را تا آخر عمر نگه می‌دارند.

زهرا بنی‌طرف دختر ۱۸ساله‌ای بود که به دلیل فعالیت فرهنگی دستگیر شد. به زبان عربی شعر می‌گفت ولی دستگیر شد. ما حق نداشتیم با هم صحبت کنیم و به هم سلام کنیم.

۲ هفتهٔ اول ممنوع‌الملاقات بودم. در سلول انفرادی زندان بودم. یک جایی پشت زندان سپیدار بود که من تقریباً دو هفته آنجا زندگی کردم. جانورانی آنجا بودند که شب نمی‌توانستم بخوابم. جای بسیار کثیف و متعفنی بود. بعد به زندان منتقل شدم؛ کنار اتاق کوچکی در زندان. باز هم حق نداشتم با زندانیان صحبت کنم یا از آنها چیزی بخواهم. نگهبانی را از زندانی‌ها تعیین کرده بودند و این شخص تحرکات من را زیر نظر داشت.

حق نداشتم به زندانیان سلام کنم، چیزی طلب کنم یا حتی از زندان خارج شوم. یعنی حتی حق نداشتم هواخوری بروم و مثل تمام زندانیان عادی بیرون باشم.

هدف دولت فارس این بود که به شکلی به زندانیان بفهمانند که اینها با شما اختلاف دارند. اینها آدم کشته‌اند. قتل کرده‌اند. برای همین حق ندارید با آنها صحبت کنید. به هدفشان رسیدند چون زندانی‌ها می‌ترسیدند با ما صحبت کنند و حتی به ما نگاه کنند. این باعث شد که فشارهای روحی زیادی بر من وارد بشود و با گریه و گوشه‌گیری شب را به روز و روز را به شب برسانم.

موقعی که آنجا بودم فقط برای اینکه لباس‌ها را بشویم یا بچه‌ام را بشویم، حق بیرون رفتن داشتم. نگهبان بالای سرم می‌ایستاد تا کارهایم را انجام بدهم. بعد به سلولم برمی‌گشتم و در اتاقم را قفل می‌کردند. در آن مکان یک اتاق بیشتر نبود. بند نسوان کنار همین اتاق بود و هیچ ارتباطی با بند نسوان نداشتم. در بسیار بزرگی این ۲ اتاق را از هم جدا می‌کرد.

در هر بند یک مسئول وجود دارد. کسی که مسئول آن بند بود از قشر بختیاری بود و جرمش فکر کنم قتل بود. مسوولیتش این بود که از من مراقبت کند و تمام تحرکات من را زیر نظر داشته باشد. می‌شود گفت گزارش به مسئول زندان می‌داد. اگر من کاری خلاف قوانین انجام می‌دادم و به کسی چیزی می‌دادم یا کسی چیزی به من می‌داد و حتی اگر لبخندی از کسی می‌دیدم، بلافاصله می‌نوشت و به مسئول زندان می‌داد تا از این طریق ملاقات من را قطع کنند، تلفنم را قطع کنند یا مجازاتم را بیشتر کنند. ولی با توجه به ترسی که طی روزهایی که اطلاعات بودم بر من اثر گذاشته بود، حس می‌کردم زندان یک دنیای بزرگ است و حداقل می‌توانم مردم را ببینم. ببینم کسی دارد نفس می‌کشد، صحبت می‌کند و صدایش را می‌شنوم. این بهم کمک کرد که تحمل زیاد شود. قواعدی که گذاشته بودند را رعایت می‌کردم برای اینکه بعد از ۲ هفته خانواده‌ام را ببینم. برای بچه‌ی ۵ ساله‌ام دلم تنگ شده بود و می‌خواستم او را ببینم، برایم فرقی

نداشت قوانین را زیر پا بگذارم، ولی برایم مهم بود که بتوانم بار دیگر بچه‌ی ۵ ساله‌ام را ببینم.

دادگاه انقلابی که ما را محاکمه کردند دادگاه انقلاب بود در کیان‌پارس. تمام وکلای زندانیان آمده بودند، من و خانم فهیمه بدوی بودیم و چندین زندانی دیگر. در کنار ما وکلای ما بودند که مسئولیت دفاع از ما را داشتند. ولی نکته اینجاست که ما هیچ اتهامی نداشتیم. حتی وکلای ما گفتند شما که هیچ جرمی انجام نداده‌اید، چرا تا الان در زندان هستید؟ جای تعجب بود برای آنها. در دادگاه اتهامات من را با صدای بلند خواندند که اقدام علیه امنیت کشور انجام دادی و شورش کردی. اتهامات را رد کردم و به آنها گفتم این اتهامات واهی است که علیه من نوشته‌اید.

زمانی که در سلول انفرادی بودم، تمام لحظات را روی دیوار می‌نوشتم. اینکه من را به مکان نامعلومی بردند و از من چنین سؤالاتی کردند. اینها را روی دیوار نوشتم به شکل دفتر خاطرات. من را به‌خاطر همین متهم کردند که تو از این طریق می‌خواستی به دیگر زندانیان بفهمانی که ما چه کارهای در مورد تو انجام داده‌ایم. این باعث شد من یک سال در زندان بمانم. در حالی‌که هیچ اتهامی را ثابت نکردند.

اول من را محاکمه کردند، بعد خانم فهیمه بدوی را محاکمه کردند. من حق نداشتم در مورد محکومیت ایشان سؤال کنم. وکلای همه زندانی‌ها توی دادگاه نشسته بودند ولی زندانیان حق صحبت نداشتند. نمی‌توانستی سؤال کنی که اتهام فلانی چیست و برای چه دستگیرش کرده‌اند. مثلاً من اگر وارد دادگاه می‌شدم، اتهامم را می‌خواندند، وکیلم کنارم می‌نشست و وکلای باقی زندانیان هم پشت سر ما نشسته بودند. ولی فقط من زندانی در اتاق محاکمه می‌نشستم و هیچ زندانی دیگری حق شنیدن اتهام من را نداشت.

دادگاه انقلاب حکم یک سالهٔ من را به اجرا گذاشت، اما طی دوران محکومیت و ماه‌هایی که در زندان به سر بردم، هیچ‌گونه اطلاعی از حکم خود نداشتم. هنگام اجرای حکم به من ابلاغ شد که حکم شما یک سال

است؛ من می‌خواستم حکمم را با تأمل بخوانم، ولی آنها اجازه ندادند و حکم بنده را به صورت شفاهی ابلاغ کردند. این بزرگ‌ترین شکنجه در حق من بود که نمی‌توانستم حکم خود به‌طور کامل بدانم.

توی زندان هم ما را راحت نمی‌گذاشتند، هر ماه ما را به اطلاعات می‌بردند و پروندهٔ ما را باز می‌کردند و باز سؤال می‌کردند و محاکمه می‌کردند. درست ۳ یا ۴ ماه بعد، به صورت شفاهی حکم را به ما اعلام کردند. می‌گفتند که خانم فلانی، ما حکم شما را شفاهی دادیم، ولی یک چیز دیگر را نوشتیم. در این حکمی که ابلاغ شده نوشته‌ایم که حکم شما اعدام است. اگر اعدام نشدید، مطمئن باشید که ۱۰سال را می‌کشید. یعنی در تمام مدت یک سال نمی‌دانستم که کل حکمم یک سال است و بعد از یک سال تمام می‌شود. خانم بنی‌طرف هم بعد از ۳ ماه و ۱۰ روز با وثیقه آزاد شدند.

در زندان برخورد سایر اقشاری که آنجا بودند بد نبود. توی زندان برخوردها فرق می‌کند، چون بیشترا جرمی مرتکب شده‌اند، اما ما را می‌شود گفت با ترحم نگاه می‌کردند. هم با ترحم و هم به نحوی احساس مسوولیت می‌کردند. اتفاقاً نه از ما می‌ترسیدند و نه دیدگاه بدی داشتند. می‌خواستند به ما کمک کنند ولی حق چنین کاری نداشتند.

بیشتر ماها زمانی که زندان بودیم همدیگر را می‌شناختیم و زمانی که من زندان بودم بیشتر وقتم را به مطالعه می‌گذراندم یا قرآن می‌خواندم یا دعا می‌کردم. بنابراین ترسی از ما نداشتند، برعکس دیدگاه‌شان نسبت به ما عوض شد و می‌گفتند شما که کاری نکرده‌اید چرا زندانی شدید؟ چرا مثلاً جایتان اینجاست؟ اگر همسرتان فرار کرده یا خطایی مرتکب شده، چرا شما را اینجا آوردند؟ حتی خود زندانی‌ها هم این سؤال برایشان پیش آمده بود.

فهیمه بدوی، نبیه کعبی، زهرا بنی‌طرف، معصومه کعبی و آسیه سکینه نیسی را می‌شناختم. خانم سکینه نیسی بعد از ۴۹ روز به دلیل تنگی نفسی که داشت با وثیقه آزاد شد. خانم معصومه کعبی را پارسال

زندانی کردند. تقریبا ۳-۴ بار او را دستگیر کرده‌اند. بار اول ایران دستگیر شد. بار دیگر بعد از خروجش در سوریه دستگیر شد و به ایران منتقل شد. خانم معصومه کعبی، ۵ فرزند دارد. او را با ۵ فرزندش دستگیر کردند و به زندان اوین بردند و بعد به زندان کارون بردند. خوشبختانه فرزندان ایشان توانستند از ایران خارج بشوند، ولی خانم کعبی در زندان ماند و یکی دو ماه پیش به خانواده‌اش پیوست.

الان از کل آن چند نفر خانمی که دستگیر شده بودند در جریان انتفاضه، فقط خانم بدوی در زندان یاسوج هستند. خانم بدوی معلم دوران دبستان است. معلم ریاضی است. ایشان را قبل از زندان ندیده بودم، ولی توی زندان وقت سؤال و جواب و بازجویی با ایشان آشنا شدم. ما که ممنوع‌الملاقات بودیم، یک جورهایی درد همدیگر را می‌فهمیدیم.

فهیمه اسماعیلی هم بود. من به خاطر اینکه او را نمی‌شناختم و شناختی ازش نداشتم، جرأت صحبت با او را نداشتم و حتی سؤال نمی‌کردم که به چه دلیل اینجا هستید. او حامله بود و فرزندش را در زندان به دنیا آورد. من خیلی متأثر می‌شدم که چرا زنی را که باردار است و وقت زایمانش رسیده است، به زندان آورده‌اند. این خلاف انسانیت است. فقط می‌دانستم که همسرش را به زودی اعدام می‌کنند و ایشان قرار است تا آخر تنها بماند. بعد از زندان وقتی آزاد شدم، حتی نمی‌دانستم اسم بچه‌اش چه بود. ممنوع بود با هم صحبت کنیم. نمی‌توانستم در مورد همسرش صحبت کنم و اینکه چطور تو می‌توانی بعد از همسرت زندگی کنی. فقط می‌دانستم بسیار خانم شجاع و فهمیده‌ای است. واقعاً تحمل بسیار زیادی داشت. در حالی‌که همسرش را جلوی چشمش اعدام کردند و بچه‌اش را در زندان به دنیا آورد، ولی با این همه رنج توانست تحمل کند و روی پای خودش بایستد. بچه‌اش زمانی به دنیا آمده بود که هنوز به زندان عمومی نرفته بود، هنوز در مقر استغفارات بود. شوهرش هم بعد از ۶-۷ ماه اعدام شد. می‌گفت ایران تمام ما را دستگیر کرد، می‌خواهد همه ما را بکشد. همهٔ ماها کشته می‌شویم، تو هم با ما کشته می‌شوی، پس بیا با هم باشیم و

دست به دست هم بدهیم و این روزها را تحمل کنیم. ایشان را به اتهام همکاری با شوهرش دستگیر کرده بودند. روحیهٔ بسیار خوبی داشت. با نگهبان‌هایی که توی زندان بودند روابط صمیمی‌ای داشت. برای اینکه می‌دانست راه فرار از این زندان ندارد. تا آخر عمرش باید آنجا بماند و این را قبول کرده بود که حداقل با دیگران صحبت کند و درد دل کند و به طریقی بر درد دلش تسکین بگذارد. به همین دلیل با بیشتر زندانی‌ها صحبت می‌کرد و ترسی نداشت.

فکر می‌کنم بیشتر آزار و شکنجه‌ای که بر ایشان وارد شد در دوران بارداری‌اش بوده و تا جایی که می‌دانم در زمان زایمانش هیچ زنی بالای سرش نبوده. ۲ تا اطلاعاتی با اسلحه بالای سرش ایستاده بودند. در همان مقر اطلاعات بچه‌اش را به دنیا آورد. این را از خودش شنیدم. ایشان بدون هیچ ترسی صحبت می‌کرد. اما من فقط شنونده بودم. به من می‌گفت خانم، من شما را نمی‌شناسم، ولی به مردم بگو من این‌جوری بچه‌ام را به دنیا آوردم. می‌خواهم این پیام را برسانی. این حرف‌ها توی ذهنم مانده. در ۴-۵ ماهی که من در زندان سپیدار بودم خانواده‌ام بچه را برده بودند. بچهٔ فهیمه باهاش بود توی زندان بود. حتی بعد از اینکه به زندان یاسوج رفته دخترش باهاش بوده، ولی نمی‌دانم که الان بچه‌اش خارج شده یا نه.

درست بعد از یک سال، ساعت ۲ بعد از ظهر که من خواب بودم، یکی از نگهبان‌های زندان آمد بالای سرم و بیدارم کرد و گفت رییس زندان با شما کار دارد، بیدار شدم. همه تحرکات‌شان برایم عجیب بود. من را بیدار کردند و بردند به اتاق رییس زندان و گفتند شما آزادید. من باور نکردم و فکر کردم خواب می‌بینم. رییس زندان و نگهبان زندان گفتند که می‌توانی لباس‌هایت را جمع کنی و بروی. آزادی. من باور نکردم. بعد از شنیدن خبر آزادی‌ام رفتم روی تختم خوابیدم. باز نگهبان زندان آمد و گفت می‌گویم شما آزادی، می‌توانی بروی.

به‌خاطر حرف‌هایی که زده بودند که ۱۰ سال است و اعدام است، حکم تو یک سال نیست، باورم نمی‌شد. تا اینکه نگهبان زندان دستم را کشید و گفت تو آزادی، باید لباس‌هایت را جمع کنی و بروی.

بعد من را بردند جلوی در خروجی. ساعت ۲ بعد از ظهر در تابستان که هیچ آدمی در خیابان نبود. من حس می‌کردم خیابان یک دنیای دیگر است. برایم غیرقابل باور بود. درست یک ساعت توی خیابان ماندم. قبل از اینکه از در خروجی خارج بشوم، یکی از زندانبان‌ها بهم گفت خیلی جالب است که آزاد شدی، ما منتظر اعدامت بودیم. این گفته ایشان هنوز توی ذهن من زنگ می‌زند که مگر ما چه کار کردیم، چه گناهی کردیم که این‌طور نگاهی به ما دارند؟ من هم گفتم من هیچ کاری نکرده‌ام و فقط بخاطر عرب بودن اینجا هستم. نه به‌خاطر اینکه گفته باشم ما عرب هستیم و حقوق از دست رفته‌مان را بهمان برگردانید. تعجب کرد و گفت چرا اسم شما را شورشی گذاشتند؟ چرا اسم شما را قاتل گذاشتند؟ چرا گفتند اقدام علیه امنیت کشور کرده‌اید؟ گفتم اگر الان این‌طوری حس می‌کنی که من انسان غیرطبیعی و بی‌رحمی هستم، آن وقت می‌توانی به من این اتهامات را وارد کنی. خیلی تعجب کرد و گفت که نمی‌دانم ولله، من چیزی که دارم می‌بینم نوشته شما این اتهام را داری.

بعد از یک ساعت، تاکسی گرفتم. حتی نمی‌دانستم خانه کجاست. به راننده گفتم من را به جایی برسان. نمی‌دانم خانه‌ام کجاست. راننده تاکسی شمارهٔ زندان را داشت. از اطلاعات ۱۱۸ گرفت. تماس گرفت و گفت آدرس خانهٔ این خانم را بدهید. آدرس خانه را از زندان گرفت و بعد رفتم خانه‌ام. یعنی آدرس خانه از حافظه‌ام پاک شده بود. نمی‌دانستم کجا زندگی می‌کردم. بعد از یک سال تمام خیابان‌ها ناشناس بود، هیچ خاطره‌ای از بیرون نداشتم.

دولت ایران از طریق دستگیری زنان، توانست دیدگاه و نگاه اطرافیان را به شکلی منحرف کند، ولی خوشبختانه بعد از سال ۸۴ بعد از تظاهرات بزرگی که در الاحواز انجام شد، برعکس شد و خانواده‌های زندانیان و مردم

دیدشان نسبت به دولت فارس تغییر کرد و به شکل وسیع‌تری به امور نگاه می‌کردند. خوشبختانه خانوادهٔ دستگیرشدگان بعد از آزادی با برخورد بسیار گرم مواجه می‌شدند. ولی در حقیقت جای تأمل است که دولتی به نام اسلام و با ادعای مسلمانی، چطور اقدام به ضرب و شتم زنان بی‌گناه می‌کند. این خلاف قوانین اسلام و شئون مسلمانی است. رژیم فارس در عین حال از آزادی بیان و دموکراسی دم می‌زند، ولی این‌گونه رفتار زشت و بی‌رحمانه‌ای دارد. جای بسی تعجب است که زنی، با صدای بلند فریاد آزادی بزند و تمنای آزادی وطنش را داشته باشد، اما بلافاصله زندانی شود و در معرض خطر قرار بگیرد.

در احواز بیشتر فعالان سیاسی مرد بودند، ولی با توجه اعمالی که انجام می‌دادند چه فعالیت‌های حقوق بشری چه فعالیت‌های مدنی، زن نمی‌توانست سکوت اختیار کند.

طبیعت ما عرب‌ها این است که اگر زنی وارد زندان بشود، دیگر آن زن مورد قبول نیست. با این دید به ما نگاه می‌کنند. ولی وقتی که من وارد زندان شدم و دیدم که خانواده‌ام به ملاقات من می‌آیند و این دیدگاه غلط را دیگر ندارند، خیلی خوشحال شدم. دولت فارس می‌داند که عرب‌ها حساسند به جنس زن و برایشان خیلی سخت است که ببینند همسر، زن، دختر یا مادرشان در زندان است. براساس این دیدگاه می‌خواستند خانواده‌های ما را از ما جدا کنند و حالت تشویش به ذهنیت‌ها وارد کنند ولی خوشبختانه موفق نشدند. هنگامی که از زندان آزاد شدم با استقبال بسیار گرم خانواده‌ام مواجه شدم و بیشتر فامیل و نزدیکانم به دیدارم آمدند. حتی می‌شود گفت که این کار دولت را غلط دانستند و گفتند که چطور توانستند تو را در زندان بگذارند و این همه شکنجه را تحمل کنی.

شهادت روژین محمدی

دانشجوی دانشگاه تهران بودم، اخراج شدم. هیچ وقت دلیلش را نفهمیدم، تا وقتی بازداشت شدم. سال ۱۳۸۵ که دانشگاه قبول شدم، موقع امتحانات ترم اول که بود، سه تا از امتحاناتم را داده بودم ولی بقیه را ندادم چون بابام توی کرمانشاه مریض شد. من از تهران برگشتم کرمانشاه. امتحان‌ها را ندادم. وقتی برگشتم برای ثبت نام، بهم برگهٔ اخراج را دادند با معدل صفر. گفتند شما به علت مشروطی علمی اخراجید. مادرم که آمد پیگیری کرد، اواخر آبان ۱۳۸۶ گفتند می‌توانی بروی سر کلاس، دوباره ۱۳۸۶ هم یک همچین اتفاقی افتاد. گفتند دیگر نمی‌توانی هیچ اعتراضی بکنی، اخراجی. خرداد ۱۳۸۷ رفتم فیلیپین آنجا پزشکی می‌خواندم. دقیقاً قبل از انتخابات [ریاست جمهوری سال ۱۳۸۸] آمدم ایران و توی آبان دوباره برگشتم.

توی فیلیپین با ایرانی‌ها اصلاً نمی‌شد کار کرد ولی من حرفم را می‌زدم. حتی کسانی بودند که نمی‌دانستند رئیس جمهور ایران کی است. و خب حداقلش این بود که من خیلی تو چشم بودم. شاید بگویم تقریباً همهٔ دانشجویان آنجا غیرسیاسی بودند، جز یک نفر که فعال حقوق زنان بود و تو مانیل دیدمش، هیچ کس دیگر را ندیدم تو فیلیپین که علاقه‌ای داشته باشد و فعالیتی بکند. همه یا از حرف‌هایی که می‌زدم سوء استفاده دیگری می‌کردند، یا می‌گفتند دیوانه‌ای. با من خیلی ارتباط نمی‌گرفتند. توی ترکیه هم من با خیلی از بچه‌ها دوست بودم، خیلی رفت و آمد داشتم. توی ترکیه کاری که کردم و قرار بود کسی نفهمد، ولی بچه‌هایی که آنجا بودند فهمیدند. شانزده آذر سال ۱۳۸۹ بود، که جلوی سفارت ایران یک

تجمع شکل دادند که خیلی هم کم بودند ولی خب من آن را رفتم ولی خب کاملاً صورتم را پوشانده بودم، ولی دو تا از دوستانم که آنجا بودند من را شناختند. سفارت ایران از تمام تظاهرکنندگان و هرچه که می‌توانست برایش مهم باشد، فیلم‌برداری کرد. یکی از عکس‌ها هست که توی سایت‌ها بود ولی من چون صورتم را پوشانده‌ام مشخص نیست. فکر نمی‌کنم باز از روی آن حدس زده باشند من کی بودم. مگر بچه‌هایی که شناخته بودند، داد زده باشند روژین کسی فهمیده باشد. نمی‌دانم راستش.

آخرهای آبان ماه ۱۳۹۰. از فیلیپین رفتم ترکیه، تقریباً دو ماه ترکیه بودم، از ترکیه رفتم ایران.

توی فرودگاه لحظه‌ای که پاسپورتم را تحویل دادم، اگر اشتباه نکنم گفت بند دال. داد زد بند دال و به من اجازه نداد از گیت رد شوم. گفت شما همان‌جا بنشینید. بعد پلیس فرودگاه آمد. در واقع حراست فرودگاه. همه‌اش به من می‌گفتند تو چه کار کرده‌ای؟ من خیلی ریلکس برخورد کردم گفتم هیچ فعالیتی نداشته‌ام و هیچ کاری نکرده‌ام. تمام مشخصاتم جزءِ بِلَک‌لیست بود ولی جنسیتم پسر بود. ولی خب فکر می‌کردند اشتباه گذرنامه‌ای شده. من چند ساعت تو فرودگاه بازداشت بودم و از ادارهٔ گذرنامه، پلیس ادارهٔ گذرنامه آمد من و یک آقایی را که چک برگشتی داشتند و می‌خواستند از کشور خارج بشوند را بازداشت کرده بودند، بردند ادارهٔ گذرنامه. آنجا دو نفر اطلاعاتی آمدند، آنجا بازجویی شدم، من گفتم من هیچ کار نکردم. بعد یکی‌شان خیلی ساکت بود و فقط نگاه می‌کرد ولی یکی‌شان پسر جوانی بود گفت مهندس پتروشیمی است، یا دانشجوی پتروشیمی بود، اول که آمد خیلی خوب و نقش گودکاپ [پلیس خوب] را بازی کرد. من باز همین‌طوری آرام ایستاده بودم گفتم من هیچ کاری نکرده‌ام. گفت ببین ما همین‌جا می‌خواهیم کمکت کنیم. نمی‌خواهیم بفرستیمت آن‌طرف. گفتم من کاری نکردم.

منظورش از آن‌طرف، اوین بود. بعد یکهو یک برگه را به من نشان داد که نوشته بود این خانم تا اطلاع ثانوی ممنوع‌الخروج است، در صورت

رؤیت فوراً بازداشت شود و تحویل مقامات داده شود. گفتند از دادسرای اوین آمده بودند. من چیزی ندیدم. بعد اون یک آقا که ساکت ایستاده بود، گذاشت مامانم اینها بیایند کنارم بنشینند. گفت می‌خواهی وسایلت را تحویل بده. من فقط کوله‌پشتی‌ام همراهم بود. ساک و اینهایم را اصلاً تو فرودگاه تحویل نداده بودند. گفت می‌خواهی وسایلت را به مامانت اینها تحویل بده که من کوله را دادم به مامان‌اینها. که لپ‌تاپم هم توش بود. بعد به مامان‌اینها گفت، این را دارند می‌برند دادسرای اوین، اگر می‌خواهید بیایید آنجا. بعد خودش من را برد، خیلی هم آقای باشخصیتی بود. گفت بهت دست‌بند نمی‌زنم چون به نظرم خیلی باشخصیت آمدی. ولی کاری نکن که مجبور شوم طور دیگری باهات رفتار کنم.

رفتیم دادسرای اوین، کسی بود که باید من را تحویل می‌داد. تمام مدت همراه من بود. کسی که مسئول پروندهٔ من بود، نبود آن روز. آقای نوریان که قاضی بودند توی دادسرای اوین. یک حاج آقا بودند و لر بودند. عبا و اینها تنشان بود. بعد آقای نوریان که حکم ۹۰روز بازداشت موقت را برای من نوشت، من خیلی ساکت قبول کردم. آمدم بیرون از دفترشان، چون گفت برو بیرون، اون آقای خوب گفت خانواده‌اش پایین هستند، وثیقه هم آماده کرده‌اند. بگویم بیایند بالا؟ که گفت آره بگو بیایند بالا. که بعد پدرم و خاله‌ام آمدند بالا. تعجب کردم خاله‌ام را دیدم. چون خاله‌ام پزشک بیمارستان چمران است، تو صنایع دفاع بوده، بعد معادل چیزهایی که دارند و سال‌هایی که کار می‌کنند بهشان درجه‌ای مثل سرهنگی می‌دهند. کارت سرهنگی‌اش را گذاشت. این آقای نوریان قبول کرد که من را با قرار وثیقه آزاد شوم ولی در دسترس باشم. تقریباً بیست و چهار ساعت، ساعت چهار یا پنج بود که گذاشتند بیایم بیرون.

اون آقای خوب، تمام دوندگی‌ها را انجام داد، که ببیند می‌شود آزاد شوم یا نه، به بابام گفت فکر می‌کنم مشکلی نباشد، مشکل که برطرف شد این کار را بکنید که بیایید گذرنامه‌اش را بگیرید. یعنی کمی راهنمایی کرد که هرجا بشود چه کار کرد. خب من خودم تعجب کردم که چطور یک نفر

که اطلاعاتی است اینجوری کمک می‌کند. بعد رفتم خانه، شب هم رفتم وسایلم را از فرودگاه تحویل گرفتم. توی قسمت امانت گذاشته بودند. فردایش یا پس‌فردایش، برگشتیم کرمانشاه. بعد که من رفتم کرمانشاه تو اتاق بودم یکهو شنیدم صدای یک نفر دیگر غیر از مامان بابام می‌آید. آمدم بیرون گفتم سلام. پسر همسایه‌مان بود، خیلی هم ریسک کرده بود، جا خورد. آمده بود به پدر و مادرم بگوید به روژین بگویید نیاید ایران. دوباره آمده بودند حتی بهش پیشنهاد همکاری داده بودند، و بهش گفته بودند پول را بگیر، فقط به ما خبر بده. بعد آمده بود بگوید که چندین بار است که می‌آیند راجع به روژین پرس‌وجو می‌کنند. قبل از اینکه من بروم ایران، از تمام همسایه‌هایمان راجع به من پرسیده بودند، پسر همسایه‌مان را هم تقریباً دو روز بازداشت کرده بودند. به‌جای برادرم اشتباهاً. که عکس از من می‌خواستند و اطلاعات از من می‌خواستند که من کی می‌آیم ایران. در حالی‌که من خیلی ساکت داشتم برمی‌گشتم ایران ولی برایم جالب بود که می‌دانند که من دارم می‌آیم. پسر همسایه‌مان من را دید و شوکه شد و رفت. واقعاً ریسک کرده بود که آمده بود خبر بدهد. همان شب که این آمد، دو تا ماشین روبروی خانهٔ ما ایستاده بودند. تو هر کدام دو نفر آدم بودند. این را من ندیدم، چیزی بود که بابام دیده بود. بابام گفت لباس‌هایت را بپوش، ماشین را برد گذاشت تو حیاط، در را باز کن برو تو ماشین و کف ماشین بخواب. من این کار را کردم و بابام آمد بیرون و رفتیم خانهٔ عمویم. توی این فاصله‌ای که ما آمدیم و رسیدیم خانهٔ عمویم، بابام داشت توضیح می‌داد که خانهٔ خودمان در واقع اطمینان ندارد. به بابام هم گفتم اگر من قرار است بازداشت شوم، من که می‌دانم پرونده‌ام دست کی است. حداقل همان تهران بازداشت شوم نه اینکه کرمانشاه بازداشت شوم و دوباره کرمانشاه بخواهد برود تهران و همین دردسر شود. مامانم زنگ زد گفت آمده‌اند تو خانه. بابام رفت و من خانهٔ عمویم ماندم. فردا صبح از دادسرای اوین به بابا زنگ زده بودند، شماره نمی‌افتاده، گفته بودند از دادسرای اوین هستیم، فردا بیایید تهران. که بابام گفته بود ما تا بیاییم تهران یک روز طول

می‌کشد، پس‌فردا می‌آییم. گفته بودند تا پس‌فردا حتماً باشید. که ما رفتیم، فردا صبح بابام آمد دنبالم و حاضر شدیم. چند تا لباس برای من آوردند و رفتیم تهران، دو روز بعد از اینکه آمده بودند خانه، رفتم دادسرای اوین. آن روز من را فرستادند دفتر آقای نوریان، من هشت صبح دم در اوین بودم تا چهار بعد از ظهر صدایم کردند. بازجویم آقا وحید من را تحویل گرفت و یک نفر دیگر که آنجا نشسته بود، بدون اینکه حتی یک کلمه حرف بزند، حرف زدند ولی نوریان نبود، آخرش که ساعت چهار شد، گفت تو حتی غرورت نشکسته. من هم زدم زیر گریه، گفتم خب حالا شکست. گفت خب حالا می‌توانی بروی. فردا دوباره ساعت نه صبح بیا دادسرای اوین. ساعت نه رفتم، گفتند بیا بالا. همه‌ش توی راهرو نشسته بودم. این دفعه خود نوریان بود، وحید نبود. رفتم تو دفترش، گفت پرونده تو را هنوز برای من نیاورده‌اند که بخوانم. برو فردا دوباره ساعت نه بیا. فردا یا پس‌فردایش ساعت نه رفتم، دقیق یادم نیست که سه روز اینطوری شد یا چهار روز، رفتارش تا روز قبل خوب بود. داد زد که جنده برو بیرون. تو اصلاً پرونده‌ات پر از روابط نامشروع است. همین‌طوری شروع کرد به داد زدن و می‌گفت جنده برو بیرون، من ایستاده بودم تو دفترش و همین‌طوری نگاهش می‌کردم. بعد همان لحظه داشت وثیقه را مشخص می‌کرد، گفت دویست و پنجاه تومان. که من گفتم یک هو بنویسید یک میلیارد سه میلیارد، ما نداریم انقدر بدهیم. اگر می‌خواهید واقعاً بعدش آزاد کنید، یک چیزی در حد توان خانوادهٔ من بگذارید. اینکه داد می‌زد و هی به من می‌گفت برو بیرون. من می‌گفتم می‌خواهم ببینم چرا دویست و پنجاه میلیون تومان وثیقه گذاشته‌اید، بگذارید یک میلیارد، سه میلیارد شیک‌تر است. اول خیلی کل‌کل کردم. پُررو بودم بعد تغییر رویه دادم. از دفترش بیرون نمی‌رفتم و داد می‌زد جنده، فاحشه. جنده خیلی تو ذهنم مانده. من همه‌اش سر وثیقه داشتم حرف می‌زدم. گفتم ما شهرستان زندگی می‌کنیم، پدر و مادر فرهنگی ساده دارم که بازنشسته‌اند. توان پرداخت این وثیقه را ندارند. خانه‌مان هم انقدر نمی‌ارزد. چون وثیقه قبلی را که گذاشته بودیم پنجاه تومان بود.

آن هم بود و الان داشت یک وثیقهٔ دیگر تعیین می‌کرد. آن یکی هنوز گرو بود. راستش وقتی صد تومان گفتم اوکی رفتم بیرون. واقعاً باهاش کل‌کل کردم، انقدر عصبی‌اش کردم که گفت باشه صد تومان برو بیرون جنده. همین‌جوری فقط داد می‌زد. من آمدم بیرون، اتاق روبرویش یک آقایی نشسته بود، من را صدا زد گفت بیا تو. یکی از همان کسانی بودند که مثل همین نوریان بود. نمی‌دانم قاضی‌اند، فکر می‌کنم دادیار بهشان می‌گویند. پشت میزش نشسته بود، یک آقای کت و شلواری بود، گفت بله؟ گفت تو تو کرمانشاه کس خاصی را می‌شناسی؟ گفتم یعنی چی؟ گفت برای چی انقدر از کرمانشاه برای تو زنگ می‌زنند؟ من هم نپرسیدم برای چی زنگ می‌زنند؟ زنگ می‌زنند خوب می‌گویند، بد می‌گویند، چی می‌گویند؟ دفاع می‌کنند یا برعکسش؟ گفتم نه کسی را نمی‌شناسم. البته یک چیزی بود این وسط که واقعاً نمی‌توانم تعریف کنم چون واقعاً چند نفر شخص خاص بودند. بعد چون اطلاعات کرمانشاه هم من را می‌خواست، همان‌شب که آمدم تهران سپاه فهمید که اطلاعات کرمانشاه خودش دارد پیگیری می‌کند، زنگ زد و گفت فورا بیا.

می‌گفت حالا برای چی برگشتی؟ گفتم برای اینکه من مشکل روحی داشتم، آمدم درمان کنم. گفت آره از ایستادنت هم مشخص است که افسرده‌ای. گفت بیا بنشین. من رفتم نشستم، یک سری سؤال کرد بیشتر راجع به کرمانشاه بود، از خانواده‌ام پرسید، یکی از عموهایم تو شورای شهر است، می‌شناسندش. این آقا هم خانواده من را می‌شناخت. که اصلاً به یک سری اسم‌ها می‌رسیدم پوزخند می‌زد و می‌گذشت و می‌گفت اوکی برو بیرون. رفتم بیرون تو راهرو نشستم. تا به شما یک برگه ندهند، نمی‌توانید از در خارج شوید. برایشان اوکی است که همان‌جور بنشینید. من همان‌جا نشستم تا یک خانم بیاید من را تحویل بگیرد.

یک خانم آمد من را تحویل گرفت. یکی از مسئولین [بند] ۲ الف بود، البته من واقعاً نمی‌دانم ۲ الف بود یا نه، خودشان به من گفتند اینجا ۲ الف است. یک خانم مسن بود خیلی هم مهربان بود ولی شانس من فقط

دو روز بود. بعد رفت کربلا، واقعاً خانم مهربانی بود، برخوردهایش با بقیه کسانی که مسئول بند بودند و من دیدم خیلی متفاوت بود. بعد از چند دقیقه که من نشستم رو صندلی یکی از سربازها نشست و دقیقاً راهرو را ته که باید برویم، سمت چپ اتاق آخر. من رفتم آنجا، یکی از زندانی‌های سیاسی، خانم‌ها که آن روز ملاقات داشت ولی خب چون زندان است و همه‌اش حکم می‌گذارند جلوی دستش و نمی‌تواند بیاید بیرون، من آنجا دیدمش. چون سربازها من را می‌شناختند انقدر که رفته بودم و آمده بودم، گفتند اوکی است. صحبت کن. بعد من به یکی از سربازها گفتم، چون خودم و بابام را کامل می‌شناختند، گفتم می‌شود به بابام بگویید که من بازداشت شدم و منتظر نایستد. و رفت و واقعاً گفت. آن سرباز همان‌جا به من گفت دارند می‌برنت بند ۲ الف. به بابام هم دم در گفته بود. با اینکه خیلی ریسک کرده بود. اجازه داد من با این خانم صحبت کنم. بعد ایشان همسرش آمده بود برای ملاقات. رفتند ملاقات. من نشستم تا این خانم مهربان آمد، آنجا به من چشم‌بند را داد، از یک راهرویی که فکر کنم دورش پلاستیک بود، یک چیزی بود که از این راهرو وارد محوطهٔ اوین می‌شد، یک راهرویی که کاملاً بالا و اطرافش بسته بود، توی اتاق چشم‌بند زدم و سوار ماشین شدیم و رفتیم یک جای دیگر، پیاده شدیم، اینجا پیچ در پیچ بود واقعاً یادم نمی‌آید چطور بود، رفتیم یک جای دیگر دوباره پیاده‌روی، بعد رفتیم تو یک اتاقی که ازم عکس گرفتند، وسایلم را تحویل گرفتند، یک آقایی بود که او هم نمی‌گذاشت من ببینمش، موقعی که عکس گرفت چهره‌اش را دیدم، یک آقای ریشوی لاغر کوچکی بود، خیلی هم ترسناک بود، بعدش هم که من را بردند تو بهداری. تا جایی که می‌توانستم هرچه مریضی بود گفتم دارم، این را مصرف می‌کنم، آن را مصرف می‌کنم چون شنیده بودم که مثلاً یک سری بیماری‌ها را اگر بگویی یک سری برخوردها را نمی‌کنند و یک سری رفتارها نمی‌شود من هم هرچه بود گفتم. هرچه از بچگی یک بار هم گرفته بودم گفتم الان دارم. بعد از بهداری رفتیم. توی بند بهم لباس دادند گفتند اینها را عوض کن

لباس‌هایت را بده. نه اینکه خودشان در بیاورند. لباس‌ها و کفش‌هایم را تحویل گرفتند. فقط مقنعه‌ام پیشم ماند با لباس‌هایی که تنم بود. بلوزم، شورتم و سوتینم و مقنعه‌ام تنها چیزهایی بود که برایم گذاشتند. لباسی که بهم دادند یک لباس آبی بود، یک مانتوی خیلی گشاد بلند با شلوارش. داخل دمپایی ولی نمی‌دادند. البته یک دمپایی داخل بود چون داخل اتاق یک دستشویی داشت. توالت ایرانی بود. که یک آفتابه هم داشت. کف اتاق هم فرش بود.

این روز اول بازداشتت است. می‌روی در حقیقت انفرادی. فکر می‌کنم کل سلول اندازه همین فرش بود، چهار پنج تا پتوی ساده مثل پتو سربازی هم داشت. چون زمستان بود و سرد بود چهار پنج تا داشت. دیوارهایش سنگ بود تا بالا و بلند بود. فقط همین یک تکۀ بالا گچ بود. سه تا چراغ داشت توی خود سلول که موازی هم از اینجا تا آنجا بودند که وسطی سوخته بود و فقط دو تا روشن می‌شد. لامپ دستشویی هم سوخته بود. خب اینها را از بیرون روشن و خاموش می‌کردند. دست خودشان بود. روزی که بازداشتم کردند و رفتم تو سلول و لباس‌هایم را تحویل گرفتند، آن شب اصلاً بازجویی نشدم. فردایش بازجویی شدم، فردا صبح بود که صبحانه را آوردند، بعد از صبحانه من را بردند، این راهرویی که اتاق آخری توش بود، یک در داشت و بعد پله را می‌رفتیم پایین بعد به یک ساختمان دیگر وارد می‌شدیم، دوباره می‌رفتیم پایین تو آن ساختمان ولی نیم‌طبقه می‌رفتیم پایین که آنجا اتاق‌های بازجویی‌شان بود. روز اول توی اتاقی بود که همین آینه دارد و ما جلوی آینه نشستیم. همان روز اولی که تو دادسرا بودم و بازداشت نشدم، سه چهار روز بعدش بازداشت شدم، همان روز اولی که بازجویم را دیدم اولین سؤالی که از من پرسیدم و اولین چیزی که بیان کرد اینکه تو همجنس‌گرا هستی. گفتم نه نیستم. اصلاً نامزد دارم. گفت نامزدت کی است؟ من هم اسم یکی از بچه‌ها را گفتم. گفت پس چرا ازشان دفاع می‌کنی فعالیت می‌کنی تو این زمینه، برای من خیلی جالب بود که گفت همجنس‌گرا، یا گفت هوموسکشوال، حتی نگفت همجنس‌باز.

برایم جالب بود چون اگر تو می‌گویی همجنس‌گرا چرا این را اتهام می‌دانی. اگر پذیرفته‌ای به‌عنوان یک گرایش. جوابی که بهش دادم این بود. من واقعاً نقش یک موجود خنگ را بازی کردم تو زندان، که من خیلی خنگم، نه اطلاعات سیاسی دارم نه اجتماعی. اصلاً گول خورده‌ام. خیلی چیزها را اصلاً نمی‌دانم چی است. شما برای من روشن کنید که چیست. اینها را خدا اینطوری آفریده و من که نمی‌توانم بگویم حالا که خدا اینطوری آفریده بگویم نه اینطوری نباشید. می‌گفتم اینها بعنوان یک انسان حقشان را داشته باشند، بتوانند زندگی کنند، نه اینطوری باشند. دیگر سؤالی نپرسید. ولی بحث شد در مورد همجنس‌گرایی. گفت ترنس‌ها بیمارند باید درمان شوند، بقیه هم بیمار روحی‌اند یا فاسدند. نباید اینجوری در موردشان صحبت کرد ولی ترنس را بعنوان یک بیمار گذاشت. بقیه را هم بیمار روحی حساب می‌کرد یا روانی‌اند یا اینکه آدم‌های خرابند.

من یک چیزی که تو بازجوهایم خودم متوجه شدم رابطه‌ای که با حسین رونقی ملکی داشتم خیلی برایشان مهم بود. من حسین رونقی مالکی را از یاهو [گروپ]۳۶۰ می‌شناختم. حسین متولد تیر ۱۳۶۴ است. خیلی سال هست که فعالیت می‌کرده ولی با اسم مستعار فعالیت می‌کرده ولی کمتر کسی می‌دانسته، این خیلی کم پیش می‌آمد که کسی بداند حسین در واقع همان بابک خرمدین است و دارد فعالیت می‌کند. حسین تو زمینهٔ فیلترشکن و عبور از فیلتر خیلی فعالیت کرد. تقریباً می‌توانم بگویم همه کسانی که حداقل از انتخابات ۱۳۸۸ به این طرف آنلاین می‌شدند یک جورهایی بهش مدیونند ولی در حقش خیلی اجحاف شد. از طریق اینترنت. همان موقع فعالیت می‌کرد، بعد تو فیس‌بوک دوست شدیم، بعد یک اتفاق خصوصی افتاد. بعد خودش را کامل معرفی کرد و با هم بصورت حقیقی دوست شدیم نه فقط به‌عنوان دو تا دوست مجازی. من خودم را هیچ‌وقت نمی بخشم سر این جریان، تو انتخابات، تو دوره‌ای که تو ستاد شهروند آزاد من بودم، می‌آمد تهران ما همدیگر را می‌دیدیم، حتی روزنامه کیهان هم بهش اشاره کرد موقع بازداشتش که مخفیانه می‌آمده

تهران که دوستش را ببیند. توی ستاد شهروند آزاد، یک سری از آدم‌هایی که اصلاً نباید می‌شناختنش شناختنش. یکی از بچه‌هایی که آنجا بود، حسین را خوب می‌شناخت و دوست حسین بود و متأسفانه همه‌شان، همه کسانی که تو آن دوره حسین را شناختند و بعدش بازداشت شدند، در مورد حسین هرچه که می‌دانستند نوشته بودند. خب مستنداتی هم که سپاه ازش صحبت می‌کرد تک‌نویسی برخی افراد بود که مشخصاً آورده شده بود. توی حکمش هم آورده شده است. اینکه من علیه حسین، هر چیزی که راجع بهش می‌دانم بگویم. چیزی که بود می‌گفتند تو باهاش کار کردی و باید بگویی چه کار کرده‌ای. چون تا آنجایی که من فهمیدم، فیلم‌برداری که توی اوین داشتند بعداً گفت حسین اعتراف خاصی نکرده. از من خواستند علیه حسن تک‌نویسی کنم، من نمی‌توانستم رابطهٔ دوستی‌ام با حسین را منکر شوم. چون خود بازجو پشت چت‌هایی بود که من با آی‌دی حسین داشتم، چند هفته بعدش وقتی حسین بازداشت شده بود. من بیست و چهار ساعته با حسین در تماس بودم زمانی که آنلاین بودیم. یعنی زمانی که من ایران نبودم بیست و چهار ساعت آنلاین بودم و زمانی هم که آنلاین نبودیم با هم در ارتباط بودیم. من وقتی بازداشت شدم، فهمیدم که واقعاً تو این زمینهٔ اینترنت خیلی قوی‌اند. چون هیچ‌کدام از پس‌وردهای من را لازم نداشتند، تمامش را داشتند. یعنی می‌توانستند بدون پس‌ورد وارد ایمیل‌های من بشوند. حتی ایمیل‌هایی که من ساخته بودم و فقط یک بار ازشان استفاده کرده بودم را داشتند. فقط دادن پس‌ورد من معیار سنجش دروغ من بود.

من که رسیدم ترکیه، یک سری از ایمیل‌ها را آمدم چک کنم، خب من چند تا فیس‌بوک داشتم، یک فیس‌بوک داشتم که فقط یک بار ازش استفاده کرده بودم و دیگر هیچ استفاده‌ای ازش نکرده بودم، هیچ کس نداشتش، تمام پس‌وردهایش، همه چیزش عوض شد. هیچ کس بجز خودم نمی‌دانست که این را دارم. و همه‌شان از طرف یک آی‌دی اد شده بودند. یا یکی همه را اد کرده بود. آن تو هم همه ایمیل‌های من را داشتند،

ایمیل‌هایی که من دیلیت کرده بودم. یک سری را به‌صورت پرینت شده کاملاً داشتند، یک سری هم که من را بردند تو یک اتاق که اتاق کامپیوتر بود، چون یک کامپیوتر گذاشتند جلویم و یک نفر که مسئول آن کامپیوتر بود، به من گفت پس‌وردت را وارد کن. من پس‌ورد را درست وارد کردم چون یک ایمیل درست کرده بودم این اواخر بعنوان اینکه اگر ایمیل خواستند این ایمیل را بدهم. بقیه ایمیل‌هایم را هم از جی‌میل یا یاهو، یا هرچه که بود، درخواست کرده بودم که ببندنش. با یک سری سایت‌های خاص بود یادم نمی‌آید، ولی خب تو این فاصله‌ای که من این کار را کرده بودم، چون ۹۰ روز طول می‌کشید بسته شوند، خب بسته نشده بودند. هیچ کدام از آدرس‌ها را نداده بودم ولی خب ایمیل‌های کاری‌ام را داشتند، ولی ایمیلی که من بهشان دادم بودم و پس‌وردی که داده بودم، همه چیز را پاک کرده بودم، چیز خاصی تویش نبود، کار خاصی با آن ایمیل نکرده بودم، ولی هرآنچه که تویش بود را برگرداندند، از من آی‌دی اسکایپ را خواستند، گفتم من واقعاً پس‌وردش را یادم نیست، گفت مهم نیست. وارد اسکایپ شده بودند و پس‌ورد و همه اینها را عوض کرده بودند. خب برای من خیلی جالب بود که بدون اینکه پس‌ورد را از من بخواهند همهٔ این کارها را کرده بودند و همه چیز را داشتند.

توی بازداشتم بهم گفتند ما ۱۳۸۵ که تازه شروع کرده بودی، دیدیم سر و گوشت خیلی می‌جنبد گفتیم که یک جوری خودت بکشی کنار. اخراجت کنیم. ولی خب من نه حرفی می‌توانم بزنم راجع بهش، نه چیزی را می‌توانم ثابت کنم چون در مورد زندان رفتنم کلی حرف هست چه برسد به اینکه بگویم اینطوری. خیلی چیزها را نمی‌توانم درست به‌خاطر بیاورم، چون بعد از بازداشت شوک الکتریکی هم گرفتم، و خب یکی از عارضه‌هایش فراموشی است. خیلی به این قضیه فکر کردم، این چند روزی که حالم کمی بهتر شد، شاید دو هفته اینطوری‌هاست، که تلاش کردم که بدانم چی بود، ولی اصلاً یادم نمی‌آید در پرینت ایمیل‌ها چون تیتری یا اسم شخصی که بتوانم بگویم این ایمیل از طرف او آمده نبود، این را نشانم

نمی‌دادند. متن ایمیل بود که چون من تو سایت مجموعه فعالان حقوق بشر کار می‌کردم، حتی دو سه ماه هم بعنوان مدیر سایت بودم، سایت را هک کردند، نمی‌توانم بگویم ایمیل‌هایی که من به مجموعه زده بودم، از ایمیل‌های مجموعه برداشته بودند یا ایمیل‌های خودم بود. فقط می‌توانم بگویم که مطمئنم خود حسین نبوده که بگوید طرف روژین است. من یکی از بازجوهایم را بدون چشم‌بند می‌توانستم ببینم، بقیه را بدون چشم‌بند نمی‌توانستم ببینم و وقتی بودند باید چشم‌بند می‌داشتم. اسمش وحید بود. چهره‌اش همیشه جلوی چشمم است. برادرم هم این را دیده. یک پسر جوان، عینکی، فکر کنم سی و خرده‌ای ساله بود، یک مقدار تپل، خیلی قدبلند نبود. همیشه ته‌ریش داشت. اطلاعات پزشکی خیلی خوبی داشت، زبان انگلیسی‌اش هم کامل بود، گفت لیسانس علوم سیاسی خوانده، خیلی هم دوست داشت همه چیز را تحلیل کند. این نکتهٔ مثبتی بود تو شخصیتش که من ازش استفاده می‌کردم. مثلاً وقتی من سعی می‌کردم بگویم بیمار روحی هستم، به شدت رویش تأکید داشتم که من بیمار روحی هستم، اصلاً دیوانه‌ام. مشکل دارم. من خیلی سعی کردم رویش مانور بدهم ولی خب یک جاهایی واقعاً کمک کرد. احساس می‌کنم حداقل یک سری از فشارها را کم کرد. سر حافظه‌ام تأکید داشتند که من خیلی حافظهٔ بدی دارم و باید حتماً تحت درمان قرار بگیرم و داشتم درمان می‌کردم. مثلاً وقتی من اسم یک دارویی را می‌گفتم که مصرف می‌کنم، می‌گفت خب اینکه برای این بیماری است، یعنی هرچیزی که می‌گفتم اطلاعات کامل در موردش داشت. می‌گفت خب تو اگر می‌گویی این بیماری را داری چه دارویی مصرف می‌کنی؟ چون چند بار بحث دارو شد، این آدم کاملاً می‌دانست داروهایی که من اسم می‌برم برای چه بیماری هستند. باید اطلاعات داشته باشد چون من یک سری داروهایی که مال بیماری خاص روانی هستند را اسم می‌بردم می‌دانست که این دارو برای چی مصرف

می‌شود. کاملاً این اطلاعات را داشت. حتی گفت بازجوی بچه‌های هرانا[1] هم بوده. من چون الان نمی‌توانم با کسی ارتباط بگیرم، نتوانستم ازشان بپرسم که واقعاً وحید نامی بازجویشان بوده یا نه، ولی این آدم به من گفت که کسی بوده که با من چت می‌کرده با آی‌دی حسین. چون کامل می‌دانست من چی گفته‌ام و خودش چی گفته. من نمی‌دانم خودش بوده یا متن چت‌ها را خوانده. حداقل این بود که متن چت‌ها را کامل خوانده بود اگر خودش نبوده. خیلی اطلاعات دیگر از من داشت، به من گفت من می‌دانستم تو با پسرهایی که نمی‌شناسی دوست نمی‌شوی، و باهاشان ارتباط نمی‌گیری که بخواهی باهاشان صحبت کنی، بعداً با آی‌دی دختر باهات دوست شدم ولی بهت نمی‌گویم کی بودم. چند بار هم گفت می‌خواهی بگویم کی بودم؟ ولی مشخص بود کسی بود که من باهاش صحبت کرده بودم. اصلاً نگفت که فیس‌بوک بوده، یاهو بوده، جی‌میل بوده. این را نگفت که من نتوانم در بیاورم. حتی برگشت به من گفت که چند بار که باهات شوخی کردم بهت برخورد. مثل اینکه خوشت نمی‌آید باهات شوخی کنم. پس مطمئناً کسی نبوده که من خیلی خیلی باهاش دوست بوده باشم. یعنی یک حریمی برایش قائل بودم. تمام آی‌دی‌هایم دست آنهاست. اصلاً نمی‌توانم وارد هیچ کدام از ایمیل‌هایم بشوم. حتی ایمیل‌هایی که یک بار ساخته‌ام. هیچ کدام. حتی اسمی ازشان نبرده بودم آنجا. ولی اینطوری شد. من هیچ کدام را ندارم که بخواهم چیزی را توش چک کنم. البته من قبل از اینکه بروم ایران، همه را دیلیت کرده بودم. با یک برنامهٔ ریکاوری می‌شد ایمیل‌ها را برگرداند ولی هیچ کدام از آی‌دی‌ها و ایمیل‌ها دست من نیستند.

در سلول لامپ‌های گرد سقفی بود. توی سلول چند تا هم مثل هود داشت. نمی‌دانم واقعاً چند تا اتاق تو این ردیف بود. من تو سه تا از این اتاق‌ها رفتم. اتاق من خیلی گرم می‌شد وقتی هود را روشن می‌کردند. اصلاً نمی‌دانم پنجره داشت یا نه، اصلاً یادم نمی‌آید، اگر هم داشت باز به

---

[1] هرانا (مجموعه خبرگزاری فعالان حقوق بشر در ایران)   http://hra-news.org/

راهروی داخل خود زندان می‌خورد. برای همین خیلی گرم‌تر از اتاق‌هایی بود که پنجره به بیرون داشتند. بعد یک راهروی اینطوری بود، اتاق من دقیقاً اولین اتاق بود و اتاق آخر همین سمت را رفته بودم که یک دخترخانمی در آن دوره‌ای که من بودم بود. من ندیدمش و نه اسمش را می‌دانم، فقط صدایش را می‌شنیدم. زمانی که او رفت من را یک شب بردند سلول او و دوباره برم گرداندند سلول خودم. این دو سلول مشابه هم بودند تو این ردیف که من بودم. دستشویی داخلشان بود. دستشویی ایرانی بود. ولی دستشویی فاصله داشت با سطح زمین و در آلومینیومی داشت. تو یکی از اتاق‌هایش رفتم که دستشویی نداشت. سلول کوچک‌تر به نظر می‌آمد، پنجره‌هایش به هوای آزاد می‌خورد. این اتاق تهی هم که آن دختر توش بود و رفته بودم، دو طرفش که به راهرو و دستشویی می‌خورد پنجره نداشت وگرنه دور تا دورش پنجره داشت و خیلی هم سرد بود. من فکر می‌کنم اتاق من خیلی گرم می‌شد. کس دیگری نبود تا جایی که من می‌دانم، چون هیچ صدایی نشنیدم. فقط یک دخترخانمی بود که خیلی همیشه سردش بود. یعنی از صدای گریه‌هایش و صدای غر زدنش می‌شنیدم. همیشه سردش بود و وقتی هود را روشن می‌کردند من اصلاً نمی‌توانستم بخوابم. نمی‌دانم از کجا می‌فهمیدند که من نمی‌توانم بخوابم. یک شب گفتم خیلی اتاقم گرم است. [یا بهم گفتند اتاقت خیلی گرم است؟] نصفه شب هم بود. چون نصفه شب‌ها اصلاً اهمیت نمی‌دادند حالا هر کاری هم که داشته باشی. گفتم اصلاً نمی‌توانم تحملش کنم. همه‌اش می‌رفتم تو دستشویی. با آفتابه آب می‌گرفتم به خودم که خنک شوم. توی آن سرما اتاق من انقدر گرم می‌شد. من را بردند تو اتاقی که می‌گویم کوچک بود. دستشویی نداشت. گفتند ولی تا صبح نمی‌توانی بروی دستشویی. آنجا ولی خیلی سرد بود. این طرف خیلی گرم بود. خیلی سرد بود. آن شبی هم که دختر آزاد شد، من را بردند آن اتاق واقعاً یادم نمی‌آید چرا من را بردند آنجا، فقط هم همان یک شب بود و صبح دوباره برم گرداندند.

اتاق‌های بازجویی ثابت نبود، اتاقی که من اول رفتم فکر می‌کنم دو سه بار دیگر هم تو همین اتاق رفته‌ام. از در که وارد می‌شدیم، یک شیشه بود که شما آن طرفش را می‌دیدی ولی من این را ندیدم چون با چشم‌بند وارد می‌شدم. ولی خب این بود، یک در دوباره تو این اتاق بود، می‌رفتی پشت این می‌نشستی، یک میز بود. این آینه که روبروی‌ت بود، زیرش باریک به اندازهٔ قطر یک جعبه کبریت خالی بود، چون بهم کبریت می‌دادند که سیگار بکشم. تو بازجویی سیگار می‌گرفتم، چون خیلی روی بیماری‌های روحی‌ام سر سیگار تأکید کردم حتی دکتر هم برایم نوشت که من باید یک یا دو سیگار را داشته باشم. که تو هواخوری که می‌بردند اجازه داشتم سیگار بکشم. سیگار را بازجو می‌آورد. اینجا اولین بازجویی‌ام بود که همین وحید بود. من چشم‌بند داشتم. آن طرف آینه بود ولی می‌رفت و می‌آمد. در باز بود. در واقع یک اتاق بود، یک چیزی بود که یک طرفش آینه بود و یک طرفش حالت چوب بود اگر اشتباه نکنم. من رو به آینه باید می‌نشستم.

بازجوهایی هم بودند که هیچ وقت با من مستقیم صحبت نکردند. می‌دانم یکی‌شان زبان فرانسه را کامل بلد بود، یکی به زبان آلمانی تسلط کامل داشت. روزی که من را بردند توی اتاقی که پس‌وردها را وارد کنم، ایمیل من به زبان آلمانی بود، یعنی آدرس ایمیلم آلمانی بود، به من گفتند آدرس ایمیلت را وارد کن، گفتم من آلمانی‌اش را نه بلدم تلفظ کنم نه بنویسم، توی گوگل ترنسلیت انگلیسی به آلمانی بزنید در بیاورید. جالب اینجا بود که چون اینها آدرس ایمیل را داشتند فکر می‌کردند من آلمانی بلدم. که بعد یکهو یکی‌شان از در که آمد تو، آن لحظه‌ای نبود که با گوگل ترنسلیت، ترجمه کرده باشند. پس‌ورد را نگاه کرد و فوراً به آلمانی خواندش. گفت پس آلمانی هم بلدی، شروع کرد به آلمانی حرف زدن. گفتم نه آلمانی بلد نیستم، دوست داشتم یاد می‌گرفتم. آلمانی زبانی بود که دوست داشتم یاد بگیرم ولی بلد نیستم. گفت من آلمانی را خیلی خوب بلدم. چون واقعاً حرف زد و آن آدرس ایمیل را قشنگ خواند. خب من می‌دانستم چطور خوانده می‌شود. آن یکی هم برگشت گفت فرانسه را دوست نداری؟ من

کاملاً فرانسه را بلدم. بعد همه‌شان هم انگلیسی را کامل مسلط بودند، وقتی که توی اتاقی که آینه داشت بازجویی می‌شدم، خب من که نمی‌دیدم آن طرف کی است، ولی از روی پچ‌پچ‌ها و رفت و آمدها می‌فهمیدم چند نفر هستند. یا صدای پایشان. من اصلاً بعد از بازداشت به صدا خیلی حساس شدم. یک بار هم یکی‌شان آمد تو اتاق گفت ازش بپرس فلانی را می‌شناسد؟ فلانی کی است. یک بار دیگر هم آمد یک سؤال راجع به هرانا پرسید. ولی خب آن مراحلی بود که من تو اتاق بودم که باید رو به دیوار می‌نشستم و حق نداشتم برگردم. خب اصلاً نمی‌توانستم ببینم که چطور آدم‌هایی هستند.

من کسی را نمی‌دیدم. حق نداشتم به چشم‌بند دست بزنم تا زمانی که بگویند چشم‌بندت را بردار. اگر قرار نبود کسی بیاید این طرف می‌توانستم بدون چشم‌بند باشم و خودم هم می‌توانستم خودم را ببینم. بعضی روزها سه نفر بودند که یکی‌شان که فکر می‌کنم بازپرس پرونده بود یک لهجه اصفهانی داشت و خیلی آدم زیرکی بود، تمام اندازه‌ها دستش بود که من این چشم‌بند رو چشمم است تا چه فاصله‌ای شعاع دید من هست که مثلاً زیر پایم را ببینم، چون دقیقاً صندلی‌اش را جایی می‌گذاشت که لبهٔ شعاع دید من به آن ختم می‌شد. من هم نمی‌توانستم هیچی ببینم. فقط پایش را که تکان می‌داد مثلاً لبهٔ کفشش را ممکن بود ببینم. خیلی آدم زرنگی بود اصلاً به هیچ‌وجه حق نداشتم این آدم را ببینم. یک سری اول که سؤال می‌پرسیدند می‌گفتم قربان. من عادتم است می‌گفتم بله قربان. آنجا هم استفاده می‌کردمش خیلی شاکی می‌شد. می‌گفت قربان من نیستم، یکی دیگر است. می‌گفتم حاج آقا. می‌گفت به من نگو حاج آقا. گفتم خب چی صدایتان کنم؟ هرچه من گفتم دعوا داشت. این آدم از خاطرات جنگ و جبهه‌اش هم می‌گفت، می‌گفت می‌دانی موجی‌ها وقتی موجی می‌شوند چه کار می‌کنند؟ تا به حال دیدی؟ روز اول که رفتم به من گفتند تو دیروز گفته‌ای ما بهت تجاوز کرده‌ایم. گفتند تو به پزشک اوین گفتی. گفتم نه من همچین چیزی نگفتم. من دیروز بازداشت شدم تا بازداشت هم شدم

رفتم تو بهداری این اتفاق نیفتاده بود که بگویم. گفتند نه تو گفته‌ای، فیلمش را می‌گذاریم جلویت. باید بهت تجاوز بشود تا بفهمی چطوری است. الان می‌فرستیمت پزشکی قانونی تا مشخص شود تو چه جنده‌ای هستی. این آقای اصفهانی به من می‌گفت جنده گوزو. داد می‌زد می‌گفت جنده گوزو. در حقیقت من چون تو بهداری اوین همچین چیزی نگفته بودم. نمی‌دانم روی چی داشتند این کار را می‌کردند. وحید یک جاهایی عصبانی شد و چون نقش گودکاپ [پلیس خوب] را بازی می‌کرد، و این آقای اصفهانی را وقتی می‌آوردند که یعنی پوستت کنده است.

[یکی از مسائلی که] خیلی سخت بود برای من اینکه برادرم که نه فعال سیاسی بود و نه می‌دانست چی به چی است، آوردند دقیقاً اتاق کناری من، در را هم باز می‌گذاشتند و این آدم را شکنجه می‌کردند، او را با اون هیکل از کتفش آویزان کرده بودند، در حالی‌که می‌دانستند مریض است. برادرم حتی نمی‌تواند بخوابد. کتف‌هایش هرز رفته. نه می‌تواند بلوزش را خودش بپوشد، نه می‌تواند بخوابد. هر وقت من صدایش را می‌شنیدم وقتی بازجویی‌اش می‌کردند، دهانش را می‌آورد کنار گوش من می‌گفت، اینها یک مشت اراذل و اوباشند. که باید اعدام بشوند، ما که با خانوادهٔ کسی کاری نداریم. ازش می‌خواستند علیه من اعتراف کند.

بازجویی‌ها تمام شده بود، به من گفته بودند آزاد می‌شوی. یک روز من را بازجویی نکردند، فردایش قرار بود من به صورت موقت آزاد بشوم و دوباره در این زمان فکرهایم را خوب بکنم یا باهاشان همکاری کنم یا دوباره بازداشت می‌شوم چون قرار بازداشت من نود روزه بود. بازداشت موقت که همان روز اول از فرودگاه گذاشته بودند و این بود. یک روز کاری نداشتند، فرداش آمدند لباس‌هایم را بهم دادند که بپوش، من تو این مایه‌ها بودم که اگر قرار بود آزاد شوم بهم می‌گفتند. خیلی ترسیدم آن لحظه خیلی استرس گرفتم که چرا من باید لباس‌های خودم را بپوشم. چیزی هم که آن لحظه آمد تو ذهنم این بود که دقیقاً برای اعتراف تلویزیونی بود. یک سری چیزهای دیگر هم آمد تو ذهنم ولی اعتراف تلویزیونی خیلی

پررنگ بود تو ذهنم. دوباره همان مسیری که هر روز برای اتاق بازجویی می‌رفتیم را رفتیم. ولی به‌جای اینکه برویم پایین رفتیم بالا. توی همان ساختمان که پایینش اتاق بازجویی بود، بالایش اتاق فیلم‌برداری‌شان بود. رفتم تو نشستم. چشم‌بند داشتم، چادر زندان هم سرم بود. چادر گل‌گلی، با دمپایی، جوراب هم همیشه باید می‌پوشیدم. آن روز بهم کفش‌هایم را دادند. با اینکه به من گفته بود بازجویی نداری یکهو چند نفر ریختند سر من و داد و بیداد و دعوا که تو دروغ گفته‌ای، یکهو همین وحید آمد نشست جلویم، چون از صدایش تشخیص می‌دادم که وحید است، چون چشم‌بند داشتم و آدم‌های دیگری که تو اتاق بودند حق نداشتم چشم‌بندم را بردارم. گفت تو تا اسفند ۱۳۸۸ با هرانا کار کردی؟ دروغگو. تو همین چند وقت پیش هم کار می‌کردی، گفتم نه من باهاشان کار نمی‌کردم بعد آن آقای اصفهانی، که آنجا من فهمیدم قد بلند است چون بعد که چشم‌بند را برداشتم پشت همین چوبی‌ها ایستاده بود قدش بلند بود و حتی اتوی شلوارش هم مشخص بود. خیلی شلوار اتوکشیده‌ای داشت. گفت تو دو مورد را اصلاً نگفتی. گفتم خب دو مورد چی بوده؟ بگویید. گفت [نامفهوم] گفتم من هرچه گفتید را گفتم، دو مورد هم... من حتی یک تکه هم بهش انداختم که هرچه شما خواستید و گفتید را نوشتم، این دو مورد را هم بگویید می‌نویسم. گفت نه این دو مورد را خودت باید بگویی. حتی نمی‌گویم دو مورد چیست. بعد یک فیلم بازی کردند، خیلی فیلم خنده‌داری که وحید آمد گفت من اصلاً استعفایم را می‌نویسم، همه به من گفتند این دختر دارد بازی‌ات می‌دهد این دختر اینجوری نیست که دارد بازی می‌کند، اینها همه‌اش بازی است، خیلی هم خوب همه چیز را می‌داند. من باورت کردم، از یه دخترچه بازی خوردم. من می‌خواهم استعفایم را همین‌جا بنویسم، تو رو خدا استعفای من را قبول کنید. من ایستاده بودم نگاه می‌کردم. سه نفر دیگر هم توی اتاق بودند. که یکی‌شان همین فیلم‌بردار بود، دو نفر دیگر را نمی‌شناختم. یکی دو بار آمده بودند تو اتاق و یک سری سؤال گفته بودند از من بپرسند و بعد رفته بودند بیرون.

وقتی مجبورم کردند که جلوی دوربین اینها [روابط خصوصی و جنسی] را بگویم، فهمیدند که به من تجاوز شده، در حالی‌که خودشان می‌دانستند قبلاً این اتفاق افتاده برایم. فکر می‌کنم تک‌نویسی‌هایی بود که بچه‌ها کرده بودند و هرچه در مورد زندگی من می‌دانستند نوشته بودند. و خب اینها هم از این قضیه سوء استفاده می‌کردند. با یک آدمی درد دل کرده بودم گفته بودم اینطوری است، بعد سوءاستفاده خودش را کرد، البته چیزی که نشانم ندادند، ولی خودش با افتخار همه جا می‌گوید که من این را گفتم، راجع به روژین که روژین یک جنده بود که هم‌زمان با ده نفر بود زمانی که با من بود، ازشان حامله شد و می‌خواست بیندازد گردن من. این هم فعال سیاسی مملکت. می‌گفتند جلوی دوربین باید این کلمه به کار ببرم که از واژن با یک نفر رابطه داشتم. من مجبور شدم اینطوری بنویسم و می‌گفت خب چطوری رابطه داشتید؟ کلمهٔ علمی‌اش را... خیلی هم مثلاً وحید مؤدب بود، اینجوری گفت این را بگو، این را بنویس. جلوی دوربین تعداد دفعاتش را هم باید می‌گفتم. گفتم مگر شما می‌شمارید چند بار رابطه داشته‌اید؟ گفت نه حالا حدسی بگو که انقدر بوده. می‌ترسیدم واقعاً. بعد روز اول بحث تجاوز که آمد وسط. البته من به حد کافی خودم را برایش آماده کرده بودم، آدم حتی نمی‌تواند از ترس خاطراتش را با خودش مرور کند. مثل اینکه تو یک ترس بخواهی بیست و چهار ساعت به این فکر کنی که الان این اتفاق می‌افتد. و تو نمی‌دانی ممکن است با چی مواجه شوی. با باتوم است، با شیشه نوشابه، با آدم. چطوری است. جلوی من تلفنش را در می‌آورد زنگ می‌زد به یکی دیگر، می‌گفت حاجی امشب بیست و سی آماده می‌شود. من همین جور مانده بودم، جدی می‌خواهید اینها را پخش کنید؟ گفت آره. می‌گفتم واقعاً می‌خواهید پخش کنید؟ شما که گفتید این کار را نمی‌کنید. گفت نه نه ما به خانم‌ها خیلی حساسیم، این کار را نمی‌کنیم. گفتم من خودم اعتراف دو تا خانم را دیده‌ام. دوباره می‌گفت می‌خواهیم برای بیست و سی پخش کنیم. همین امشب. بعداً فیلمش را به خودت می‌دهیم. کفش‌ها را می‌دیدم، راه می‌رفتند می‌دیدم

متفاوت است. از روی کفش‌ها حدس می‌زدم که حدوداً باید پنج نفر آدم باشند، یکیش وحید بود، یکیش آن آقای اصفهانی بود.

آدمی که من به‌عنوان نامزدم معرفی کردم، بعدش هم رابطهٔ ما جدی شد، کمونیست است، سه سال هم زندان بود، تازه هم آزاد شده. یکی از چیزهایی که به من گفت این بود که من حق نداشتم با این آدم اصلاً ازدواج کنم. چون این آدم کمونیست است و کمونیست‌ها حقشان همه اعدام است. گفت دهه شصت خوب نتوانستیم تخم و ترکه‌شان را نابود کنیم، اینها هنوز مانده‌اند. کمونیست‌ها باید اعدام شوند تو هم اگر بخواهی با یک کمونیست ازدواج کنی جفتتان اعدام می‌شوید. گفت تو با کسی که ما می‌گوییم باید ازدواج کنی. کسی که تو را بتواند بالا بکشد، از این لجن درت بیاورد. بعداً تعریف می‌کنم که یک نفر را هم آوردند راجع به دهه شصت کلاً و کمونیست‌ها صحبت کرد برایم. یک آخوندی را جدا آوردند. کلی از این چیزها گفت، نصیحت کرد، این آقا از اول به مدل نشستن من، ایستادن من، گودی زیرچشم من به شدت گیر داد. لحظهٔ اول گفت تو معتادی، چی مصرف می‌کنی؟ من هم گفتم معتاد نیستم، چیزی مصرف نمی‌کنم. بعد خودش می‌گفت گفتی کرک؟ شیشه؟ می‌نوشت برای خودش. یعنی اینجوری بود که مثلاً دارم اینها را می‌نویسم. من هم همه‌اش می‌گفتم نه، من چیزی مصرف نمی‌کنم، من فقط قرص‌های اعصابم را مصرف می‌کنم. گفت پس چرا قوز می‌کنی؟ گیر داد به قوز کردن، چرا قوز داری، چرا اینجوری می‌نشینی، چرا زیر چشمت کبود است؟ من هم دیگر انقدر گیر داد که دو سه روز اول نه ادای خنگ‌ها را در آوردم، خیلی کل‌کل می‌کردم، بعد دیدم اینجوری دهان خودم سرویس می‌شود همان بهتر که نقش خنگ را بازی کنم. نقشی که خیلی تو زندگی‌ام بازی می‌کنم. انقدر به این قضیه گیر داد که رفت رو اعصابم، گفتم من از روزی که به بلوغ رسیدم و سینه در آوردم چون خانواده‌ام دوست نداشتند من بزرگ شوم، از روزی که سینه در آوردم، قوز کردم. قوزم به خاطر همین است. زیر چشم‌هایم هم ژنتیکی است، خانوادگی است، می‌توانید بروید مامانم را نگاه کنید. آنجا دیگر گیر نداد،

آن روز هم دوباره شروع کرد، صاف بنشین، چرا انقدر خمیده‌ای. تو باید به خودت افتخار کنی، گفتم چرا باید به خودم افتخار کنم؟ اولش به من اینجوری می‌گویی که تو از لجن در آمده‌ای، فاسدی، حالا چرا به من می‌گویی باید به خودت افتخار کنی؟ گفتم چرا باید به خودم افتخار کنم؟ گفت خب به‌خاطر اینکه خانوادهٔ خوبی داری، یک سری دلایل آورد، اینجا درس می‌خواندی، اینجوری بودی، باید از خدا متشکر باشی، افتخار کنی که خدا تو را الان اینجا قرار داده، از خدا تشکر کنی. گفتم بله چشم به خودم افتخار می‌کنم. از سمت دعوا بردش به سمت نصیحت و تهدید. بعد گفت خب الان من می‌روم وحید را صدا می‌کنم بیاید. من فکر کردم خب الان دوباره قرار است بازجویی بشود، آن دو موردی که آن‌همه روش تأکید داشت که آن دو مورد را باید بگویی، و نمی‌گفتند چی است. باید بگویم. وحید را صدا کرد، وحید آمد. گفت می‌توانی چشم‌بندت را برداری. من چشم‌بندم را که برداشتم آن آقای اصفهانی هنوز آنجا بود. آن پشت ایستاده بود. خودش را قایم کرده بود. یک سری چیزها گفت که اصلاً یادم نمی‌آید چی گفت. اصلاً یادش می‌افتم همیشه صاف می‌نشینم. چشم‌بندم را زدم و این آقا رفت بیرون، من ماندم و فیلم‌بردار. خیلی شوکه شده بودم. انقدر شوکه شده بودم که جرأت نکردم بگویم نمی‌خواهم حرف بزنم. فیلم‌بردار گفت همه اینجا اعتراف می‌کنند. هرکس می‌گوید نکردم دروغ می‌گوید. هرکس از این زندان آزاد می‌شود اعتراف تلویزیونی کرده، حالا بعضی‌ها پخش می‌شود، بعضی‌ها پخش نمی‌شود. حسین اعتراف تلویزیونی نکرده چون این را فیلم‌بردار اینجوری گفت. چون فیلم‌بردار حرف می‌زد که من فیلم فلانی را من گرفتم، فیلم فلانی را من گرفتم، بعد گفت از حسین چند تا عکس خیلی خوب گرفتم، ولی نگفت ازش فیلم گرفته. گفت حسین اینجا بوده ولی نگفت از حسین فیلم گرفته. گفت چند تا عکس خیلی خوب ازش گرفتم. جالب اینجا بود که دیگر در مورد آن دو موردی که من حرف نزده بودم و باید می‌گفتم هیچی نپرسیدند. تمام چیزهایی که گفته بود باید بنویسی من دوباره همان‌ها را باید جلوی دوربین می‌گفتم.

واقعاً مسائل اخلاقی برایشان مهم بود. اگر این تکه را پخش کنند برای اینست که بگویند فلانی که دارد می‌گوید من فعال حقوق فلانم و دارم در این زمینه فعالیت می‌کند، ببین چه خرابی است. دید خیلی از مردم ایران هنوز که هنوز است همین مانده و این یک جور خرد کردن خانواده‌اش و زیر سؤال بردن همه‌چیزش می‌شود در واقع. خب ولی همین فقط قضیه تجاوز نبود. همهٔ روابط را باید می‌گفتی. نه فقط یکی، با فلانی بودی باید بگویی، با فلانی بودی باید بگویی، همه را باید بگویی. جمله‌اش را می‌گفت که اینطوری بگو. آن روز [که مجبور به اعتراف علیه خودم جلوی دوربین شدم] لباس‌های خودم را تنم کردند، همان مانتو و مقنعه و شلواری که باهاش رفته بودم زندان، با کاپشنم که بعد گفتند کاپشنت را در بیاور. روی صندلی گردی که وسطش پایه‌دارد بود. پشتش پاراوان که توی خانه به‌عنوان زیبایی استفاده می‌کنند. اصلاً اتاق فیلم‌برداری بود، سه تا دوربین ثابت بود، یک دوربین هندی‌کم که دست فیلم‌بردار بود که یک جاهایی را با هندی‌کم می‌گرفت و یک جاهایی را هم نمی‌گرفت. بازجو اصلاً نباید تو فیلم قرار می‌گرفت. به هیچ‌وجه. روی صندلی روبروی من نشسته بود. جوری که حرف زده شد این بود که قسمت‌هایی که بازجو حرف می‌زند از روی فیلم برداشته می‌شود.

من فکر می‌کنم خیلی از کسانی که نمی‌گویند، و می‌گویند ما اعتراف تلویزیونی نکرده‌ایم، این کار را کرده‌اند. چون یکی از چیزهایی که خیلی برایشان مهم است، اعتراف تلویزیونی است، و چیزی که من فهمیدم اینست که یک پروژهٔ خاص دارند، رو یک سری مسائل خاص مثلاً تو فعالین حقوق بشر یک پروژه دارند و اینها را قرار است یک کاری باهاشان بکنند. شاید الان پخش نکنند ولی به هر حال یک چیزی از توش می‌خواهند. خب حالا من نمی‌دانم این را برای خانواده‌ام گذاشته‌اند یا نه ولی به خانواده‌ام گفته بودند.

یک بار رفتم و همان یک بار هم همهٔ فیلم‌ها را ضبط کردند. از صبح تا هشت و نیم شب طول کشید، همه‌اش جلوی دوربین نبودم. این فیلم را

که بازی کردند بعد آن آقای اصفهانی نشست اول داد و بیداد کرد و بعد شروع کرد به نصیحت کردن. می‌دانم این را گفت، داشت تلفنی صحبت می‌کرد، گفت الان هشت و نیم است من خیالم راحت شد که به بیست و سی امشب نمی‌رسد که این همه‌اش می‌گوید بیست و سی نشان می‌دهد.

بعد آخرش هم یکهو روی مسئلۀ حجاب و این چیزها، می‌گفت تو اینجوری می‌گشتی، الان چه حسی داری که خودت را توی آینه این شکلی می‌بینی. من بهش گفتم مگر اینجا آینه هم دارد؟ من خودم را تو آینه ندیدم که بدانم چه حسی بهم دست می‌دهد. خودشان هم خندیدند. خب سؤالی که من نمی‌توانستم جواب بدهم که بگویم واقعاً چه حسی دارم. که بعد فیلم‌بردار آمد با هندی‌کم گفت بیا این عکس را ازت گرفتم ببین. گفتم خیلی حس خوبی دارم. خیلی خوب است. گفت خب به‌عنوان حرف آخر چی داری بگویی؟ بعد خودش گفت در مورد خدا حرف بزن. از خدا تشکر کن. گفتم بله. از خدا متشکرم که من اینجا آمدم، به راه راست هدایت شدم، خیلی ممنون. خدایا شکرت. از این چیزها. می‌دانید اعتراف تلویزیونی خیلی مثل اینکه زشت است، حتی اینجا که آمدم به بچه‌ها گفتم، گفتند توی پناهنده‌ها اصلاً نگو اعتراف تلویزیونی کردی. تو این مایه‌ها که مثلاً آدم‌فروشی. ولی با خیلی از بچه‌ها که حرف زدم، به بقیه نمی‌گویند که اینطوری بوده ولی به من گفتند ببین ما هم همه اعتراف تلویزیونی کردیم.

اعتراف تلویزیونی خیلی سخت است. اینکه فکر کنی این را پخش می‌کنند، خانواده درجه اول آدم بخواهد این چیزها را بشنود. اعترافی که من داشتم بیشتر در مورد فعالیت حقوق بشری بود، من واقعاً چون دل پری هم داشتم اصلاً راجع بهش دروغ نمی‌خواهم بگویم. حداقل با خیلی از جاهایی که کار کرده بودم، چون من تصورم این بود که آدم باید به‌خاطر بشر فعالیت کند، و هیچ پولی تو این کار نیست، بعداً یک سری سایت‌ها که کار می‌کردم دیدم اوه چه پول‌هایی که می‌گیرند. چون خیلی سوءاستفاده کاری از من کرده بودند، دلم خیلی پر بود. سیاست‌های خودی و غیرخودی

که تو حقوق بشر تو خیلی از سازمانهای ایرانی هست، نمیتوانم بگویم با همهشان کار کردهام ولی این خیلی برایم درد آور بود و باعث شد من اصلاً نخواهم با این سازمانها فعالیت کنم و نخواهم باهاشان فعالیت کنم. ولی خودم هم واقعاً دل پری داشتم. عین این جمله را هم تو اعتراف تلویزیونی گفتم ولی از گفتنش ناراحت نیستم. گفتم اینها اصلاً نمیدانند بشر یعنی چی که حالا بخواهند فعالیت حقوق بشری کنند. دنبال منافع خودشان هستند. من این نقد را داشتم، قبلاً هم گفته بودم. اگر دست خودم بود، حق انتخاب داشتم این کار را نمیکردم ولی بهم گفتند اگر این اعتراف را نکنی هیچوقت آزاد نمیشوی. من پدرم مشکل قلبی داشت، خوب هم این را میدانستند، برادرم بیمار است، تحت درمان بود، شرایط خانوادهام بحرانی بود. برادرم مشکوک به سرطان بود. از این بازیها کمال استفاده را میکردند. حق انتخاب نداشتم. خب اینکه مجبورم میکردند راجع به آدمهایی که خوشبختانه هیچکدام داخل ایران نیستند و همه پناهندهاند، تنها چیزی که باعث میشد واقعاً خرد نشوم این بود که من هیچ کس را نکشیدم پایین. در مورد هیچ کس حرفی نزدم، کسی که داخل ایران باشد، حرفی نزدم که بخواهد برایش مشکل ایجاد شود. خودم هرچه بود میپذیرفتم که بنشینم راجع به خودم حرف بزنم، و این چیزی که تو شخصیت وحید دوست داشتم این بود که دوست داشت تهدید کند، جایی که میدیدم دیگر نمیکشم که بخواهم حرفی بزنم یک چیزی ازش در میآید، یک سؤال ازش میپرسیدم که بنشیند تعریف کند، من هم تو این زمان به خودم استراحت بدهم. راجع به خودم صحبت کردم که واقعاً دوست نداشتم حرف بزنم. من هیچ قدرتی نداشتم و هیچ دفاعی از خودم نمیتوانستم بکنم. که همهاش بگویم نه این کار را نکردهام، آن کار را نکردهام، اینطوری نیست، خب هرچه من بیشتر پافشاری میکردم رو حرفهام، برخوردهایشان خشنتر میشد.

من کلاً دو هفته آنجا بودم و همش هم در انفرادی بودم.

اگر کاری که جمهوری اسلامی از روزی که من تو فرودگاه بازداشت شدم تا همین الان با این فشاری که به خانواده‌ام می‌آورم با من کرد، با همه سختی‌هایی که کشیده بودم و اتفاق‌هایی که برایم افتاده بود، هیچ کس نتوانسته بود باهام بکند. حتی فکر می‌کنم با خیلی از زندانی‌ها این کار را نکرده بود. من یک سری از اتهاماتم را جایی نگفته‌ام. اگر بخواهید می‌گویم، [اتهامم این بود که] من مغز متفکر برای ترور بودم و برادرم یکی از کسانی بود که من تو فیلیپین بهش آموزش داده بودم که ترور کند. جاسوسی هم بود توش. ولی خب این ترور را یک نفر نوشته بود. یک کتاب آمد به اسم نقش بهائیت در فتنهٔ ۸۸، که اسم من توش هست. من خودم هم ندیدمش. بچه‌های بهایی بهم زنگ زدند، وقتی فیلیپین بودم، گفتند که یکی از بچه‌های بهایی که اعترافاتش توی آن کتاب بود، می‌خواسته من را ببیند. برایش جالب شده بود که این آدم کیست که اسمش تو این کتاب هست و بهایی هم نیست. یکی از بچه‌های بهایی را که بازداشت کرده بودند، خب من با این آدم در ارتباط بودم، این آدم توی اعترافاتش گفته بوده ما می‌خواستیم با هم ازدواج کنیم. در حالی‌که واقعاً اینطوری نبود. این خیلی جالب بود که این را توی کتاب آورده بودند که ازش پرسیده بودند خب شما توی بازجویی‌ها گفتید که می‌خواهید ازدواج کنید. گفته بود بله. گفته بودند با کی؟ گفته بود روژین محمدی. سؤال بعدی این بود که چطوری با این خانم آشنا شدی. خب ما از بچگی همدیگر را می‌شناختیم. همه را گفته بود و بعد دقیقاً سؤال بعدی این بود که شما می‌خواستید ترور کنید. کی را می‌خواستید ترور کنید؟ برای خودم جالب بود که چرا این قسمت را باید تو این کتاب بیاورند؟ خب حالا بخواهد با یک نفر ازدواج کند چرا اسمش را باید بیاورند. من کتاب را نخواندم و ندیدم. این چیزی بود که دوستم برایم خواند از روی کتاب. اسم آن طرف را یادم نیست که کی بود. برای برادرم که اصلاً پرونده جدا باز کردند. حکمش را هم همان موقع دادند. پنج سال تعزیری. من به‌خاطر برادرم از ایران خارج شدم.

بابای من یک آدم مذهبی است، آدم مذهبی خشک نیست ولی خب مذهبی است و یک دختر دارد و یک دخترش سیندلاری باباش است. با تمام مردسالاری‌ای که داشت باز خیلی احترام برای من قائل بود. زنگ می‌زدند به بابام، بعداً به من گفت، بهش می‌گفتند که دخترت را سالم می‌خواهی یا مثلاً مرده. بابای من دقیقاً به من نمی‌گفت چی گفته‌اند، فلانش می‌کنیم. این اصطلاحی بود که بابام جلوی من استفاده می‌کرد. هرچه من می‌گفتم بابام می‌دانست چون من می‌دانستم یکی از چیزهایی که ازش سوءاستفاده می‌کنند خانواده است. این یکی از چیزهایی که بابام را باهاش اذیت می‌کردند. من سیگار می‌کشیدم، می‌گفتم بابام می‌داند. ولی خب بابام نمی‌دانست، اینها بهش گفتند من سیگار می‌کشم. برادر و مامانم می‌دانستند ولی بابام نمی‌دانست که بهش گفته بودند. تا حالا دو تا رابطه‌ام با این آدم را که اینجوری تک‌نویسی هم کرده بود، تو دوران انتخابات بود، گفتند خانواده‌ات می‌دانند؟ گفتم آره می‌دانند. بعد به بابام گفته بودند. بابای من اول گفته بود دختر من نه سیگار می‌کشد مگر شما سیگاری‌اش بکنید، اینجوری نیست مگر اینکه اتفاقی تو زندان برایش بیفتد. بعدش که من آزاد شدم بابام را چند بار خواسته بودند، بابام رفته بود هر بار به یک بهانه‌ای، یک بار لپ‌تاپ را تحویل می‌دهیم، سه بار بابای من در آن فاصله‌ای که من بودم رفت، هر روز تماس تلفنی که داشتیم، دیگر بعدش که خواسته بودنش رفته بودند آنجا، همین آقای نوریان حتی شروع کرده بود به لری حرف زدن با پدرم، گفته بود تو می‌فهمی من چی می‌گویم. چون ما کردیم، یک مقدار زبان لری برای ما آشناست. آره دخترت جنده است، دخترت فلان است. بابام گفته بود حق با شماست دختر من مشکل روانی دارد، هرچه شما می‌گویید. گفته بودند این کار را می‌کند، گفته بوده درست، دختر من مشکل روانی دارد. اینجوری برخورد کرده چون بعد از اینکه من آزاد شدم، دکتر روان‌پزشکی که پیشش رفتم گفت باید اصلاً بستری بشود. بابام هم دیگر بعدش اینطوری باهاشان برخورد کرد.

۲- جدول مشخصات زندانیان مصاحبه شده

	نام و نام خانوادگی	تعداد دفعات بازداشت	محل (های) بازداشت	تاریخ (های) بازداشت	محل (های) حبس	شرح حال
۱	انسیه	۳	۱- شهسوار، ۲- چالوس، ۳- تهران	۱- ۱۳۶۵، ۲- ۱۳۶۶، ۳- ۱۳۶۸	۱- ژاندارمری شهسوار، ۲- ژاندارمری چالوس، ۳- بازداشتگاه وزرای تهران	انسیه به دلیل عدم رعایت شئونات اسلامی و سفر به همراه زنان مجرد دیگر سه بار، دو بار در شمال و یک بار در بازداشتگاه وزرای تهران بازداشت می‌شود. و دو بار، یک بار در شمال و یک بار در وزرا مورد تجاوز قرار می‌گیرد. (نام واقعی وی نزد عدالت برای ایران محفوظ است.)
۲	الناز	۲	اصفهان	پاییز ۱۳۸۹	بازداشتگاه دستگرد اصفهان	دوبار در پاییز ۱۳۸۹، به اتهام سگ‌بازی و بدحجابی به همراه پارتنر زن خود دستگیر شده است.

۳	آکان محمدپور	۱	محمود آباد	آذر ۱۳۸۹	بازداشتگاه نیروی انتظامی محمودآباد	آکان محمد پور، ترنسجندر، که در یکی از شهرهای شمال ایران دانشجو بوده به دلیل نداشتن حجاب اسلامی توسط مأموران نیروی انتظامی دستگیر می‌شود.
۴	پروانه	۲	تهران	۱- خرداد ۱۳۷۶، ۲-۱۳۷۸	۱- کلانتری ۵، خیابان سنایی، ۲-بازداشتگاه وزراء، ۳-بازداشتگاه فرودگاه مهرآباد، ۴- خانه‌ای امن در خیابان فاطمی تهران	نخستین بار در جریان یک تظاهرات دانشجویی در پارک لاله تهران در حالی‌که در حال عبور بوده و شرکتی در تجمع نداشته به‌طور اتفاقی دستگیر می‌شود و پس از آزادی بارها و بارها مورد اذیت و آزار افرادی قرار می‌گیرد که نزدیک به مأموران انتظامی بوده‌اند. سپس در هنگام بازگشت از سفر کیش به اتهام واهی قاچاق دختران و بدحجابی دستگیر می‌شود و پس از بیش از دو هفته بازداشت در بازداشتگاه فرودگاه مهرآباد، به یک خانه امن در خیابان فاطمی برده می‌شود و مورد تجاوز قرار می‌گیرد. شکایت‌های او از آزار و اذیت و تجاوز هیچگاه پیگیری نشده است.
۵	پروانه حاجیلو	۲	تهران	۱- ۳۰ خرداد ۱۳۶۰ - ۱۲ تیر ۱۳۶۴، ۲- ۱۸ مرداد ۱۳۸۶	۱- زندان اوین، ۲- ارشادگاه همدان (دانشکده کشاورزی سابق)، ۳- زندان همدان، ۴-زندان اوین	به اتهام هواداری از گروه چپ راه کارگر در دهه ۶۰ دستگیر می‌شود و به ده سال حبس محکوم می‌شود و تا ۱۲ تیر ۱۳۶۴ در زندان می‌ماند. او مجدداً در جریان تجمع اعتراض به دستگیری منصور اسانلو، رییس سندیکای کارگران شرکت واحد، در مقابل خانه اسانلو دستگیر می‌شود و چهارده روز را در زندان اوین سپری می‌کند.

۶	تهمینه	۱	تهران	۱- آذر ۱۳۸۸	بند ۲۰۹ زندان اوین	فعـال دانـشجویی کـه پـس از انتخابات بازداشت شده است. وی پس از آزادی چندین بـار توسـط بـازجوی خـود تلفنـی مـورد بازجویی قرار گرفتـه اسـت. ایـن مصاحبه بـه دلیـل فقـدان هـیچ نکته قابل ذکر از دلایـل مـستندات این تحقیق خارج شده است.
۷	پدیده، ف.	۱	تبریز		بند زنان زندان مرکزی تبریز	سـایر جزییـات مربـوط بـه ایـن شـاهد نـزد عـدالت بـرای ایـران محفوظ است.
۸	خاطره معینی	بیش از ۳ بار	تهران	چندین بار و هر بار به مدت چند ساعت در فاصله سال‌های ۱۳۶۷-۱۳۷۷	کمیته میدان خراسان	خـواهر هیبـت‌الله معینـی، عـضو سازمان فداییان خلـق (اکثریـت) کـه در سـال ۱۳۶۷ در جریـان کـشتار جمعـی زنـدان سیاسـی اعـدام شـد اسـت. وی در فاصـله سال‌های ۱۳۶۷ تا ۱۳۷۷ چندین بار و هر بار به مدت چند سـاعت به دلیل شرکت در مراسـمی کـه در گورستان خاوران، مکـانی کـه اعـدام شـدگان را در گورهــای دسـته‌جمعـی دفـن کـرده‌انـد بازداشت شده است.
۹	درسا سامی	۱	ساری	۱۵ اسفند ۱۳۸۸- اردیبهشت ۱۳۸۸	بند ۲الف زندان اوین	از پیروان آیین بهـایی، بـه دلیـل همکـاری بـا مجموعـه فعـالان حقوق بشر بـه‌خـصوص در مـورد مورد نقض حقوق بهاییان توسـط اطلاعات سپاه دستگیر مـی‌شـود. او سابقه فعالیت بـا کمپـین یـک میلیون امضا و کمیته پی‌جویی از حق تحصیل را نیز دارد.

| ۱۰ | راضیه (پری) نشاط | ۲ | تهران | ۱- ۸ دی ۱۳۸۸
۲- ۸ دی ۱۳۸۹ | ۱- پلیس امنیت شعبهٔ هشت (میدان حر)،
۲- بازداشتگاه وزرای تهران، ۳- بند ۲۰۹ زندان اوین | دو روز پس از اعتراضات عاشورای سـال ۱۳۸۸، در مقابل بیـت رهبری دستگیر و چند سـاعت بعد آزاد مـی‌شود. در مورد همـین پرونـده مجـدداً سـه هفته بعـد احضار و بازداشـت مـی‌شود. او سپس به ترکیه مـی‌رود در آنجـا به همراه پناهندگان سیاسـی، در فعالیـت‌هـای مختلـف شـرکت مـی‌کند. بعد به ایران برمی‌گردد و مجـدداً قصد برگشـت به ترکیـه را داشته که در مرز ترکیه دستگیر مـی‌شود و توسط بازجویان در بند ۲۰۹ اوین بـه جاسوسـی و اقدام علیه امنیت ملی در ترکیه مـتهم مـی‌شود. |
| ۱۱ | روژین محمدی | ۱ | تهران | ۲- آذر ۱۳۹۰ | بند ۲الف زندان اوین | فعـال حقـوق بشـر و دانشـجوی پزشـکی در فیلیپیـن، پـس از بازگشت به ایران توسط اطلاعات سپاه بازداشت و در بنـد ۲الف زنـدان اویـن تحت بـازجویی و شـکنجه شـدید جنسـی قـرار مـی‌گیرد. او مجبور به اعتراف در مقابل دوربین بازجویان می‌شود. در زمان بازداشت، بـرای افـزایش فشـار بـر وی، بـرادر وی را نیـز زندانی و شکنجه می‌کنند. |

۱۲	رها ثابت	۲	شیراز	۲۸- اردیبهشت ۱۳۸۵	۱- بازداشتگاه پلاک ۱۰۰ شیراز، ۲- زندان عادل آباد	به همراه بیشتر از پنجاه جوان بهایی و مسلمان که در محله‌های فقیرنشین شیراز به کودکان آموزش می‌دادند، دستگیر می‌شود و در بازداشتگاه اداره اطلاعات شیراز، تحت بازجویی قرار می‌گیرد. وی به اتهام تبلیغ علیه نظام به چهار سال حبس محکوم می‌شود که سه سال و چهار ماه آن را در بازداشتگاه کاملاً مردانه اطلاعات شیراز (معروف به پلاک ۱۰۰) در انفرادی می گذراند.
۱۳	زینب پیغمبر زاده	۴	تهران	۱- ۳۰ آذر ۱۳۸۵، ۲- ۱۳ اسفند ۱۳۸۵، ۳- اردیبهشت ۱۳۸۶، ۴-	۱- بازداشتگاه پلیس امنیت نیروی انتظامی- گیشا، ۲- بازداشتگاه وزرای تهران، ۳- بند ۲۰۹ زندان	نخستین بار در متروی تهران و در هنگام جمع آوری امضا برای کمپین یک میلیون امضا بازداشت می‌شود. دو بازداشت دیگر او مربوط به تجمع جنبش زنان در مقابل دادگاه انقلاب می‌شود. او آخرین بار در یکی از تجمعات مادران پارک لاله، پس از انتخابات ۱۳۸۸ بازداشت می‌شود.
۱۴	ژیلا ر.	۱	ساری	۱۲ مرداد ۱۳۶۲	زندان دادسرای انقلاب ساری	پیرو دین بهایی، در سن ۱۷ سالگی به دلیل عضویت در محفل بهایی دستگیر می‌شود و از سال ۱۳۶۲ تا ۱۳۶۵ در زندان می‌ماند
۱۵	سارا زرکوب	۱	تهران	۱۸ تیر ۱۳۸۸	۱- مکانی نامعلوم در نزدیکی میدان فردوسی، ۲- بند ۲۰۹ زندان اوین	فعال در ستاد انتخاباتی مهدی کروبی، در تجمع روز ۱۸ تیر ۱۳۸۸ در میدان فردوسی تهران دستگیر می‌شود و به همراه تعداد زیادی از دستگیر شدگان ابتدا به حیاط یک ساختمان خرابه و پس از آن به بند ۲۰۹ زندان اوین منتقل می‌شود

۱۶	سارینا صبوری	۱	تهران		بند ۲۰۹ اوین	سایر جزییات مربوط به این شاهد نزد عدالت برای ایران محفوظ است.
۱۷	سپیده پورآقایی	۴	کرج، تهران	۱۸- شهریور ۱۳۸۶، دو بار در ۱۳۸۰، ۱۳۸۶	۱- بازداشتگاه سازمان قضایی نیروی های مسلح (عشرت اباد)، ۲- زندان گوهردشت، ۳- بند ۲۰۹ زندان اوین	در ۱۵-۱۶ سالگی، چند بار به دلیل عدم رعایت حجاب دستگیر و یک بار حدود ده ساعت بازداشت بوده است. به دلیل فعالیت در اتحادیه اسلامی دانشجویان (گروه طبرزدی)، دو بار در سال ۱۳۸۰ بازداشت شد که یک بار آن در بازداشتگاه عشرت‌آباد تهران و بار دیگر در ۲۰۹ بود. وی مجدداً در سال ۱۳۸۶، صد و ده روز بازداشت شد که از این مدت ۶۰ روز در انفرادی بود.
۱۸	سپیده زمانی	۱	ساری	۲۸ آذر ۱۳۸۸	۱- بازداشتگاه اطلاعات شهید کچویی ساری،	پیرو دین بهایی، به اتهام تبلغ بهاییت دستگیر می‌شود.
۱۹	لیلا نوبری	۱	تهران		بند ۲۰۹ زندان اوین	سایر جزییات مربوط به این شاهد نزد عدالت برای ایران محفوظ است.
۲۰	سها زمانی	۲	ساری	۱- ۲۸ آذر ۱۳۸۷، ۲- ۲۸ آذر ۱۳۸۸	۱- بازداشتگاه اطلاعات شهید کچویی ساری، ۲- بند نسوان زندان	پیرو دین بهایی، به اتهام تبلیغ بهاییت دو بار در دو سال متوالی دستگیر می‌شود.

۲۱	شایسته وطن دوست	۲	رشت	۱- ۱۷ مرداد ۱۳۶۰ – ۱۷ تیر ۱۳۶۴، ۲- بهمن ۱۳۶۴- تیر ۱۳۷۹	۱- زندان بندر انزلی، ۲- زندان رشت، ۳- زندان لاهیجان، ۴- زندان اوین	اولین بار در سال ۱۳۶۰ به اتهام هواداری از سازمان مجاهدین خلق دستگیر می‌شود و تا ۱۳۶۴ در زندان بوده. شش ماه پس از آزادی در حالی‌که باردار بود به همراه همسر خود، فرزان ببری که بعدها در جریان کشتار زندانیان سیاسی در سال ۱۳۶۷ اعدام می‌شود دوباره بازداشت می‌شود و تا حدود ۱۴ سال بعد، در زندان‌های مختلف در حبس بوده است.
۲۲	شیما حسامی	۱	تهران	۲۳ خرداد ۱۳۸۸	بازداشتگاهی نامعلوم در تهران	اطلاعات مربوط به این شاهد نزد عدالت برای ایران محفوظ است.
۲۳	شهناز غلامی	۳	ماکو، تبریز، تهران	۹ مهر ۱۳۶۸ تا ۱۳۷۳، مرداد ۱۳۶۸ به مدت یک ماه، ۱۹ آبان ۱۳۸۷ – ۳۰ دی ۱۳۸۷	۱- زندان تبریز، ۲- بازداشتگاه اطلاعات تبریز، ۳- بازداشتگاه اداره اماکن تبریز	شهناز غلامی، روزنامه‌نگار، فعال حقوق ملی و زنان، در سال ۶۸ به هنگام خروج از ایران دستگیر و چهارسال در زندان تبریز بوده است. وی پس از اعتراضات مردم آذربایجان در سال‌های ۱۳۸۵ و ۱۳۸۶ بارها مورد بازجویی قرار می‌گیرد تا اینکه دو بار، یکی در سال ۸۶ و یک بار در سال ۸۷ به دلیل شرکت در تجمعات و نیز مطالبی که منتشر کرده بود بازداشت می‌شود. او در پرونده سال ۱۳۸۶ به شش ماه حبس محکوم می‌شود.
۲۴	شهین چیت ساز	۱	تهران	اردیبهشت ۱۳۶۲- پایان ۱۳۶۹	۱- زندان اوین، ۲- زندان گوهردشت	وی در دهه ۶۰ و در ۱۶ سالگی به اتهام هواداری از سازمان چریکهای فدایی خلق (اقلیت) دستگیر می‌شود و ۹ سال در زندان‌های مختلف استان تهران بوده است.

۲۵	شیدا سلطانی	۱	بوکان	پاییز ۱۳۸۲ تا اردیبهشت ۱۳۸۳	۱- بازداشتگاه اطلاعات بوکان، ۲- زندان زنان ارومیه	به اتهام همکاری با حزب کومه‌له، در ابتدای پاییز ۱۳۸۲ دستگیر می‌شود و به بازداشتگاه اطلاعات بوکان منتقل می‌شود. در این بازداشتگاه مورد تجاوز قرار می‌گیرد. وی بعداً به زندان زنان ارومیه منتقل می‌شود و اردیبهشت ۱۳۸۳ آزاد می‌شود.
۲۶	صولت شیخ نیا	۲	شیراز	۱- ۸ تیر ۱۳۶۰-۱۳۶۵، ۲- ۱۳۷۲	۱- بازداشتگاه سپاه جهرم، ۲- بازداشتگاه شهربانی فسا، ۳- زندان عادل آباد شیراز، ۴- ستاد خبری (اداره اطلاعات) شیراز	در دهه ۶۰ به اتهام هواداری از مجاهدین دستگیر و به حبس ابد محکوم می‌شود. او پنج سال بعد آزاد می‌شود. در سال ۱۳۷۲، در حالی‌که مجبور بوده همچنان خود را به‌طور هفتگی به ستاد خبری (اداره اطلاعات) شیراز معرفی کند، سه روز در ستاد خبری بازداشت و در مورد خانواده محمدرضا سعادتی و سایر افرادی که مشکوک به ارتباط به مجاهدین بودند یا قصد خروج از کشور را داشتند بازجویی می‌شود.
۲۷	فرزانه حمزه‌ای	۱	تهران	۲۵ خرداد ۱۳۸۸	بازداشتگاهی نامعلوم	روز ۲۵ خرداد ۱۳۸۸، در جریان اعتراضات خیابانی، در کوچه‌ای در اطراف میدان ونک تهران توسط چند لباس شخصی دستگیر و به بازداشتگاهی در مکانی نامعلوم (احتمالاً در جنوب تهران) برده می‌شود. وی پس از چهار روز در این بازداشتگاه و چند بار مورد تجاوز قرار گرفتن، در خیابانی در جنوب تهران رها می‌شود. نام واقعی وی نزد عدالت برای ایران محفوظ است.

۲۸	زینب مستوفی	۲			بند ۲۰۹ اوین	نام واقعی و سایر اطلاعات مربوط به این شاهد نزد عدالت برای ایران محفوظ است.
۲۹	فرزانه عسکریان‌پور	۲	خوی، تهران	خرداد ۱۳۸۶	۱- زندان خوی، ۲- پلیس اماکن عمومی خیابان مطهری تهران	در حالی‌که پناهندگی‌اش توسط کمیساریای عالی پناهندگان رد شده بود، توسط دولت ترکیه به ایران دیپورت می‌شود و توسط پلیس مرزی بازداشت و به زندان خوی منتقل می‌شود. وی بعداً به دلیل همین پرونده مدتی نیز در بازداشتگاه پلیس اماکن عمومی خیابان مطهری تهران در بازداشت بوده است.
۳۰	فرشته قاضی	۱	تهران	۷ آبان ۱۳۸۳	۱- بازداشتگاه مخفی حفاظت اطلاعات نیروی انتظامی (واقع در میدان کتابی)، ۲- بند نسوان زندان اوین	فرشته قاضی، روزنامه‌نگار، در جریان پرونده معروف به وبلاگ نویسان توسط دستگاه اطلاعات موازی بازداشت می‌شود و بعد از گذراندن سی روز در بازداشتگاه مخفی حفاظت اطلاعات نیروی انتظامی و ده روز در بند نسوان زندان اوین با وثیقه ۵۰ میلیون تومانی آزاد می‌شود. وی بعدها از کلیه اتهامات وارده تبرئه می‌شود.
۳۱	فرناز معیریان	۲	تهران	۲۲ خرداد ۱۳۸۵، ۳۰ خرداد ۱۳۸۸	۱- بازداشتگاه وزراء ۲- بند ۲۰۹ اوین، ۳- پلیس اماکن عمومی- خیابان مطهری،	فرناز معیریان، فعال دانشجویی، یک بار در تجمع اعتراضی زنان علیه قوانین تبعیض‌آمیز در میدان ۷ تیر بازداشت می‌شود و بار دوم، در تجمع ۳۰ خرداد ۱۳۸۸، در نزدیکی پارک لاله دستگیر می‌شود.
۳۲	کانی اردلان	۲			بند نسوان زندان رجایی شهر کرج	سایر جزییات مربوط به این شاهد نزد عدالت برای ایران محفوظ است.

۳۳	م. الف.	۱	تهران	۲۵ خرداد ۱۳۸۸- ۱۰ تیر ۱۳۸۸	۱- کلانتری ۱۳۷ گیشا، ۲- بازداشتگاه اداره آگاهی ۳-بند ۲۰۹ زندان اوین	در ۲۵ خرداد ۱۳۸۸، در میدان کاج تهران دستگیر و به کلانتری ۱۳۷ گیشا برده می‌شود و از او بازجویی می‌کنند که چقدر از موسوی پول گرفته‌ای. در زیرزمین این کلانتری مورد تجاوز قرار می‌گیرد. وی پس از آزادی به کمیته پیگیری امور آسیب دیدگان پس از انتخابات مراجعه می‌کند و دربارهٔ تجاوز به خود شهادت می‌دهد. به همین دلیل و برای پس گرفتن شهادت خود و دروغگو خواند مهدی کروبی تحت فشار بازجویان و مقامات استانداری تهران قرار می‌گیرد. از سرنوشت او خبری در دست نیست.
۳۴	مریم	۱	تهران		زندان اوین	در جریان تجمع میدان بهارستان بازداشت و به زندان اوین منتقل می‌شود. نام واقعی و سایر اطلاعات مربوط به این شاهد نزد عدالت برای ایران محفوظ است.
۳۵	مریم ب	۱	تهران		نامشخص	این شهادت به دلیل اینکه نتوانستیم مستندات آن را مورد تأیید قرار دهیم از عداد مصاحبه‌ها خارج شده است و جزییات آن در آمارهای این گزارش نیز نیامده است.

۳۶	مریم حسین‌خواه	۲	تهران	۱۳ اسفند ۱۳۸۵، ۲ آذر ۱۳۸۶	۱- بازداشتگاه وزرا، ۲- بند ۲۰۹ زندان اوین، ۳- بند نسوان زندان اوین	فعال جنبش زنان، یک بار در جریان تجمع فعالان جنبش زنان در جلو دادگاه انقلاب بازداشت می‌شود و سه روز بعد آزاد می‌شود. او بار دیگر به دلیل فعالیت‌هایش در سایت زنستان و کمپین یک میلیون امضا بازداشت می‌شود و ۴۵ روز را در بند نسوان زندان اوین می‌گذراند.
۳۷	مریم رضوی	۲	۱- کرمانشاه، ۲- تهران	۱۳۶۰، ۲۲ تیر ۱۳۷۶	۱- زندان دیزل آباد کرمانشاه، ۲- بازداشتگاه توحید	به دلیل فعالیت‌های سیاسی همسرش، یک سال در دهه ۶۰ در زندان بوده است. در ۲۲ تیر ۱۳۷۶ به دلیل فعالیت در اعتراضات دانشجویی بازداشت می‌شود و به بازداشتگاه توحید (کمیته مشترک سابق) منتقل می‌شود. وی در آنجا تحت تجاوز و شکنجه‌های شدید جسمی و روحی قرار می‌گیرد. در نهایت به ۵ سال حبس تعلیقی محکوم می‌شود.
۳۸	مسعود علیزاده	۱	تهران	۱۸ تیر ۱۳۸۸	۱- بازداشتگاه پلیس پیشگیری میدان انقلاب، ۲- بازداشتگاه کهریزک، ۳-	در تجمع ۱۸ تیر ۱۳۸۸ بازداشت و به بازداشتگاه کهریزک منتقل می‌شود. او شاهد و قربانی شکنجه شدید معترضان پس از انتخابات در کهریزک است و پس از آزادی، نسبت به رفتار مأموران با خود شکایت کرد.

۳۹	منصوره بهکیش	۴	تهران	۱- شهریور ۱۳۸۷، ۲- ۱۴ آذر ۱۳۸۸، ۳- ۱۸ دی ۱۳۸۸، ۴- ۲۲ خرداد ۱۳۹۰	۱- پلیس امنیت، ۲- بازداشتگاه وزراء، ۳- بند ۲۰۹ زندان اوین	منصوره بهکیش که شش تن از اعضای خانواده خود (شامل خواهرش، زهرا بهکیش، چهار برادرش، و شوهرخواهرش) را در جریان اعدام‌های دهه ۶۰ از دست داده است، یکی از فعالان جنبش دادخواهی ایران است، وی از فعالان "مادران خاوران" و "مادران پارک لاله" نیز به‌شمار می‌رود. او در جریان گردهمایی-های خانواده‌های کشته‌شدگان دهه ۶۰ در گورستان خاوران بارها به مدت چند ساعت بازداشت، تهدید و احضار شده است. جز این بازداشت‌های کوتاه‌مدت، او چهار بار به مدت‌های طولانی‌تری دستگیر و پس از سه روز آزاد شده است. در شهریور ۱۳۸۷ نیز یک روز پس از شرکت در مراسم یادبود یکی از کشته‌شدگان سال ۱۳۶۷ در محل کار خود دستگیر می‌شود و پس از یک ماه می‌تواند به کار باز گردد ولی در خرداد سال ۱۳۸۸ از کار برکنار می‌شود. در ۱۴ آذر ۱۳۸۸، در جریان یکی از تجمعات مادران پارک لاله در پارک لاله تهران همراه با ۲۸ نفر دیگر از معترضان و مجدداً در ۱۸ دی‌ماه همان سال در پارک لاله تهران و به همراه ۲۹ نفر دیگر از حامیان مادران عزادار دستگیر می‌شود و هر بار پس از چند روز آزاد می‌شود. در ۲۶ اسفند ۱۳۸۸ که قصد سفر یک ماهه به ایتالیا نزد دخترش را ←

						→ داشت، در فرودگاه پاسپورت‌اش توسط پلیس امنیت ضبط و ممنوع‌الخروج می‌شود و تا کنون پاسپورت‌اش به وی باز گردانده نشده و ممنوع‌الخروج است. طولانی‌ترین بازداشت او در سال‌های گذشته در روز ۲۲ خرداد ۱۳۹۰ در خیابان بوده است که تا ۱۸ تیر به طول می‌انجامد. برای این پرونده ابتدا به چهار سال و نیم حبس تعزیری محکوم می‌شود که در دادگاه تجدید نظر این محکومیت به چهار سال کاهش می‌یابد و با شش ماه حبس تعزیری و سه سال و نیم حبس تعلیقی تأیید می‌شود. در زمان انتشار این گزارش، منصوره بهکیش همچنان در انتظار فراخوانده شدن به زندان اوین برای اجرای حکم زندان است.
۴۰	مهناز پراکند	۱	تهران	۳۰ خرداد ۱۳۶۰	زندان‌های مختلف استان تهران	در سال ۱۳۶۰ دستگیر و پنج سال به اتهام فعالیت‌های سیاسی در زندان بوده است.
۴۱	مهیار ضیایی	۱	کرج	۱۳۸۰	بازداشتگاه نیروی انتظامی - خیابان چهارم گوهردشت	مهیار ضیایی، ترنسجندر، به اتهام نداشتن حجاب اسلامی دستگیر و بعدها به "همجنس‌بازی" متهم می‌شود. او با اخذ تعهد و پرداخت جریمه آزاد می‌شود.

۴۲	مهین شکرالله‌پور	۲	۱- سنندج، ۲- سلماس	۱- تابستان ۱۳۶۵ ۲- ۱۰ تیر ۱۳۸۲	۱- زندان سنندج، ۲- بازداشتگاه اطلاعات سپاه سلماس، ۳- بند نسوان زندان سلماس	مهین شکرالله‌پور که به همراه همسرش با احزاب کردی کار می‌کردند یک بار در تابستان ۱۳۶۵ دستگیر و حدود ۸ ماه بعد آزاد می‌شود. در تیر ۱۳۸۲ در جریان خروج غیرقانونی از ایران، به همراه همسر و دو فرزندش مجدداً دستگیر می‌شود. همسرش فرهمند صادق وزیری چند روز بعد در زندان سلماس در اثر شکنجه‌های شدید کشته می‌شود.
۴۳	نسا	۲	اصفهان	پاییز ۱۳۸۹،	بازداشتگاه دستگرد اصفهان	دو بار در پاییز ۸۹ در اصفهان دستگیر می‌شود، بار اول به اتهام داشتن سگ (سگ‌بازی) و بار دوم به اتهام بدحجابی.
۴۴	نگین شیخ الاسلامی	۴	تهران	۱- بهمن ۱۳۷۹ تا ۲۸ اسفند ۱۳۷۹، ۲- بهمن ۱۳۸۱ تا ۲۷ اردیبهشت ۱۳۸۲، ۳- یک بازداشت در سال ۸۳، ۴- ۱۳ آبان ۱۳۸۷ تا ۱ دی ۱۳۸۷	بند ۲۰۹ اوین	نگین شیخ‌الاسلامی که اولین بار در تجمعی مقابل درب سازمان ملل در اعتراض به دستگیری عبدالله اوجالان، رهبر کردهای ترکیه بازداشت می‌شود، تا سال ۱۳۸۷ چهار بار بازداشت را به دلیل فعالیت‌های خود در زمینه حقوق زنان، حقوق بشر و فعالیت‌های سیاسی، تجربه می‌کند. وی به دلیل تأسیس انجمن زنان آذرمهر برای زندان کرد، در سال ۱۳۸۲ و قبل از بسته شدن انجمن بیست روز در نیروی انتظامی سنندج بدون اینکه بازداشت شود هر روز از صبح زود تا آخر شب مورد بازجویی قرار می‌گیرد.

۴۵	وحید احمد فخر الدین	۱	اهواز	اسفند ۱۳۸۸	بند ۲الف زندان اوین	وحید احمد فخرالدین، وکیل دادگستری، به دلیل همکاری با مجموعه فعالان حقوق بشر بازداشت و پس از یک ماه بازجویی در بند ۲الف زندان اوین ازاد شد.
۴۶	هدی هواشمی	۱	اهواز	۱۲ فروردین ۱۳۸۴	۱- مکانی نامعلوم در اهواز، ۲- بازداشتگاه اطلاعات اهواز، ۳- زندان سپیدار اهواز	وی که به همراه فرزندان خود قصد خروج از ایران را داشته در فرودگاه اهواز بازداشت می‌شود و به دلیل فعالیت‌های سیاسی شوهرش که فعال عرب اهوازی است تحت بازجویی قرار می‌گیرد. او پس از گذراندن یک سال حبس در زندان سپیدار اهواز، در ۸ فروردین ۱۳۸۵ آزاد می‌شود.
۴۷	هنگامه شهیدی	۲	تهران	۱- ۹ تیر ۱۳۸۸-۱۰ آبان ۱۳۸۸، ۲- ۶ اسفند ۱۳۸۸	۱- بند ۲۰۹ زندان اوین، ۲- بند ۲۴۰ زندان اوین	روزنامه نگار، فعال حقوق بشر و مشاور مهدی کروبی در ۹ تیرماه ۱۳۸۸ دستگیر و به بند ۲۰۹ زندان اوین برده می‌شود. در ۱۰ آبان، با وثیقه ۹۰ میلیون تومانی آزاد می‌شود. وی بلافاصله پس از آزادی از زندان در بیمارستان بستری می‌شود.شعبه ۲۶ دادگاه انقلاب اسلامی تهران به اتهام تبلیغ علیه نظام، اجتماع و تبانی به قصد بر هم زدن امنیت کشور و توهین به رییس جمهور او را به ۶ سال و ۶ ماه و یک روز حبس تعزیری محکوم کرد. این حکم توسط شعبه ۵۴ دادگاه تجدیدنظر تهران به ریاست قاضی موحدی به ۶ سال حبس تعزیری و ۵۰ هزارتومان جریمه نقدی تبدیل شد. ←

						→ هنگامــه شــهیدی در ۶ اســفند ۱۳۸۸ مجدداً بازداشت می‌شود و تــا ۶ اردیبهــشت ۸۹ در ۲۰۹ محبوس می‌شود. وی از اردیبهشت ۱۳۸۹ تا ۲۹ خرداد ۱۳۹۰ بـرای تحمـل مـدت محکومیت زنـدان خود در بند عمومی زندان اویـن منتقـل شـده اسـت. وی از آن تاریخ تاکنون با مرخصی استعلاجی آزاد است و پزشکی قانونی تهران، به دلیل وضعیت بـسیار نامـساعد جسمانی کـه در اثر شکنجه‌هـا حادث شده، نظر به "عدم تحمـل کیفر" داده است.

منابع

منابع غیر فارسی

- 1990, Estrella v. Uruguay, comm. No. 74/1980, Selected Decisions of the Human Rights Committee Under the Optional Protocol Vol. 2 at 93-98, U.N. Doc. CCPR/C/OP/2, U.N. Sales No. E.89.XIV.1

- "Connasse, CaLice, Kilba" Oder Ein Überblick über den Gebrauch von Schimpfwörtern weltweit und an den frankophonen Beispielgebieten Frankreich, Quebec und Marokko, Nele Bach,2006, GRIN Verlag, p 10

- Amnesty International, 10 April 1997, IRAN: "MYKONOS" TRIAL PROVIDES FURTHER EVIDENCE OF IRANIAN POLICY OF UNLAWFUL STATE KILLINGS, AI INDEX: MDE 13/15/97, http://www.amnesty.org/en/library/asset/MDE13/015/1997/en/bc c7a4d5-cce7-4e5f-94b4-bae2c86df705/mde130151997en.pdf

- Amnesty International, 10 June 1992,AI Index: MDE 13/14/92, http://www.amnesty.org/en/library/asset/MDE13/014/1992/en/5 dbfbf0b-77c3-4240-b6b3-990e028315ab/mde130141992en.pdf

- Amnesty International, 17 May 2006, IRAN: APPEAL CASE: FOUR AHWAZI ARAB WOMEN AND TWO CHILDREN: PRISONERS OF CONSCIENCE, AI Index: MDE 13/059/2006, http://www.amnesty.org/en/library/asset/MDE13/059/2006/en/f1 79e22f-d428-11dd-8743-d305bea2b2c7/mde130592006en.html

- Amnesty International, 3 December 1992, Fear of torture/death penalty, IRAN: Abdollah Bagheri, AI INDEX: MDE 13/22/82, http://www.amnesty.org/en/library/asset/MDE13/022/1992/en/16 edb17d-f90d-11dd-92e7-c59f81373cf2/mde130221992en.pdf

- Amnesty International, 5 June 1992, AI Index: MDE 13/13/92, Distr: UA/SC وUA 188/92 Legal concern/Fear of Torture IRAN, http://www.amnesty.org/en/library/asset/MDE13/013/1992/en/50 aab53e-90c3-410e-b04f-4d2533e1d1e0/mde130131992en.pdf

- Amnesty International, 7 April 1995, MDE 13/05/95, Distr: UA/SCUA 86/95 Fear of torture / Legal concern , IRAN Hundreds arrested following demonstrations, http://www.amnesty.org/en/library/asset/MDE13/005/1995/en/0caf8c58-55f7-4af7-8f90-9af7e6225fd1/mde130051995en.pdf

- Amnesty International, 7 March 1996, AI Index: MDE 13/08/96, http://www.amnesty.org/en/library/asset/MDE13/008/1996/en/27b0a5b1-f890-11dd-b378-7142bfbe1838/mde130081996en.pdf

- Amnesty International, December 1991, Amnesty International's concerns at the 48th of the UN Commission on Human Rights, http://www.amnesty.org/en/library/asset/IOR41/010/1991/en/d4fa16fd-edc6-11dd-a95b-fd9a617f028f/ior410101991en.pdf

- Amnesty International, Free Prisoners of Conscience, http://www.amnestyusa.org/our-work/issues/prisoners-and-people-at-risk/prisoners-of-conscience

- Amnesty International, FREEDOM OF EXPRESSION, http://www.amnesty.org/en/freedom-of-expression

- Amnesty International, November 1993, Iran: Victims of human rights violations, AI Index: MDE 13/10/93: http://www.amnesty.org/en/library/asset/MDE13/010/1993/en/d63be4e9-f8c8-11dd-b40d-7b25bb27e189/mde130101993en.pdf

- European Court of Human Rights, Aydin v. Turkey, Communication 23178/94, 25 September 1997

- General Recommendation No. 19 (11th session, 1992), http://www.un.org/documents/ga/res/48/a48r104.htm, Article 1.

- Special Rapporteur on Torture report before the Human Rights Council, 15 January 2008, A/HRC/7/3

- UN General Assembly, 1988, Body of Principles for the Protection of All Persons under Any Form of Detention or Imprisonment, G.A. Res. 173, U.N. GAOR, 43rd Sess., Supp. No. 49, at 298, U.N. Doc A/43/49 (1988), http://www.tjsl.edu/slomansonb/10.3_DetentionImprisonment.pdf

- United Nation, 1977, Standard Minimum Rules for the Treatment of Prisoners, http://www.unodc.org/pdf/criminal_justice/UN_Standard_Minimum_Rules_for_the_Treatment_of_Prisoners.pdf

- United Nation, 2010, United Nations Rules for the Treatment of Women Prisoners and Non-custodial Measures for Women Offenders (the Bangkok Rules), http://www.un.org/en/ecosoc/docs/2010/res%202010-16.pdf

منابع فارسی

ـ ۱۴ فروردین ۱۳۹۰، برای ثبت در تاریخ: شورش ۹ خرداد ۱۳۷۱ مشهد، دستنوشته‌ها،
http://blog.dastneveshteha.com/2011/04/blog-post_03.html

ـ ۰۳ نوامبر ۲۰۱۰، سناریوی سعیده پورآقایی ساختگی است به سایر قربانیان بپردازید، العربیه،
http://www.alarabiya.net/articles/2009/11/22/92087.html

ـ ۰۸ شهریور ۱۳۸۸ ، الویری: ترانه موسوی یکی از جانباختگان است، تابناک،
http://www.tabnak.ir/fa/pages/?cid=61759

ـ ۲۱ شهریور ۱۳۸۸، واکنش سخنگوی کروبی به گزارش هیئت سه نفره قوه قضاییه، پارسینه، / واکنش-سخنگوی-کروبی-به-گزارش-هیئت-سه-نفره-قوه-قضاییه
http://www.parsine.com/fa/news/10628

ـ ۲۳ شهریور ۱۳۸۸، جزییات بی‌پایه بودن ادعای کروبی، رجا نیوز،
http://rajanews.com/Detail.asp?id=36274

ـ ۲۴ فروردین ۱۳۹۱ ، پژاک در ۵۳ پرسش - گفتگو با ریوار آبدانان، اخبار روز،
http://www.akhbar-rooz.com/news.jsp?essayId=44862
1. October 2009, Ebrahim Sharifi Television of the Netherlands NOVA TV, YouTube,
http://www.youtube.com/watch?v=UyBOaN-zwuQ

ـ ۱ ژوئن ۲۰۰۵، تجمع زنان در اعتراض به شورای نگهبان، بی‌بی‌سی فارسی،
http://www.bbc.co.uk/persian/iran/story/2005/06/050601_mf_women.shtml

ـ ۱۱ آبان ۱۳۹۱، نامه ۳۳ زندانی سیاسی زن به رئیس زندان اوین: به خاطر این هتک حرمت بزرگ عذرخواهی کنید، کلمه،:
http://www.kaleme.com/1391/08/11/klm-118377/

ـ ۱۲ اوت ۲۰۰۹، سازمان مجاهدین انقلاب: احمدی نژاد و محصولی مسئول وقایع کهریزک هستند، بی‌بی‌سی فارسی،
http://www.bbc.co.uk/persian/iran/2009/08/090812_wmj-kahrizak.shtml

ـ ۱۲ آگوست ۲۰۰۹، فیلم کامل برنامه سیمای حکومت اسلامی دربارهٔ ترانه موسوی، یوتیوب،
http://www.youtube.com/watch?v=7l6iiSkK27g

ـ ۱۴ ژوئیهٔ ۲۰۰۹، احتمال تجاوز به ترانه موسوی، بازداشتی تجمع مسجد قبا و مرگ وی، چریک آنلاین،
http://cherikonline.blogspot.co.uk/2009/07/blog-post_14.html

ـ ۱۴/۲/۲۰۱۰، روزنامه‌نگاران ایران در بند نیروهای امنیتی، دویچه وله،
http://www.dw.de/روزنامه‌نگاران-ایران-در-بند-نیروهای-امنیتی/a-5246740

ـ ۱۶ آبان ۱۳۹۱، هشت زندانی سیاسی زن اعتصاب غذای خود را شکستند، گویانیوز،
http://news.gooya.com/politics/archives/2012/11/149906.php

ـ ۱۶ دی ۱۳۷۷، بیانیه وزارت اطلاعات پیرامون دست داشتن برخی از عوامل خودسر این وزارتخانه در قتل‌های زنجیره‌ای و دستگیری آنان توسط کمیته تحقیق محمد خاتمی، روزنامه همشهری، ۱۳۷۷/۱۰/۱۶ صفحه ۲،
http://www.hamshahrionline.ir/hamnews/1377/771016/siasi.htm#siasi2

ـ ۱۷ شهریور، ۱۳۹۰، ناگفته‌هایی از کمیته‌ی پیگیری امور آسیب‌دیدگان حوادث پس از انتخابات ۸۸، کلمه،
http://www.kaleme.com/1390/06/17/klm-72280/

ـ ۱۷ فوریه ۲۰۰۷، بازجویی زن سعید امامی، یوتیوب،
http://www.youtube.com/watch?v=p4VzY4cG9dk

ـ ۱۸ مرداد ۱۳۸۸، کروبی به هاشمی: شایعه تجاوز جنسی در زندان‌ها را پیگیری کنید، بی‌بی‌سی فارسی،
http://www.bbc.co.uk/persian/iran/2009/08/090809_bd_ir88_karubi_hashemi_letter.shtml

ـ ۱۹ اردیبهشت ۱۳۸۴، دربارهٔ سازمان اطلاعات موازی (قسمت اول)، امضا محفوظ، گویا نیوز،
http://news.gooya.com/politics/archives/028463.php

ـ ۲۰ خرداد ۱۳۸۴، هرالد تریبون: زنان ایرانی سرانجام به ورزشگاه راه یافتند، خبرگزاری مهر،
http://old.mehrnews.com/fa/NewsDetail.aspx?NewsId=193378

ـ ۲۰ مرداد ۱۳۸۸، اذعان مقام‌های ایرانی به بازداشت چهار هزار نفر پس از انتخابات، بی‌بی‌سی فارسی،
http://www.bbc.co.uk/persian/iran/2009/08/090811_si_ir88_detainees.shtml

ـ ۲۳ تیر ۱۳۸۸، نمایندگان موسوی و کروبی در پی احقاق حقوق آسیب‌دیدگان، آفتاب نیوز،
http://aftabnews.ir/vdcivva3.t1au52bcct.html

ـ ۲۳ شهریور ۱۳۸۸، محسنی‌اژه‌ای دادستان کل کشور: بیشترین بهره تبلیغاتی از نامه‌های کروبی نصیب دشمنان شد، گویا نیوز،
http://news.gooya.com/politics/archives/2009/09/093565iphone.php

ـ ۲۴ مرداد ۱۳۸۸ ، نمونه‌ای از شکنجه‌های کهریزک، از زبان یک نماینده مجلس
http://www.mowjcamp.com/article/id/18629

ـ ۲۶ مه ۲۰۰۶، گفتگو با بستگان یکی از کشته شدگان نا آرامی‌های آذربایجان ایران، بی‌بی‌سی فارسی،
http://www.bbc.co.uk/persian/iran/story/2006/05/060526_mf_casualty.shtml

ـ ۲۸ مرداد ۱۳۸۵، کلیات طرح "یک میلیون امضاء برای تغییر قوانین تبعیض‌آمیز"،
http://www.campaignforequality.info/spip.php?article12

ـ ۲۸ مرداد ۱۳۸۸، اعتراض برادر همسر ترانه موسوی، رجا نیوز،
http://www.rajanews.com/Detail.asp?id=34636

ـ ۲۹ مرداد ۱۳۸۸، مهدی کروبی، طائب را پشت پردۀ نمایش ترانه موسوی دانست، جرس،
http://www.rahesabz.net/story/550/

ـ ۲۹٫۰۱٫۲۰۱۱، زهرا بهرامی شهروند ایرانی ـ هلندی اعدام شد، دویچه وله،
http://www.dw.de/زهرا-بهرامی-شهروند-ایرانی-ـ-هلندی-اعدام-شد/a-6421663

ـ ۳۰ شهریور ۸۸، ابراز نگرانی شدید از امنیت جانی ابراهیم شریفی، کمیته گزارشگران حقوق بشر،   http://chrr.biz/spip.php?article5812

ـ ۳۱ اوت ۲۰۰۹، گزارش دیگری از تجاوز و قتل در بازداشت، بی‌بی‌سی فارسی،
http://www.bbc.co.uk/persian/iran/2009/08/090831_he_ir88_aghaei.shtml

ـ ۴ خرداد ۱۳۸۵، تجمع‌های اعتراضی در تبریز، ارومیه و تهران، روزنامه اعتماد، ص ۲،
http://www.magiran.com/npview.asp?ID=1082578

ـ ۷ تیر ۱۳۸۵، شکایت زنان تجمع کننده در میدان هفت تیر از نیروی انتظامی، بی‌بی‌سی فارسی،
http://www.bbc.co.uk/persian/iran/story/2006/06/060628_mf_women_complaint.shtml

ـ خرداد ۱۳۹۱، حاشیه‌نشین‌ها: بازداشت، حبس، و اعدام فعالین کرد در ایران امروز، مرکز اسناد حقوق بشر ایران،
http://www.iranhrdc.org/persian/permalink/1000000158.html#151

ـ شهادت‌نامه: مریم صبری، مرکز اسناد حقوق بشر ایران،
http://www.iranhrdc.org/persian/permalink/3282.html#.UZDo_6Is n8p

ـ قتل‌های زنجیره‌ای و سعید امامی به روایت ویژه‌نامه نوروزی روزنامه ایران،
http://webcache.googleusercontent.com/search?q=cache:http://s yed1348.mihanblog.com/post/75

ـ ۱۰ مارس ۲۰۱۳، عباس علیزاده (موحد)، عدالت برای ایران،
http://justiceforiran.org/human-rights-violators-individuals-databank/abbas-alizadeh

ـ ۱۳ ژوئیۀ ۲۰۰۹، وضعیت مبهم یکی از بازداشت‌شدگان تجمع مسجد قبا، زیرزمین،
http://zeerzamin.blogspot.co.uk/2009/07/blog-post_3749.html

ـ امید حبیبی نیا، ۲۳ آگوست ۲۰۱۰، حقایق در باره چگونگی انتشار شبه خبر ترانه موسوی، فیس بوک،
https://www.facebook.com/note.php?note_id=144292132270453 &id=100001114356362&ref=mf

ـ پدر زهرا بنی یعقوب: با رشوه و تهدید ساکت نمی شویم، جرس، ۳۱ شهریور ۱۳۹۰،
http://www.rahesabz.net/story/42919

ـ دخترم را کشتند متهمان را آزاد کردند، فرشته قاضی، روزآنلاین، ۶ دی ۱۳۹۰،
http://www.roozonline.com/persian/news/newsitem/article/-fa2d06ba7f.html

ـ رضا ولی زاده- لیلا ملک محمدی، بیانیه نخستین ناشران خبر شهادت ترانه موسوی درباره راستی این رویداد، چریک آنلاین،
http://cherikonline.blogspot.co.uk/2010/08/1.html

ـ روح‌الله زم، ۱۸ اسفند ۱۳۹۰، نامه چهارم به رهبری، جرس،
http://www.rahesabz.net/story/50389/

ـ سوسن محمدخانی غیاثوند، ۱۹ اسفند ۱۳۸۸، بازخوانی پرونده کشتار مردم کرد توسط حکومت ایران در اسفند ۷۷، اخبار روز،
http://www.akhbar-rooz.com/article.jsp?essayId=27916

- شادی صدر، ۱۳۸۹، قوانین و مقررات پوشش در جمهوری اسلامی ایران، گردآوری و تدوین، نشر ورجاوند، تهران

- شادی صدر، ۲ مه ۲۰۱۲، فهمیه، مادر سلما،
http://shadisadr.wordpress.com/2012/05/02/fahime/

- شوک الکتریکی به بدن خیس و عریان زنان!، پیک ایران،
http://www.peykeiran.com/Content.aspx?ID=5319

- شهین چیت‌ساز، ۲۶ مهر ۱۳۹۱، گزارشی از کشتار جمعی زندانیان سیاسی در سال ۶۷، سایت بیداران،
http://www.bidaran.net/spip.php?article318

- عدالت برای ایران، ۱۴ آبان ۱۳۹۱، عدالت برای ایران: مسئولان هتک حرمت و آزار جنسی زندانیان سیاسی زن باید پاسخگو شوند،
http://justiceforiran.org/call-for-action/womeninhungerstrike/

- عدالت برای ایران، ۲ ژانویه ۲۰۱۳، شهادت پروانه حاجیلو،
http://www.youtube.com/watch?v=24apzYo4ffI

- عدالت برای ایران، ۲۰۱۱، جنایت بی عقوبت، شکنجه و خشونت جنسی علیه زندانیان سیاسی زن در جمهوری اسلامی، بخش اول، دهه ۶۰،
http://justiceforiran.org/wp-content/uploads/2012/05/Crime-without-Aida-final22.pdf

- عدالت برای ایران، اسفند ۱۳۹۱، "گفت‌وگو با مرگ؛ گزارشی پیرامون نقض حقوق فعالان هویت طلب عرب"،
http://justiceforiran.org/wp-content/uploads/2013/02/Al-Hiwar-report-FA-21FEB-20131.pdf

- فرشته قاضی، ۲۳ خرداد ۱۳۹۱، اعدام؛ جنازه‌ها راهم به خانواده ها ندادند، روزآنلاین،
http://www.roozonline.com/persian/news/newsitem/article/-c7b234e8ac.html

- کاوه شیرزاد، ۱۶ فروردین ۱۳۸۹، پانزده سال پس از خیزش اسلامشهر، روزآنلاین،
http://www.roozonline.com/persian/news/newsitem/article/-e57795eb88.html

- محمد مصطفایی، ۲۷ شهریور ۱۳۸۹، ناگفته‌های پرونده هنگامه شهیدی، کمیته دفاع از زندانیان سیاسی،
http://www.komitedefa.com/index.php?option=com_content&view=article&id=1022:1389-06-27-06-27-53&catid=19:1389-02-14-01-52-00&Itemid=48

- محمد مصطفایی، ۲۲ فرودین ۱۳۸۹، غصه پرغصه پرونده هنگامه شهیدی، کمیته گزارشگران حقوق بشر، http://chrr.biz/spip.php?article9223

- محمدباقر شریعتی سبزواری،؛ نگرشی بر احکام محرم و نامحرم در نگاه اسلام (۱)، شبکه شارح،
http://www.shareh.com/persian/magazine/maaref_i/74/10.htm

- من فقط قصاص می‌خواهم، خود دانید، پیک، نشریه کنفدراسیون سراسری حقوق بشر در ایران، سال اول، ش ۵، اول مرداد ۱۳۸۳
www.irhumanrights.com%2Fpaik5.pdf&ei=JE0vUamGG86BhQfpiYCICA&usg=AFQjCNFEF78YSEinR-GvOFkGTFmoyhViPg&sig2=EVJ7_I_e9ZMh6skPExCVjg

- مهران پاینده، عباس خداقلی، حمید نوذری، ۱۳۷۹/۲۰۰۰، هنوز در برلن قاضی هست، ترور و دادگاه میکونوس، نشر نیما، آلمان

- مینا بهارمست، ۱۹ تیر ۱۳۸۲، ۱۸ تیر ۷۸، نقطه عطف فعالیت جنبش دانشجویی ایران، رادیو فردا،
http://www.radiofarda.com/content/article/353957.html

- وارش، January 25, 2012، بخشی از لیست ترور جمهوری اسلامی در سال‌های گذشته، http://friendfeed.com/varesh/ca8f048d

نمایه اشخاص